LINGUISTIK FÜR ROMANISTEN

Grundbegriffe im Zusammenhang

von

Eduardo Blasco Ferrer

ERICH SCHMIDT VERLAG

Die Deutsche Bibliothek — CIP-Einheitsaufnahme

Blasco Ferrer, Eduardo:
Linguistik für Romanisten : Grundbegriffe im Zusammenhang / von Eduardo Blasco Ferrer. - Berlin : Erich Schmidt, 1996
ISBN 3-503-03715-2

A Leti, e al frutto nostro che ora è dentro di lei.

ISBN 3 503 03715 2

Druck: Vereinigte Druckereien Chmielorz & A. W. Hayn's Erben GmbH, Berlin
Printed in Germany · Nachdruck verboten

Dieses Buch ist aus säurefreiem Papier hergestellt und entspricht den Frankfurter Forderungen zur Verwendung alterungsbeständiger Papiere für die Buchherstellung.

Inhalt

Vorwort

Linguistische Lexika vermitteln in der Regel allzu knappe Definitionen von Fachtermini. Vertiefungen in die Theorie und verdeutlichende Exemplifizierungen bleiben zumeist einzelnen Teileinführungen oder großen Unternehmen, wie dem unübertrefflichen *Lexikon der Romanistischen Linguistik* (LRL) vorbehalten. Eine Kompromißhandreichung, die gleichzeitig den für angehende Linguisten erforderlichen Mindestfachwortschatz vorführt und ihn mit einschlägigen Beispielen erläutert, scheint eine Utopie zu sein.

Linguistik für Romanisten möchte das Unmögliche versuchen. Die didaktischen Grundlinien dieser Arbeit ergaben sich aus in Seminarveranstaltungen und Zwischenprüfungen otf konstatierten defizitären Leistungen. Auf die gewaltige Fülle fremder Fachtermini reagiert der Studierende mit großem Unbehagen und unzulänglicher Orientierungsfähigkeit. Herkömmliche linguistische Lexika bieten dabei keine große Hilfe, weil sie den grundlegenden Stoff in alphabetischer Anordnung, nicht nach Sachgruppen oder Fachbereichen behandeln.

Wir sind davon überzeugt, daß ein korrekter und den Anforderungen von Seminaren und Prüfungen angemessener Einstieg in die wichtigsten *Grundbegriffe* des Fachs *Romanistik* durch eine ausgewogene Vorstellung der sachlichen Zusammenhänge und eine reichhaltige Beispielsammlung begünstigt werden kann. Dieser Überzeugung entspricht die Gliederung in fünf Hauptteile. Kapitel I, II und III führen in die Theorien ein, die den Wandel der Sprachwissenschaft in den letzten 150 Jahren bestimmt und das Gros der heute verwendeten Fachterminologie geschaffen haben. Kapitel IV stellt jene Fachrichtungen und selbständig gewordenen Disziplinen vor, die aus dem in den drei ersten Kapiteln dargestellten Theorierahmen erwachsen sind. Kapitel V wurde als knappe Anleitung in das Studienfach *Romanistik* — und damit in die Grundbegriffe, die dieses Fach bilden — konzipiert und bietet solide Informationen über die wichtigsten bibliographischen Arbeitsmittel, die im Hinblick auf das Studium der — großen und kleinen — romanischen Sprachen herangezogen werden sollen. Da wir dem Strukturalismus die detaillierteste Klassifizierung der sprachlichen Strukturen verdanken, wurde die Behandlung der mit der Beschreibung der internen Beschaffenheit der Sprache zusammenhängenden Termini in das entsprechende Kapitel aufgenommen, was seinen Umfang rechtfertigt.

Das vorliegende Lexikon bietet unserer Meinung nach folgende Vorteile:

(1) Dem Studierenden werden die Fachtermini in den historischen und sachlichen Zusammenhängen vorgestellt. Diese durch Assoziationen zusammengehaltenen Sachgruppen fördern den Erwerb von Grundbegriffen, die in der täglichen Beschäftigung mit Texten und Theorien als eng miteinander verknüpft erscheinen. Die wichtigsten, zusammenhängenden Grundbegriffe werden vor jedem Kapitel in einer überschaubaren Tabelle zusammengefaßt, angeordnet nach der Reihenfolge ihrer Darstellung im Text. Die erstmalige Behandlung

eines Fachterminus wird mit Fettdruck kenntlich gemacht. Das Sachregister enthält, in alphabetischer Anordnung, alle im Buch behandelten Begriffe.

(2) Es werden in der Präsentation auch Fachtermini aufgenommen, die normalerweise aus den Lexika ausgeschieden bleiben, weil die stichwortartigen, unverbundenen Lemmatadefinitionen kaum Einsicht in die inneren, zusammenhängenden Begriffsartikulationen zulassen (es wird z. B. definiert, was ein Wörterbuch ist, aber nichts gesagt über die verschiedenen Typen von Wörterbüchern, über die Makro- oder Mikrostruktur des Wörterbuchs oder über die einzelnen Bestandteile der Definition).

(3) Eine reichhaltige romanische Beispielsammlung erleichtert den Erwerb und die praxisbezogene Handhabung der Grundbegriffe. Die bibliographischen Hinweise (BIBL.) am Ende jedes Paragraphen sind als minimale Pflichtlektüre zum Erreichen eines ausreichenden Verständnisses und zur persönlichen weiteren Durcharbeitung des Stoffes zu verstehen.

Um ein vernünftiges Maß dieses Lexikons zu wahren, mußten drastische Kürzungen vorgenommen werden; daher wurde ausschließlich Theorien und Termini der Vorzug gegeben, die im deutschen Unterricht häufig vertreten sind. Zahlreichen deutschen und „romanischen" Kollegen verdanke ich wichtige Informationen, Anregungen, Zusendung von schwer zugänglichem Material und unerläßliche Beratung bei der Aufarbeitung des Stoffes. Franca Ortu danke ich für die peinliche Lektüre der Korrekturfahnen. Dem Kollegen Günter Holtus und den Leitern der Philologischen Abteilung des Verlags Erich Schmidt, Dr. Rainer Moritz und Dr. Carina Lehnen, bin ich mit aufrichtiger Dankbarkeit für die Durchsicht einer ersten Fassung des Buchs verpflichtet.

Cagliari, April 1995 — Eduardo Blasco Ferrer

Abkürzungen und Symbole. Hinweise auf Primärliteratur

Abkürzungen

a-	alt (z. B. arum., afrz.)	megl.	meglenorumänisch
Adj	Adjektiv	Modf	Modifikator
algu.	algueresisch	N	Nomen
amer.-sp.	amerikanisch-spanisch	N.B.	Nota Bene
and.	andalusisch	NP	Nominalphrase
arab.	arabisch	NS	Nominalsatz
arag.	aragonesisch	Nt	Neutrum
arom.	aromunisch	O	Objekt
Art	Artikel	obw.	obwaldisch
ast.	asturianisch	Odir	direktes Objekt
Aux	Auxiliar	Oind	indirektes Objekt
bask.	baskisch	Okz.	Okzitanisch
bündn.	bündnerromanisch	OS	Oberflächenstruktur
C	Konsonant	P	Person (1, 2 . . . P)
camp.	campidanesisch	pg.	portugiesisch
Dem	Demonstrativ	Pl	Plural
Det	Determinator	Poss	Possessiv
dollad.	dolomitenladinisch	Pro	Pronomen/-ina
eng.	engadinisch	prov.	provenzalisch
etr.	etruskisch	Q	Quantifikatoren
F	feminin (weiblich)	R	Rhema
frl.	friaulisch	RD	Rechtsdislokation
frz./fr.	französisch/français	Rel	Relativ
gal.	galizisch/galegisch	rr.	rätoromanisch
gk.	gaskonisch	rom.	romanisch
got.	gotisch	rum.	rumänisch
gr.	griechisch	S	Satz
HS	Hauptsatz	sd.	sardisch
Ind	Indikativ	Sg	Singular
it.	italienisch	sp./esp.	spanisch/español
kat.	katalanisch	sth.	stimmhaft
Kl	Klitikum, -a	stl.	stimmlos
klat.	klassisches Latein	Sub	Subjekt
Konj	Konjunktiv	T	Thema
Konjk	Konjunktion	TS	Tiefenstruktur
lat.	latein(isch)	V	Verb
LD	Linksdislokation	val.	valenzianisch
log.	logudoresisch	VP	Verbalperiphrase
LS	Lautgesetz(e)	vs	versus, ‚gegen‘
M	maskulin (männlich)	z. B.	zum Beispiel

Symbole/Konventionen

Fett	kennzeichnet Fachtermini (Ersterwähnung)
Kursiv	kennzeichnet Beispiele/Fachtermini (Zweiterwähnung); wichtige Arbeitsbegriffe
ACUS	kennzeichnet Etyma
*ACŪCŬLA(M)	nicht belegtes/rekonstruiertes Etymon (vlat. Formen erscheinen im Akkusativ)
*weichte	grammatisch inkorrekte Struktur
$X_i \ldots Z_i$	kennzeichnet koreferente Satzglieder
?, ??X	fragliche, z. T. akzeptable Struktur
/x/	Phonem
[x]	Phon/Laut; grammatische Struktur
[± Merkmal]	Merkmal ist/ist nicht vorhanden
<x>	Graphem
Ø	Null-Phonem/Morphem
[V̆], [V̄]	lat. kurze/lange Vokale
[V], [V:]	kurzer/langer Vokal
[C], [CC]	kurzer/langer Konsonant
[V́], [ˈV]	betonter/unbetonter (vortoniger) Vokal
[CV.CV]	Silbentrennung (*Bru.der*)
V[, V]	Vokal in offener/geschlossener Silbe
x↗↘y	Intonationskonturen (steigende/fallende)
x → y	y ersetzt x; aus x wird y gebildet
x > y	x wird zu y
y < x	y entsteht aus x
/x/ ~ /y/	Phonem /x/ steht in Opposition zu Phonem /y/
x ↔ y	Einheit x steht in Opposition zu Einheit y
x → y/a_b	y ersetzt x im von a und b begrenzten Kontext
Head → Modf	Determinationsrichtung
#	Morphemgrenze (*zu # Hause*)
##	Pause (*kommst du*? ## *vielleicht*!)
↗ § x	Verweis auf zu konsultierende Ergänzung/Angabe im Paragraph x

Hinweise auf Primärliteratur

Die Referenzen der zur Verdeutlichung von Fachtermini herangezogenen Primärtexte werden in der Regel vollständig angegeben. Eine Ausnahme bilden Textproben aus den romanischen Übersetzungen von *Pinocchio* und *Le petit prince*, deren komplette Angaben in der Folge aufgelistet werden. Die Kapitel/Seitenangaben beziehen sich immer auf die Originalfassungen, die auf der Liste jeweils an erster Stelle erscheinen.

1. Pinocchio

(it.)	Carlo Collodi, *Le avventure di Pinocchio*. Edizione critica a cura di Ornella Castellani Pollidori, Pescia (Fondazione Carlo Collodi), 1983.
(frl.)	*Lis baronades di Pinocchio*. Lis à voltadis pre Antoni Beline. I pipìns ju à faz Zuan Carli, Udin (Fradis Ribis Ed.), 1977.
(frz.)	*Les aventures de Pinocchio, histoire d'un pantin*. Traduit de l'italien par Nathalie Castagné. Illustrations de Carlo Chiostri, Paris (Gallimard), 1985.

(kat.) *Les aventures de Pinotxo (versió íntegra)*, traducció i presentació d'Albert Jané, il.lustracions de Fina Rifà, Barcelona (La Galera), [2]1986.

(okz.) *Las aventuras de Pinoqui*, revirada de Renat Siòl, Nîmes (IEO), 1984.

(pg.) *As aventuras de Pinóquio*. Ilustrações de Manuela Bacelar, Tradução de José Colaço Barreiros, Lisboa (Caminho), 1994.

(bünd.) *Pinocchio. Las storgias d'in poplenn.* Versiun romontscha da Alfons Maissen. Illustraziuns originalas da Venentius Maissen, Mustér (Ediziuns Desertina), 1982.

Pinuoch. Las aventuras da Pinuoch. Istorgia d'üna marionetta. Traducziun ladina da Corina Stupan. Illustraziuns originalas da Venentius Maissen, Mustér (Ed. Desertina/Lia Rumantscha), 1983.

(rum.) *Pinocchio. Povestea unei păpuşi de lemn.* Traducere de Dumitru D. Panaitescu, Bucureşti (Ion Creangă), [3]1983.

(sd.) *Is contus de Opineddu*, tradusius in sardu campidanesu de Mario Vargiu, Cagliari (STEF), 1987.

Pinocchio, transchrìbidu in sassaresu da Sebastianu Meloni, Sassari (TAS), 1994.

(sp.) *Las aventuras de Pinocho*, traducidas por M. Esther Benítez Eiroa, Madrid (Alianza), 1972.

2. Le petit prince

(frz.) Antoine de Saint-Exupéry, *Le petit prince*. Edition intégrale annotée par Rudolf Strauch, Paderborn (F. Schöningh), 1991.

(ast.) *El Principín*. Vertiu per Xosé Lluís García Arias, Oviedo (Academia de la Llingua Asturiana), [2]1984.

(dollad.) *L Pitl Prinz*. Versiun gherdëina de Prinoth Beatrix, Bozen (Institut Cultural Ladin Micurá de Rü), 1993.

(frl.) *Il pičul princip*, voltât par furlan di Fiorella Angeli et alii, Gemona (Casa per L'Europa), 1992.

(gal.) *O Principiño.* Traductor: Carlos Casares, Vigo (Galaxia), 1975.

(it.) *Il piccolo principe.* Traduzione di Nini Bompiani Bregoli, Milano (Bompiani), 1994.

(kat.) *El petit príncep.* Traducció de Joan Xancó, Barcelona (Emecé), 1994.

(pg.) *O principizinho*. Tradução de Joana Morais Varela, Lisboa (Caravela), [13]1987.

(bras.) *O pequeno príncipe*. Tradução de Dom Marcos Barbosa, Rio de Janeiro (Agir), [40]1993.

(bünd.) *Il Prenci Pignet.* Versiun romontscha de Donat Cadruvi, Mustér (Ed. Desertina), 1987.

Igl Pitschen Prenci. Versiung surmirana de Peder Cadotsch, Mustér (Leia Rumantscha), 1977.

(rum.) *Micul Prinţ*, de Benedict Corlaciu, Chişinău (Exporeclama), 1992.

(sp.) (a) *El principito.* Traductor: Bonifacio del Carrol, Barcelona (Aleanza/Emecé), [30]1993.

(b) *El principito.* Traductor: Juan Manuel Rodríguez, Madrid (Alba), 1985.

I. Die vorstrukturalistische Sprachwissenschaft

1 Historisch-vergleichende Methode. Sprachvergleichung.

Der Anfang der eigentlich „modernen Sprachwissenschaft" bleibt gebunden an das Bestreben, sprachliche Übereinstimmungen nicht bloß zu beschreiben, sondern sie zu vergleichen und historisch zu interpretieren.

N. B. Schon Dante Alighieri hatte in seinem Traktat *De Vulgari Eloquentia* (1303-1304) auf die gleichlautenden Bezeichnungen für die Begriffe ‚Gott', ‚Liebe', ‚Erde' usw. hingewiesen, die die — ihm bekannten — romanischen Sprachen aufwiesen, und aufgrund dieser Parallelismen das Vorhandensein einer — allerdings „dreigestaltigen" — Ursprache geahnt. Insofern können wir Dante als Vorläufer der historisch-vergleichenden Sprachwissenschaft betrachten. Aber in der Tat fehlten ihm — und seinen Nachfolgern — die sprachlichen Kenntnisse über die Ausbreitung der „ähnlich aussehenden" Sprachen und insbesondere die Grundlage einer rigorosen Methode, mit welcher der Forscher, frei von stilistischen und philosophischen Lasten, die sprachlichen Fakten objektiv feststellen und einordnen kann.

Franz Bopp kommt das Verdienst zu, 1816 die „neue" Methode der Sprachforschung, die **historisch-vergleichende Methode**, begründet zu haben. Er stellte als erster fest, daß mit Hilfe gründlicher **Sprachvergleichung** verschiedene Sprachen in Europa und Asien auffällige, historisch zu begründende Gemeinsamkeiten aufweisen. Der Vergleich der Bezeichnungen für ‚5' und ‚10' soll uns helfen, den dieser Methode zugrundeliegenden Gedankengang kurz zu beschreiben:

	got.	lat.	gr.	skr.	etr.	bask.
‚5'	*fimf*	QUĪNQUE	*πέντε* [ˈpɛnte]	*páñca* [ˈpaɲtʃa]	*mach*	*bost*
‚10'	*taíhu* [ˈtɛhu]	DĔCEM	*δέκα* [ˈdɛka]	dáśa [ˈdaʃa]	śar [ʃar]	(*h*)*amar*

Bopp und nach ihm unter anderen Jacob Grimm stellten fest, daß:

(1) manche in der Verbalkonjugation und in der Nominalflexion auffallende Gemeinsamkeiten durch die Formulierung von *lautlichen Regeln* erklärbar seien.

Bsp. (a) Die *Palatallaute* (↗ § 21) [ʃ, tʃ] des Skr. entsprechen ohne weiteres dem gr.-lat. *Velarlaut* (↗ § 21) [k] in ‚10' und der lat. Abfolge [kwe]; (b) got. [f, t] stellen „verschobene" Ergebnisse von [p, d] in den anderen Sprachen dar. Grob formuliert:

(a)	gr.-lat. [k]	= skr. [ʃ]	= got. [h]
	[kwe]	= [tʃ]	
(b)	skr., gr. [p]		= got. [f]
	skr., gr., lat.	[d]	= got. [t].

(2) aufgrund der durch Sprachvergleichung gewonnenen Äquivalenzen *sprachliche Verwandtschaften* eingerichtet werden könnten: Gotisch, Lateinisch, Griechisch und (Vedisch-)Sanskrit gehören alle einer gemeinsamen Sprachfamilie an, die seit Heinrich Julius Klaproths *Asia Polyglotta* (1823) als *indogermanische Sprachfamilie* bekannt geworden ist (benannt nach den Germanen im Nordwesten; außerhalb Deutschlands wird die Bezeichnung *indoeuropäisch*, fr. *indoeuropéen*, sp., it. *ind(o)europeo* bevorzugt). Nicht-indogermanische Sprachen, wie z. B. Etruskisch und Baskisch, zeigen keine gemeinsamen Lautentsprechungen auf und verraten somit ihren spezifischen, noch unbekannten Ursprung.

BIBL. Gerhard Helbig, *Geschichte der neueren Sprachwissenschaft. Unter dem besonderen Aspekt der Grammatik-Theorie*, Tübingen (Niemeyer), [3]1986: Kap. I (*Die Situation der Sprachwissenschaft vor de Saussure*); W. B. Lockwood, *Indo-European Philology. Historical and Comparative*, London (Hatchinson), 1977: Kap. II (*Foundations and Development of Comparative Indo-European Philology*).

2 Historische Rekonstruktion. Sprachwandel. Indogermanisch.

Von der *Sprachvergleichung* zur **historischen Rekonstruktion**, dies war der Weg, der nach der Heranziehung aller entdeckten und erforschten indogermanischen Sprachen von den Sprachwissenschaftlern der zweiten Hälfte des letzten Jahrhunderts eingeschlagen wurde. Ausgangspunkt dieser methodologischen Ausrichtung war die Überzeugung, daß die festgestellten Lautentsprechungen verschiedenen Phasen eines **Sprachwandels** gleichzusetzen seien, wobei einige Sprachen (skr.) bei einem älteren Sprachzustand verblieben und andere (got.) hingegen einen vom Rest der Familie abweichenden, sehr schnellen Entwicklungsrhythmus aufwiesen. *Lautentsprechungen* wurden umkodiert in *Lautentwicklungen*, z. B.: [P], erhalten als [p] im Skr., *wurde zu* [f] im Got.; [t] des Got. war das *Wandlungsergebnis* von [D] der restlichen Sprachen. Mit Formeln ausgedrückt:

P >[f]; oder: [f] < P
D >[t]; oder: [t] < D.

Die weitere intensive Beschäftigung mit den überlieferten indogermanischen Sprachen führte zur **Rekonstruktion** einer nicht belegten, nur durch Sprachvergleich erschlossenen *Ursprache*, nämlich des **Indogermanischen**. Wie in einem Stammbaum bildet das rekonstruierte Indogermanische nur eine „künstliche Muttersprache“, einen Archetyp, zu dem die indogerm. belegten Sprachen ein Abstammungsverhältnis zeigen. Die erschlossenen Formen seien jetzt mit Versalien notiert und mit einem Sternchen versehen (was heißt, daß die jeweiligen Formen nicht schriftlich überliefert worden sind):

Historische Rekonstruktion

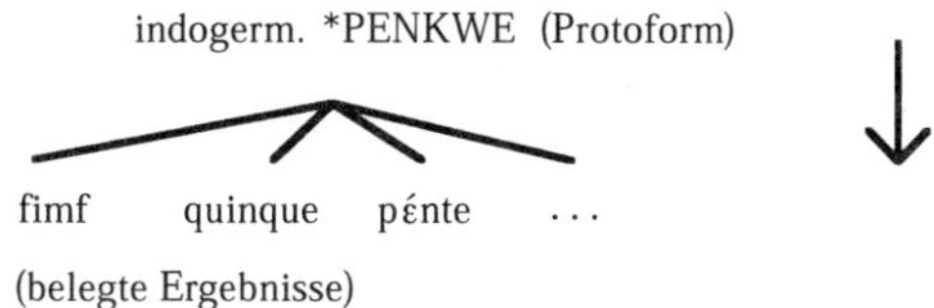

BIBL. Oswald Szemerényi, *Richtungen der modernen Sprachwissenschaft.* I: *Von Saussure bis Bloomfield* (1916—1950), Heidelberg (Carl Winter), 1971: 11—18; Idem, *Einführung in die vergleichende Sprachwissenschaft*, Darmstadt (Wissenschaftliche Buchgesellschaft), 1980: Kap. I—III.

3 Junggrammatiker. Lautgesetze.

Die historisch-vergleichende Methode erlangte ihre Blütezeit, ihre feinste (wenn auch überspitzte) Formulierung und ihre feste und solide Etablierung mit den **Junggrammatikern** (H. Osthoff, K. Brugmann, B. Delbrück, A. Leskien, H. Paul). Diese Gruppe von spöttisch so benannten, ursprünglich Leipziger Sprachwissenschaftlern machte aus der *Sprachvergleichung* und der *Rekonstruktion* eine extrem rigorose, exakte Methode und vermachte den folgenden Generationen ein für die Untersuchung des Sprachwandels äußerst brauchbares, z. T. unerläßliches Arbeitsverfahren. Leitgedanke dieser *Schule* war, daß Sprachwandel sich nach ausnahmslosen Gesetzen vollzieht — daher die Notwendigkeit, die Rekonstruktion mit Hilfe von sogenannten **Lautgesetzen** (LS) auszuführen. Entsprechend den Naturgesetzen („dem Blitz folgt ausnahmslos der Donner") wirken solch erarbeitete Regeln auf jedwede untersuchte Wortschatzeinheit. Greifen wir nochmals die schon erörterten Beispiele auf, um die Konsequenzen dieser „revolutionären Orientierung" besser einzuschätzen. Die Wörter für ‚10' gehen auf ein rekonstruiertes *DEKM̥ zurück; der Laut [m̥] ist ein (vokalischer) Sonorant, der aufgrund unserer Datenbasis im Lat. als -[em] erscheint, im Skr. und Gr. aber als -[a] realisiert wird. Diese „deduktive" Ableitung wurde bald zu einer *nomologischen* (< gr. *nómos* ‚Gesetz') Gesetzmäßigkeit, die auf alle gleich beschaffenen Lexikoneinheiten anwendbar war:

Ausgangskorpus		skr.	lat.	gr.
*DEKM̥	>	daś/a	DEC/EM	[dέk/a]
*SEPTM̥	>	sapt/á	SEPT/EM	[hεpt/á]
*KM̥TÓM	>	śat/ám	C/EN/TUM	[(hε)k/a/tón]

→ *Deduziertes Lautgesetz*: ∀ [m̥] > skr./gr. [a], lat. [em]
(lies: jeder vokalische Sonant des Indogermanischen wird zu [a] im Skr. und Gr., zu [em] im Lat.; im Lat. [mt] > [nt] wegen *Assimilation*: ↗ § 24).

Lautgesetze trugen oft den Namen ihrer Entdecker: *K^{w}E > skr. [ʃ] = Collitz/de Saussures LS (oder LS der Palatallaute); *PTK/BDG > germ. (got.) ph (f) þ χ (h)/ptk = Grimmsches LS (vgl. lat. CENTUM und got. *hund(a)*; DECEM und *taíhu*).

In der junggrammatischen Konzeption berücksichtigte der Forscher *allein* den jeweils *untersuchten Laut* in seiner erdenklichen Umgebung (also: in seiner *Distribution*), zog aber nicht zur Erklärung morphologische, lexikalische oder sonstige Argumentationen heran. Diese Vorgehensweise, die man mit Coseriu als *atomistisch* bezeichnet, rechtfertigt die imponierende, minutiöse Gliederung der phonetischen Darstellungen: Der Laut [t] z. B. wurde in anlautender, inlautender, auslautender Position betrachtet, in allen möglichen Konsonantenverbindungen untersucht (z. B.: [nt], [pt], [kt], [st]), unter allen Tonstellungen analysiert (vor, nach dem Hauptton). Infolge dieser höchst sorgfältigen, durchdringenden Beobachtung konnten „Sonderentwicklungen“, d. h. Abweichungen von den verabsolutierten LS, als neue, einschränkende LS aufgefaßt werden. Ein sehr bekanntes Beispiel: Jacob Grimm — und vor ihm Rasmus Rask — hatte, entsprechend dem obigen Schema, beobachtet, daß indogerm. *stimmlose Verschlußlaute* ([ptk]) zu *stimmlosen Spiranten* ([fþh]) übergingen; vgl. lat. PECUS und got. *faíhu* [ˈfɛhu] (> dt. *Vieh*, engl. *fee*); italisch (oskisch) *touto* und got. *þiuda* (> ahdt. *diot*, Abl. *diut-isc* > *deutsch*). Dieser „normalen“ Entwicklung — die als *erste Lautverschiebung* des Germanischen bekannt ist — entgingen jedoch zahlreiche Wörter, wie z.B. got. *fadar*, mit nicht erwartetem stimmhaftem Reibelaut [ð] < [T] (vgl. gr. [patéːr], skr. [pitáː]). Die Rechtfertigung dieser Anomalie sah Karl Verner in den Akzentbedingungen; die seit 1877 als Vernersches Gesetz eingeführte Einschränkung der ersten Lautverschiebung lautet: «Wenn der stl. Verschlußlaut in der indogermanischen Basis dem betonten Vokal vorausgeht, wird er zu einem stimmhaften Reibelaut: T' > [ð]».

BIBL. Theodora Bynon, *Historical Linguistics*, Cambridge (CUP), 1977: Kap. I; Rudolf Windisch, *Zum Sprachwandel. Von den Junggrammatikern zu Labov*, New York/Frankfurt/M. (P. Lang), 1988: Kap. I und II; Raimo Anttila, *Historical and Comparative Linguistics*, Amsterdam (Benjamins), [2]1989: Kap. I und II.

4 Etymologie.

Wie man aus dem Gesagten leicht entnehmen kann, bemühten sich die Junggrammatiker darum, bei der *Rekonstruktion* der Ursprache die *formalen Basisableitungen*, besser die **Etyma** (Pl. von *Etymon*), zurückzugewinnen: So stellt *EKWOS ein durch die Sprachvergleichung (vgl. skr. *áśvas*, gr. *híppos*, lat. EQUUS) gewonnenes *Etymon* dar, also eine Basisform, die den in den einzelnen Sprachzweigen des Indogermanischen belegten lautgesetzlichen Entwicklungen Rechnung tragen kann. Zu betonen ist nur, daß bei der *Etymologisierung* keine Berücksichtigung der *semantischen Seite* (d. h. der Bedeutungsentfaltungen) erfolgte. Das *Indogermanische Etymologische Wörterbuch* (IEW) von Julius Pokorny (1959 ff.) bildet den Höhepunkt der indogermanischen Etymologisierung.

BIBL. Alberto Zamboni, *L'etimologia*, Bologna (Zanichelli), 1976; Rüdiger Schmitt (Hgb.), *Etymologie*, Darmstadt (Wissenschaftliche Buchgesellschaft), 1977.

5 Romanische Sprachwissenschaft. Vulgärlatein.

Die ausgereifte Anwendung der junggrammatischen Methode auf das Gebiet der **Romanistik** erfolgte durch die Bonner Tätigkeit von Friedrich Diez (1794—1872) und insbesondere von Wilhelm Meyer-Lübke (1861—1936). Diez hatte sowohl eine historische Grammatik als auch ein etymologisches Wörterbuch der — ihm aus der Literatur wohlbekannten — Sprachen angefertigt, Werke, die der „Meister der Romanistik", Wilhelm Meyer-Lübke, wiederaufnahm und zu (immer noch) unerläßlichen Instrumenten der Lehre und Forschung im Gebiet der romanischen Sprachen verwandelte; es handelt sich um die *Grammatik der romanischen Sprachen*. I: *Lautlehre*. II: *Formenlehre*. III: *Syntax*. IV: *Register* (1890—1902: in diesem Zeitraum war Meyer-Lübke Professor in Wien); das *Romanische Etymologische Wörterbuch* (abgekürzt: REW), vollständig bearbeitet in der dritten (endgültigen) Auflage, 1935.

Sprachvergleich wurde auf die Sprachen der Romania angewandt, die durch intensive philologische Forschung damals ziemlich gut bekannt waren. Folgende Sprachen werden im REW berücksichtigt, von Westen nach Osten: p(ortu)g(iesisch), (kastilisch-)sp(anisch), kat(alanisch), prov(enzalisch), fr(an)z(ösisch), r(äto)-r(omanisch) — in den verschiedenen geographischen Ausprägungen — it(alienisch), s(ar)d(isch), rum(änisch) — nicht mehr *walachisch* genannt, wie noch bei Diez — und vegl(iotisch) — oder *dalmatisch* —, eine verstorbene Mundart Dalmatiens, die von Matteo Bartoli 1906 ausführlich beschrieben worden war. Die enge Verzahnung der aus dem Latein hervorgegangenen romanischen Spielarten (it. *lingue neolatine*) wurde durch die Etymologisierung und die regelrechte Anwendung von Lautgesetzen offenkundig. Anhand einiger einschlägiger Beispiele wollen wir jetzt die Reichweite der junggrammatischen Methode überprüfen. Man beachte die für die Aufstellung der Lautgesetze neu einzuführenden Abkürzungen und Notationsformeln. Vergleichen wir die Ableger von lat. DĔCEM (die alphabetische Anordnung des Wortschatzes ist im REW nach Etyma eingerichtet; jedes Etymon stellt einen numerierten, autonomen „Artikel" dar):

2497. DĔCEM ‚zehn'.

Rum. *zece*, vegl. *dik*, it. *dieci*, log. *dege*, engad. *diesch*, friaul. *dis*, frz. *dix*, prov. *detz*, kat. *deu*, sp. *diez*, pg. *dez*. - Ablt.: obw. *scheina* ‚eine Anzahl von zehn', ‚Häuserabteilung'; frz. *dizeau* ‚Haufen von zehn Garben'.

N. B. Gegenüber unseren Abkürzungen sind wenige Abweichungen und Zusätze festzustellen; log. = logudoresisch (‚zentralsardisch'); engad. = engadinisch und obw. = obwaldisch, friaul = friaulisch (‚Spielarten des sog. Rätoromanischen in der Schweiz und in Italien'); prov. bezieht sich immer auf den alten Sprachzustand der in Südfrankreich entstandenen rom. Sprache, die sonst als okzitanisch (occitan, Abk.: okz.) bezeichnet wird.

Der Stammbaum, den man sich denken könnte (beschränkt auf die wichtigsten Vertreter), sieht folgendermaßen aus:

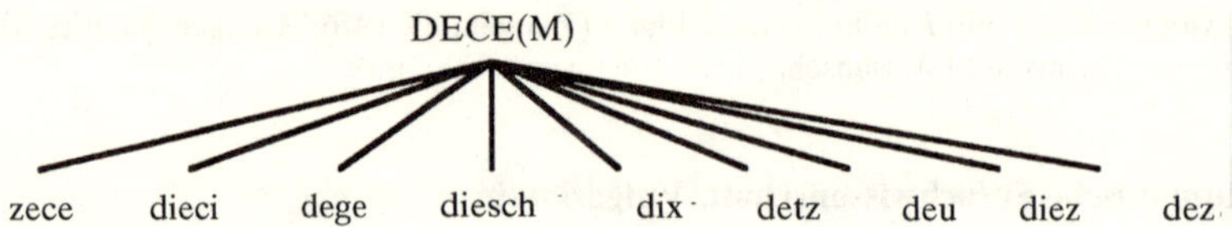

Er erlaubt uns theoretisch — durch Heranziehung weiterer Belege — eine Reihe von für die jeweiligen sprachlichen Entwicklungen gültigen LS zu formulieren, z. B.:

LS 1: Ĕ́[= kurzes (Ĕ), betontes (É) [e] in *offener Silbe* ([= dem Vokal folgt nur ein Konsonant (C), oder ein C+ [l, r]) bleibt im Pg. erhalten; vgl. (REW 6439) PES, PĔDE(M) > *pé*; (6445) PĔTRA(M) > *pedra*.

LS 2: Ĕ́ [,] = kurzes, betontes [e] in *offener* ([) und *geschlossener Silbe* (] = dem V folgen mehr als ein C) *diphthongiert* (> [jɛ]; [j] ist ein Halbvokal, hat keinen syllabischen Wert) im Sp.; vgl.: PĔDE(M), PĔTRA(M) > *pie, piedra*, aber auch: (REW 7830) SĔP/TE(M) > *siete,* (8668) TĔRRA(M) > *tierra.*

LS 3: -[k]- + V im absoluten Auslaut *vokalisiert* (also: [k] > [u]/_#; die untergesetzte Linie zeigt den Kontext, innerhalb dessen der links des schrägen Striches notierte Lautwandel stattfindet, nämlich im Auslaut: #); vgl. (REW 6317) PAX, PACE(M) > (kat.) *pau*, VŌCE(M) > *veu* (mit [ou] > [eu], aber akat. und dialektal [ˈvou]).

LS 4: -[k] vor [e, i] > [ts] > [s] (<x> = 'geschrieben *x*') > Ø/_#; vgl. (REW 2348) CRŪX, CRŬCE(M) > (frz.) *croix*; (6553) PIX, PĬCE(M) > *poix*.

LS 5: Ĕ́ [> [jɛ]: PĔDE(M), PĔTRA(M) > (it.) *piede, pietra*; dagegen: Ĕ́] > [ɛ] (*offenes e*): SĔPTE(M), TĔRRA(M) > *sette, terra*.

LS 6: -[k]- > [ɣ]/V_V: der stl. Verschlußlaut wird zu einem sth. Reibelaut (geschrieben <g>) in intervokalischer Stellung; vgl. PACE(M), VŌCE(M), CRŬCE(M) > (log.) [ˈpaɣe], [ˈbɔɣe], [ˈruɣe].

LS 7: [d] > [z] (<z>)/_[V] (vor hellen/palatalen Vokalen und Halbvokalen in freier Silbe); vgl. (REW 2628) DĪCĔRE > *zice* [ˈzitʃe]; (2632) DIES > (rum.) *zi*.

Das rekonstruktive Verfahren in der Romanistik führte bisweilen zu im klassischen Latein (klat.) nicht belegten Etyma, die sich allein durch die Vergleichung der romanischen Sprachen und die auf ihre Entwicklungen angewandten LS rechtfertigen ließen. Hier nur einige Paradebeispiele: Sucht man das Etymon von pg. *agulha*, sp., kat. *agulla*, prov. *agulha*, 'Nadel', so führt unsere Rekonstruktion in die Nähe von lat. ACUS (> rum *ac*, it. *ago*, sd. *agu*). Doch die Endung in den drei Sprachen der Iberischen Halbinsel zeigt eine Lautabfolge, die sich in weiteren lexikalischen Einheiten wiederfinden läßt, nämlich in der Diminutivbildung mit -CŬLUM: APIS (> it. *ape*, afrz. *ef*) → APĬCŬLA > pg. *abelha*, sp. *abeja*, kat. *abella*, prov. *abelha* (woher dann, als Entlehnung, frz. *abeille*): REW 523 ‚Biene'; OVIS → ŎVĬCŬLA > pg. *ovelha*, sp. *oveja*, kat. *ovella*, afrz. *oveille*: REW 6124 ‚Schaf'. Außerdem verlangt der Haupttonvokal der iberoromanischen Wörter ein lat. *langes* Ū, wie in LŪNA(M) > *lua, luna, lluna*, und nicht ein *kurzes* Ŭ, wie in BŬCCA(M) > *boca*. Wir können jetzt, aufgrund dieser Entsprechungen, ein rekonstruiertes lat. Etymon voraussetzen: *ACŪCŬLA (REW 119: ein ACŬCŬLA, mit -Ŭ́- ist belegt). Zwei Erkenntnisse dürfen uns dabei nicht entgehen:

(1) Die *rekonstruierte Form* existiert nicht im klassischen Latein, im Ggs. zu APICULA oder OVICULA.

(2) Die *rekonstruierte Bedeutung* für diese Form zeigt die gleiche, im klat. nicht vorgesehene Verschiebung, die die zwei weiteren herangezogenen Etyma aufweisen: ‚Bienchen' → ‚Biene', ‚Schäfchen'→ ‚Schaf', ‚Nädelchen' → ‚Nadel'. Unsere Rekonstruktion hat eine *Sprachstufe* zurückgewonnen, die sich nicht in das klat. Schema einfügen läßt, schematisch:

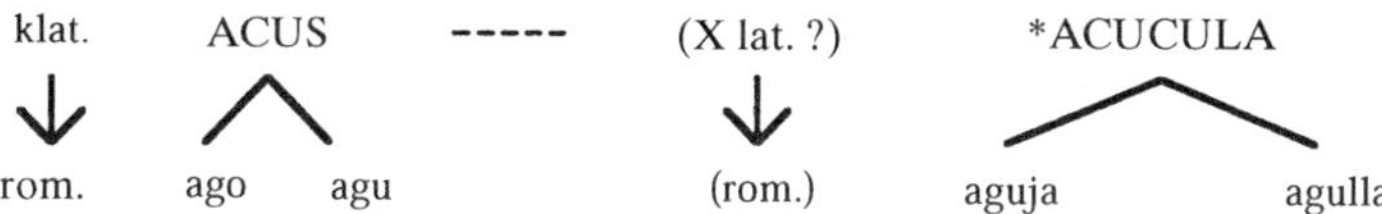

Hugo Schuchardt kommt das Verdienst zu, diese notwendige Sprachstufe der Entwicklung als **Vulgärlatein** (1866—1869: *Der Vokalismus des Vulgärlateins*, 3 Bände, Leipzig) bezeichnet zu haben. Darunter versteht man hauptsächlich das alltäglich gebrauchte *Sprechlatein* im Ggs. also zur künstlich geschaffenen, durch strenge Selektion (d. h. durch gleichzeitige Bevorzugung gehobener und tradierter Formen und Ablehnung plebejischer Strukturen) erarbeiteten Schriftsprache der Zeit Ciceros, Caesars oder Ovids.

BIBL. B. E. Vidos, *Handbuch der romanischen Sprachwissenschaft*, München (Hueber), 1968: Kap. II und III; Walther von Wartburg, *Einführung in die Problematik und Methodik der Sprachwissenschaft*, Tübingen (Niemeyer), [3]1970: 1—57; Alberto Vàrvaro, *Storia, problemi e metodi della linguistica romanza*, Napoli (Liguori), [2]1980, Kap. V: *I Neogrammatici*; Hans-Martin Gauger/Wulf Oesterreicher/Rudolf Windisch, *Einführung in die romanische Sprachwissenschaft*, Darmstadt (Wissenschaftliche Buchgesellschaft), 1981: Kap. II (*Entstehung der romanischen Sprachen*); Yakov Malkiel, *Die sechs Synthesen im Werke Wilhelm Meyer-Lübkes*, Wien (Österreichische Akademie der Wissenschaften), 1989; Carlo Tagliavini, *Le origini delle lingue neolatine*, Bologna (Pàtron; dt. Übersetzung: München, [6]1973), [7]1990: Kap. I (*La filologia romanza*).

6 Rekonstruktion des Vulgärlatein.

Beschaffenheit und Quellen dieses rekonstruierten Sprachstadiums der lateinisch-romanischen Entwicklung sollen jetzt anhand weiterer Beispielbesprechungen näher vorgestellt werden. Will man die Nachfolger der klat. Bezeichnung für ‚Ohr', AURIS, im Rom. finden, so entdeckt man wieder Formen, die sich leicht durch einfache Suffixableitung erklären lassen: pg. *orelha*, sp. *oreja*, kat. *orella*, prov. *orelha*, frz. *oreille*, it. *orecchia*, sd. [oˈrikra] oder [oˈriɣa], rum. *ureche*, alle aus AURĬCŬLA (REW 793). Die Lautabfolge der rom. Wörter ist problematisch, will man unbedenklich das rekonstruierte, auch belegte Etymon annehmen; sobald wir eine Reihe von regional differenzierten LS anwenden, wird uns klar, daß die *vulgärlateinische* (vlat.) Basis etwas anders aussieht:

LS 1a: [AU] > pg. [ou], prov., rum. [au] in Anfangsstellung; sd. [a]: AUDĪRE > *ouvir*, *auzir*, *auzi* ‚hören'; PAUCU > [ˈpaɣu] ‚wenig'.

LS 1b: [O]- > rom. [o], rum. [u]: OCCĪDĔRE > rum. *ucide*.

LS 2a: -[K]- > (it., rum.) [k], sd. und westrom. [ɣ], [Ø]: FORMĪCA(M) > it. *formica*, rum. *furmică* (beachte vortoniges [o] > [u]!); sd. [froˈmiɣa], sp. *hormiga,* ansonsten *formiga*.

LS 2b: -Ŭ- > sd., rum. [u], it., westrom. [o] vor- oder nachtonig: ŪSTŬLĀRE > rum. *ustura*, it. *ustolare* ‚brennen, jucken'.

LS 2c: [CL]- > sd. [kr], it. [kj], rum. [k], pg., kat., prov., afrz. [ʎ] > nfrz. [j] in intervokalischer Stellung; vlat. Bsp.: (REW 9291) VĔCLUS > it. *vecchio*, pg. *velho*, kat. *vell*, prov. *vielh*, sp. *viejo*, frz. *vieil*.

Aus dieser Zusammenstellung wird gleich manifest, daß nach Anwendung der vorgeführten LS (insbesondere von 1b und 2c) sich ein *ŌRĬCLA ableiten läßt, das den Ablegern am nächsten kommt (vgl. insbes. zentralsd. [oˈrikra]). Unser rekonstruiertes Etymon gehört freilich dem Grundstock des Vulgärlateinischen an. Aber nicht selten tauchen durch dieses deduktiv-nomologische Verfahren gewonnene Formen in lateinischen Schriften, Inschriften, Wandkritzeleien oder einfach in Berichten von Grammatikern auf, die die Richtigkeit der angewandten Methode bestätigen. Die Diminutivbildung AURĬCŬLA, eine ursprünglich niedliche und expressive (‚Ohrläppchen, das liebe Ohr'), aber auch technische (‚Außenohr') Ausdrucksform, wird schon vom Komödienschriftsteller Plauto (3. Jh. v. Ch.) verwendet, erscheint Jahrhunderte später in weiter entwickelter Gestalt (AURICLA, ORICULA) in den Briefen Ciceros und in einem rhetorischen Traktat (1. Jh. v. Ch.), um letztlich in dem von uns wiederhergestellten Gewand von einem Grammatiker Anfang des 4 Jhs. n. Ch. wieder aufgegriffen zu werden, und zwar mit der Absicht, sie zu verurteilen: «man sagt AURIS, nicht ORICLA». Der gleiche Grammatiker hat uns eine Liste von „zu tadelnden" vlat. Formen hinterlassen (*Appendix Probi*), aus der wir folgende, für die Rekonstruktion unseres Etymons wichtige Ableger herausnehmen und kurz mit den modernen Entsprechungen erläutern: SPECULUM non SPECLUM (> sp. *espejo*, kat. *espill*, it. *specchio*); MASCULUS non MASCLUS (> sd. *maskru*); VETULUS non VECLUS. Es läßt sich jetzt leicht folgern, daß die schon behandelten Formen, APICŬLA, OVICŬLA, *ACŪCŬLA am gleichen Wandlungsprozeß von AURĬCŬLA > ORĬCLA teilgenommen haben, nämlich an dem Ausfall des nachtonigen Ŭ, einer Erscheinung, die als *Synkope* bekannt ist. Wir können jetzt den historischen Lautwandel konkret zusammenfassen:

(1) LS: -CŬL- > -CL- [kl] (= 2c);

(2) LS: [kl] > [kr], [kkj], [ʎ] usw.

Dieser Prozeß wurde im Detail von den Junggrammatikern geschildert: nur die parallele semantische Bedeutungsverschiebung, nämlich: (Phase I) AURIS ‚Ohr' vs AURICULA ‚Ohrläppchen' → (Phase II) AURICULA ‚Ohrläppchen' > ‚Ohr', wurde völlig außer acht gelassen.

Nach dem bisher Gesagten sind **Quellen** des Vlat.:

(1) konkrete Verwendungen von römischen Schriftstellern und Äußerungen von Grammatikern;

(2) Textbelege (von Ungebildeten verfaßte Dokumente und Soldatenbriefe), technische und nicht hochelaborierte Texte, Inschriften und Wandkritzeleien;

(3) durch Sprachvergleich erschlossene Etyma.

BIBL. Gerhard Rohlfs, *Vom Vulgärlatein zum Altfranzösischen*, Tübingen (Niemeyer), [3]1968: 17—44; Idem, *Sermo Vulgaris Latinus. Vulgärlateinisches Lesebuch*, Tübingen (Niemeyer), [3]1969; Veikko Väänänen, *Introduction au latin vulgaire*, Paris (PUF), [3]1981; Maria Iliescu/Dan Slusanski, *Du latin aux langues romanes. Choix de textes, traduits et commentés (du IIe siècle avant J.C. jusqu'au Xe siècle après J.C.)*, Wilhelmsfeld (Egert), 1991.

7 Chronologie. Periodisierung.

Der Fall VĔCLUS soll dazu dienen, ein weiteres wichtiges, von den Junggrammatikern oft aufgegriffenes Arbeitskonzept vorzuführen: die **Chronologie** eines Sprachwandels. Vergleichen wir folgende lat. Etyma mit den daraus entstandenen Ablegern in einigen Sprachen:

ŪST/Ŭ/LĀRE	>	it. *ustolare*; aber zentralsd. [usˈkrare]
OC/Ŭ/LUM	>	it. *occhio*, zentralsd. [ˈokru]
UĔT/Ŭ/LUM	>	UECLUM > it. *vecchio* usw.

Es ist klar, daß die Lautabfolge -TŬL- in it. *ustolare* unversehrt blieb (zu Ŭ > [o]: ↗ § 25), aber nicht im konservativen Sd., wo die Entwicklung -TŬL- > [kl] (> [kr]) dem Wandel -CŬL- > [kl] in OCŬLUM > OCLUM genau entspricht. Die it. Ergebnisse von OCLUM und UECLUM bestätigen dann die Hypothese, daß man von einer „geordneten" zeitlichen Abfolge ausgehen muß, um die Entwicklungen getreu wiederzugeben:

(1) erste Phase: Erhaltung der Lautabfolge: -TŬL- (*ustolare*);

(2) zweite Phase: Synkope$_1$: -CŬL- > -CL- (OCLUS);

(3) dritte Phase: Synkope$_2$: -TŬL- > -TL- (*VETLUS);

(4) vierte Phase: Ersetzung des neuen Nexus: -TL- → -CL-.

Man hat hier eine **relative Chronologie** aufgestellt, kraft derer die Ersetzung des im klat. ungewöhnlichen Konsonantennexus -[tl]- erst *nach* der Schaffung eines (aus der Synkope entstandenen) internen (= intervokalischen) Nexus [kl] stattfinden konnte. Eine weitere wohlbekannte relative Chronologie wird durch das sog. *Bartschsche Lautgesetz* (von Karl Bartsch) gegeben. Im Frz. *palatalisieren* (↗ § 24) sowohl der Vokal Á in freier Stellung als auch der Konsonant [k] vor A; [k] vor [e,i] ergab im Afrz. hingegen eine *Affrikata* [ts] (> nfrz. [s]: ↗ § 24):

LS 1: NĀSUM > afrz. *nes*, nfrz. *nez*; MĀREM > frz. *mer*;

LS 2: CABALLUM > *cheval*; CAMPUM > *champ*;

LS 3: CENTUM > *cent* ([tsẽnt] > [sã]); CĬNĔREM > *cendre*.

Bartsch bemerkte, daß betontes A nach [k]- nicht, wie erwartet zu [ɛ], sondern zu [jɛ] wurde:

LS 4: CAPUT > afrz. *chief* (> nfrz. *chef*), CARUM > *chier* (> *cher*); CANEM > *chien* (vor Nasal blieb der Diphthong erhalten).

Seine unmittelbare Schlußfolgerung war, daß Á[erst zu [jɛ] wurde, als [k]- schon einen palatalen Wert übernommen hatte (also: Á[> [jɛ]/[C, + palatal]); vor einem bereits eingetretenen [jɛ] hätte sich (nach LS 3) [k] in [ts] verwandelt, also:

	CAPUT	>	*[tʃaf]	>	[tʃjef]	relative
α	[k]	→	[tʃ]			Chronologie
β			[a]	→	[jɛ]	(α vor β)

Absolute Chronologien im engen Sinne gibt es nicht, weil durch Texte belegte Veränderungen mittels vertiefter philologischer Erforschung vor- oder nachdatiert werden können. Historisch belegte Wandlungen helfen trotzdem, Einschnitte in die Sprachgeschichte vorzunehmen, sog. **Periodisierungen**: Die Sprache von Froissart oder Commynes hebt sich in bedeutenden Zügen vom afrz. Sprachusus ab, so daß man mit Recht aufgrund solcher Texterkenntnisse eine „mittelfranzösische" Sprachphase abgeleitet hat (↗ § 83).

BIBL. Rohlfs (op. cit., § 6): 85—91; Romano Lazzeroni (Hgb.), *Linguistica storica*, Roma (La Nuova Italia Scientifica), 1987: § 2.8 (*La cronologia relativa*).

8 Analogie.

Die nicht von einem LS erfaßten lautlichen Entwicklungen, die auch nicht von einem weiteren, restriktiven LS erklärbar waren, wurden von den Junggrammatikern durch die Wirkung der **Analogie** begründet. Analogische Formen werden nach einem *Vorbild* gebildet und unterliegen deshalb nicht der allgemeinen, vom LS vorgesehenen regelmäßigen Entwicklung. Die hohe Frequenz (d. h. das häufige Vorkommen des „Musters" im alltäglichen Gebrauch) ist verantwortlich für die analogische Beeinflussung. Der Nexus -Ci- [kj] (‚velarer + halbkonsonantischer Laut') entwickelte sich regelmäßig im Asp. und Akat. als [ts], im Toskanischen als [ttʃ], im Zentralsd. als [tθ]. Bsp.: BRACCHIUM > asp. *braço*, akat. *braç*, tosk. *braccio*, sd. [ˈbratθu]. Im Verbalbereich wäre deshalb auch folgende Entwicklung zu erwarten: FACĬŌ > akat. *fatz*, tosk. *faccio*, sd. [ˈfatθo], aber asp. *fago*. Die asp. Form (nsp. *hago*) entspricht nicht dem aufgestellten LS 1, sondern scheint einem weiteren LS 2 zugeordnet zu sein:

LS 1: -Ci- > [ts] vs LS 2: -C- > [ɣ] = <g>.

Laut LS 2 soll *fago* auf ein Etymon *FACŌ zurückgehen. Eine umsichtigere Nachforschung im Gebiet der rom. Dialektologie belehrt uns, daß sowohl FACIO als auch *FACO als Etyma der 1 P des Präsens Ind. von ‚machen' vorausgesetzt werden müssen:

FACĬŌ		*FACŌ
akat., prov. *fatz* (-ç)	↔	leonesisch *fagu*
sd. [ˈfaθo]		gal. *fago*
tosk. *faccio*		sd. Mundarten [ˈfaku], [ˈakko], [ˈaʔo]
pg. *faço*		rum. *fac*

Wie erklärt man die Variante *FACŌ? Die Junggrammatiker suchen im Verbalbereich eine 1 P des Präsens, die sehr häufig vorkommt und die das LS 2 erfüllt: Diese findet sich z. B. in DĪCŌ (> sp. *digo*/ it. *dico*) oder DŪCŌ (und Derivate: ADDŪCŌ > asp. *adugo* / it. *adduco*). Die Kontexte, in denen DĪCŌ und FACĬŌ zusammen vorkommen (*yo hago siempre lo que digo* ‚ich tue immer das, was ich sage'), und die ähnlich strukturierten Verbalflexionen im Präsens (*digo — dices — dice* / *hago — haces — hace*) haben die Angleichung gefördert. Wir können in der Tat vermuten, daß die Analogie *nicht* auf vlat. Ebene, sondern erst auf rom. Ebene stattfand; demzufolge bräuchten wir keinen „gespaltenen" Stammbaum vorauszusetzen. Beide Lösungen seien jetzt synoptisch dargestellt:

Lösung 1:	klat.	↔	vlat.
2 Etyma:	FACĬŌ		*FACŌ (< DUCŌ): lat. *Analogie*
1 Endergebnis:	fago	←	↙

Lösung 2:	klat.		
1 Etymon:	FACĬŌ		
asp. *Analogie*:	*faço	↔	digo (< DĪCŌ)
1 Endergebnis:	fago	←	↙

Der Unterschied zwischen beiden Darstellungen ist relevant: In (1) postuliert man eine *sprachliche Variation* innerhalb des rekonstruierten Vlat., während man in (2) die *Variation* erst im rom. vollausgebildeten Sprachsystem vorsieht. Wir werden noch auf diese wichtige *heuristische* Scheidung zurückkommen (↗ *Varietätenlinguistik*: § 118). Es genügt festzuhalten, daß Lösung 2, trotz der offensichtlichen empirischen Widerlegung (es gab im Asp. kein **faço*, auf das *digo* einwirken konnte!), von den Junggrammatikern bevorzugt wurde, weil sie im Einklang mit ihrer Auffassung stand, daß rekonstruierte *Ursprachen* bzw. *Sprachstufen* monolithisch, d. h. variationsfrei seien. Die weitere Behandlung mit unserer 1 P von ‚tun, machen' im Romanischen erlaubt uns, zusätzliche Fälle von Analogie aufzudekken, die sich diesmal mit Lösung 2 leicht erklären lassen. In den Dialekten der Toskana und im Aragonesischen trifft man auf ein *fo* als unregelmäßiges Ergebnis von FACĬŌ: tosk. *fo*, *fai*, *fa*; arag. (Hecho) *fo*, *fas*, *fa*. Im ersten Fall zieht man Formen wie DŌ > *do* (*dai*, *da*) ‚ich gebe', STŌ > *sto* (*stai*, *sta*) ‚ich bin', im zweiten Fall das Verb ESSE: SUM > *so* heran, um diese Nachbildungen zu erklären; *o* ist übrigens auch eine von Kindern (z. B. in Italien) spontan erzeugte Bildung (sie gehört zum sog. *baby talk*). Auch im Kat. erfuhr die 1 P des Präsens von *fer* einen analogischen Wandel: akat. *faç* → nkat. *faig* [fatʃ] nach dem Vorbild von: UĬDĔŌ > *veig* ‚ich sehe'. Der

Einfluß der Verben DĪCŌ, DŪCŌ (> *dic*, *duc*, mit -[k]) war aber im Kat., trotz dieser merkwürdigen Ausnahme, weit umfassender als im Sp., vgl.:

kat.	sp.
puc, moc, dec, crec, bec,	*puedo, muevo, debo, creo,*
estic, conec,	*estoy, conozco,*
jec, sec	(it.) *giaccio, siedo*

Eine letzte Bemerkung zur Analogie: Vergleicht man den sp. Fall mit z. B. dem analogischen Prozeß, der im Kat. von *L'Alguer/Alghero* (auf Sardinien) die Flexion des Präsens von ‚wissen' betraf, nämlich:

kat.	*sé*	↔	algu.	*sep*
	saps			*saps*
	sap			*sap*,

so merkt man gleich, daß das analogische -[p] in der algu. 1 P der Ausweitung des auslautenden bilabialen Konsonanten der 2 und 3 P zuzuschreiben ist, daß es sich also um einen *Formenausgleich* innerhalb des *Paradigmas* (↗: § 29), d. h. der Konjugation des Präsens von *saber* ‚wissen', handelt und nicht, wie im Sp., um eine Angleichung an ein weiteres Paradigma (nämlich an die 1 P von ‚sagen'). Der Unterschied läßt sich folgendermaßen darstellen:

(1) *intraparadigmatische Analogie*:

sé →	*sep*
	saps
↑	*sap*

(2) *extraparadigmatische Analogie*:

FACIO	+	DUCO	→	*FACO
FACIS		DUCIS		FACIS
FACIT		DUCIT		FACIT

BIBL. Witold Mańczak, *Tendances générales des changements analogiques*, Lingua 7 [1958]: 298—325; 12 [1963]: 19—38; John Lyons, *Einführung in die moderne Linguistik*, München (Beck), [7]1989: 29—39; Hans Heinrich Hock, *Principles of Historical Linguistics*, Berlin/New York/Amsterdam (Mouton De Gruyter), [2]1990: Kap. IX (*Analogy: General Discussion and Typology*).

9 Lateinischer Einfluß.

Die von einem LS vorgeschriebene Lautentwicklung konnte auch von „externen", d. h. außersprachlichen Faktoren gestört werden. Vergleichen wir folgende Wortpaare:

frz.	*froide* [frwad]	it.	*fredda*	kat.	*freda*
	frigide		*frigida*		*frígida*

Das den Wortpaaren gemeinsame Etymon lautet *FRĬGDA, eine vlat. Variante von klat. FRĪGĬDUS, -A, die den kurzen Vokal ĭ — statt ī — dem Einfluß von RĬGĬDUS, -A (in engen Bindungen: RIGIDUM FRIGUS) verdankt. Eine Reihe von LS bestätigt unsere rekonstruierte Basis:

LS 1: klat. ĭ = vlat. [e]

frz. [e] > [ei] > [oi] > [we] > [wa] — it. [e], kat. [ɛ]

LS 2: -GĬD- > GD (*Synkopierung*): belegt in der *Appendix Probi: frigida* non *fricda*, und vgl. auch den dort getadelten, ähnlichen Ausfall von unbetontem ĭ in: *calida* (CALĬDA) non *calda* (afrz. *chalde* > nfrz. *chaude*, it. *calda*).

LS 3: [gd]

it.: [dd] (Assimilation) — [dd] > [d] :frz., kat. (Assimilation und Degeminierung)

Der Konsonantennexus [gd] vereinfachte sich, indem sich der erste C an den zweiten C anglich: [g—d → d—d]. Der so entstandene lange C ([dd] ist länger als [d]) heißt Geminata. Im Westrom. sind aber lange C gekürzt (besser: *degeminiert*) worden.

LS 4: -A = -[a] im Rom., außer im Frz., wo: -[a] > -[e] > - [ə]> Ø.

Es ist ersichtlich, daß die Formen der oberen Reihe (*froide*) eine lautgesetzliche Entwicklung zeigen: Es handelt sich um *Erbwörter* (↗ § 62). Die Wörter der unteren Reihe (*frigide*) zeigen hingegen eine mit dem klat. Typus identische oder fast identische Gestalt, nur ihre Aussprache verrät die rom. (z. B.: kat. [ˈfriʒiðə]) und nicht die lat. (ˈfrigida) Zugehörigkeit. Sie wurden, zu unterschiedlichen Zeiten, aus dem Klat. entlehnt und bewahren einen spezifischen semantischen Gehalt (‚frigid'); es sind *Buchwörter*.

BIBL. Ernst Ulrich Große, *Altfranzösischer Elementarkurs*, München (Hueber), ²1975: 59—62; Heinz Jürgen Wolf, *Französische Sprachgeschichte*, Heidelberg / Wiesbaden (Quelle & Meyer), ²1991: 50—53.

10 Interne und externe Sprachgeschichte.

Die im letzten Paragraph besprochenen Fälle von *Entlehnung* sollen uns jetzt kurz zeigen, wieweit *interne* Rekonstruktion mit der Einbeziehung *externer* Störfaktoren kombiniert wurde und zu welchen Zwecken diese Symbiose von den Vertretern der vergleichenden Sprachwissenschaft benutzt wurde. Man hat angenommen, daß das gesprochene Latein zur Zeit Ciceros wenige Verstöße gegen die etablierte Schriftsprache aufwies: AURIS und AURICULA wären freie Optionen innerhalb eines *Sprachregisters*. Im Laufe der auf Cicero folgenden Jahrhunderte entfernte sich die geschriebene immer mehr von der gesprochenen Sprache (vgl. AURIS und ŌRĬCLA), und infolge des Zerfalls des Imperiums und des damit verbundenen Verlusts der kulturellen zentripetalen Kräfte Roms tat sich etwa im 7./8. Jh. eine zwischen beiden Polen unüberbrückbare Kluft auf: Die „niedrige" Varietät, das von der breiten Masse im alltäglichen Usus verwendete Idiom hieß *Romanisch*. Der alten Opposition AURIS VS AURĬCŬLA, auf die jeder Sprecher bewußt je nach Situation oder Sprechpartner zurückgreifen konnte, standen nunmehr eine klassische Form, die nur von wenigen (Klerikern und insb. einer Elite Schreibkundiger) beherrscht wurde, und eine Vielfalt von völlig unterschiedlich gesprochenen Spielarten gegenüber (AURIS vs [oˈreʎə], [oˈrekkja], [oˈreʒa] usw.). Undurchlässige Trennwände schieden die lat. Form von den rom. Entsprechungen. Diese *historische Rekonstruktion*, die wir mit modernen, varietätenlinguistischen Termini im folgenden genauer schildern werden, betraf nicht nur die *interne* Konstitution des sog. Vlat., sondern auch seinen Werdegang im Raum und in der Gesellschaft, also die *externe* Geschichte. Man unterscheidet deshalb grundsätzlich:

(1) eine **interne Sprachgeschichte**: AURĬCŬLA > ŌRĬCLA > asp. [oˈreʒa] > [oˈrexa], von

(2) einer **externen Sprachgeschichte**: Ausbreitung des Lateins in der Romania; allmähliche Zerklüftung der eroberten Gebiete; Entstehung von Raumvarietäten; Spaltung des Kulturniveaus innerhalb der römischen Gesellschaft; autonome Fortentwicklung der regionalen Spielarten bis zum Herauswachsen der romanischen Sprachen.

Die *externe Sprachgeschichte* arbeitet prinzipiell mit der Einbettung sozialer und außerlinguistischer Faktoren in die allgemeine Rekonstruktion von *Sprachphasen* (bzw. *Periodisierungen*). Ramón Menéndez Pidal, der Meister und Begründer der hispanistischen Sprachwissenschaft, hat in seiner mustergültigen Arbeit *Orígenes del español* (Untertitel: *Estado lingüístico de la Península ibérica hasta el siglo XI*, erste Ausgabe 1926) vorbildlich gezeigt, wie verschiedene Wesenszüge der leonesischen Mundarten durch den Einfluß der benachbarten kastilischen Norm allmählich verblassen; mit der *Reconquista*, der „Wiedereroberung“ der den Arabern zufallenden Teilen Spaniens, dringen die kastilischen Sprachmerkmale mächtig auch nach Süden vor und überlagern die dort aus den jeweiligen Regionalnormen des Vlat. herausgewachsenen Dialekte. Die Rekonstruktion der *internen* Entwicklung des Kast.-Sp. geht Hand in Hand mit der Heranziehung geschichtlicher Faktoren.

BIBL. Helmut Berschin/Josef Felixberger/Hans Goebl, *Französische Sprachgeschichte*, München (Hueber), [2]1978: Teile C (*Interne Geschichte*) und D (*Externe Geschichte*); Rafael Lapesa, *Historia de la lengua española*, Madrid (Gredos), [8]1980, Kap. XII und XIII (*El español del Siglo de Oro. La literatura barroca* und *El español del siglo de Oro. Cambios lingüísticos generales*).

11 Klassifikation. Substrat, Superstrat, Adstrat.

Wie eng und weit die gleichmäßige Anwendung *interner* und *externer* Rekonstruktion betrieben wurde, soll jetzt mit der oft von den Vertretern der vergleichenden Sprachwissenschaft aufgeworfenen Frage nach der **Klassifikation** kurz gezeigt werden. Klassifizieren, Einordnen, Zuordnen waren unerläßliche Begriffe der positivistischen Periode, die in die sprachwissenschaftliche Tradition eingingen. Eine allein *interne* Klassifikation erfolgte durch bloße Anwendung von LS auf eine bestimmte Anzahl von untersuchten Sprachen. Greift man auf die indogermanischen Entsprechungen von ‚100‘ zurück, etwa lat. CENTUM [k-], gr. (hɛ)*katón*, skr. *śatam*, lituanisch *šim̃tas*, awestisch *satəm* heran, so merkt man, daß dem Velarlaut [k] im Gr.-Lat. ein Spirant ([ʃ, s]) in den anderen Sprachen entspricht. Aufgrund dieser Beobachtung (also dieses LS: [k] = 1; [k] > [ʃ, s] = 2) spricht man seit F. von Bradke (1890) von indogermanischen *Kentum* bzw. *Satem-Sprachen* (und vgl. rum. *sută*, eine aus dem Slawischen entlehnte *satem*-Fortsetzung). Eine sehr bekannte Klassifikation der rom. Sprachen wurde von Walther von Wartburg durch Anwendung von zwei lautlichen Parametern vorgenommen:

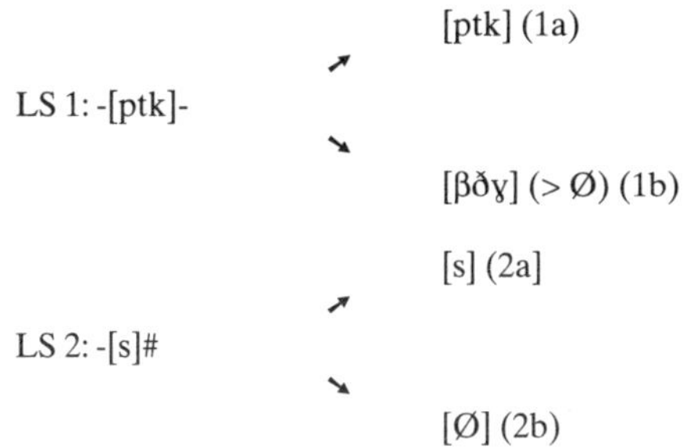

Vergleichen wir z. B. die Hauptnachfolger des lat. Begriffs für ‚mehr':

MAGIS > pg. *mais*, sp. *más*, kat. *més*
PLŪS > afrz. [plys] *plus*, sd. [prus] (LS 2a)

MAGIS > rum. *mai*
PLŪS > it. *più* (LS 2b)

Die gleiche Verteilung erfolgt, wenn wir die lautgesetzliche Entwicklung folgender Etyma miteinander vergleichen: AMĪCA(M) > pg., sp., kat. *amiga* [ɣ], frz. *amie* [ɣ > Ø] ggb. it. *amica*; SAPŌ, -ŌNEM > pg. *sabão*, sp. *jabón*, kat. *sabó*, frz. *savon*, sd. [saˈβɔne] ggb. it. *sapone*, rum. *săpun*. Sowohl die Erhaltung des auslautenden -S als auch die *Sonorisierung* bzw. *Lenisierung* der ursprünglichen *Verschlußlaute* reichten bis hin zur Grenze der Toskana, so daß die Sprachlandschaft Italiens in zwei große Blöcke zergliedert wird (↗ *La Spezia-Rimini Isoglosse*: § 88). Wartburg hat, diesem Resultat zufolge, eine neue Einteilung der Romania eingeführt:

Westromania	↔	*Ostromania*
pg., sp., kat.,		mittel-, südit.,
frz., nordit., sd.		rum. (und vegliotisch)
(LS 1b, 2a)		(LS 1a, 2b)

Zur Begründung von *Ausgliederungen* wurden manchmal *außerlinguistische* Faktoren herangezogen, darunter vorwiegend die Auswirkung von anderen Sprachen, die zu verschiedenen Zeitabschnitten die Entwicklungstendenzen der betroffenen rom. Protovarietäten bestimmt haben können. Die Arbeitsbegriffe **Substrat**, **Adstrat** und **Superstrat** sind mit dieser Auffassung eng verbunden. Sie werden nachfolgend mit ausgesuchten Bsp. beleuchtet. Die Opposition *Iberoromanisch* vs *Galloromanisch*, die das knifflige, näher zu erörternde Problem der „Zuordnung" des Katalanischen zum sp.-pg. Block oder zu den in Frankreich und Norditalien gesprochenen Varietäten tangiert, beruht auf der Annahme, daß das Vlat. der Iberischen Halbinsel von der nicht-indogermanischen, vorrömischen Sprache der Iberer geprägt worden sei, im Ggs. zum Vlat., das sich im ursprünglichen Siedlungsgebiet der indogerm. Gallier (die Keltisch sprachen) herausgebildet habe. Man geht z. B. davon aus, daß vor der definitiven (von Caesar in seinem *De bello Gallico* genau beschriebenen) Ausrottung der keltischen Sprache durch die Römer die unterjochten Gallier, die Latein lernen „mußten", einige Aussprachegewohnheiten und Formen ihrer Muttersprache (L_1 = *First Language*) in die erlernte (L_2), fremde Sprache hineinbrachten (↗ *Interferenz*: § 97). Da in verschiedenen Spielarten des Kelt. [u] *palatalisiert* wurde ([u] > [y], auch entrundet: [i]), gewann man den Eindruck, die für die Mundarten Süd- und Nordgalliens und Norditaliens typische Aussprache [y] aus lat. Ū sei dem gallischen Substrat zuzuschreiben. Diese naheliegende Deduktion sieht also etwa wie folgt aus:

Ū	>	[u]	[y]
PLŪS	>	sd. *prus*, apg. *chus*	frz. [ply], okz. [pys], nordit. [py]
vlat.		[plus]	L_2 [plys] ↑
Substrat		nicht-indogerm.	L_1 keltisch (DŪNUM > kymrisch [din])

Im Falle des *Iberoromanischen* erweist sich die Rückführung einer alten oder modernen Erscheinung auf das Substrat als schwieriger, weil das *Iberische* nur trümmerhaft überliefert worden ist und dessen Strukturen noch zahlreiche dunkle Rätsel aufgeben. Man neigt allerdings dazu, die *Aspiration* des anlautenden F- im Kastilischen und Gaskognischen, die zum heutigen Ø-Laut geführt hat ([f] > [h] > Ø : FEMINAM > sp. [ˈembra] <hembra>, gk. [ˈhemno]), dem iberischen Substrat zuzuschreiben. Daß man, insbes. in bezug auf nicht-indogerm. Substrate (wie Iberisch in Spanien, Etruskisch in der Toskana oder Rätisch in den Alpen) mit großer Vorsicht vorgehen muß, wenn vorrömische Aussprachegewohnheiten auf rom. Sprachstufen übertragen werden, zeigt allein die Tatsache, daß „angebliche Substraterscheinungen" auf verschiedenen, vornehmlich entfernten Sprachgebieten spontan auftreten. In zentralsd. Mundarten (Barbagia di Ollolai), wo bestimmt kein iberisches Substrat verantwortlich gemacht werden kann, hat man den genau gleichen spanischen Aspirations- und Verstummungsprozeß belegt: FEMINAM > [ˈhemmina] > [ˈemmina].

Wenn der Fachterminus *Substrat* die Wirkung der vorrömischen Sprachen auf die Regionalvarietäten des gesprochenen Vlat. impliziert, ist der Begriff *Superstrat* auf die Sprachen anzuwenden, die erst nach der Ausbreitung und Konsolidierung des Latein auf der ganzen Romania einen gewissen Einfluß ausgeübt haben. Darunter fällt dem Germanischen eine besondere Rolle zu. Wandalen (aus *al-Wandalus*, der arabischen Bezeichnung für die besetzten wandalischen Gebiete Spaniens, ist *Andalucía* entstanden), Alanen, Sueben in Spanien, Westgoten in Spanien und Südfrankreich, Ostgoten und Langobarden in Italien, Franken im ehemaligen Gallien (*Frankreich* < Franken + Reich) haben alle zahlreiche Wortschatzeinheiten in die frühesten Sprachstufen der rom. Sprachen (4.—5. bis 7.—8. Jh.) eingebracht. Ihr Gewicht in der Herausbildung der rom. Sprachen wurde auch gelegentlich zum Zweck der *Klassifikation* verwendet. Nach Wartburg ist das frankoprovenzalische

Sprachgebiet durch die Jahrhunderte lange *burgundische* Verwaltung hervorgebracht worden.

Von *Adstrat* spricht man, wenn eine Sprache mit einer anderen koexistiert, mit dieser in Konflikt gerät und sie letztlich beeinflußt. Dem gr. Adstrateinfluß haben einige Gelehrte manche Neuerungen des Vlat. zugewiesen, die sich insbes. durch die Bibelübersetzungen ins Lat. eingeschlichen haben können. Nach Eugenio Coseriu wäre z.B. die Bildung des neuen zusammengesetzten (besser: *analytischen*: ↗ § 78) Futurs und Perfekts (Typ: CANTARE HABEO, HABEO AD CANTARE ‚ich habe zu singen' → ‚ich werde singen' und HABEO CANTATUM ‚ich habe gesungen') auf die entsprechenden gr. Vorbilder zurückzuführen (vgl. ἔχω γράφειν, ἔχω γεγραμμένον).

Um diesen Fragekomplex abzuschließen, sei noch vermerkt, daß Termini wie *Iberoromanisch*, *Galloromanisch* oder *Okzitanoromanisch* (Pierre Bec) nur als bloße Etiketten gebraucht werden, um sprachliche (‚interne') Fakten besser in eine Sprachlandschaft oder -gruppe einordnen zu können. Die vieldebattierte „Zuordnung" des Kat. zum galloromanischen Sprachblock oder sein Alleinweg mit dem Prov.-Okz. innerhalb einer privativen Gruppe wird bei einer Konfrontation von Merkmalen mit den pg.-sp. und den okz. Entsprechungen gleich manifest. Hier nur eine willkürliche Auswahl, diesmal auf alle Sektoren der Sprache angewandt:

			Iberoromanisch	vs	Galloromanisch		
	lat.	pg.	sp.	ast.	kat.	okz.	frz.
Lautlehre							
(1) -V#	LACTE(M)	leite	leche	ḷḷeche	llet	lait/lach	lait
	LECTU(M)	leito	lecho	ḷḷechu	llit	lieit/liech	lit
(2) CL [kl]							
	CLAVE(M)	chave	llave	ḷḷave	clau	clau	clé
Morphologie							
(3) ‚man'	SE/HOMO	se fala	se habla	se fala	hom parla	om parla	on parle
Syntax							
(4) ‚Negation'		non falo	no hablo	non falo	vs no parlo pas	(no) parli pas	je (ne) parle pas
Lexikalische Auswahl aus dem Formenbestand							
‚Angst'	METUM	medo	miedo	miadu			
	PAVŌREM				por	paur	peur
‚Käse'	CASEUM	queixo	queso	queiso			
	FORMATICUM				formatge	formatge	fromage
‚Tisch'	MENSAM	mesa	mesa	mesa			
	TABULAM				taula	taula	table
‚mit'	CUM	com	con	con			
	APUD				amb	ab	av(ec)
‚essen'	CŎMĔDĔRE	comer	comer	comer			
	MANDŪCĀRE				menjar	manjar	manger

Die Zuordnung des Katalanischen zum *Galloromanischen* und seine besondere Affinität mit dem Altprovenzalischen und dem Neuokzitanischen gehen deutlich aus dem angestellten Vergleich hervor. Diese unwiderlegbare Erkenntnis wurde unter ausschließlicher Anwendung *sprachvergleichender* und *etymologisierender* Argumente schon 1925 von Wilhelm Meyer-Lübke gewonnen und in seinem wertvollen Beitrag *Das Katalanische. Seine Stellung zum Spanischen und Provenzalischen sprachwissenschaftlich und historisch dargestellt* (Heidelberg) verteidigt.

BIBL. Friedrick H. Jungemann, *La teoría del sustrato y los dialectos iberorromances y gascones*, Madrid (Gredos), 1956; Žarko Muljačić, *Die Klassifikation der romanischen Sprachen*, Romanistisches Jahrbuch 18 [1967]: 23—37; Wilhelm Pötters, *Unterschiede im Wortschatz der iberoromanischen Sprachen. Beitrag zu einer vergleichenden spanisch-portugiesischen Semantik*, Köln (Dissertation) 1970; Walther von Wartburg, *La fragmentación lingüística de la Romania*, Madrid (Gredos), [2]1971 (dt. Originalausgabe 1950, Bern; frz. Übersetzung 1967, Paris); Gerhard Rohlfs, *Studi e ricerche su lingua e dialetti d'Italia*, Firenze (Sansoni), 1972: Kap. II, 13, 17, 21; Christian Schmitt, *Die Sprachlandschaften der Galloromania. Eine lexikalische Studie zum Problem der Entstehung und Charakterisierung*, Bern/Frankfurt/M. (Lang), 1974; Eugenio Coseriu, *Estudios de lingüística románica*, Madrid (Gredos), 1977: Kap. 10 (*El problema de la influencia griega sobre el latín vulgar*); Max Pfister, *Le superstrat germanique dans les langues romanes*, in: XIV Congresso Internazionale di Filologia e Linguistica Romanza (Napoli 15—20 aprile 1974), hgb. von Alberto Vàrvaro, Napoli/Amsterdam (Ricciardi), 1978, I: 51—97; Reinhold Kontzi (Hgb.), *Substrate und Superstrate in den romanischen Sprachen,* Darmstadt (Wissenschaftliche Buchgesellschaft), 1982; William J. Entwistle, *Castellano, catalán, vasco y gallego-portugués*, Madrid (Istmo), [4]1984: Kap. II und III (*Período prerromano. El latín de Hispania*); Eduardo Blasco Ferrer, *La posizione linguistica del catalano nella Romania. Studio di morfosintassi comparata*, Zeitschrift für romanische Philologie 102/1 [1986]: 132—178; Arnulf Stefenelli, *Das Schicksal des lateinischen Wortschatzes in den romanischen Sprachen*, Passau (Rothe), 1992.

II. Die strukturalistische Sprachwissenschaft

II.1 Der historische und theoretische Hintergrund

12 Strukturalismus. Synchronie und Diachronie.

Hundert Jahre nach der bahnbrechenden Arbeit Bopps über die Verbalkonjugation der indogermanischen Sprachen erschien posthum die Nachschrift des Indogermanisten Ferdinand de Saussure in Genf, der *Cours de linguistique générale* (1916), mit dem der **Strukturalismus** ins Leben gerufen wurde. Die neue Sprachwissenschaft entstand als Reaktion auf die allzu starren Prinzipien der positivistischen Sprachvergleichung. Es wurden hauptsächlich folgende (hier als Fazit zusammengefaßte) Mängel kritisiert:

(1) die einseitige Berücksichtigung der *Formen*, die zur übertriebenen atomistischen Sprachbetrachtung und zur Verabsolutierung der LS führte.

(2) die alleinherrschende *historische* Überprüfung der Fakten.

Gegen diese Mängel erhoben sich folgende wichtige, hier als Grundbegriffe zu erörternde Hauptpostulate der strukturellen Methode:

(1') *Sprache* ist kein bloßes Konglomerat von **Formen**, sondern ein *institutionalisiertes System* von *Zeichen* (↗ § 43), das zu jedem Zeitpunkt durch Ein- oder Ausschaltung von **Funktionen** lebt und sich wandelt. Die Formen dürfen nicht von ihren Funktionen entkleidet werden, will man eine vollständige und getreue Wiedergabe der Strukturen der Sprache bekommen.

(2') Das Funktionieren der Sprache kann bestens in einem gegebenen *Sprachzustand* (*état de langue*), d. h. in einer **Synchronie** (aus gr. *chrónos* ‚Zeit' und *syn* ‚zugleich') beobachtet und überprüft werden. Die historische, besser *diachronische* (zu: **Diachronie** < *chrónos* + *diá* ‚durch') Sprachbetrachtung soll durch eine *synchronische* ersetzt werden.

Beide vorgestellten Hauptpostulate vereinen, obgleich in verschiedenem Ausmaß, die Schulen, die sich auf die Saussuresche strukturalistische Konzeption berufen:

(a) Die Prager (oder *funktionalistische*) Schule (der das imponierende Apparat der Phonologie entstammt), mit den Hauptvertretern: Roman Osipović Jakobson und Nikolaj Sergevič Trubeckoj (<c> = [ts]).

(b) Die Kopenhagener (auch *glossematische*) Schule, vertreten von Louis Hjelmslev.

(c) Die amerikanische (oder *distributionalistische*) Schule, hauptsächlich von Leonard Bloomfield repräsentiert.

(d) Die deutsche Schule, die durch die Lehre Eugenio Coserius bekannt geworden ist.

Im folgenden werden die wichtigsten Grundbegriffe der *strukturalistischen Strömungen* mit einschlägigen Beispielen kurz vorgestellt.

BIBL. Helbig (op. cit., § 1), Kap. 3 (*Die Herausbildung der strukturellen Linguistik*); Ferdinand de Saussure, *Cours de linguistique générale*, édition critique par Tullio De Mauro, Paris (Payot), 1975; Jörn Albrecht, *Europäischer Strukturalismus*, Tübingen (Francke), 1988.

13 Funktionen und Oppositionen.

Der Begriff **Funktion** hat in der europäischen *strukturellen* Sprachbetrachtung eine zentrale Rolle inne. Was in der Sprache *funktionell* ist, kann man mittels **Oppositionen** bestimmen. Beide Begriffe lassen sich auf alle Sparten der Sprache, (1) *Lautlehre*, (2) *Morphologie*, (3) *Syntax* und (4) *Wortschatz* anwenden.

(1) Im Pg., Sp., Kat. und It. gibt es ein offenes und ein geschlossenes <e>:

pg.		sp.		kat.		it.	
ferro ↔	*medo*	*ver* ↔	*queso*	*beure* ↔	*temps*	*ferro* ↔	*vedere*
[ɛ]	[e]	[ɛ]	[e]	[ɛ]	[e]	[ɛ]	[e]

Die diachronische Rekonstruktion lehrt uns z. B. nur, daß it. [ɛ] < Ĕ im Hauptton und in geschlossener Silbe entstanden ist oder daß die Entwicklung der Haupttonvokale im Kat. eine sehr auffällige *qualitative Umkehrung* hervorgebracht hat (wobei: Ĕ > [ɛ] > [e] und Ĭ, Ē > [e] > [ɛ]). Dabei wird aber völlig übersehen, daß mittels der Opposition [ɛ] ~ [e] im It. und Kat. verschiedene, sonst gleichlautende Wörter (*Homophone*) unterschieden werden können, was heißt, daß diese Lauteinheiten eine *bedeutungsunterscheidende Funktion* haben:

it.	<pesca>		kat.	<set>	
	[ˈpɛska] vs	[ˈpeska]		[sɛt] vs	[set]
	‚Pfirsich'	‚Fischfang'		‚sieben'	‚Durst'

Solche **Oppositionspaare** sind im Sp. nicht anzutreffen, wo die offene oder geschlossene Aussprache des [E] nur vom darauffolgenden Konsonanten abhängig ist, nicht aber von der jeweiligen Funktion (ob man [bɛr] oder [ber] sagt, ist belanglos für die Bedeutung ‚sehen').

(2) Vergleicht man akat. und prov. *cant* mit nkat. *canto* oder okz. *canti* ‚ich singe', so fällt gleich die neue Desinenz -[o/i] auf. Diese ist diachron aus vlat. CANTŌ durch noch nicht einstimmig akzeptierte Prozesse entstanden. Synchron gesehen aber funktioniert -[o/i] genau wie [Ø] im mittelalterlichen Stadium, denn in beiden Sprachstufen trägt der Vokal bzw. das Nullergebnis eine bestimmte *Funktion*, nämlich die Kennzeichnung der 1 P Sg des Ind. Präs., und er dient zur Abgrenzung von den restlichen Personen:

1 P	cantØ	nkat.	cant*o*	prov.	cantØ	okz.	cant*i*
2 P	cant*es*		cant*es*		cant*as*		cant*as*
3 P	cant*a*		cant*a*		cant*a*		cant*a*

Aufgrund dieses Vergleiches würde ein Strukturalist behaupten, Ø, - *o* und - *i* seien alle *bedeutungstragende*, also funktionell relevante Einheiten der Morphologie, während für einen Junggrammatiker allein die diachrone Entwicklung von Bedeutung gewesen wäre (z. B. CANTŌ > *cant*; *cant* → *canto*/*canti* aus Analogie usw.).

(3) Die lautliche Entwicklung des auslautenden -S im Frz. und in südsp. Mundarten (Teilen Andalusiens und Extremaduras) hat zur Verstummung geführt, [s] > [Ø]; dies stellt eine rein diachrone Besonderheit für einen Sprachhistoriker dar. Anders wird diese Eigentümlichkeit von einem Strukturalisten wahrgenommen. Die durchsichtige (hier kursiv gesetzte) Singular-Pluralkennzeichnung im alten Sprachstadium:

frz.	<chat>	vs	<chat*s*>	and.	<hombre>	vs	<hombre*s*>
	[tʃat]		[tʃats]		[ʰombre]		[ʰombres],

hat sich in der modernen Sprachstufe umgewandelt:

	[lə ʃa]	vs	[le ʃa]		[el ʰombre]		[lɔ ʰombre].

Auf der Ebene der *Satzfunktionen* (= der *Syntax*) haben die dem Nomen vorgestellten *Artikel* die Singular-Plural-Opposition übernommen, die in frühen Phasen durch das am Auslaut des Nomens angefügte -S gewährleistet war. Die funktionelle Interpretation eines Lautgesetzes ermöglicht uns, eine von den Junggrammatikern unberücksichtigte Solidarität zwischen Lautlehre ([s] > [Ø]), Morphologie (Sg [Ø] vs Pl [s]) und Syntax ([Art_1 + N = Sg vs Art_2 + N = Pl) aufzudecken. Im dritten Band der für die damalige Zeit unübertroffenen *Romanischen Grammatik* Meyer-Lübkes (*Romanische Syntax*, III, 1899, Nachdruck 1972, S. 36—45: *Die Mehrzahl*) kann man freilich von dieser Auslegung nichts finden.

(4) Im Rahmen des Lexikons hat man seit den ersten vergleichenden Arbeiten auf dem Gebiet des Romanischen feststellen können, daß die lat. *synonymischen Bezeichnungen* für ‚alt', SENEX und VĔTUS (-ULUS), und für ‚machen, tun', AGĔRE und FACĔRE, vereinfacht worden sind, mit dem Ergebnis, daß nur das zweite Glied uneingeschränkt zum Romanischen überging: sp. *viejo*, *hacer*, frz. *vieil* (*vieux*), *faire*, it. *vecchio*, *fare*. Die Einseitigkeit der Betrachtung liegt hier in der Tatsache, daß man die ursprünglichen „Bedeutungszonen" ungenügend berücksichtigt hat: Das Augenmerk war völlig auf die *formale Etymologie* gerichtet. Betrachtet man die Tatbestände näher, so ergibt sich in den rom. Nachfolgern eine *funktionelle Ausweitung* ggb. den lat. Etyma:

Bezeichnungen:	SENEX	↔	VĔTUS (-ŬLUS)	>	*viejo*. . .
Bedeutungen:	(1)		(2)		
‚alt'	‚von Personen'		‚von Sachen'		‚alt' (1+2)
Bezeichnungen:	AGĔRE	↔	FACĔRE	>	*hacer*. . .
Bedeutungen:	(1)		(2)		
	‚als duratives tätig sein'		‚vom konkreten Handlungsakt'		‚machen' (1+2)

Für den Strukturalisten sind SENEX und VETUS keine einfachen *Synonyme*, sondern ein *Oppositionspaar*, dessen *semantische* Funktionalität in *jeder Synchronie* überprüft werden soll. In diesem letzten Zusammenhang ist noch interessant zu erfahren, daß in einigen Gebieten VĔTŬLUS an die Stelle von SENEX geriet, die Opposition zu VETUS aber aufrechterhalten blieb, so daß sich aus der vertieften Gesamtbetrachtung ein komplexes Bild der funktionellen Verschiebung deutlich abzeichnet:

Phase I:	SENEX	↔	VĔTŬLUS	↔	VĔTUS
‚alt'	‚von Personen'		‚von Tieren und Pflanzen'		‚von Sachen'
Phase II:	VĔTŬLUS	↙		↔	VĔTUS
	‚von Personen, Tieren und Pflanzen'				‚von Sachen; abstrakt'
it.	*uomo/cane/albero vecchio*				*idee/parole viete*

BIBL. Bynon (op. cit., § 3): Kap. II; Charles Bally, *Linguistique générale et linguistique française*, Bern (Francke), ³1950: Kap. 1—3.

14 Langue, parole. System, Norm, Rede.

Wie aus dem letzten Paragraph hervorgeht, konzipiert de Saussure eine *funktionale Sprache* als ein synchrones *System von Oppositionen*: Die „Stelle" einer Einheit wird durch die Position der sich von ihr abgrenzenden Einheiten gegeben, genau wie in einem Schachspiel. Nun kann nach de Saussure ein solches System auf zwei Ebenen angelegt werden: auf der Ebene der **langue** und auf der Ebene der **parole**. Beide Begriffe sind dem *langage*, dem ‚Sprachvermögen', untergeordnet, nur ist die *langue* ein *virtuelles*, im gesellschaftlichen Vermögen verankertes System von Oppositionen, das sich vom *individuellen*, konkreten Sprechakt der *parole* unterscheidet. Zudem enthalte die *langue* all das, was *wesentlich* ist, die *parole* nur das *Akzessorische*:

	Definitions-parameter	*langage*	Definitions-parameter	
	↙		↘	
	wesentlich		akzessorisch	
langue	sozial		individuell	*parole*
	virtuell		konkret/aktuell	

Eugenio Coseriu hat aus dieser Dichotomie eine Trichotomie entwickelt, mit Hilfe derer die Definitionsparameter besser veranschaulicht werden können (0 = ‚Parameter nicht relevant zur Unterscheidung'):

	System (*langue*)	Norm	Rede (*parole*)
wesentlich	+	–	0
sozial	0	+	–
aktuell	–	0	+

Beispiele:

(1) *wesentlich/akzessorisch*: [ɛ] ~ [e] sind funktional relevant im Frz. und It., also wesentlich für das System; die Aussprache [tʃ] des <t> im Brasilianischen <tio>, [tʃiu], ist nur akzessorisch, weil sie keine bedeutungsunterscheidende Funktion hat.

(2) *sozial/individuell*: Im It. ist die Verbindung *io e te* ‚ich und du' allgemein akzeptiert, d. h., von der Sprachgemeinschaft wird sie als korrekte Verbindung empfunden; dagegen entspricht *me e te* keinem allgemeinen Konsensus, es stellt eine individuelle, höchstens eine regional begrenzte Realisierung dar.

(3) *virtuell/aktuell*: Im Kat. ist die Bildung einiger Derivate aus Verben mittels *-ença* und *-ment* vorgesehen: *conèixer* → *coneixença* und *coneixement*, *(re)nàixer* → *Renaixença* und *Renaixement*; dieses Bildungsverfahren ließe sich „virtuell" auf alle Verben anwenden, aber in der Tat sind Lücken da, was heißt, die Norm *aktualisiere* nicht alle erdenklichen Ableitungen, und so ist z. B. *ensenyar* → *ensenyança* statt *ensenyament* (aber sp. *enseñanza*!) eine vom System her „virtuell ableitbare" Form, die nur der *individuellen* (unkorrekten = *) Sprechtätigkeit vorbehalten bleibt, von der Norm jedoch verurteilt wird. Desgleichen im Sp. mit *-ción* und *-miento* (System): *enajenación/enajenamiento*; *aniquilación/aniquilamiento* (= Norm), aber: **Ésta es la segunda enfrentación* (richtig: *-miento*) *de los dos equipos* (Rede).

Zusammenfassend: Das System enthält alles, was funktionell ist; die Norm ist der sich durch allgemeinen, auch traditionellen Konsensus durchgesetzte *Usus*, der von den starren Oppositionen des Systems absehen kann. Die Rede stellt die Sprachebene dar, wo sich alle Möglichkeiten des Systems, oft Abweichungen von der Norm, herauskristallisieren und individuelle bzw. soziale Präferenzen zum Durchbruch kommen.

BIBL. Eugenio Coseriu, *Einführung in die strukturelle Linguistik*, Tübingen (Narr), 1969; Idem, *Strukturen und Funktionen*, Tübingen (Narr), [3]1979: 45—60 (*System, Norm und Rede*).

15 **Struktur** vs **Architektur.**

Der Strukturalismus bemüht(e) sich, die **Strukturen** der Sprache und die internen Oppositionsverflechtungen des Systems so genau wie möglich zu beschreiben, um ihre Funktionalität zu überprüfen. Neben der Ermittlung der Funktionen wurden auch, besonders im amerikanischen Distributionalismus, *taxonomische* Verfahren entwickelt, die auf Segmentierung und Klassifizierung von minimalen Einheiten beruhen. Dieses zweifache Bestreben tangiert alle Sektoren der Sprache, aber insbesondere die Lautlehre und den Wortschatz. Die intensive Beschäftigung mit den kleinsten funktionellen Elementen der Sprache brachte zahlreiche, gegenüber der sprachvergleichenden Methode neue, ergiebigere Fachtermini mit sich, die wir hier — trotz der gebotenen Kürze der Darstellung — im einzelnen vorstellen. Vorweg sei aber vermerkt, daß die Strukturalisten geneigt waren (und sind), aus der Vielfalt der beobachteten Spracherscheinungen in sich *geschlossene*, *variationsfreie Systeme* abzuleiten. Dies bedeutet, daß vor der eigentlichen Erfassung und Systematisierung der (in Dialekten oder kodifizierten Sprachen) geltenden Oppositionen jene *Variationen* ausgeschaltet werden sollten, die nicht die interne Beschaffenheit des jeweiligen Systems betreffen. Coseriu unterscheidet deshalb die **Archi-**

tektur von den *Strukturen* der Sprache. Erstere werden wir eingehend im Kapitel über die *Varietätenlinguistik* behandeln.

BIBL. Karl-Dieter Bünting, *Einführung in die Linguistik*, Frankfurt (Hain), [14]1993; Michael Dürr/Peter Schlobinski, *Einführung in die deskriptive Linguistik*, Opladen (Westdeutscher Verlag), 1990: 1—88.

II.2 Der Bereich der Phone(ma)tik

16 Phonetik vs Phonologie — 17 Kommutation. Phonem. Allophon. Distribution. Sandhi. Neutralisation. Archiphonem — 18 Suprasegmentale. Satzphonetik und Phonotaktik — 19 Phoneminventar. Distinktive Merkmale — 20 Artikulatorische Phonetik — 21 Artikulationsorgane, -stellen, -arten. Vokaldreieck — 22 Konsonantensystem — 23 Akustische Phonetik. Binarismus. Korrelationen — 24 Historische phonetische Prozesse — 25 Historische phonematische Prozesse. —26 Kettenreaktionen

16 **Phonetik** vs **Phonologie.**

Die historisch-vergleichende Sprachwissenschaft kannte, wie wir schon gesehen haben, nur *Laute*. In der strukturalen Sprachwissenschaft heißen die *Laute* **Phone**, und ihr Studium gehört zur **Phonetik**. Die Ablehnung der alten Bezeichnung und die Unterscheidung der zwei neuen Bereiche ergaben sich notwendig aus der Einschaltung der funktionellen Seite der Laute: Laute, die keine Funktion im System haben, gehören zur Phonetik; Laute, die eine Funktion, nämlich eine bedeutungsunterscheidende Funktion haben, heißen **Phoneme**, und ihr Studium gehört zur **Phonologie** (oder **Phonematik**). Man kann sagen, daß Phoneme eine Abstraktion auf der Ebene des Systems sind, die auf den (in der Norm) aktualisierten Phonen basiert. *Phone* werden zwischen eckigen, *Phoneme* zwischen schrägen Klammern notiert. Schematisch:

historisch-vergleichende Sprachwissenschaft		strukturelle Sprachwissenschaft	Einheiten	Merkmale	untersuchte Größe
Lautlehre	↗	Phonetik	Phone	nicht-relevant	Norm
	↘	Phonologie	Phoneme	relevant	System

Bibl. Žarko Muljačić, *Fonología general. Revisión crítica de las nuevas corrientes fonológicas*, Barcelona (Laia), 1974 (Originalfassung: Bologna, 1969): 19—51.

17 Kommutation. Phonem. Allophon. Distribution. Sandhi. Neutralisation.

Die Aufdeckung der Phoneme erfolgt nach dem schon vorgestellten Schema der Bildung von **Oppositionspaaren** (oder **Minimalpaaren**); der Mechanismus der Bildung heißt **Kommutation**. Bsp.: it. <casa> [ˈkasa] ‚Haus' vs <cassa> [ˈkassa] ‚Kiste' → /s/ ~ /ss/; rum. <cine> [ˈtʃine] ‚wer' vs <cină> [ˈtʃinə] ‚Abendessen' → /e/ ~ /ə/. Ersetzt man also im rum. Wortpaar /ə/ durch /e/, so erhält man eine völlig andere Bedeutung. Durch die Kommutationsprobe kann man auch *Varianten* eines Phonems erschließen: Es handelt sich meistens um von der Lautumgebung *bedingte Artikulationen*; man nennt sie **Allophone**. Im bras.-pg. stehen /k/ und /t/ einander gegenüber, wie das Minimalpaar <tara> [ˈtarɐ] ‚Leergewicht' vs <cara> [ˈkarɐ] ‚Gesicht' zeigt: /t/ ~ /k/. Vor /i/ aber nimmt /t/ eine palatale Aussprache wie in <tio> [ˈtʃiju] (vgl. pg. [ˈtiu]) an, sie ist jedoch auf diese Phonemkombination beschränkt, auf diese **Distribution** (nämlich: /t + i/). Auch die nach Regionen differenzierte Realisation des sp. /d/ im absoluten Auslaut, wie in <ciudad> [θiuˈðað], [θiuˈðat], [θiuˈðaθ], stellt ein bedingtes Allophon dar. Ein weiteres, sehr einsichtiges Beispiel von *distributioneller Variation* bietet das sardische System. Dort werden alle sth. *okklusiven* Phoneme (= Velarlaute) in intervokalischer Stellung (innerhalb eines Wortes oder Segments: #_V[C]V_#), aber auch wenn C in Anlautposition dem Artikel folgt (-V#CV...#), zu Reibelauten: #VCV#: lat. APĔRĪRE > log. [aˈβɛrrere], camp. [oˈβɛrri]; #V#CV. . .#: [sa] ‚la' + [ˈpuɖɖa] ‚gallina' → [sa + βuɖɖa] ‚la gallina'. Diese letzte Position heißt **Sandhi**-Position, weil die intervokalische Stellung des C aus dem Kontakt zwischen zwei Worteinheiten entsteht. Allophone können aber auch *frei* sein: Dem sog. *r-grasseyé* der Pariser Aussprache entspricht im südfrz. (okz.) Gebiet eine alveolare Artikulation: [ʀ] und [r] sind bloß Allophone eines gemeinsamen Phonems /r/. In einer bestimmten Distribution können zwei Phoneme ihre Unterscheidungsmerkmale verlieren. So wird im Dt. die Opposition [+ stimmhaft] ~ [- stimmhaft] (‚stimmlos') von /d/ ~ /t/ im absoluten Auslaut aufgehoben, besser *neutralisiert*: <Rad> vs <Rat> = [raT]. Die **Neutralisation** führt zu einem übergeordneten Phonem, einem **Archiphonem** (notiert mit Majuskeln), das die den beiden Phonemen gemeinsamen distinktiven Merkmale aufweist.

BIBL. Leonard Bloomfield, *Le langage*, Paris (Payot), 1970 (engl. Originalfassung: ^{2}1961, New York): Kap. 5 (*Le phonème*), 7 (*Modifications*); N. S. Trubetzkoy, *Grundzüge der Phonologie*, Göttingen (Vandenhoeck & Rupprecht), ^{6}1977.

18 Suprasegmentale. Satzphonetik und Phonotaktik.

Sämtliche Merkmale und Änderungen, die phonematischen Wert haben, betreffen sog. *segmentale* Einheiten, die, wie bereits erläutert, durch die Zeichen #_# (‚absoluter Wortanfang' — ‚absolutes Wortende') abgegrenzt werden. Der *Wortakzent* ([CˈVC. . .]) und die *Silbentrennung* (notiert mit einem Punkt, [da.re]) gehören hierzu. Wortübergreifende Erscheinungen, wie der Intonationsverlauf in einem Satz, werden als **suprasegmentale** Merkmale definiert und spielen eine wichtige Rolle bei der Dekodierung komplexer Satzgefüge (↗ *Pragmatik*: § 104).

Auch **satzphonetische** Erscheinungen, wie *Sandhi*, gehören hierzu. Die verschiedenen vokalischen/konsonantischen Ergebnisse des Zusammentreffens zweier syntaktischer Einheiten werden von der **Phonotaktik** ermittelt. So informiert uns die it. *Phonotaktik*, daß durch *Apokope* folgende Phonemkombinationen stattfinden können: [rl] (*sape*[r](e)#[l]*eggere*), [mv] (*abbia*[m](o)#[v]*isto*), [nv] (*ha*[n](no) #[v]*isto*).

BIBL. Wolfgang Rothe, *Phonologie des Französischen*, Berlin (Erich Schmidt), [2]1978: 38—43; Irene Vogel, *La sillaba come unità fonologica*, Bologna (Zanichelli), 1982.

19 Phoneminventar. Distinktive Merkmale.

Nach Überprüfung aller möglichen Oppositionen und Ausscheidung der Allophone erstellt man ein **Phoneminventar**. Die im (wie eine Matrix aussehenden) Inventar aufgenommenen Phoneme werden durch **distinktive Merkmale** gekennzeichnet. Diese von der Phonetik ermittelten Merkmale werden mit + oder - angegeben. Das mit + markierte Glied einer Opposition heißt, je nach Schule, *merkmalhaft*, *intensiv* oder *exklusiv*; dagegen wird das mit - versehene Glied als *merkmallos*, *extensiv* oder *inklusiv* bezeichnet. Man geht davon aus, daß das *merkmallose Glied* (nicht nur im Rahmen der Phonologie) die sich durchzusetzende Einheit darstellt. So ist im oben besprochenen dt. Fall das [- stimmhafte] Phonem gleichzeitig das merkmallose Glied der Opposition.

BIBL. Arianne Uguzzoni, *La fonologia*, Bologna (Zanichelli), 1978: 64—73.

20 Artikulatorische Phonetik.

Wie gesagt, macht die (funktionelle) Phonologie von Fachtermini der Phonetik Gebrauch, die zum Teil schon in der vorstrukturellen Phase erarbeitet worden waren. Hier geht es darum, die wichtigsten Konzepte kurz anzuführen und sie in den strukturalistischen Rahmen einzufügen.

Phonetische Einheiten werden entweder mittels *artikulatorischer* oder *akustischer* Gesichtspunkte definiert. Die **artikulatorische Phonetik** beschreibt die phonetischen Einheiten einer Sprache ausgehend von den *Artikulationsorganen*, die an ihrer Erzeugung beteiligt sind. Dabei berücksichtigt man sowohl die *Artikulationsorte* als auch die *Artikulationsarten*. Hinzu treten weitere Faktoren, wie Beteiligung des *Stimmtons*, *Dauer* und *Nasalität*. Zur Notation der *Phone* und *Phoneme* eignet sich — und wird schon in allen modernen Handbüchern, Wörterbüchern oder Monographien verwendet — das IPA-*Transkriptionssytem* (IPA = *International Phonetic Alphabet*/*Internationales Phonetisches Alphabet*), das wir hier durchgängig anwenden. Der haupttonigen Silbe geht ein Akzent voraus.

Folgender *Querschnitt* zeigt, welche Artikulationsorte des Sprechtrakts für die Lauterzeugung relevant sind:

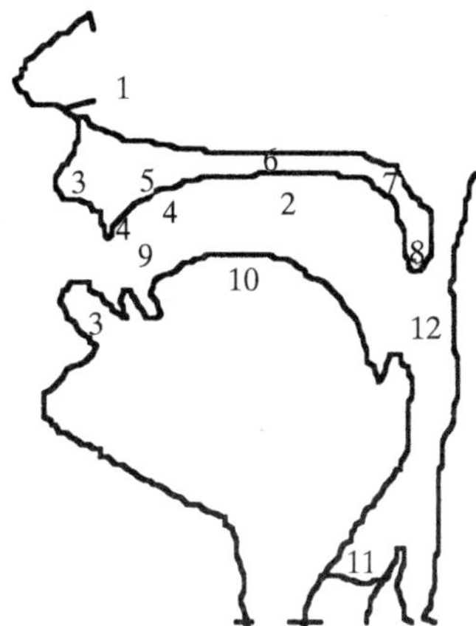

1	Nasenraum	nasal	7	weicher Gaumen	velar
2	Mundraum	oral	8	Zäpfchen	uvular
3	Lippen	labial	9	Zungenspitze	apikal
4	Zähne	dental	10	Zungenrücken	dorsal
5	Alveolen	alveolar	11	Stimmbänder	glottal
6	harter Gaumen	palatal	12	Kehlkopf	laryngal

BIBL. Klaus Lichem, *Phonetik und Phonologie des heutigen Italienischen*, München (Hueber), 1969: §§ 28—38; Luciano Canepari, *Introduzione alla fonetica*, Torino (Einaudi), 1979: Kap. 2 (*L'apparato fonatorio*); Wolfgang Pöckl/Franz Rainer, *Einführung in die romanische Sprachwissenschaft*, Tübingen (Niemeyer), [2]1994: 13—17.

21 Artikulationsorgane, -stellen, -arten. Vokaldreieck.

Bilden die Artikulationsorgane kein Hindernis, dann entstehen **Vokale** (V). Für die richtige Definition der V braucht man folgende Angaben: (1) Position der Zunge entlang dem Gaumen (*palatale/vordere* ~ *velare/hintere* V; Mittelzungenvokale, auch *Schwa* genannt, werden am Mittelgaumen artikuliert); (2) Öffnungsgrade, die sich durch zunehmendes Senken der Zunge ergeben (*offene/tiefe* ~ *geschlossene/hohe* V); (3) Rundung (*gerundete/gespreizte* V, mit entsprechender Lippenstellung). Beispiele:

(1)	[u]:	velarer, geschlossener, gerundeter V:	vgl. frz.	p*ou*r;
(2)	[y]:	palataler, geschlossener, gerundeter V:		p*u*r;
(3)	[i]:	palataler, geschlossener, gespreizter V:		p*i*re;
(4)	[ɛ]:	palataler, offener, gespreizter V:		p*è*re;
(5)	[œ]:	palataler, offener, gerundeter V:		p*eu*r;
(6)	[ø]:	palataler, geschlossener, gerundeter V:		p*eu*;
(7)	[ɛ̃]:	palataler, offener, gespreizter, nasaler V:		p*ain*.

Das **Vokaldreieck** (oder auch ein **verschobenes Viereck**) dient zur Verbildlichung der angegebenen Definitionsmerkmale:

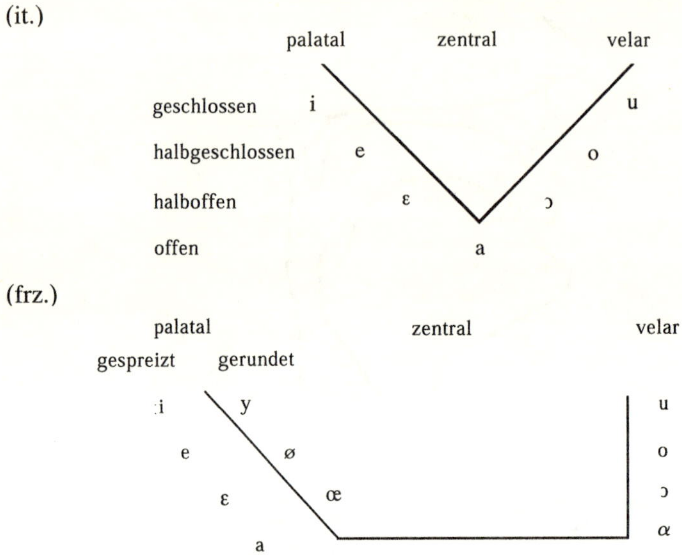

Halbvokale (auch *Halbkonsonanten* oder einfach *glides*), wie [w] und [j], bilden alleine keine *Silbe* und finden sich deshalb immer als Bestandteile von *Diphthongen*: it. [ˈjɛri], [ˈwɔmo]; sp. [ˈbajle], [ˈlaβjo], [ˈweso] <hueso>.

BIBL. Hans-Wilhelm Klein, *Phonetik und Phonologie des heutigen Französischen*, München (Hueber), ^{6}1982: 41—108.

22 Konsonantensystem.

Bei der Artikulation der **Konsonanten** (C) bilden die Artikulationsorgane ein Hindernis und erzeugen dadurch Schwingungen der Stimmbänder. Sind diese *aperiodisch*, dann hat man *stimmhafte* C. Die übliche Terminologie zur Definition von C sei folgendem Schema entnommen, das die it./sp. C darstellt (* = Phoneme, die kurz/lang realisiert werden können):

	Labiale	Dentale		Palatale		Velare
		Inter-dentale	Apiko-alveolare	Prä-palatale	Medio-palatale	
Frikative	*f/f	-/θ	*s/s	ʃ/-		-/x
	*v/-		z/-		-/y	
Explosive	*p/p		*t/t			*k/k
	*b/b		*d/d			*g/g
Affrikaten			ts/-	*tʃ/tʃ		
			dz/-	*dʒ		
Nasale	*m/m		*n/n		ɲ/ɲ	
Laterale			*l/l		ʎ/ʎ	
Vibranten			*r/*r			

Will man mit Hilfe des vorgestellten Schemas das sp. Konsonantensystem ermitteln, so erhält man folgende Phonemeinheiten:

Labiale:	Frikative: (stl.) /f/	
	Explosive/Verschlußlaute: (stl.) /p/ ~ (sth.) /b/	
	Nasale: (sth.) /m/	
Dentale:	Interdentale (stl.) /θ/	
	Apikoalveolare:	Frikative : (stl.) /s/
		Explosive: (stl.) /t/ ~ /sth.) /d/
		Nasale: (sth.) /n/
	(Liquide:)	Laterale: (sth.) /l/
		Vibranten: /r/, /rr/
Präpalatale:	Affrikaten: (stl.) /tʃ/	
Mediopalatale:	Frikative: (sth.) /y/	
	Nasale: (sth.) /ɲ/	
	Laterale: (sth.) /ʎ/	
Velare:	Frikative: (stl.) /x/	
	Explosive: (stl.) /k/ ~ (sth.) /g/.	

Probe von Definitionen:

/p/:	stimmloser, bilabialer Verschlußlaut:	vgl. it.	*p*assa,	sp.	*p*ara
/t/:	dentaler		*t*assa		*t*ara
/k/:	velarer		*c*assa		*c*ara
/b/:	stimmhafter, bilabialer Verschlußlaut:		*b*assa		*v*ara
/r/:	stimmhafter, alveolarer, kurzer Vibrant:		ca*r*o		ca*r*o
/rr/:	langer		ca*rr*o		ca*rr*o.

BIBL. Gauger/Oesterreicher/Windisch (op. cit., § 5): 240—256.

23 Akustische Phonetik. Binarismus. Korrelationen.

Die **akustische Phonetik** untersucht die von den Artikulationsorganen erzeugten *Schallwellen*, deren Frequenz und Intensität anhand von *Spektrogrammen* ermittelt werden. Die Termini, deren sich die akustische Phonetik bedient, wurden von den Strukturalisten (und von den Generativisten) anstelle der entsprechenden artikulatorischen Bezeichnungen zum Ausdruck der phonematischen Oppositionen aufgenommen. So ist ein *palataler* Laut ein durch das *distinktive Merkmal* [+ hell] gekennzeichnetes Phonem, im Ggs. zu einem *velaren* Laut, der als [+ dunkel] oder einfach als [- hell] dargestellt wird. Verschiedene Phoneme, die an gemeinsamen distinktiven Merkmalen teilnehmen, bilden **Korrelationen**:

/ptk/	=	[+ stimmlos] (oder [- stimmhaft]) ~ /bdg/ = [- stimmlos] ([+ sth.])
/ɛ ɔ/	=	[+ kompakt] ~ /e o/ = [- kompakt] (oder [+ diffus])
/fvsl/	=	[+ kontinuierlich] ~ /pbtr/ = [- kontinuierlich].

Mit Hilfe solcher **binaristischer** (d. h. auf + vs - Präsenz eines distinktiven Merkmales beruhender) Notationen ist es möglich, Anzahl der Phoneme, Verschiebungen im System oder diachron festgestellte Wandlungen in prägnanter Weise darzustellen. Beispiel:

lat. /PTK/ > sp. - [βðɣ] - : APICULAM, CATA, PACAT > *abeja, cada, paga*

$$\begin{bmatrix} \text{C} \\ \text{- sth} \\ \text{- kont} \end{bmatrix} \rightarrow \begin{bmatrix} \text{C} \\ \text{(+ sth)} \\ \text{+ kont} \end{bmatrix} \; / \; \text{V\_V}$$

(Verschlußlaute [- kont] werden zu Reibelauten [+ kont] in intervokalischer Stellung; als zusätzliches Merkmal könnte man — braucht man aber nicht — den Sonoritätsunterschied heranziehen).

Alle historischen *phonetischen* und *phonologischen* Prozesse, die wir nachfolgend kurz einführen, können mit solchen Regeln notiert werden.

BIBL. Rothe (op. cit., § 18): 17—31.

24 Historische phonetische Prozesse.

Die folgende synoptische Tabelle gibt eine Übersicht über die häufigsten Arten von historischem Lautwandel, ohne phonematische Bewertung. Vorweg sei vermerkt, daß manche Erscheinungen, die hier kurz zusammengefaßt werden, abhängig von der Silbenstruktur bzw. dem Akzent sind. Man unterscheidet:

oxytone Wörter: mit Akzent auf der letzten Silbe (x x x́ #);
paroxytone Wörter: mit Akzent auf der vorletzten Silbe (x x́ x #);
proparoxytone Wörter: mit Akzent auf der drittletzten Silbe (x́ x x #).

Pro(s)these: Vokal- oder Konsonantenvorschlag: STĀRE > vlat. *istare*, sp. *estar*, afrz. *ester* (> *être*), log. [isˈtare]; SPĔC(Ŭ)LUM > pg. *espelho*; ŌRA, ŎCTŌ > kat. *vora*, *vuit*; EXĪRE > sd. [besˈsire].

Aphärese: Tilgung eines Vokals (oder einer Silbe) am Wortanfang: HĒMĬCRĀNĬA > frz. *migraine*; EC(C)LĒSIAM, EPISTŬLAM> it. *chiesa, pistola*; EPĬSCOPUM > kat. *bisbe*, afrz. *vesque*, it. *vescovo*; ELEEMOSYNA > sp. *limosna*; AUTŬMNUS > rum. *toamnă*.

Anaptyxe (auch: **Svarabhakti**): Einschub eines Vokals innerhalb einer Konsonantengruppe: vlat. *chrisma* > it. *cresima*; *FRĬG(I)DUM > gk. *heret* (vgl. kat. *fred*); DRACO > rum. *drac*, aber arom. [daˈrak].

Epenthese: Einschub eines zwischenkonsonantischen Lautes zwischen C(V̆) und C: GĔNERUM > frz. *gendre*, INGĔNĔRĀRE > sp. *engendrar*, HŬMĔRUM > sp. *hombro*; MŎLĔRE, CALĒRE > kat. *moldre*, *caldre*; rum. *slab* vs. arom. *sclab*. Auch zwischen zwei Wörtern (= *Segmente*) kann die *Epenthese* auftreten, um einem **Hiatus**

(‚Zusammenstoß') vorzubeugen: kat. (*alacantí*) [ˈmira# v #u#] <mirar-ho> ‚sehen + es'.

Synkope (Synkopierung): Ausfall eines zwischenkonsonantischen unbetonten Vokals: OCŬLUM > vlat. *oclum* > afrz. *ueil* [weʎ]; DŬB(Ĭ)TAT > afrz. *dotet*, CŬB(Ĭ)TUM > afrz. *code*, sp. *codo*, TRĔM(Ŭ)LAT > afrz. *tremble*, sp. *tiembla*, FEMĬNAM > vlat. *femna*, frz. *femme*, okz. [ˈfemna], [ˈfenno], gk. [ˈhemno].

N. B. Zur allgemeinen Erscheinung der *Synkopierung* gehörte das *Darmesteterscher Gesetz* (nach dem Romanisten Arsène Darmesteter), nach dem unbetonte Vortonsilben in vier- oder mehrsilbigen frz. Wörtern fallen: BO/NĬ/TÁ/TEM > frz. *bontet* > *bonté*; ANTECESSORES > *ancessors*.

Paragoge (oder **Epithese**): Anhängung eines Lautes oder einer Silbe an das Ende eines Wortes: CRAS > sd. [ˈkraza], [ˈkrazi]; kat. (*barceloní*) [kulˈledʒit] <col.legi>; atosk. *ène* < *è* ‚ist' , *cosíe* ‚così'; rum. *apoi* ggb. arom. *apoea*.

Apokope: Abwurf eines Lautes oder einer Silbe am Wortende: PANEM > frz. *pain*, okz. *pan*; CĪVĬTATEM > sp. *ciudad*, ait. *cittade* > it. *città*.

Haplologie: Reduzierung zweier lautähnlicher benachbarter Silben auf eine Silbe: lat. NIHIL, MĪHI, PREHENSUS > vlat. *nil*, *mi*, *prensus*; *Morphophonologie* > *Morphonologie*; *alcoolomètre* > *alcoomètre*.

Metathese: Laut- oder Silbenumstellung: CAPRAM > sd. [ˈkraβa], arag., gk. *craba*; MERCURIS > südsd. [ˈmrekuizi]; BŪLLĬCĀRE > kat. *bellugar*; FĪCATUM > vlat. *FĪTĬCUM > nordsd. [ˈfiddigu], *FĪTĬCUM > kat. *fetge*; FORMATĬCUM > frz. *fromage*.

Anaphonie: Erhöhung eines Vokals in palataler oder velarer Umgebung: FAMĬLIAM, GRAMĬNEAM, LĬNGUAM > it. *famiglia*, *gramigna*, *lingua* (sonst in der Romania lautgesetzliches ĭ > [e]: kat. *llengua*, sp. *lengua*).

Metaphonie: Umlaut, d. h. durch auslautende, geschlossene Vokale (lat. Ī, Ŭ) bedingte Erhöhung (= Schließung) oder Diphthongierung eines betonten Vokals: FĒCĪ > frz. *fis*, asp. *fize*, nsp. *hice* (sonst Ē > [e]); BŎNUM > siz. [ˈbbwonu] ggb. BŎNAM > [ˈbbɔna]; PĬLUM > ast. [ˈpilu] (sp. *pelo*).

Monophthongierung und **Diphthongierung**: TAURUM > pg., sp., kat., it. *toro*; AURIC(U)LAM > vlat. ORICLA ; PĔDEM > sp. *pie*, frz. *pied*, it. *piede*; PŎRTAM > sp. *puerta*, ast. *puorta*, bünd. *puarta*.

Assimilation: Anpassung eines Lautes an einen anderen; der umgekehrte Prozeß heißt **Dissimilation**: vlat. FRĬGDAM > it. *fredda*; ŬNDA > kat. *ona* ; VĔNĒNUM > it. *veleno*, prov. *veren*, gk. *bre*, kat. *verí*, arag. *bereño*; VĬNDĒMIAM > gk. *berégno*, kat. *verema* (relative Chronologie: LS 1 [ND] > [n]: *[venem(j)a] → LS 2 [n — m] > [r — m]); lat. QUĪNQUE > vlat. CĪNQUE > [ˈkiŋkwe].

N. B. Man unterscheidet die *regressive* von der *progressiven* Assimilation: in SEPE(L)LĪRE > kat. *sebollir* hat sich das [e] an die [+ gerundete] Aussprache des vorausgehenden [b] angepaßt (regressive Assimilation), während der Prozeß [e] → [o] in it. *demandare* → *domandare* von der Übernahme des auf den V folgenden bilabialen C bewirkt wird, der mit [o] die Rundung der Lippen teilt.

Betazismus: Zusammenfall von labiodentalen und bilabialen Lauten in einen einzigen bilabialen Laut: [v] vs [b] → [b]; vgl. sp. *vino* [ˈbino], *vaca* [ˈbaka]; sd. [ˈbinu], [ˈbak(k)a].

Palatalisierung: Erzeugung von palatalen Lauten aus einfachen nicht-palatalen Phonen oder Nexus: CĪNQUE > it. *cinque* [ˈtʃiŋkwe], *rum. cinci*; CAPUT > afrz. *chief* [tʃjɛf], dollad. [tʃaf], [će(f)] ([ć] ist ein mediopalatales Phon, eine Vorstufe des mehr nach vorne verlagerten [tʃ]-Laut); QUĬD > frl. [tʃe]; FACĬŌ > it. *faccio*, sd. (Désulo) [ˈfattʃo] ([kj] > [tʃ]); FĪLĬUM > afrz. [fiʎ], pg. *filho*, kat. *fill*, it. *figlio* ([lj] > [ʎ]).

Assibilierung: Erzeugung von Sibilanten, die durch Engebildung zwischen Vorderzunge und vorderem Gaumen entstehen (*Frikative*, *Affrikaten*): CAELUM > afrz. [tsjɛl], nfrz. *ciel*, akat. [tsel], nkat. *cel* ([ke] > [tse] > [se]); FACĬŌ > apg. *faço* [ts], südsd. [ˈfattsu]; FACĔRE > asp. *fazer* [dz].

Sonorisierung (**Lenisierung**): Aus einem stl. Laut entsteht ein sth. (Verschluß- oder Reibe-)Laut; der umgekehrte Prozeß heißt **Desonorisierung**: SEPELLĪRE > kat. *sebollir*; STRATAM > it. *strada*; CAECUM > pg. *cego*, sp. *ciego*. Also: [ptk] > [βðɣ]/ V_V. Dagegen: CAECUM > okz., kat. *cec* [sɛk, sek] vs CAECAM > *cega* [ˈsɛɣa].

Dieser Unterschied sei jetzt mit den schon vorgestellten Notationsregeln verdeutlicht; es geht darum, folgende Prozesse synoptisch darzustellen: (1) Sonorisierung des intervokalischen Verschlußlautes; (2) Apokope; (3) Desonorisierung des in den Auslaut geratenen sth. Lautes (R = Regel):

1 -[k]- > [ɣ] → 2 Endvokal > Ø → 3 -[ɣ] > -[k]

R 1:	[- sth]	→	[+ sth]/ V_V	(CAECUM> [tseɣu])
R 2:	[+ vokalisch]	→	Ø/_#	([tseɣu] > [tseɣ])
R 3:	[+ sth]	→	[- sth]/_#	([tseɣ] > [sek])

Degeminierung: Kürzung der langen C (= Vereinfachung der graphischen Doppelkonsonanten): GŬTTAM > pg., sp., kat. *gota*, frz. *goutte* [gut] (ggb. it. *gotta*); UACCAM > pg., sp. *vaca* (it. *vacca*); CŬPPAM > pg., sp., kat. *copa* (it. *coppa*).

BIBL. Pierre Fouché, *Phonétique historique du français*, Paris (Klincksieck), [2]1966, 3 Bände; Pavao Tekavčić, *Grammatica storica dell'italiano*. I: *Fonematica*, Bologna (Il Mulino), [2]1980; Paul M. Lloyd, *From Latin to Spanish*, Philadelphia (American Philosophical Society), 1987.

25 Historische phonematische Prozesse.

Bestimmte *phonetische* Prozesse können eine *phonematisch* zu bewertende Inzidenz auf das Sprachsystem haben. Seit Trubeckoj unterscheidet man folgende Haupttypen von phonologischem Wandel.

(1) **Phonologisierung**: Ein Allophon wird zu einem neuen Phonem (= Bereicherung des phonematischen Inventars); ein klassisches Beispiel wird von der *Palatalisierung* eines lat. Velarlautes geliefert. Der historische Lautwandel (der einzige, den die Junggrammatiker ins Auge faßten) sieht folgendermaßen aus:

lat.	[k]	>	[k']	>	[tʃ]
	[+ velar]		[+ prävelar]		[+ palatal].

Phonematisch gesehen stellte die nach dem Mittelgaumen vorverlegte Aussprache von [k'] in lat. Wörtern wie CENTUM, CAELUM oder CINQUE allein eine *subphonematische*, durch die palatalen Vokale [e, i] bedingte Aussprachevariante dar: [k'] war im Lat. selbst ein *Allophon* von dem Phonem /k/, das vor [a, o, u] velaren Wert hatte. Dieser *split* (engl. ,Spaltung') war aber der auslösende Faktor des phonematischen Prozesses. Also:

Phoneme = 1	Allophone = 2			Phoneme = 2
	[k] (velar)	CANEM		
/k/	↗			
	↘		→	/k/*ane* ~ /tʃ/*ento*
	[k'] (prävelar)	CENTUM		

(vgl. <china> /ˈkina/ vs <Cina> /ˈtʃina/; <rocca> /ˈrɔkka/ vs <roccia> /ˈrɔttʃa/).

(2) **Entphonologisierung**: Aufhebung einer phonematischen Opposition bei gleichzeitiger Reduzierung des Inventars. Das etwa in der ersten Hälfte des 12. Jhs. in der Champagne geltende Phonemsystem sah folgende Einheiten vor, die innerhalb von einigen Jahrhunderten aufgegeben werden sollten: /ʎ ts dz/. Die Reduktion des Systems rief einen ,Zusammenfall' (*merger*) der alten Phonemeinheiten mit bestehenden Phonemen und einen Verzicht auf „alte" Oppositionen hervor. (Die „Belastungskraft" von /dz/ ist sehr eingeschränkt, weil nur wenige Minimalpaare mit /ts/ ~ /dz/ aufgedeckt werden können). Synoptisch:

12. Jh. /ts/ — /dz/ — /ʎ/
| |
↓ /s/ — /z/ — /j/
(vgl. z. B. /sə/ ~ /tsə/; /õntsə/ ~ /õndzə/)
14. Jh. /s/ — /z/ — /ʎ/ — /j/
↓
17. Jh. /s/ — /z/ — /j/

Die Aufhebung der phonematischen Opposition /ʎ/ ~ /j/ betrifft auch die rum. Sprachdiachronie: MULĬĔREM > arum. (und arom., meglen.) [muˈʎere] > nrum. (dakorum.) [muˈjere]. Auch der sog. *yeísmo* in manchen Gebieten Spaniens bezieht sich auf den Verlust des palatalen Phonems zugunsten von [j]:

sp.	<haya>	vs	<halla>		
				→	/ˈaya/
	/ˈaya/		/ˈaʎa/		

Eine das System der Sprache umwälzende Entphonologisierung fand im Neusp. statt (/dʒ/ übernahm bald einen frikativen Wert /ʒ/):

asp. (11. bis 16. Jh.)
/ts/ — /dz/ — /tʃ/ — (dʒ)
| | | |
/s/ — /z/ — /ʃ/ — /ʒ/

(vgl. z. B.: <osso> /ˈoso/ ‚hueso' vs <oso> /ˈozo/ ‚oso'; <fixo> /ˈfiʃo/ ‚fijo' vs <fijo> /ˈfiʒo/ ‚hijo'; zudem: <caça> /ˈkatsa/ ‚caza', <dezir> /dedˈzir/ ‚decir', <mugier> /muˈ(d)ʒer/ ‚mujer')

↓

nsp. I (15.—16. Jh.) /ts/ — /s/ — /ʃ/

In einer zweiten Phase verliert die *Affrikata* ihren dentalen Vorschlag, wobei der neu aus /ts/ entstandene *Sibilant* /ș/ einen deutlichen „nicht-alveolaren" Wert besaß und so in Opposition zum alveolaren /s/ geriet, bevor er zum typischen *interdentalen* /θ/-Laut des Sp. überging:

nsp. II (17. Jh.)	/ș/	—	/s/	—	/ʃ/
	↓		↓		↓
	/θ/	—	/s/	—	/x/

(vgl. <caza> /ˈkaθa/ vs <casa> /ˈkasa/ vs <caja> /ˈkaxa/)

N. B. Die infolge der Affrikatenauflösung neugeschaffene Opposition zwischen *prädorsodentalem* und *apikoalveolarem* Sibilanten, /ș/ ~ /s/, wurde in Andalusien, auf den Kanarischen Inseln und in Lateinamerika verschiedentlich vereinfacht:

/ș/ → (*seseo*): ‚cocer' [koˈșer]: Sevilla, Kan. Inseln, Lateinamerika;
/θ/ → (*ceceo*): ‚coser' [koˈθer]: Granada, Málaga.

Noch ein Beispiel: In der heutigen Pariser Aussprache ist die Opposition zwischen einem hinteren /ɑ/ und einem zentralen /a/ verlorengegangen und in eine indistinkte Aussprache (einem Archiphonem /A/) aufgegangen: [p/A/t] = <pâte> und <patte>.

(3) In einem dritten Fall, nämlich der zweiten Phase des sp. Prozesses, spricht man eher von einer **Umphonologisierung**, weil die Oppositionen aufrechterhalten wurden, trotz veränderter phonetischer Artikulation. Desgleichen im folgenden afrz. → mittelfrz. Wandel:

<chant> /tʃãnt/	:	/tʃ/	~	/dʒ/	:	/dʒãnt/ <jant>
		↓		↓		
<chant>		/ʃ/	~	/ʒ/		*<gent>*

Einer der auffälligsten und für die rom. Sprachgeschichte relevantesten Umphonologisierungsprozesse war der vlat. **Quantitätenkollaps**. Im Klat. war die Opposition zwischen *langen* (v̄) und *kurzen* (v̆) Vokalen eine *phonematische Opposition*: ŌS ‚Mund' vs ŎS ‚Knochen'; LĒGŌ ‚ich binde' vs LĔGŌ ‚ich lese'; AQUĂ ‚das Wasser' vs AQUĀ ‚mit dem Wasser'; LĔGĬT ‚er liest' vs LĒGĬT ‚er las'. Im Laufe der vlat. Zeit ging diese Opposition verloren, ihre Aufgabe wurde aber von einer neuen, diesmal **qualitativen** Ausgleichsopposition überwunden: Das, was *lang* war, wurde jetzt *geschlossen* ausgesprochen, *kurze* Vokale übernahmen eine *offene* Aussprache. Die rom. Ergebnisse dieses Wandels waren nicht einheitlich, so daß man, um die im Mittelalter belegten Vokalsysteme zu rechtfertigen, vier verschiedene Ausgangsschemata rekonstruieren muß:

(1) Das westromanische (pg., sp., kat., prov., frz., rr., nord- und mittelit.) System:

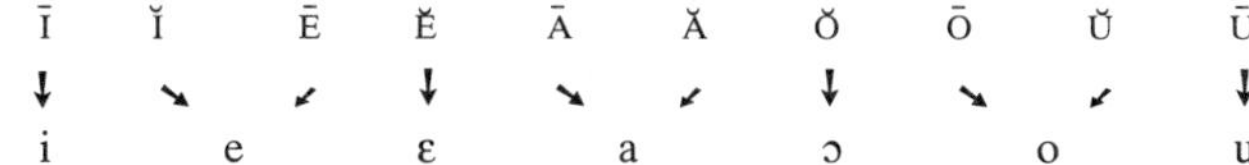

(vgl. z. B.: PĔDE(M) > pg. [pɛ], sp. [ˈpjɛ], kat. [pɛw], it. [ˈpjɛde])

(2) Das „archaische" System Sardiniens, Südkorsikas, Afrikas (und teilweise Südlukaniens, in einem Gebiet, das 1939 von Heinrich Lausberg entdeckt wurde und seitdem als *area Lausberg* bekannt ist):

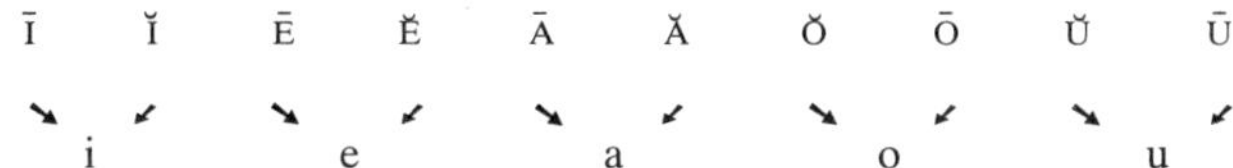

(vgl. z. B.: PĬSCE(M) > log. [ˈpiske] vs it. [ˈpeʃe]; NŬCE(M) > sd. [ˈnuke] vs it. [ˈnotʃe])

(3) Das Kompromißsystem im Rum. und teilweise in Lukanien:

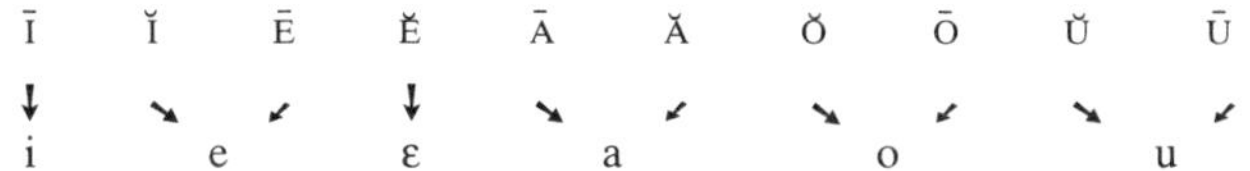

(vgl. z. B.: NĬGRU(M) > rum. *negru*, aber NŬCE(M) > *nucă*)

(4) Das sizilianische System (Sizilien, Mittel- und Südkalabrien, Südapulien):

Ī Ĭ Ē Ĕ Ā Ă Ŏ Ō Ŭ Ū

↘ ↓ ↙ ↓ ↘ ↙ ↓ ↘ ↓ ↙

i ɛ a ɔ u

(vgl. z. B.: NĪVE(M) > [ˈnivi], STĒLLA(M) > [ˈstiɖɖa]; SŌLE(M) > [ˈsuli], NŬCE(M) [ˈnutʃi])

N. B. Im Friaul (Nordostitalien) und im Gadertal (in den Dolomiten) sind infolge komplexer phonetischer Entwicklungen *neue* Quantitäten entstanden: Gadertal (ennebergisch, abteitalisch) /a/ ‚er hat' ↔ /a:/ ‚er hatte'; frl. /da/ (it.) ‚là' ↔ /da:/ ‚dare'. Die traditionelle Graphie verwendet Zirkumflexakzente, um diese phonematische Besonderheit darzustellen: <da> vs <dâ>; <còr> vs <côr>.

BIBL. Szemerényi (op. cit., § 2): 73—80; Lazzeroni (op. cit., § 18): 17—18; Harald Weinrich, *Phonologische Studien zur romanischen Sprachgeschichte*, Münster (Aschendorffsche Verlagsbuchhandlung), ²1969: Kap. 2 (*Der Quantitätenkollaps*); Marius Sala, *Contributions à la phonétique du roumain*, Paris (Klincksieck), 1976: Kap. 2 und 3; William Labov, *Principles of Linguistic Change*. I: *Internal Factors*, Oxford (Blackwell), 1994: Teil C (*Mergers and Splits*).

26 Kettenreaktionen.

Lieblingskind der diachronen Phonologie ist die **Kettenreaktion**. Zieht man z. B. folgende lat. und sp. Entsprechungen in Betracht: GŬTTAM > *gota* /ˈgota/, CATA > *cada* /ˈkaða/ , PĔDEM > *pie* /pjɛ/, so kann man nicht umhin, die Ergebnisse in eine logische Reihenfolge einzuordnen: (1) *Degeminierung* : /tt/ > /t/; (2) *Lenisierung* (die zum frikativen Reibelaut führt): /t/ (über /d/) > /ð/; (3) *Tilgung* der frikativen Phoneme: /ð/ > Ø. Dabei läßt sich darüber diskutieren, ob der Ablauf der aufeinanderfolgenden Prozesse durch die dritte Phase (**Sog** = engl. *drag-chain*) oder durch die erste Verschiebung (**Schub** = *push-chain*) ausgelöst wurde:

Sog: 3 > 2 > 1

T > [/D/ /d/] (> /ð/) > Ø

TT > t

↓

auslösende
Kollision

Schub: 1 > 2 > 3

TT > [/t/ /T/] > /d/

/D/ (> /ð) > Ø

↓

auslösende
Kollision

N. B. Die heutige volkstümliche, in den Dialekten seit geraumer Zeit belegte Tendenz, die Ergebnisse von -T- verstummen zu lassen, erhärtet die erste Alternative, nämlich des *Sogs*: *español popular*, ast., and.: CATA > /ˈkaða/ > /ˈka(a)/; CANTATUM > /kanˈtaðo/ > /kanˈtao, -u/; NATAM > /ˈnaða/ > /ˈna(a)/ (vgl. [paˈna:] ‚para nada').

Leitgedanke der Kettenreaktionen ist, daß die durch Lautwandel generierten phonematischen Lücken oder Asymmetrien im System durch Verschiebungen und Neuschaffung von Einheiten aufgefüllt bzw. ausgeglichen werden (so z. B. André Martinet). Daß dieses Postulat in seiner starren ursprünglichen Konzeption nicht aufrechterhalten werden kann, zeigen mithin zahlreiche „asymmetrische" (Weinrich: „inkonzinne") Phonemsysteme.

BIBL. Labov (op. cit., § 25): Teil B (*Chain Shifting*); André Martinet, *Économie des changements linguistiques*, Bern (Francke), 1955; Emilio Alarcos Llorach, *Estudis de lingüística catalana*, Barcelona (Ariel), 1983: Kap. 2/1 (*La constitució del vocalisme català*); Carmen Pensado Ruiz, *El orden histórico de los procesos fonológicos*, Salamanca (Publicaciones de la Universidad), 1983: Kap. 2 (*Distintas metodologías de la cronología relativa*); Eadem, *Cronología relativa del castellano*, Salamanca (Publicaciones de la Universidad), 1984; Alberto Nocentini, *Vocali lunghe e consonanti lunghe nel dialetto di Borgo S. Sepolcro. Un experimentum crucis delle capacità esplicative delle teorie fonologiche*, in: Luciano Agostiniani/Patrizia Bellucci Maffei/Matilde Paoli (Hgb.), *Linguistica storica e cambiamento linguistico*, Roma (Bulzoni), 1985: 79—86; Manuel Ariza Viguera, *Manual de Fonología Histórica del Español*, Madrid (Síntesis), 1990: 159—170.

II.3 Der Bereich der Morphosyntax

27 Morpheme.

Stellt man einen Vergleich zwischen folgenden Reihen (1) und (2) an:

(1a) sp.	*hablar*	it.	*parlare*	(1b)	*bebo agua*	*bevo acqua*
	beber		*bere*		*vino*	*vino*
	dormir		*dormire*		*café*	*caffè*
(2a) sp.	*habl -o*	it.	*parl -o*	(2b)	*bebo mucho*	*bevo molto*
	as		*i*		*poco*	*poco*
	a		*a*		*demasiado*	*troppo*,

so geht daraus eindeutig hervor, daß die in (2) durch Zerlegung gewonnenen Einheiten *-o*, *as*, *a* und *-o*, *i*, *a*, und die Adverbien eine völlig andere Funktion als die Einheiten in (1) erfüllen: Letztere tragen im Lexikon *Bedeutungen* von unterschiedlichen Handlungen (nämlich: ‚sprechen' vs ‚trinken' vs ‚schlafen') oder Gegenständen (‚Wasser' vs ‚Wein' vs ‚Kaffee'), während erstere in der *Grammatik* angesiedelte *Funktionen* (nämlich: *-o* = 1 P Sg Präs. Ind. ↔ *-as*, *i* = 2 P Sg Präs. Ind. ↔ *-aban*, *avano* = 3 P Pl Impf. Ind. usw.) und *Modifikationen* (‚viel' vs ‚wenig' vs ‚zu viel' *trinken*) zum Ausdruck bringen. Man bezeichnet die Einheiten des Lexikons als *lexikalische Morpheme* oder einfach als *Lexeme* (↗ § 42) und diejenige der Grammatik als *grammatikalische Morpheme* oder kurz als **Morpheme**. Wir definieren *Morpheme* als die kleinsten, regelmäßig wiederkehrenden Einheiten der Grammatik, die relevante Funktionen zum Ausdruck bringen. Das sp. Morphem *-o* z. B. tritt als Kennzeichen der 1 P Sg Präs. Ind. bei fast allen Verben auf: sp. *llevar* → *llevo*, *deber* → *debo*, *subir* → *subo*. Die it. Desinenz *-avano* drückt ausnahmslos alle 3 P Pl des Impfs. der Verben der 1. Konjugation (auf *-are*) aus: *mangiare* → *mangiavano, saltare* → *saltavano*, *pescare* → *pescavano*. Die Adverbien ‚viel', ‚wenig', ‚zu viel' können sämtliche Verben modifizieren (sp. *veo / creo /*

como / duermo / corro poco). Das Häufigkeitsvorkommen der Morpheme in einem beliebigen (mündlichen oder schriftlichen) Text ist deshalb sehr hoch.

N. B. In der Terminologie Martinets heißen die Morpheme *Moneme*. Den *lexikalischen Monemen* stehen, im Rahmen dieser Theorie, die *grammatikalischen Moneme* gegenüber.

BIBL. Helbig (op. cit., § 1): 113—115; Bünting (op. cit., § 15): 94—104; Joan L. Bybee, *Morphology. A Study of the Relation between Meaning and Form*, Amsterdam (Benjamins), 1985; Nikolaus Schpak-Dolt, *Einführung in die französische Morphologie*, Tübingen (Niemeyer), 1992: Kap. 4/1; Jörg Keller/Helen Leuninger, *Grammatische Strukturen — Kognitive Prozesse. Ein Arbeitsbuch*, Tübingen (Narr), 1993: 45—70.

28 Morphologie. Syntax. Morphosyntax.

Der Teilbereich der Grammatik, der sich mit der Ermittlung und Analyse der Morpheme befaßt, heißt **Morphologie** (auch als **Flexionslehre** bekannt). Neben der Beschäftigung mit dem morphologischen Formenbestand kann man auch die Beziehungen zwischen den Morphemen oder zwischen den Morphemen und den Lexemen, also den ‚Satzbau', untersuchen: Diese Aufgabe fällt der **Syntax** zu. Beispiel:

	Morphologie *Formenbestand*	Syntax *Distributionsregeln*
	el M } Sg la F	*el#hombre* M, aber auch:
Artikel (sp.)		*el# agua* F *el#hambre* F
	los M } Pl las F	

Die enge Verknüpfung zwischen Morphologie und Syntax, die sich in der formalen Abhängigkeit der Morpheme von den distributionellen Regeln offenbart, rechtfertigt die Vereinigung der zwei Bereiche in eine übergeordnete Größe, die **Morphosyntax**. Mit diesem Terminus wird demnach das kombinierte Studium der morphologischen Oppositionen und der Distribution von Morphemen im Satz verstanden. Bsp.:

(sp.) *este chico, lo tengo visto* ↔ *esta película, la tengo vista*
(≅ *lo he visto*) (≅ *la he visto*).

Die Kongruenz des Partizips (= morphologische Opposition zwischen M *-o* und F *-a*) wird durch das Vorkommen des Begleitverbs (*tener* im Ggs. zum Auxiliar *haber*) und das linksversetzte Objekt (= syntaktische Regel) bedingt.

(kat.) *bec molt* ‚ich trinke viel'	↔	*no bec gaire* ‚ich trinke nicht viel'
ara sents quelcom a l'estómac	↔	*sents ara res a l'estómac?*
‚du fühlst jetzt etwas im Magen'		‚fühlst du jetzt nicht etwas im Magen?'

Die morphologische Selektion wird automatisch durch den syntaktischen positiven/negativen bzw. positiven/interrogativen Kontext ausgelöst.

(it.) *tu vieni domani* ↔ *io e te veniamo domani.*
Die Ersetzung des Subjektmorphems *tu* ‚du' durch das Objektpronomen *te* ‚dich' (*vedo te* ‚dich sehe ich') ist nur in der Verbindung mit *io* zugelassen.

BIBL. Wilhelm Pötters/Annegret Alsdorf-Bollée, *Sprachwissenschaftlicher Grundkurs für Studienanfänger Französisch,* Tübingen (Narr), [7]1995: 97—107; Vidal Lamíquiz, *Lengua española. Método y estructuras lingüísticas,* Barcelona (Ariel), 1987: Kap. 6.1 (*La función morfosintáctica).*

29 Paradigma. Syntagma.

Ein Grundbegriff der von de Saussure stammenden strukturellen Terminologie betrifft die Dichotomie **Paradigma** (Plural: *-en/-ata*) vs **Syntagma** (Plural: *-en/-ata*). Paradigmatische Oppositionen treten durch Substitutionen innerhalb eines Inventars auf:

(pg.)	*o*			*o*
Artikel-	*a*	Verbal-		*as*
paradigma	*os*	paradigma	fal-	*a*
‚der'	*as*			*amos*
				ais
				am

(it.)	*io*		*che*
Personal-	*tu*	Relativ-	*di cui*
pronomen-	*lui, lei*	pronomen-	(*a*) *cui*
paradigma	*noi*	paradigma	*che*
	voi		
	loro		

Ersetzt man pg. *o* durch *os* oder it. *tu* durch *noi,* so drückt man unmittelbar ganz verschiedene Funktionen innerhalb einer identischen grammatikalischen Kategorie aus.

Syntagmatische Beziehungen werden hingegen in der Satzkette ersichtlich und betreffen die Kombinationsmöglichkeiten zwischen Lexemen und Morphemen und die daraus resultierenden Satzgrößen. Bsp.: (sp.) *el tren llegó a las seis con mucho retraso.* Die 3 P des Perfekts ist unmittelbar bezogen auf ‚den Zug', aber auch auf mögliche Substitute wie: *el hombre, el coche, Juan, él,* nicht aber z. B. auf mit Pluralmorphemen versehene Einheiten, wie *los coches*, deren Kombination mit dem Verb im Sg auf der syntagmatischen Ebene nicht zugelassen wäre. Die kombinierte Darstellung der paradigmatischen (/vertikalen) und der syntagmatischen (/horizontalen) Beziehungen kann folgendermaßen veranschaulicht werden:

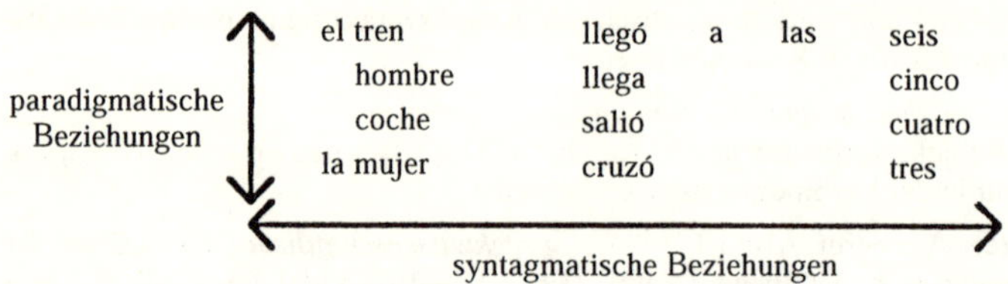

BIBL. Bünting (op. cit., § 15): 40—42; Dürr/Schlobinski (op. cit., § 15): 99-101; Josef Felixberger/Helmut Berschin, *Einführung in die Sprachwissenschaft für Romanisten*, München (Hueber), [2]1978: 17—18.

30 Allomorphe. Morpho(pho)nemik. Nullmorpheme.

Ähnlich wie das *Phonem* gehört das *Morphem* zur Abstraktionsebene des *Systems* und unterliegt den Variationen, die in der Norm oder in der Parole durch kontextuelle Bedingungen entstehen. Die Varianten eines Morphems heißen **Allomorphe**. Bsp. (it.):

Artikel:	Morpheme	*il*		*la*
	Allomorphe	[lo]	[l]	[l]
		(_<z, sc>)	(_V)	(_V)

Erläuterung: Im Artikelparadigma steht die maskuline Basisform *il* der weiblichen Form *la* gegenüber: *il ragazzo* ↔ *la ragazza*. Vor anlautendem <z> (*zio*), <sc> (*scemo*) oder Vokal (*amico*), die den „bedingenden Kontext" darstellen (repräsentiert nach dem untergesetzten Strich), werden aber die Allomorphe [lo] bzw. [l] generiert: *lo zio*, *lo sciame*; *l'amico*.

Die formalen Veränderungen, denen Phoneme und Morpheme in der Grammatik unterworfen werden, sind Gegenstand der **Morpho(pho)nemik**. Bsp.:

(1) kat.

$$\_\_ \begin{bmatrix} \text{C} \\ \text{- sth} \end{bmatrix} \# \rightarrow \_\_ \begin{bmatrix} \text{C} \\ \text{+ sth} \end{bmatrix} \text{V} \ldots \#$$

llop	[p]	*llobató*	[β]
cap		*cabota*	
buit	[t]	*buidesa*	[ð]
verd		*verdura*	
préssec	[k]	*presseguer*	[ɣ]

Erläuterung: An der auslautenden Morphemgrenze (# = ‚Wortende') werden alle Verschlußlaute *stimmlos* realisiert (aus -/t/ und -/d/ entsteht z. B. das Archiphonem -/T/). Wird aber aus dem Basismorphem eine sekundäre Form abgeleitet, entsteht dann ein *stimmhaftes* Phonem: /ptk/ → /bdg/ (als [βðɣ] im Inlaut ausgesprochen).

(2) sd. # [- sth]_ → V # [+ sth]_

[ˈpuɖɖa]	[sa]	#	[ˈβuɖɖa]
[ˈtɛrra]			[ˈðɛrra]
[ˈkɔa]			[ˈɣɔa]

Erläuterung: Stimmlose Konsonanten im absoluten Anlaut werden zu stimmhaften Konsonanten (Reibelauten), wenn ihnen der Artikel vorausgeht.

(3) frz. *les* # *chats* ↔ *les* # *enfants*

[le] # [ʃa] [lez] # [ãfã]

Erläuterung: Das Artikelmorphem *les* [le] ‚die' (Pl) wird durch *Liaison* (vor anlautendem Vokal) zum Allomorph [lez].

(4) it.

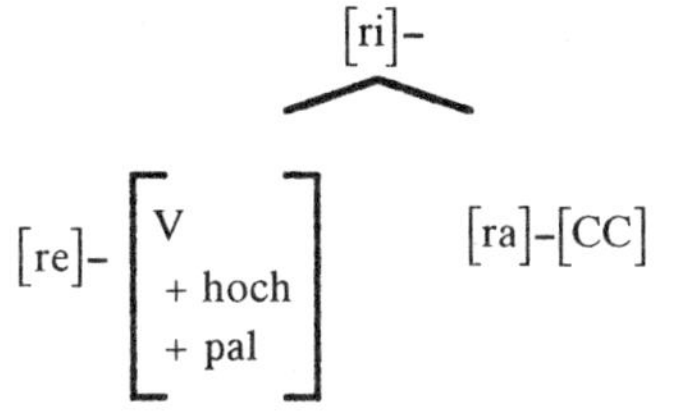

[ri]-

[re]- $\begin{bmatrix} \text{V} \\ +\text{hoch} \\ +\text{pal} \end{bmatrix}$ [ra]-[CC]

Erläuterung: Das Basismorphem *ri-*, das hauptsächlich als Präfix zur Angabe einer wiederholten Handlung fungiert (*rivedere* ‚wiedersehen'), wandelt seine Gestalt in *re-* vor dem (hohen, palatalen) Vokal [i] (*reinvestire*), in *ra-* vor Geminaten (*racchiudere*, allerdings mit abweichender Bedeutung ggb. *richiudere*).

(5) sp. *comprar* ‚ankaufen' → (la) *compra* ‚der Ankauf'
it. *permutare* ‚austauschen' → (la) *permuta* ‚der Austausch'
kat. *esmentar* ‚erwähnen' → (l') *esment* ‚die Erwähnung'

Erläuterung: Aus dem Infinitiv abgeleitete Morpheme können auch einer distinktiven Form entbehren, als sog. **Nullmorpheme** erscheinen. Dies trifft auch für einige Pluralbildungen zu, vgl. folgende paradigmatische Oppositionen:

Sg		Pl		
	[*cane* / *donna*...]		[*cani* / *donne*...]	= Vokalalternanz
	[*città* / *film* / *caffè*]		[*città* / *film* / *caffè*]	= Ø-Alternanz

BIBL. Max Wheeler, *Phonology of Catalan*, Oxford (Blackwell), 1979: 270—287; Wolfgang Dressler, *Morphonology. The Dynamic of Derivation*, Ann Arbor (UP), 1985: Kap. 2.

31 Freie und gebundene Morpheme.

Wie man aus den oben in (3) und (4) zusammengestellten Bsp. leicht ersehen kann, besteht ein bedeutender Unterschied zwischen dem Artikel *les* und dem Präfix *ri-*: Das erste Morphem kann allein stehen, genau wie ein Substantiv, ohne dabei seine Grundbedeutung einzubüßen; das zweite Morphem darf aber nicht allein vorkommen, sondern ist immer abhängig von dem mit ihm verschmolzenen Verb. Morpheme, die im Satz einen autonomen Status haben, heißen **freie Morpheme**; Morpheme, die stets in komplexeren Segmenten vorkommen, heißen **gebundene Morpheme**. Wir führen nachfolgend eine Liste von *Funktionen* und

Kategorien (‚Wortarten') an, die herkömmlich dem Aufgabenbereich der Morphosyntax zufallen. Kurze begleitende Beispiele sollen als Erläuterungen der Termini gelten.

BIBL. André Martinet, *Studies in Functional Syntax*, München (Fink), 1975: Kap. 15 (*Le Mot*).

32 Gebundene Morpheme: ein Katalog von Formen und Funktionen.

(1) **Kasuskennzeichnung**: (rum.)

	omu	-l	‚der Mensch'	*Nominativ*
	omu	-lui	‚des Menschen'	*Genitiv*
Paradigma	*omu*	-lui	‚dem Menschen'	*Dativ*
	omu	-l	‚den Menschen'	*Akkusativ*
	omu	-le	‚Mensch! Mann!'	*Vokativ*

(2) **Genuskennzeichnung**: (sp./pg.)

*alumn*o	↔	*alumn*a	‚Schüler, -in'
*alun*o		*alun*a	
*lind*o	↔	*lind*a	‚schön, hübsch'
*car*o	↔	*car*a	‚teuer'.

In Asturien (Nordwestspanien) und in einigen Gebieten Süditaliens gebraucht man eine dritte Genusmarkierung, die man als *Neutrum* (Nt) bezeichnet. Das Nt wird bei *unbestimmten* und *nicht-quantifizierenden* Nominalangaben verwendet und allein durch die begleitende Adjektivendung kenntlich gemacht (-u̲ = M, -a̲ = F, -o̲ = Nt). Asturianische Bsp. mit sp. Übersetzung:

(ast.) [- bestimmt]: *¿qué quiés? carne asa*o, *vinu bon*o

‚¿qué quieres? carne asada, vino bueno'

[+ bestimmt + quantifizierbar]	vs	[+ bestimmt - quantifizierbar]
*un quesu mui guap*u		*el quesu ta guap*o
‚un queso muy bueno'		‚el queso está muy bueno'.

Auch im Rum. ist für eine begrenzte Anzahl von Nomina eine *dritte Genuskennzeichnung* im Plural vorgesehen, die allein durch die syntaktischen Selektionen (Auswahl von Artikel und Adjektivendungen) sichtbar wird. Man bezeichnet die Klasse dieser Substantive als *ambigen* (A):

(Sg)	bărbat	*-ul* e bun -Ø	}	M	‚Der Mann ist gut'
	scaun	*-ul* e bun -Ø			‚der Stuhl ist gut'
	fat	*-a* e bun -ă		F	‚das Mädchen ist gut'
(Pl)	bărbaţ	*-i* sînt bun -i		M	‚die Männer sind gut'
	scaune	*-le* sînt bun -e	}	A	‚die Stühle sind gut'
	fete	*-le* sînt bun -e		F	‚die Mädchen sind gut'

(3) **Numeruskennzeichnung**:

(3a) Sigmatischer Plural, phonetisch realisiert als -[s] oder V + [s]:

(sp.) *chico* → *chicos*; *chica* → *chicas*; *ciudad* → *ciudades*;
(pg.) *aluno* → *alunos*; *aluna* → *alunas*; *rapaz* → *rapazes*;
(afrz.) *le chien* [lə tʃjẽn] → *les chiens* [les tʃjẽns].

(3b) Sigmatischer Plural, phonetisch nicht realisiert (oder realisiert als Ø-Morphem): (frz.) *le chien* → *les chiens* [leØ ʃjẽØ].

(3c) Vokalischer Plural (Alternanz zwischen Vokalen):

(it.) *cane* → *cani*; *cavallo* → *cavalli*; *donna* → *donne*; *femmina* → *femmine*.

(3d) Koexistenz von sigmatischem und vokalischem Plural: (frl.)

(= 3a) [ˈćaze] → [ˈćazes] ‚Haus - Häuser'
[oˈre:le] → [oˈre:lis] ‚Ohr - Ohren';
(= 3c) [ˈvoli] → [ˈvoj] (über [ˈvoli]) ‚Auge - Augen'
[an] → [aɲ] (über [ˈani]) ‚Jahr - Jahre'.

(4) **Adjektiv- und Adverbsteigerung**:

(lat.) ALTUS ‚hoch' → ALTIOR ‚höher' → ALTISSIMUS ‚am höchsten'
FORTITER ‚stark' → FORTIUS ‚stärker' → FORTISSIME ‚am stärksten'.

(5) **Verbaldesinenzen.**

Die Verbalmorpheme, die in der Konjugation zum Vorschein kommen, kodieren vielfache Funktionen:

(5.1) *Personenkennzeichnung*: (it.) *picchiare* ‚schlagen'
1 P *picchiav* -o ↔ 2 P -i ↔ 3 P -a.

(5.2) *Numeruskennzeichnung*: 1 P Sg *picchiav* -o ↔ 1 P Pl *picchiav* -amo.

(5.3) *Tempuskennzeichnung*: 1 P Sg Impf. *picchi* -avo ↔ 1 P Sg Präs. -o.

N. B. Im Rahmen des strukturalistischen Ansatzes hat Eugenio Coseriu eine funktionale Einteilung in *merkmallose* (oder *extensive* bzw. *inklusive*) und *merkmalhafte* (*intensive, exklusive*) Tempora vorgenommen, die drei Zeitabschnitte auf verschiedenen Ebenen vorsieht. Die merkmallosen Glieder der Opposition können sich jeweils nach links oder rechts bewegen und die merkmalhaften Tempora ersetzen. Kurze Anwendung auf das Sp.:

Aktuelle Ebene (direkte Rede)	*canté* ⁺ ←	*canto* ⁻	→ *cantaré* ⁺	Zeitachse
	2	1	3	
	Vergangenheit	Gegenwart	Zukunft	
Inaktuelle Ebene (indirekte Rede)	*cantase* ⁺ ←	*cantaba* ⁻	→ *cantaría* ⁺	
	5	4	6	

Bsp.:

(1 → 2) *Pompeu Fabra fija* (‚fijó') *en 1913 la norma ortográfica catalana*;
(1 → 3) *Mañana me levanto* (‚levantaré') *temprano*;
(4 → 5) *Si tenía* (‚tuviese') *dinero, compraría esta casa*;
(4 → 6) *Si tenía dinero, compraba* (‚compraría') *esta casa.*

(5.4) **Moduskennzeichnung**: Ausdruck von Modalitäten wie ‚Wunsch, Zweifel, Hoffnung usw.':

1 P Sg Impf. Ind. *picchi* -avo ↔ 1 P Sg Impf. Konj. -assi.

N.B. Faßt man die Bezüge auf ‚Situation', ‚Zeit' und ‚Handlungsträger' ins Auge, also auf die HIC - NUNC - EGO Origo, so wird ein deutlicher Unterschied zwischen Indikativ und Konjunktiv sichtbar: Der Konj liefert, entsprechend der formalen Reduktion seines Oppositionssystems, nur eine begrenzte Anzahl von Informationen und ist, nach einem strukturalistischen Gesichtspunkt, *teilmarkiert* ggb. dem Indikativ. Der Infinitiv ist, dieser Auffassung zufolge, sogar *null-markiert*, weil dieser Modus ausschließlich die lexikalische — in den Wörterbüchern eingetragene — Bedeutung vermittelt. Vgl. z. B. (frz.):

Inf	[null-markiert]:	*venir* ↔ *manger*	↔	*dormir*		
Ind	[voll-markiert]:	*je viens*	↔	*je venais*	↔	*je viendrai*
Konj	[teil-markiert]:	*je vienne*		—		—
		‚Gegenwart'	↔	‚Vergangenheit'	↔	‚Zukunft'.

Eine Ausnahme bezüglich des Inf bildet der sog. **infinito pessoal** des Pg. und Gal., der mit Personenendungen versehen ist:
pg. *é preferível irmos de avião* ‚lieber, wenn wir mit dem Flugzeug fliegen'
gal. *xa é tarde pra ti entenderes certas cousas*
‚ya es tarde para que entiendas ciertas cosas'
mañan ao pasares por diante da rúa
‚mañana, cuando pases (al pasar) por delante de la calle'.

(5.5) **Aspektkennzeichnung**:

Impf.	*je savais*		↔ Pf.	*je sus* (*j'appris*)	
	sapevo	‚ich wußte'		*seppi* (*appresi*)	‚ich erfuhr'
	sabía			*supe* (*me enteré*)	

Die grammatikalische Opposition zwischen *imperfektivem* und *perfektivem* Aspekt im Romanischen findet keine Entsprechung im Deutschen und ist deshalb schwer zu lernen. Diese aspektuelle Opposition, die — mindestens in der *geschriebenen Sprache* (↗ § 116) — durch zwei verschiedene Tempora vertreten ist, betrifft die interne, eher subjektive Perspektive der beschriebenen Handlung: Wird der Handlungsablauf als eine kontinuierliche Linie anvisiert, so greift der Romane automatisch nach dem Impf.:

(it.) *Giovanni* guardava *l'orologio ogni due minuti*;
(pg.) *João* olhava *o relógio de dois em dois minutos*;
(sp.) *Juan* mirava *el reloj cada dos minutos.*

Aus dem Bsp. wird ersichtlich, daß weder die relative Zeitdauer noch die mögliche Vorstellung einer in sich abgeschlossenen Handlung (‚Hans schaute *alle zwei*

Minuten auf die Uhr') irgendwelche Folgen auf die Tempusselektion haben, das Impf. scheint die einzig zugelassene Form im Romanischen zu sein:

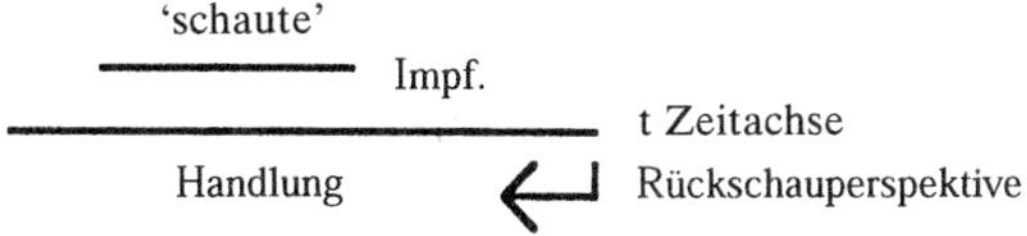

Anders ist es, wenn man einen Vorgang als einen Punkt in der Vergangenheit betrachtet, als eine genau umrissene, nicht in ihren Details faßbare Einheit ansieht. Für diese Bedeutung steht dem Romanen allein das Perfekt (einfaches oder zusammengesetztes Pf.) zur Verfügung. Besonders augenfällig wird der Kontrast zwischen Impf. und Pf. im sog. Inzidenzschema, wo auf eine durch das Impf. dargestellte Linie das Pf. inzidiert und es somit den Endpunkt festlegt. Zur Veranschaulichung der Funktion des Pfs. ziehen wir jetzt ein Beispiel aus dem *Pinocchio* von Carlo Lorenzini (Collodi) und aus den rom. Übersetzungen dieses Meisterwerks heran (Kap. XIV, S.44):

(it.) *Metti fuori i denari o sei morto* — disse *l'assassino più alto di statura.*
(frz.) *Sors l'argent ou tu es mort* — dit *le plus grand des assassins.*
(sp.) *Saca el dinero o date por muerto* — dijo *el asesino más alto.*
(pg.) *Passa para cá o dinheiro ou estás morto* — disse *o assassino mais alto de estatura.*
(kat.) *Treu els diners o te matem* — va dir *l'assassí més alt.*
(frl.) *Fûr i bêz o tu sês futût* — dissal *il sassin plui grant.*
(bünd. ladin) *Vè oura culs raps, o cha tü mourast,* — ha dit *il morder plü grond.*

Schematisch:

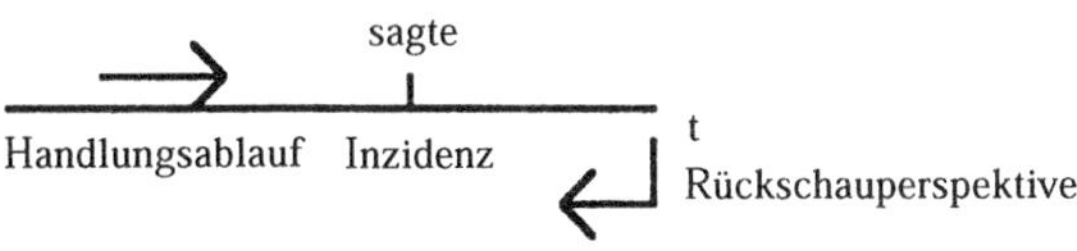

Eine zweite Stelle des *Pinocchio* soll uns jetzt helfen, diese schwer faßbare Opposition überschaubar zu machen (XIV, 45):

(it.) *Intanto* cominciava *a baluginare il giorno e si* rincorrevano *sempre*; *quand'ecco che Pinocchio si* trovó *improvvisamente sbarrato il passo da un fosso largo e profondissimo.*
(frz.) *Le jour* pointait, *ils se* poursuivaient *toujours, quand tout à coup Pinocchio se* trouva *devant un fossé assez large et très profond.*
(sp.) *Entre tanto*, comenzaba *a alborear y* seguían persiguiéndolo; *de repente Pinocho se* encontró *con un foso ancho y hundísimo.*
(pg.) *Entretanto* começava *a romper o dia e a perseguição* continuava; *quando eis que Pinóquio* viu *o caminho barrado por um fosso largo e profundíssimo.*
(kat.) *Mentrestant* començava *a llustrejar i el* continuaven empaitant, *quan vet aquí que Pinotxo es* va trobar *de sobte davant un rec molt ample i molt fondo.*
(frl.) *Intant al* scomenčave *a sclarí e si* corevin *sinpri daûr, cuanche Pinochio si* cjatà *a colp denant di un fossâl larc e font.*

Um das Funktionieren der aspektuellen Opposition besser einschätzen zu können, sei hier zuletzt auf die Abstimmung der Tempusselektion auf die jeweils dem Verb innewohnende Bedeutung, die sog. **Aktionsart**, hingewiesen. Man unterscheidet herkömmlich folgende Oppositionen:

	[+ telisch]	↔	[- telisch]
(it.)	*accorgersi, morire*		*credere, conoscere*
(sp.)	*darse cuenta, morir*		*creer, conocer.*

Impliziert ist das Erreichen eines Zieles (gr. *télos*), eines Endpunkts in Erfahrungs-, Erkenntnis- oder Erlebensprozessen.

	[+ transformativ]	↔	[- transformativ]/[+ durativ]
(it.)	*cadere, arrivare, spaventarsi*		*crescere, dormire, gridare*
(sp.)	*caer, llegar, asustarse*		*crecer, dormir, gritar.*

Gemeint ist ein ‚Zustandswechsel' oder eine relativ dauerhafte Begriffsvorstellung. Interessant zu beobachten ist nun, daß, falls *imperfektive* Tempora in Verbindung mit *telischen* oder *transformativen Aktionsarten* gesetzt werden, keine *punktuelle* oder *resultative* Handlungsphase erreicht wird, was hingegen mit *perfektiven Tempora* erzielt wird. Dies besagt also, daß den kommunikativen Absichten des Sprechers die richtige Auswahl des Tempus anheimgestellt bleibt. Aus folgenden Vergleichen der *Pinocchio*-Übersetzungen kann man die verschiedenen Resultate leicht ablesen, die die jeweiligen Tempusoppositionen beisteuern:

(XIV, 40) 1. Aktionsart [- telisch - transformativ]
Aspekt [+ perfektiv]

(it.) *Via, via! Meno male e fuori i denari!* — gridarono *minacciosamente i due briganti.*

(kat.) *De pressa, de pressa! No tanta comèdia i porta els diners!* — van exclamar, *amenaçadorament, els dos bandolers.*

2. Aktionsart [- telisch + durativ]
Aspekt [+ imperfektiv]

(frz.) *Ça va, ça va! Assez de bavardages, donne l'argent!* criaient *les deux brigands, menaçants.*

(sp.) *¡Vamos, vamos! ¡Menos cháchara y saca el dinero!* — gritaban *amenazadoramente los dos bandidos.*

(pg.) *Ora, ora! Deixa-te de lérias e venha lá o dinheiro!* — gritavam *ameaçadores os dois bandidos.*

(frl.) *Vonde! Vonde! Mancul najnis e fûr i sclíncars!* — *la* menačavin *i doi briganz.*

(XV, 71) 1. Aktionsart [+ telisch + transformativ]
Aspekt [+ perfektiv]

(it.) *A poco a poco gli occhi gli si* appannarono.

(frz.) *Peu à peu les yeux se* voilèrent.

(bünd. ladin) *Plan a plan* sun gnüts *seis ögls tuorbels.*

2. Aktionsart [+ telisch + transformativ]
Aspekt [+ imperfektiv]

(sp.) *Poco a poco se le* iban apagando *los ojos.*

(kat.) *A poc a poc els ulls se li* apagaven.

(bünd. romontsch) *Plaun a plaun* entscheivan *ils egls a sestgirentar.*

(sd. camp.) *A pagu a pagu dd'*annellànt *is ogus.*

(sass.) *A pogu a pogu l'occi* s'appannaba.

(5.6) **Diathesekennzeichnung** (‚Genus verbi, Vox‘):

(lat.)	LAUD-Ō	‚ich lobe‘	↔	LAUD-OR	‚ich werde gelobt‘
	LAUD-ĀBAM	‚ich lobte‘	↔	LAUD-ĀBAR	‚ich wurde gelobt‘.

BIBL. Schpak-Dolt (op. cit., § 27): Teil 2 (*Flexion*); Horst G. Klein, *Tempus, Aspekt, Aktionsart*, Tübingen (Niemeyer), 1974; Eugenio Coseriu, *Das romanische Verbalsystem*, Tübingen (Narr), 1976; Werner Hupka, *Zur Funktionalität der Zweikasusdeklination*, in: Festschrift für Johannes Hubschmid, hgb. von Otto Winkelmann/Maria Braisch, München (Francke), 1982: 95—111; Emma Martinell, *El subjuntivo*, Madrid (Coloquio), 1985; Otto Gsell/Ulrich Wandruszka, *Der romanische Konjunktiv*, Tübingen (Niemeyer), 1986; Hildegard Schede, *Die Morphologie des Verbs im Altspanischen*, Frankfurt/M. (P. Lang), 1987; Maria Iliescu/Louis Mourin, *Typologie de la morphologie verbale romane*. I: *Vue synchronique*, Innsbruck (Universität), 1991.

33 Freie Morpheme: ein Katalog von Formen und Funktionen.

(1) **Artikel**. *Paradigmata*:

sp. Sg	M	el		sd. log. Sg	M	su
	F	la			F	sa
Pl	M	los		Pl	M	sos
	F	las			F	sas

Der bestimmte Artikel stammt entweder aus lat. ILLE ‚jener‘ oder IPSE ‚selbst‘. Der unbestimmte Artikel hat seinen Ursprung im lat. UNUS ‚einer‘. Im Rum. wird der Ausdruck dieser Kategorie durch ein *gebundenes Morphem* kodiert: *casă* ‚Haus‘ → *casa* ‚das Haus‘; *case* ‚Hauses‘ → *casei* ‚des Hauses‘; *om* ‚Mann‘ → *omul* ‚der Mann‘. Der bestimmte Artikel wird eingesetzt, wenn ein Nomen aus der allgemeinen Klasse, der es angehört, herausgenommen und in einen konkreten Kontext eingefügt, besser *aktualisiert* wird:

(it.) virtuell	→	aktuell	
donne	1.	*le donne amano il rosso*	[- spezifisch]
(im Ggs. zu: *uomini*)	2.	*la donna entrò in casa*	[+ spezifisch]
	3.	*cerco una donna*	[- bestimmt]
	4.	*cerco una donna che parli tedesco*	[- bestimmt + spezifisch]

In einigen Sprachen und Dialekten wird der Artikel vor Personennamen gesetzt:
(kat.) *he vist la Maite, el (*besser: *en* < DOMINUS, -E ‚Herr‘) *Pere*;
(toskanisch) *ho visto la Paola*;
(gal.) *O Manuel non é da família da Catarina* (*o* = ‚der‘; *da* = ‚von der‘).

(2) **Adjektiv**: Adjektive begleiten Substantive und modifizieren ihren Inhalt. Reine Adj (‚gut‘, ‚schlecht‘, ‚dick‘) werden nicht von der Morphologie erfaßt, da sie eine offene (‚nicht begrenzte‘) lexikalische Klasse bilden, doch werden sie unter dem Blickwinkel der Syntax untersucht. So werden *vorangestellte* Adj als mit *qualifizierender* oder *charakterisierender* Funktion versehene *Morpheme* aufgefaßt,

während nachgestellten Adj eher eine *spezifizierende*, lexikalische Bedeutung zugewiesen wird. Substitutionsprozesse auf paradigmatischer Ebene tun diesen — nicht in allen rom. Sprachen (z. B.: sd.) geltenden — Unterschied kund:

	morphologische Einheiten				*lexikalische Einheiten*
(it.) una	*nuova*	macchina	vs	una macchina	*nuova*
	seconda				*vecchia*
	altra				*verde*

Vorangestellte Adj werden oft metaphorisch verwendet: vgl. (it.) *calde parole, freddo ricevimento*. Adj können unmittelbar das Nomen begleiten und heißen dann **attributive** Adj (*la macchina nuova*) oder von einem Verb (einer *Kopula*) abhängig sein und werden dann **prädikative Adj** genannt (*la macchina è nuova*; *la macchina sembra nuova* ‚ist neu/scheint neu zu sein').

(3) **Possessiv**: Das Besitzverhältnis wird von Possessivadjektiva oder Possessivpronomina wahrgenommen; einige Sprachen kennen als Selektionsregel die Objektsetzung des Art vor dem nominalen Determinanten:

Adj + N: (frz.) *ma maison*; (sp.) *mi casa*;
Art + Adj + N: (it.) *la mia casa*; (kat.) *la meva casa*;
Art + N + Adj: (sd.) *sa domo mea/sa domu mia*;
[N + Art] + Adj: (rum.) cas-*a* (< casă + gebundenes Art *-a*) *mea*.

(4) **Demonstrativ**: Demonstrative Morpheme erfüllen eine deiktische (< Deixis ‚Anzeige'), lokale, zeitliche oder auch im Text rückverweisende Funktion. Entsprechend der klat. Ausgangssituation (HIC ‚dieser', in der Nähe des Sprechers ↔ ISTE ‚jener', in der Nähe des Angesprochenen ↔ ILLE ‚der da', weit von Sprecher und Angesprochenem) unterscheiden einige Sprachen drei Funktionen, andere aber haben die ursprünglich funktionelle/formale Dreigradigkeit in eine binäre Opposition (‚dieser' ↔ ‚jener') umgestaltet:

1. Dreigradige funktionale und formale Opposition:

	‚1'		‚2'		‚3'
(pg.)	*este é o meu carro*	↔	*esse é o teu carro*	↔	*aquele é o seu carro*
(sp.)	*éste es mi coche*		*ése es tu coche*		*aquél es su coche*
(sd.)	*custa est sa domo mea*		*cussa est sa domo tua*		*cudda est sa domo sua*

2. Zweigradige funktionale Opposition, aber dreigliedrige formale Opposition:

(kat.)	*aquest és el meu cotxe*	↔	*aqueix és el teu/seu cotxe*
			aquell és el teu/seu cotxe
(it.)	*questa è la mia macchina*		*quella è la tua/sua macchina*

(*codesto* gehört zum Toskanischen und zu einem bürokratischen Register).

3. Zweigradige funktionale und formale Opposition:

(frprov.) *cetta mèison* ↔ *cella mèison* (Val d'Aosta).

4. Zweigradige funktionale Opposition, eine einzige Form (mit den Verstärkungspartikeln ‚hier' und ‚da'):

(frz.) *cette maison-ci* ↔ *cette maison-là.*

(5) **Personalpronomen**: Personalpronomina haben einen stark referentiellen Wert, weil sie sich unmittelbar auf Personennamen oder wichtige Satzaktanten (Subjekt, Objekt) beziehen: (sp.) *Juan y Maite no vienen. Juan me ha dicho que ella se ha resfriado* ‚Hans und Maite kommen nicht. Hans sagte mir, daß *sie* sich erkältet hat'. Was die Formen anbelangt, unterscheidet man *betonte* von *unbetonten* Ppro: (sp.) *él dijo* ‚er sagte' vs *le dije* ‚ich sagte ihm'; (it.) *ho visto te oggi* ‚ich habe *dich* heute gesehen' vs *ti ho visto oggi* ‚ich habe dich *heute* gesehen'. In einigen Sprachen und Dialekten verfügt man über ein Doppelparadigma von Ppro: über die betonten *Obliquusformen* (d. h. Formen, die nicht aus dem lat. Nominativ stammen) und die unbetonten *Rektusformen* (oder Nominativformen). Der Stellenwert solcher Doppelformen wird weiter unten unter typologischen Gesichtspunkten untersucht werden. Die Funktionen der Ppro verteilen sich auf Subjekt- oder Objektfunktionen: (frz.) *nous parlons* (S) vs *on parle à nous* (O). Bsp.:

(sp.)	betonte		unbetonte	
	Subjekt	Objekt		
	1 *yo*	1 *mi*	1 *me*	*tú comes*
	2 *tú*	2 *ti*	2 *te*	*te lo dije a ti*
	3 *él, ella*	3 *él, ella*	3 *le, lo, la*	
	4 *nosotros*	4 *nosotros*	4 *nos*	
	5 *vosotros*	5 *vosotros*	5 *os*	
	6 *ellos, ellas*	6 *ellos, ellas*	6 *les, los, las*	

(frz.)					
	1 *moi*	1 *je*	1 *moi*	1 *me*	*moi je mange*
	2 *toi*	2 *tu*	2 *toi*	2 *te*	*on me l'a dit à moi*
	3 *lui, elle*	3 *il, elle*	3 *lui, elle*	3 *lui*	
	4 *nous*	4 *nous*	4 *nous*	4 *nous*	
	5 *vous*	5 *vous*	5 *vous*	5 *vous*	
	6 *eux*	6 *ils*	6 *eux*	6 *leur*	

Die Stellung der unbetonten Ppro unterliegt, je nach der untersuchten historischen Zeitstufe, verschiedenen Restriktionen. Im Altromanischen, etwa bis zum 15 Jh., durften unbetonte Ppro den Satz nicht eröffnen, auch nicht nach koordinierenden Konjunktionen (wie: *e(t), si*), oder in der *Apodose* (d. h. in dem ‚Hauptsatz' eines komplexen Satzgefüges). Unter diesen einschränkenden Bedingungen durften unbetonte Pro, die man treffender aufgrund ihrer fehlenden Autonomie in der Satzkette als **Klitika** (Pl zu **Klitikum**) bezeichnet, ausschließlich dem Verb folgen, also eine *enklitische Stellung* einnehmen:

(afrz.) *Demandé li a e enquis* (Bisclavret) ‚Befragt hat sie ihn und ausgeforscht'
(asp.) *Dieron li enemigos salto a est varon* (Berceo)
(akat.) *Fem-vos saber* (nkat.) ‚Us fem saber'
(ait.) *E parmi ... E fassi* ‚E mi pare ... e si fa'; *Hollo levato* ‚L'ho levato' (Macinghi Strozzi).

Diese Regelmäßigkeit wurde von Adolf Tobler und Adolfo Mussafia im letzten Jahrhundert entdeckt und in einer Regel, nämlich der unter ihrem Namen bekanntgewordenen **Tobler-Mussafia**-Regel zusammengefaßt. Die Tobler-Mussafia-Gesetzmäßigkeit hat sich allein im Pg. (nur teilweise im Bras.) und Ast. unversehrt bewahrt; vgl.:

(pg.) *Chamo-me Henrique* ↔ (bras.) *Me chamo Henrique*; (sp.) *Me llamo Enrique*
(pg.) *Pensa-se que* ↔ (it.) *Si pensa che*
(Ast.) *si tuviera dello, daríatelo* ↔ ‚si tuviera de ello, te lo daría'
(der Hauptsatz des Konditionalgefüges, die Apodose, wird im Ast. durch die Abfolge V + Kl eröffnet).

(6) **Relativpronomen**: Relativpronomina modifizieren den Referenzwert eines nominalen oder pronominalen Satzglieds, indem sie ihn ergänzen: (frz.) *L'homme parle maintenant. L'homme est là* ↔ *L'homme qui parle maintenant est là.* Paradigmen: (lat.)

N	QUĪ	‚wer'?	(it.)	*chi*	(sp.)	*que*
G	CUIUS	‚wessen'?		*di cui*		*cuyo*
D	CUI	‚wem'?		(a) *cui*		*a quien*
A	QUEM	‚wen'?		*che*		*que*
Abl	QUŌ	‚von wem'?		*da chi*		*por quien*

Vgl. frz.: *le professeur*, dont *les leçons me plaisent tellement*
pg.: *o professor*, cujas *lições tanto me agradam*
sp.: *el profesor*, cuyas *lecciones tanto me gustan*
it.: *il professore*, le cui *lezioni tanto mi piacciono*
kat. *el professor*, *les lliçons* del qual *tant m'agraden.*

(7) **Adverbien- und Negationsmorpheme**: Es handelt sich um eine begrenzte Anzahl vornehmlich lexikalischer Einheiten, die im Laufe der Zeit durch Texteinschränkungen eine präzis umrissene grammatikalische Funktion übernommen haben, nämlich die der Modifikation eines Nomens oder eines Verbs (bzw. einer Nominal- oder Verbalgruppe). Bsp.:

(sp.)	llega	*en seguida*	(Zeitangabe: Zeitadverbien)
		a parte	(Modalitätsangabe: Modaladverbien)
		aquí	(Ortsangabe: Ortsadverbien)
		demasiada gente	(Quantitätsangabe: Quantifikatoren)
	no llega	*nadie*	(Negation)

Zu den Adverbien zählen auch die sog. *Pronominaladverbien*, nämlich aus lat. INDE ‚daher' und IBI oder HIC ‚hier, dort': asp./apg. *ende,* frz., prov., kat. *en*, it. *ne*; asp./apg., frz., prov. *y*, kat. *hi*, it. *ci*, *vi*. Sie spielen eine äußerst wichtige Rolle bei der Bildung *segmentierter* Satzgefüge (↗ § 107). Adverbien folgen, als Determinatoren, in der Regel dem V, das sie modifizieren. In früheren Sprachstufen durften sie aber zwischen Aux und V eingeschoben werden; der ‚Einschub' heißt **Tmesis**. Vgl. folgende ait. Bsp. aus Zeitungen des ausgehenden 19. Jhs.: *Il governo ha telegraficamente espresso*; *teorie che egli avea tante volte predicate.*

(8) **Präpositionen**: Syntaktische Relationen zwischen Satzgliedern werden durch Präpositionen kodiert. Ihr Formenbestand ist ziemlich begrenzt, doch fallen oft verschiedene Funktionen in einer gleichen Präp zusammen (der Fall wird als **Synkretismus** bezeichnet):

(frz.)	*je vais*	à	*Paris*	‚Bewegung': Ortsangabe
	je suis	à	*Paris*	‚Ruhe': Ortsangabe
	la salle	à	*manger*	‚Handlungszusammenhang': Zweckangabe
	la moto	à	*Jean*	‚Zugehörigkeit': Besitzangabe.

Im Altromanischen konnte gelegentlich die kasuszuweisende Präposition fehlen, die syntaktische Beziehung wurde dann durch die enge Bindung des Gefüges signalisiert: (afrz.) *la fille le roi* → ‚la fille du roi/au roi'; (ait.) *i' dissi lui* ‚io dissi a lui'. Diese Situation hat sich merkwürdigerweise im Asturianischen aufrechterhalten und ausgeweitet: *el cestu Ø les patates* = (sp.) ‚el cesto *de las* patatas'; *el circu Miguel* ‚el circo *de* Miguel'.

(9) **Konjunktionen**: Die Aufgabe, Sätze miteinander zu verbinden und ihren logischen Zusammenhang zu kodieren, fällt den Konjunktionen zu. Bsp. (aus *Le petit prince*, Kap. XXVI, S. 73):

(frz.) S_1 [*Je le serrais dans les bras comme un petit enfant*], et cependant S_2 [*il me semblait qu'il coulait verticalement dans un abîme*] sans que S_3 [*je pusse rien pour le retenir*].
(kat.) *L'estrenyia amb els braços com una criatura,* i, malgrat tot *em feia la sensació que s'esmunyia i que queia en un abisme* sense que *pogués fer-hi res per deturar-lo.*
(sp.) *Lo estreché en mis brazos como a un niño*, y, sin embargo *me pareció que se escurría verticalmente hacia un abismo* sin que *pudiera hacer nada por retenerlo.*
(it.) *Lo stringevo fra le braccia come un bimbetto,* eppure *mi sembrava che scivolasse verticalmente in un abisso,* senza che *io potessi fare nulla per trattenerlo.*
(bünd. surmiran) *Ia igl sarrava ainten la mia bratscha, scu en pitschen unfant*, e tuttegna *parevigl a me, scu sch'el crudess adretg giu ainten en precipezi*, sainza *esser bung digl retigneir.*
(dollad.) *Ie l tenive dur te mi braces sciche n pitl pop*, y empò, *me unível dant che l se n jiss y che ne fove nia ben de l tení zeruch.*

In den vorliegenden Textstellen dienen *cependant* usw. zur Anzeige eines impliziten Konzessivverhältnisses, zur Darstellung eines vom Protagonisten als tückisch erachteten, seinem engen Freund widerfahrenden Unglücks. Die Konjk *sans que* verstärkt nun diese erste Gegensatzrelation, indem die aktive Teilnahme und der Wille des Protagonisten neutralisiert werden. Beide Konjk stellen eine enge Bindung zwischen dem ‚positiven' *Hauptsatz* (S_1) und den ‚negativen' *Nebensätzen* (S_2 und S_3) her.

In dem zuvor diskutierten Bsp. könnte man sich aber recht unproblematisch eine einfache Aneinanderreihung von S_1 und S_2 vorstellen, also etwa:

(frz.) *je le serrais dans les bras . . .// Il me semblait qu' il coulait.*

Oder auch eine „lockere" Verbindung mit ‚und':

(frz.) *. . .// et // il me semblait . . .*

In beiden Fällen geht aus der Satzfolge kein offenkundiger Gegensatz hervor. Der Gebrauch von **koordinierenden** (‚nebenordnenden') Konjk, um komplexe logische Relationen zu kodieren, ist als **Parataxe** bekannt.

Wichtige Relationen, die von koordinierenden Konjk expliziert werden, sind z. B.:

(1) ‚kopulative (additive) Relation': (frz.) *et*; (sp.) *y*; (it.) *e*; (rum.) *şi*.
(2) ‚disjunktive Relation': *o; sau*; eine Verbindung von (1 + 2) stellt das aus dem Englischen *and/or* ins Deutsche (*und/oder*) und Romanische eingedrungene Gefüge dar: *et/or*; *y/o*; *e/o*.
(3) ‚adversative Relation': *mais, cependant, néanmoins*; *sin embargo, no obstante*; *tuttavia, però, ma*; (rum.) *dar*.

Besteht zwischen zwei Sätzen, einem HS und einem eingebetteten NS, eine hierarchische Relation, so spricht man von **Subordination** (‚Unterordnung'). Die Verwendung von subordinierenden Konjk, um komplexe Satzrelationen explizit zu kennzeichnen, nennt man **Hypotaxe**. Wichtige Relationen, die man mit Hilfe subordinierender Konjk kodiert, sind z. B.:

(1) ‚temporale Relation': (frz.) *quand, lorsque;* (sp.) *cuando;* (it.) *quando;*
(2) ‚restriktive Relation': *sans que; sin que; senza che;*
(3) ‚kausale Relation': *parce que, puisque; porque, ya que; perché, poiché;*
(4) ‚konsekutive Relation': *de façon que; de manera que; di modo che;*
(5) ‚konditionale Relation': *si, pourvu que; si, con tal que; se, a patto che.*
(N. B.: Der NS des Konditionalgefüges heißt **Protase**, der HS **Apodose**.);
(6) ‚konzessive Relation': *bien que, encore que*; *aunque, a pesar de que*; *malgrado, sebbene, ancorché*.

Werden Sätze — wie im obigen Bsp. — konjunktionslos verknüpft, spricht man von **asyndetischen** Satzgefügen. Wir geben ein Bsp. aus dem Werk von Saint-Exupéry, *Le petit prince* (III, 16):

(frz.) S_1 [*Il me fallait longtemps pour comprendre d'où il venait.*] S_2 [*Le petit prince, qui me posait beaucoup de questions, ne semblait jamais entendre les miennes.*]
(sp.) *Necesité mucho tiempo para comprender de dónde venía. El principito, que me acosaba a preguntas, nunca parecía oir las mías.*
(pg.) *Demorei muito tempo a perceber de onde é que ele vinha. O principezinho, que passava o tempo a fazer perguntas, parecia nunca ouvir as minhas.*
(bras.) *Levei muito tempo para compreender de onde viera. O principezinho, que me fazia milhares de perguntas, não parecia sequer escutar as minhas.*
(ast.) *Fíxome falta tiempu asgaya pa saber d'ú viniere. El principín, que me faía preguntas y más preguntas, paicia nun entender les mies.*
(kat.) *Em va caldre molt de temps per comprendre d'on venia. El petit príncep, que em feia moltes preguntes, no semblava pas sentir les que jo li feia.*
(gal.) *Tardéi moito tempo em comprender de donde viña. O principiño, que me facía moitas preguntas, semellaba que nunca oía as miñas.*
(it.) *Ci misi molto tempo a capire da dove venisse. Il piccolo principe, che mi faceva una domanda dopo l'altra, pareva che non sentisse mai le mie.*
(dollad.) *La ova durá giut enchin che fove stá bon de capí, da ulache ël univa. L pitl prinz, che me fajova n grum de dumandes, semiova de ne audí nianca la mies.*
(rum.) *Mi-a trebuit un timp îndelungat, pînă cînd să pot princepe dincotro venea. Micul prinț, care îmi punea o mulțime de întrebări, păra că niciodată nu le aude pe-ale mele.*

Die zugrundeliegende Relation ist deutlich eine ‚explikativ-kausale' Relation, zumeist von Konjunktionen wie (frz., kat.) *car*, (sp.) *pues* oder (rum.) *căci* ausgedrückt.

(10) **Freie Verbalmorpheme**.

Eine Reihe von Verbalfunktionen wird in den rom. Sprachen durch freie Morpheme besetzt.

(10.1) **Tempus**: Verschiedene Tempora, die zum grammatikalischen Bau einiger rom. Sprachen gehören, werden ausschließlich mittels *Hilfs-* oder *Modalverben* gebildet; vgl.:

(kat.) [Präs. Ind. *anar* ‚gehen' + Infinitiv] = ‚Perfekt' (‚ich aß/glaubte/sagte . . .')

Paradigma	jo vaig tu vas ell va nosaltres vam vosaltres vau ells van	+	I. Klasse: II. Klasse: III. Klasse:	*menjar* *creure* *dir*

(bünd. surselvisch) [Präs. Ind. (ve)*gnir* ‚kommen' + Präp. + Inf.] = ‚Futur' (‚ich werde grüßen/fürchten/schlafen . . .'; vgl. schwedisch *jag kommer att resa* ‚ich werde abfahren'):

Paradigma	jeu vegnel ti vegns el vegn nus vegnin vus vegnis els vegnan	+	I. Klasse: II. Klasse: III. Klasse:	*salidar* *temer* *durmir*

(sd. log.) [Impf. Ind. *dépere* ‚müssen, haben zu' + Inf.] = Konditional I (‚ich würde essen/glauben/wissen'):

Paradigma	deo dio tue dias isse diat noso díamus boso díazes issos dian	+	I. Klasse: II. Klasse: III. Klasse:	*mandigare* *crédere* *iskire*

(sd. log.) [Präs. Ind. *áere* ‚haben' + Präp. + Inf.] = ‚Futur' (‚ich werde essen/glauben/wissen'; vgl. engl. *I have to sing* ‚ich habe zu singen'):

Paradigma	deo appo tue as isse at noso amus boso azes issos an	+ a +	I. Klasse: II. Klasse: III. Klasse:	*mandigare* *crédere* *iskire*

Diachron gesehen, läßt sich einwandfrei beweisen, daß die anfänglich eine volle lexikalische Bedeutung tragenden Verben im Laufe der Entwicklung allmählich einem semantischen Entwertungsprozeß unterworfen wurden, so daß sie letztlich mit dem Infinitiv ein enges Gefüge eingegangen sind und nur die grammatikalische Temporalität auszudrücken vermögen. Dieser rein morphologische Prozeß ließe sich wie folgt darstellen (sd.):

Phase I Vollverb	Phase II Modalverb	Phase III Hilfsverb (Aux)
[deo ˈappo diˈnare] ‚ich habe Geld'	[deo ˈappo a ttukˈkare] ‚ich habe zu/muß gehen'	[deo ˈappo a ttukˈkare] ‚ich werde gehen'

Syntaktische Restriktionen, auf die wir später eingehen werden, tragen dazu bei, diesen Strukturwandel deutlicher zu schildern.

(10.2) **Aktionsstand**: Die Oppositionen, die vom *Aktionsstand* (oder *Stadium* < engl. *stage*) kodiert werden, betreffen allein den ‚Vollendungscharakter' der Handlung; unterschieden werden formal *einfache* von *zusammengesetzten* Tempora, wobei die letzten allein die Handlung [+ vollendet] vorstellen:

	[- vollendet]	↔	[+ vollendet]
(frz.)	*je mange*		*j'ai mangé*
(sp.)	*trabajo*		*he trabajado*
(it.)	*inizio a mangiare*		*ho iniziato a mangiare*
parlai alle otto e me ne andai		↔	*dopo che alle otto ebbi parlato, me ne andai*
‚ich sprach um 8 und ging fort'			‚nachdem ich um 8 gesprochen hatte, ging ich fort'.

Wie aus dem letzten Bsp. hervorgeht, markieren zusammengesetzte Tempora die *Vorzeitigkeit* in bezug auf ein weiteres, auch vergangenes Tempus; sie dürfen nicht mit den Gliedern der aspektuellen Opposition vertauscht werden.

BIBL. (1) Otto Winkelmann, *Artikelwahl, Referenz und Textkonstitution in der französischen Sprache*, Frankfurt/M. (Haag + Herchen), 1978; Lorenzo Renzi, *Per la storia dell'articolo romanzo*, in: Atti del XIV CIFLR (Napoli), hgb. von Alberto Vàrvaro, Napoli/Amsterdam (Ricciardi), 1979, III: 250—265; M. Ángeles Álvarez Martínez, *El artículo como entidad funcional en el español de hoy*, Madrid (Gredos), 1986.

(2) Inmaculada Penadés-Martínez, *Perspectivas de análisis para el estudio del adjetivo calificativo en español*, Cádiz (Universidad), 1988; Susanne Leischner, *Die Stellung des attributiven Adjektivs im Französischen*, Tübingen (Narr), 1990.

(3) Peter Wunderli, *Strukturen des Possessivums im Altfranzösischen*, Vox Romanica 36 [1977]: 38—66.

(4) Greta Brodin, *Termini dimostrativi toscani. Studio storico di morfosintassi e semantica*, Lund (Gleerup), 1970; Anthonij Dees, *Étude sur l'évolution des démonstratifs en ancien et moyen français*, Groningen (Wolters-Noordhoff), 1971; Marc Wilmet, *La détermination nominale*, Paris (PUF), 1986.

(5) Friedrich Spiess, *Die Verwendung des Subjekt-Personalpronomens in den lombardischen Mundarten*, Bern (Francke), 1956; Alvaro Porto Dapena, *Los pronombres*, Madrid (Edi-6), 1986; Dieter Wanner, *The Development of Romance Clitic Pronouns. From Latin to Old Romance*, Berlin (De Gruyter), 1987; Christian Weyers, *Empirie und Typologie in der Sprachgeschichte. Zur Syntax und Pragmatik des Subjektpronomens im älteren Spanisch*, Frankfurt/M. (P. Lang), 1988.

(6) Danièle Godard, *La syntaxe des relatives en français*, Paris (CNRS), 1992; Elmar Schafroth, *Zur Entstehung und vergleichenden Typologie der Relativpronomina in den romanischen Sprachen*, Tübingen (Niemeyer), 1993.
(7) Heinz Kröll, *Die Ortsadverbien im Portugiesischen unter besonderer Berücksichtigung ihrer Verwendung in der modernen Umgangssprache*, Wiesbaden (Steiner), 1968; Walter Pecoraro/Chiara Pisacane, *L'avverbio*, Bologna (Zanichelli), 1984; Francisco Hernández Paricio, *Aspectos de la negación*, León (Centro de Estudios Metodológicos e Interdisciplinares), 1985; Georgeta Ciompec, *Morfosintaxa adverbului românesc. Sincronie şi diacronie*, Bucureşti (Editura Stiinţifica şi Enciclopedică), 1985; Heinz Jürgen Wolf, *Çà et là, ici et nulle part. Quelques adverbes de lieu en sarde (dialectes du centre)*, Revue de Linguistique Romane 50 [1986]: 37—61; Piera Molinelli, *Fenomeni della negazione dal latino al romanzo*, Firenze (La Nuova Italia), 1988.
(8) Emidio De Felice, *La preposizione italiana* a, Studi Filologici Italiani 16 [1958]: 342—409; 18 [1960]: 169—317; Eugène Roegiest, *Les prépositions* à *et* de *en espagnol contemporain*, Gent (Rijksuniversiteit Te Gent), 1980; Francisco Osuna García, *Función semántica de las preposiciones*, Málaga (Ágora), 1991.
(9) Jószef Herman, *La formation du système roman des conjonctions de subordination*, Berlin (Akademie Verlag), 1963; Wolf-Dieter Stempel, *Untersuchungen zur Satzverknüpfung im Altfranzösischen*, Braunschweig (Westermann), 1964; José Luis Rivarola, *Las conjunciones concesivas en español medieval y clásico*, Tübingen (Niemeyer), 1976; Sorin Stati, *Le transphrastique*, Paris (PUF), 1990.
(10) Manuel Paiva Boleo, *O perfeito e o pretérito em português em confronto com as outras línguas románicas*, Coimbra (Biblioteca da Universidade), 1936; Alberto Barrera Vidal, *Parfait simple et parfait composé en castillan moderne*, München (Hueber), 1978; Wolf Dietrich, *Der periphrastische Verbalaspekt in den romanischen Sprachen*, Tübingen (Niemeyer), 1973; Rolf Eberenz, *Tempus und Tempuskonstitution im Spanischen*, Tübingen (Narr), 1981; Angela Karasch, *Passiv und passivische Diathese im Französischen und Deutschen*, Frankfurt/M. (P. Lang), 1982; Ulrich Sacker, *Aspektueller und resultativer Verbalausdruck im Französischen, Italienischen, Russischen und Deutschen*, Tübingen (Narr), 1983; Pier Marco Bertinetto, *Tempo, Aspetto e Azione nel verbo italiano*, Firenze (Crusca), 1986.

34 Determinationsrichtung.

Wie oben gesehen, dienen freie und gebundene Morpheme zur grammatikalischen *Modifikation* lexikalischer Einheiten und syntaktischer Relationen. Man subsumiert diese Funktion unter dem Begriff **Determination**. Morpheme gelten also als **Modifikatoren** einer **Basis** (oder eines **Kopfes** = engl. *head*) und können dieser, je nach der Bestimmungsart, *vor*- oder *nachgestellt* werden. Im ersten Fall spricht man von morphologischer oder syntaktischer **Prädetermination**, im zweiten von **Postdetermination**. Einige Bsp. sollen uns jetzt Klarheit über diese Begriffe verschaffen (→, ← *Determinationsrichtung*).

(1) *Morphologische Prädetermination*:

	gebundene Morpheme →	Basis
(it.)	*ri* +	*dire*
	contra + [d]	*dire* ([d] = morphophonemische Längung nach bestimmten Morphemen)
	a + [d]	*dire*
	dis +	*dire*

(2) *Morphologische Postdetermination*:
lexikalische Basis ← gebundene Morpheme
(lat.) BŎN -US (Nom) ↔ -Ī (Gen) ↔ -Ō (Dat) ↔ -UM (Akk) ↔ -Ō (Abl) ↔ -Ĕ (Vok)
(rum.) *omu* -l (Nom, Akk), -lui (Gen, Dat), -le (Vok)
(sp.) *cant* 1 P -o, 2 P -as, 3 P -a, 4 P -amos, 5 P -áis, 6 P -an.

(3) *Syntaktische Prädetermination*:
freies Morphem → lexikalische Basis

(sp.)	*el*	*coche*	‚das Auto'
	mi	*coche*	‚mein Auto'
	este	*coche*	‚dieses Auto'
	¡pobre	*coche*!	‚armes Auto!'
	¡qué	*coche*!	‚ein tolles Auto!'
(rum.)	*un frumos*	*om*	‚ein hübscher Mann'
(it.)	*non*	*bevo*	‚ich trinke nicht'

(4) *Syntaktische Postdetermination*:
lexikalische Basis ← freies Morphem

(sp.)	*amigo*	*mio*	‚Freund von mir'/‚mein Freund'
	amigo	*íntimo*	‚enger Freund'
	amigo	RS [*que no veo nunca*]	
	‚Freund	*den ich nie sehe*' (RS = Relativsatz)	
(rum.)	*un om*	*frumos*	
	băiatul	*sărac*	‚(der) arme Junge'
	băiatul	*Mariei*	‚der Junge von Maria'
(oberit.)	*a bev*	*mia*	‚ich trinke nicht'
(bünd.)			
	dar ‚geben'	*aint* ‚drinnen' = ‚einflüstern' *or* ‚draußen' = ‚ausgeben' *siua* ‚nach' = ‚nachgeben'	

Wir wollen jetzt, mit Hilfe der vorgestellten Arbeitskriterien, eine vielfach debattierte Frage der frz. Morphologie kurz besprechen. Es geht um die schon angedeutete *Pluralmarkierung* im Neufranzösischen. Nach der mittelalterlichen Verstummung des *-s* wurde die Kennzeichnung der Pluralfunktion nicht mehr vom Nomen gewährleistet. Es drängt sich deshalb die Frage auf, ob diese Funktion vom Artikel übernommen worden ist, wir es also nicht tatsächlich mit einer *Prädetermination* zu tun haben. Ein kurzer Blick in die funktionale Unterscheidung zwischen geschriebenem und gesprochenem Kode (*code phonique* vs *code graphique*: ↗ § 116) bestätigt diese Annahme:

code graphique: *chatØ* ↔ *chat*s; *mèreØ* ↔ *mère*s; *enfantØ* ↔ *enfant*s
code phonique: [lə] ↔ [le] [ʃa]; [la] ↔ [le] [mɛʀ]; [lə] ↔ [lez] [ãfã]

Der frz. Sprachwandel hat sich auf der phonetischen Ebene vollzogen und eine Umwälzung der Determinationsrichtung bewirkt, auf die wir noch hinsichtlich der syntaktischen Verbalmarkierungen eingehen wollen.

BIBL. Kurt Baldinger, *Prä- und Postdetermination im Französischen*, in: Kurt Baldinger (Hgb.), Festschrift für Walther von Wartburg zum 80 Geburtstag, Tübingen (Niemeyer), 1968, I: 87—106; Daniel Jacob, *Markierung von Aktantenfunktionen und «Prädetermination» im Französischen. Ein Beitrag zur Neuinterpretation morphosyntaktischer Tendenzen in der französischen Umgangssprache*, Tübingen (Niemeyer), 1990.

35 Der Satz. Satzkategorien und Satzkonstituenten.

In den letzten Paragraphen haben wir eine Fülle von Wortarten behandelt, die Relationen unter lexikalischen und grammatikalischen (Morphem-)Einheiten herstellen. Ein **Satz** ist, einfach dargestellt, eine Zusammensetzung lexikalischer und grammatischer Einheiten, die durch gestufte, hierarchisch geordnete Beziehungsgefüge charakterisiert ist. Gerade solche Beziehungsgefüge werden durch die Satzkategorien vermittelt, deren Bestimmung durch den schon besprochenen Test der *Determination* erfolgt. Wir geben zunächst einige Beispiele an, um sie dann zu kommentieren:

(1) Adj → N = **Nominalsyntagma** oder **Nominalphrase**, NP
(frz.) *le petit prince*; (kat.) *el petit príncep*; (rum.) *micul prinţ*

(2) Adv → Adj = NP_{Adj}
(frz.) *bien cher*; (sp.) *muy caro*; (it.) *molto caro*

(3) Präp → N = $NP_{Präp}$
(frz.) *avec le pognon*; (it.) *con la grana* ‚mit den Kohlen'

(4) Adv → V = **Verbalsyntagma** oder **Verbalphrase**, VP
(frz.) *il boit beaucoup*; (sp.) *él bebe mucho*; (sd.) *isse buffat meda*

(5) Adv → Adv = NP_{Adv}
(frz.) *trop tard*; (kat.) *massa tard*; (pg.) *demasiado tarde.*

Wie aus den vorigen Bsp. hervorgeht, geht man bei der Bestimmung der Satzkategorien von der Annahme aus, daß in einem *Syntagma* (oder, nach dem engl. Terminus, in einer **Phrase**), eine gewisse Wortart die strukturbestimmende Rolle erfüllt. Wie man aus (1—3) ersehen kann, modifizieren die links des Pfeils gestellten Wortarten immer *nominale* Elemente (deshalb: NP), entweder in unmittelbarer Weise (1, 3) oder über eine weitere, implizite Beziehungskategorie (2). Das Gleiche gilt für (4) und (5):

(*un libro*) ← [muy caro] NP_{Adj}
(*il est arrivé*) ← [trop tard] NP_{Adv}

Am Ende unseres Tests können wir festhalten, daß *Sätze*, S, aus unmittelbaren (NP, VP) und mittelbaren (N, Adj, V, Adv, Präp, auch Art, vielfach als *Det*erminator angezeigt) Kategorien bestehen. Zur anschaulichen Darstellung dieser Beziehungsgefüge werden sog. **etikettierte Klammerungen** oder **Strukturbäume** verwendet:

(1) [Det Adj N]NP (2/4) [Adv Adj]NP_{Adj} (3) [Präp Det N]$NP_{Präp}$

NP			NP			NP		
Det	Adj	N	Adv	Adj	(Det)N	Präp	Det	N

Mit Anwendung auf ein komplexeres Satzgefüge:

$[[\text{Pinocchio}]_{NP}$ [retrouve [le Renard]]$_{VP}]_S$

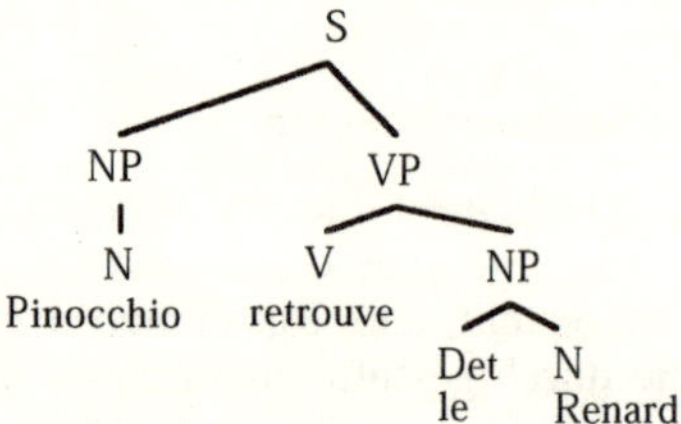

Wie man sieht, werden bei der Klammerung zusammengehörige Konstituenten in eine Klammer eingeschoben und durch tiefgestellte Symbole gekennzeichnet. Beim Baumgraph werden Linien von den Konstituenten aus gezogen, die für zusammengehörige Konstituenten in einen Knoten zusammenlaufen.

BIBL. Bünting (op. cit., § 15): 125—148; Werner Welte, *Moderne Linguistik: Terminologie/Bibliographie*, München (Hueber), 1974, I: 286—290; Heidrun Pelz, *Linguistik für Anfänger*, Hamburg (Hoffmann und Campe), 1994: 140—145.

36 Koreferente Satzkonstituenten. Elliptische Sätze.

Gleichwertige Kategorien innerhalb von komplexen Satzgefügen werden als **koreferente** bezeichnet und durch ein tiefgestelltes $_i$ angezeigt. Der Relativanschluß im folgenden Satzkomplex drückt die gleiche Kategorie wie die von ihm modifizierte NP aus (HS = Hauptsatz, RS = Relativsatz):

(frz.) [[le mec]NP$_i$ [[qui]Rel$_i$ s'est enfui avec le pognon]RS est mon copain]HS
‚Der Kerl$_i$ [der$_i$ mit den Kohlen entflohen ist] ist mein Freund'.

Elliptische Sätze kommen durch Tilgung von wichtigen Satzkonstituenten zustande:

(it.) *votare a destra mai!* = ‚(ich würde) niemals rechts wählen!'
(sp.) *¡de esto ni hablar!* = ‚darüber kein Wort!'
(sd.) *mudu!* = (it.) ‚acqua in bocca!', Muckser, Schnauze!'
(frz.) *il a pris ma* [moto]$_i$ et s'en est allé avec [Ø]$_i$
[L'égalité des sexes]$_i$, *j'étais pour* [Ø]$_i$
(sp.) *y todo termina en borracheras y vino. Yo esas cosas, es que no puedo* [V = Ø].

BIBL. Dürr/Schlobinski (op. cit., § 15): 134—136; Lorenzo Renzi (Hrsg.), *Grande grammatica italiana di consultazione*, 1988, I: Kap. 5 (*La frase relativa*).

37 Der Satz: Syntaktische Funktionen.

Wir haben eine Reihe von Satzkonstituenten kennengelernt, die durch bestimmte Elemente, besser Kategorien besetzt werden können und die sich durch morphologische Markierungen auszeichnen. So ist *il* im Frz. ein Pro(nomen), das in der 3 P Sg im Satz *il boit beaucoup* mit der Funktion des **Subjekts** auftritt. Nun bedarf *il* oder *Pinocchio* im vorher erwähnten Bsp. eines Satzkerns, um eine vollständige Aussage zu vermitteln. Solche *Aussagekerne* bezeichnet man als **Prädikate**. Das **Prädikat** fällt meistens mit der VP zusammen, wird jedoch aus Vereinfachungsgründen durch die bloße Kategoric V vertreten. In $[\text{Geppetto}]_{NP}$ $[\text{était pauvre}]_{VP}$ enthält VP die eigentliche Information über *Geppetto*; in *Geppetto chantait* hingegen ist V das Prädikat, und in *Geppetto chantait une chanson à Pinocchio* sind die Erweiterungen des Prädikats nicht dessen obligatorische Bestandteile, sie können auch eigene Funktionen erfüllen. Im letztgenannten Fall pflegt man von **Objektfunktionen** zu sprechen, denen morphosyntaktische (gebundene oder freie) Kasusmarkierungen zugewiesen werden: *une chanson* ‚ein*en* Song' ist ein *direktes* O, das im Dt. durch den Akk wiedergegeben wird; *à lui* ‚ihm' (d. h. *à Paul*) ist ein *indirektes* O, von einem Dativkasus markiert. In allen oben vorgestellten Sätzen verhält sich die erste Satzkonstituente gleich: Über *Geppetto* wird etwas ausgesagt, diese vom Prädikat modifizierte Satzkonstituente heißt **Subjekt**. Wir können jetzt zusammenfassend die syntaktischen Funktionen unseres letzten Satzes mit einem Baumdiagramm veranschaulichen:

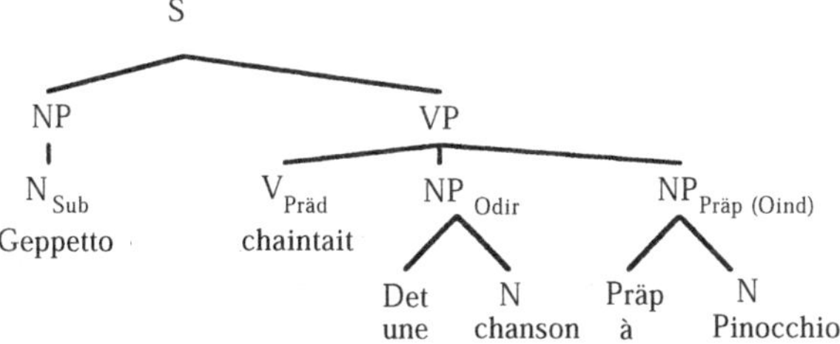

Wir wollen jetzt versuchen, mit den neu eingeführten Termini und den schon bekannten Darstellungsweisen drei Probleme der Romanistik kurz zu besprechen:

(1) Die *kausativen* Strukturen des Asturianischen.
(2) Die Entstehung des HABEO/TENEO-Auxiliars.
(3) Den Stellenwert der frz. Subjektpronomina.

BIBL. Dürr/Schlobinski (op. cit., § 15): 102—115.

37.1 *Die kausativen Strukturen des Asturianischen.*

Unter **kausativen** V versteht man eine Klasse von V, die die Fähigkeit besitzen, in Verbindung mit weiteren V_2 die ‚Ursache' des von V_2 ausgedrückten Vorgehens zu bestimmen. Es handelt sich um V wie: *lassen, bewirken, machen, bringen* (z. B.: *Texte sprechen lassen/machen, zum Sprechen bringen*). Die Satzkonstitution der mit diesen V gebauten Komplexe erinnert an die lat. Konstruktion des *Akkusativ mit*

Infinitiv: Sowohl im Lat. als auch im Rom. ist das O der Oberflächenstruktur gleichzeitig Sub des Nebensatzes. Vergleichen wir vor einer Diskussion einige einschlägige Bsp.:

lat.	IUBEO	TE	[IRE	EO]]	=	IMPERO	TIBI	[UT	EAS	EO]
	V_1	O_{dir}	V_2	Adv		V_1	O_{ind}	Konjk	V_2	Adv

'Ich befehle dir, [dorthin zu gehen]' 'Ich verlange von dir, [daß du dorthin gehst]'.

(sp.) *mando a ellos* { *matar al traidor* / *que ellos maten al traidor*

'ich befehle ihnen' { 'den Verräter zu töten' / 'daß sie den Verräter töten'

Betrachten wir zuerst das lat. Beispiel. Die A.c.I.-Konstruktion zeigt den Kasus Akkusativ, um das im NS implizit zugrundeliegende Sub zu signalisieren. Die dt. Übersetzung rechts bringt nun das Sub zum Vorschein. Die anzusetzende Baumstruktur wäre deshalb:

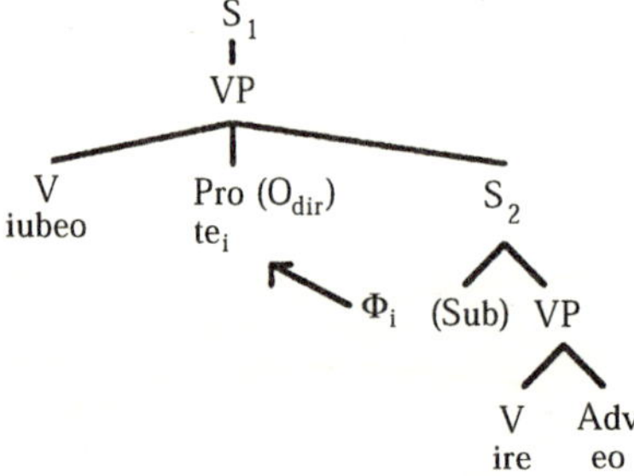

Die Leerstelle Ø steht für das mit dem Pronomen des HS *koreferente* Sub des NS: Diese funktionale Abstimmung wird durch $_i$ gekennzeichnet. Die sp. Bsp. beleuchten die Richtigkeit der Zerlegung in Satzkonstituenten in der lat. Struktur. Wir wollen jetzt das Präpositionalsyntagma *a ellos* (*a* + betontes Pro) durch ein unbetontes Pro, ein Klitikum (Kl), ersetzen: *mando* a ellos [matar al traidor] → Ersetzung: *les* mando [matar al traidor]. Die Setzung des Kl vor das V_1 wird durch die syntaktischen Gesetzmäßigkeiten des neusp. *Systems* diktiert, das *enklitische* Stellungen nur nach Infinitiv, Partizip und Imperativ zuläßt (z. B.: ¡*mándales*!; *mando matarlos* 'ich befehle, sie zu töten'). Gehen wir jetzt zum Ast. über. Hier hat sich, wie schon erörtert, die Tobler-Mussafia-Regel aufrechterhalten, was bewirkt hat, daß satzeinleitende *proklitische* Stellungen nicht vorkommen. Unser Satz lautet, abgekürzt: *mándolos matar* 'les mando matar', im Ggs. zu: *mando matalos* 'mando matarlos'. Der Unterschied in der zugrundeliegenden Struktur der zwei Satzkomplexe dürfte jetzt einleuchtend sein: Nur im zweiten Fall haben wir es mit einem O_{dir} zu tun, das von *matar* regiert wird, während im ersten Fall, wie besprochen, *los* gleichzeitig Satzkonstituente von *mandar* und implizites Sub von *matar* ist; mit Klammerungen veranschaulicht: *mándo#los*$_{i(Odir)}$ [$Ø_{i(Sub)}$ *matar*] VP ↔ *mando* [*matarlos*] VP.

BIBL. Lyons (op. cit., § 8): 359—363; Jeffrey T. Chamberlain, *Latin Antecedents of French Causative* faire, Frankfurt/M. (P. Lang), 1986.

37.2 *Die Entstehung der Auxiliarien.*

Der zweite Punkt, den wir hier behandeln wollen, betrifft den Sprachwandel, der für die Entstehung der rom. Auxiliarien verantwortlich ist. Wir haben vor, diesen Wandel unter dem Gesichtspunkt der Satzgliedkonstitution zu betrachten. Im Lat. waren HABEO und TENEO zwei Vollverben, d. h. zwei lexikalische Morpheme, wie noch *avere* im It. (*multa pecunia habeo* ‚ho molti soldi', ‚ich besitze viel Geld') oder im Pg. (*agros teneo* ‚tenho terrenos', ‚ich besitze Grundstücke'). Ein Satz wie *multa pecunia habeo* läßt sich durch eine einfache Klammerung darstellen, in der eine VP eine NP einschließt: [*habeo*$_{V}$ [*multa*$_{Adv}$ *pecunia*$_{N}$]NP]VP. Nun kann HABEO — wie auch TENEO — eine VP mit einem erweiterten Prädikat eingliedern, wie in: [[*multa*$_{Q}$ *bona*$_{N(Odir)}$ [*bene parta*]]$_{NP}$ [*habemus*]$_{V}$]$_{VP}$ ‚wir besitzen zahlreiche Eigentümer, die gut gekauft (worden sind)'. Oder: *magister habet scriptam litteram* ‚Der Lehrer hat einen geschriebenen Brief'. Man beachte, daß das Sub$_{1}$ *magister* nicht identisch ist mit dem impliziten Sub$_{2}$ von *scriptam*; die sp. Übersetzung trägt dieser *Nicht-Kongruenz* Rechnung: *el maestro tiene una* [*carta escrita*]. Allerdings kann das eingebettete Partizip in Verbindung mit wenigen Verben eine sehr enge, fast untrennbare Bindung mit dem O$_{dir}$ eingehen, derart daß seine Tilgung den Sinn des Satzes stört und der Test somit beweist, daß das Partizip die Funktion eines sog. *Prädikativums* (Pd) des O$_{dir}$ erfüllt. Dies ist der Fall von: *Flamines* [[*caput*]$_{Odir}$ cinctum]]$_{NP(Pd)}$ *habebant filo* ‚Die Flamines hatten ihre Haare mit einer Schnur umwoben'. Tilgt man *cinctum*, geht der Sinn des Satzes verloren, genau wie im it. *tengo gli occhi* [*chiusi*] (*tengo gli occhi Ø* = ‚?'). Desgleichen in: *persuasum habeo/teneo* ‚einer Sache überzeugt sein'. Man beachte, daß in dieser zweiten Phrase der Handlungsträger immer der gleiche ist. Der darauffolgende Prozeß bringt eine pauschale *semantische Entwertung* von HABEO/TENEO mit sich: Beide V werden langsam zu bloßen Hilfsverben (Aux), deren Funktion es ist, allein die grammatikalischen Angaben ‚Tempus — Modus — Numerus — Person' beizusteuern. Die letzte Phase dieser Entwicklung wird ab dem 6./7. Jh. erreicht, als man Sätze gebildet hat wie: [[*episcopus*$_{Odir}$] [*invitatum habes*$_{Aux}$]$_{V}$]$_{VP}$ ‚du hast den Bischof eingeladen', oder: [[*haec omnia*]$_{NP}$ [*probatum habemus*]$_{V}$]$_{VP}$ ‚wir haben all dies probiert'. In den zwei letzten Bsp. sind *invitatum habes* und *probatum habemus* untrennbare Gefüge, eigentlich *neue Tempora*, die einen abgeschlossenen Aktionsstand zum Ausdruck bringen (also jeweils in Opposition zu: *invitavisti, probavisti*).

Wir können zusammenfassend die drei Entwicklungsphasen mittels rom. Entsprechungen deutlicher veranschaulichen:

Phase I: HABEO/TENEO = Vollverben; Sub$_{1}$ ≠ Sub$_{2}$.
Vgl.: it. *ho molti soldi risparmiati*; sp. *tengo mucho dinero ahorrado* ‚ich habe viel Geld, das jemand (ich/ein anderer) erspart hat'.

Phase II: HABEO/TENEO = Vollverben; enge Bindung mit Prädikativa; Sub$_{1}$ = Sub$_{2}$.
Vgl.: it. *ho/tengo gli occhi chiusi*; *ha i giorni contati, li ha contati*;
sp. *tengo cerrados los ojos*; *tengo vista esa película, la tengo vista mil veces*; sd. (camp.) [ˈtendʒu is ˈliteras konˈtaðas] (etwa) ‚ich weiß, wieviele Briefe ich habe'.

Phase III: HABEO/TENEO = Aux; neues zusammengesetztes Tempus [Aux V].
Vgl.: it. *ho chiuso/i gli occhi*; *ha contato/i i giorni*; sp. *he cerrado los ojos*; *he visto esa película*; frz. *j'ai vu ce film*; pg. *tenho fechado os olhos*; *tenho conhecido muitos homens*; *eu tenho feito grandes esforços*.

Eine letzte Bemerkung: Wie aus dem letzten lat. Bsp. ersichtlich wird, erscheint das Partizipium des neuen zusammengesetzten Tempus als invariabel. Das gilt auch für das Sp. und die restlichen rom. Sprachen, außer in einigen Regionalvarianten des It., wo die **Kongruenz** zwischen Partizip und O_{dir} teilweise besteht: *Maria ha chiusa la porta*. Allerdings zeichnet sich schon im Altit. die Tendenz ab, das Partizip invariabel zu lassen; diese Tendenz geht mit der allmählichen Grammatikalisierung des neuen Tempus einher und wird sich bald generalisieren, wie der heutige Trend im Standardit. beweist.

BIBL. Theodor Berchem, *Studien zum Funktionswandel bei Auxiliarien und Semi-Auxiliarien in den romanischen Sprachen*, Tübingen (Niemeyer), 1973; Harm Pinkster, *The Strategy and Chronology of the Development of Future and Perfect Tense Auxiliaries in Latin*, in: Martin Harris/Paolo Ramat (Hgb.), *Historical Development of Auxiliaries*, Berlin (de Gruyter), 1987: 193—225.

37.3 *Der Stellenwert der Subjektklitika.*

Wir haben bisher gesehen, daß gebundene Verbalmorpheme im Lat. und Rom. regelmäßig an die lexikalische Basis angehängt werden: CANT -Ō > sp., it. *cant* -o. Das Bestehen einer gewissen *Determinationsrichtung* ist jedoch, wie der Strukturalismus lehrt, von der tatsächlichen Funktionalität der Morpheme abhängig: Verblassen die Oppositionen oder gehen sie durch phonetische Abnutzung verloren, dann wird ihre funktionelle Leistung aufgehoben, und man stellt sich die Frage, ob z. B. eine Postdetermination besteht. Wir wollen die Frage nach der Determinationsart in bezug auf die *Verbalflexion* des heutigen Frz. aufwerfen und zu ihrer Lösung auch typisch oberit. parallele Entwicklungen heranziehen. Betrachten wir zuerst, aus der doppelten Sicht des *phonischen* und des *graphischen* Kodes, ein frz. Verbalparadigma mit den obligatorischen Subjektpronomina:

Personen	*code écrit*	↔	*code parlé*
1	*je vois*		[ʒ(ə)vwa]
2	*tu vois*		[t(y)vwa]
3	*il voi*t		[ivwa]
4	*nous voyons/on voi*t		[nu vwajõ/õ vwa]
5	*vous voyez*		[v(u)vwajɛ]
6	*ils voi*ent		[ivwa]

N. B. In der *gesprochenen Sprache* werden — wie noch dargestellt wird — verschiedene „vereinfachende" Strategien bevorzugt: darunter die Verwendung des unpersönlichen *on*, ‚man' im Sinne von ‚wir': *nous, on y va* ‚wir gehen hin'. Der Schwa und die Vokale der Personalpronomina tendieren zu schwinden: [ʒ t i v i].

Wie aus dem Paradigma der rechten Spalte hervorgeht, sind:

(1) 5 Verbalformen *homonym* ([vwa]), entbehren also einer funktionellen Unterscheidung, und sind

(2) die vorangestellten Morpheme keine echten Pronomina, sondern **Klitika**, die in der *suprasegmentalen* Kette als *gebunden* erscheinen; also nicht: *[ˈi # vwa] (Pro + V), sondern [i #ˈvwa] (Kl + V).

All dies führt zur Erkenntnis, daß die *vorgestellten Klitika* im *code parlé* die Funktion der Verbaldesinenzen im *code écrit* übernommen haben; sie gewährleisten die Disambiguierung über die Personenkennzeichnung:

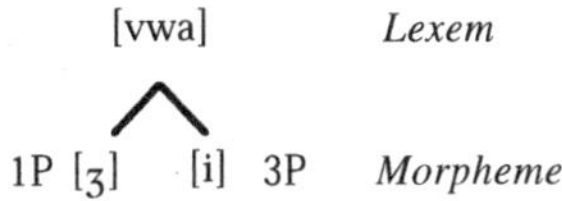

Es gilt jetzt — ohne auf Details einzugehen —, den wirklichen Status der neuen *prädeterminierenden* Subjektklitika (Sub_{kl}) zu überprüfen. Eine erste Frage lautet: Sollen solche Sub_{kl} als *Ersatzdesinenzen* — also als Bestandteile des Verbs — angesehen werden? Und wenn ja: Kann man sagen, daß eine Sprache, die Sub_{kl} kennt, eine **Pro-Drop-Sprache** (‚Nicht-Subjekt-Sprache') ist, also keine in jedem wohlgeformten Satz obligatorisch einzusetzende Pronomina besitzt? Um diese Fragen richtig zu beantworten, muß man nach dem vorgeführten *Distributionsprinzip* nachweisen, daß Sub_{kl} immer dann auftauchen, wenn ein V im Satz vorkommt. Wir wollen also in den nächsten Punkten überprüfen, ob Sub_{kl} tatsächlich in allen erdenklichen Kontexten auftreten, auch wenn weitere nominale oder pronominale Satzkonstituenten eine Subjektposition einnehmen. Zur Darstellung greifen wir auch auf das ligurische Sprachensystem zurück.

(1) Wie verhalten sich Sub_{kl}, wenn im S die Subjektfunktion von einer nominalen Konstituente besetzt ist? Bsp.:

(frz.) [les mécanos]$_{NP(Sub)}$ [i(ls)]$_{SubKl}$ [viennent]$_V$
(lig.) [u peˈtrun u l ɛ ˈnɛʃjw] ‚Pierre il est stupide'.

Das Vorkommen von Sub_{kl} erfolgt unbeschadet der Präsenz eines nominalen Subjekts. Da aber in jedem wohlgeformten Satz nur eine Satzkonstituente die Funktion des Subjekts annehmen darf, bedeutet dies, daß Sub_{kl} *keine* Subjektfunktion erfüllen, sondern nur eine verbale Funktion innehaben.

(2) Wie verhalten sich Sub_{kl}, wenn im S ein Pro als Handlungsträger erscheint? Bsp.:

(frz.) [toi]$_{SubPro}$ [t(y)]$_{SubKl}$ *es la plus petite*; *chacun il a sa chimère*;
(lig.) [ti t ɛ a tʃy piˈtʃiŋa]; [niˈʃun l ɛ veˈɲyw] , niemand ist gekommen'.

Die Antwort lautet wie (1).

(3) Wie verhalten sich Sub_{kl}, wenn im eingebetteten S_2 die Subjektposition von einem Relativpronomen besetzt ist? Bsp.:

(frz.) *le vase* $_{RS}$[qu'*il* est sur le piano]
(lig.) lˈ ɔze $_{RS}$[k u manˈdʒɔva ˈpaje ˈbu:ze] ‚Der Esel, der sauere Äpfel aß'.

Die Antwort lautet wie (1).

(4) Wie verhalten sich Sub_{kl} in den präsentativen Sätzen? Bsp.:

(frz.) $[il]_{SubKl}$ *est arrivé* $[\text{des jeunes filles}]_{NP(Sub)}$
(lig.) $[u]_{SubKl}$ $[\text{ˈveɲe [i veˈʒiŋ]}_{NP(Sub)}]_{VP}$ ‚es kommen die Nachbarn'.

Auch in diesem Fall wird das Einsetzen des Kl von dem Vorhandensein eines Sub nicht gehemmt, was wiederum beweist, daß das Kl die Subjektposition *nicht* besetzt. Diese — und andere — Argumente weisen dem gesprochenen Frz. und den oberit. Dialekten einen *Pro-Drop* Status zu, was heißt, daß V als Satzkonstituente keines obligatorischen Subjektpronomens bedarf. Klitika wie *je, tu, il* sind, dieser Schlußfolgerung nach, als *prädeterminierende*, *gebundene* Verbalmorpheme einzustufen. Gemäß dieser Erkenntnisse kann man behaupten, daß trotz einer verschiedenen oberflächlichen Satzkonstitution It., Sp. und Frz. — im Ggs. zum Engl. und Dt. — am gemeinsamen Aufbauprinzip teilnehmen, nämlich an der Auslassung der pronominalen Subjekte:

sp.	it.	frz.	[Ø V]	↔	[SV]	engl.	dt.	schwedisch
veo	*vedo*	[ʒvwa]				*I* come	*ich* komme	*jag* kommer

Eine letzte Bemerkung: Die Gegner dieser Theorie führen als wichtiges Gegenargument das Fehlen des Kl in Gefügen wie: Ø *faut pas*; Ø *y a pas*; Ø *n'importe*; Ø *n'empêche* an. Diese Strukturen verlangen jedoch nach einer Rechtfertigung, die sich in den besonderen suprasegmentalen und kommunikativ-pragmatischen Kontexten findet (so etwa wie im Dt.: *bedaure*! *verstehe*! usw.).

BIBL. Klaus Hunnius, *Frz.* je: *ein präfigiertes Konjugationsmorphem? Ein Forschungsbericht zur Frage der Prädetermination*, Archiv für das Studium der neueren Sprachen und Literaturen 214 [1977]: 37—48; Marianne Kilani-Schoch, *French Clitics for Natural Typology*, in: Julián Méndez Dosuna/Carmen Pensado (Hgb.), *Naturalists at Krems*, Salamanca (Universidad de Salamanca),1990: 77—90.

38 Der Satz: Semantische Komponenten.

Bisher haben wir Sätze nur unter dem Gesichtspunkt der morphologischen Kategorien und der syntaktischen Funktionen berücksichtigt. Gerade aus dieser doppelten Perspektive lassen sich Verben in zwei grundlegende Klassen einteilen: **transitive** V, mit einem O_{dir}, und **intransitive** V, ohne O_{dir}. Bsp.:

	transitiv	intransitiv
(frz.)	*Jean donne une gifle* (*à Marie*)	*Jean dort*
	Sub V O_{dir} O_{ind}	Sub V
(it.)	*Giovanni dà uno schiaffo* (*a Maria*)	*Giovanni dorme*
(sp.)	*Juán da una bofetada* (*a María*)	*Juán duerme*
(sd. camp.)	[dʒuˈanni ˈdɔnna ˈuna skranteˈʒaða a mmaˈria]	[dʒuˈanni ˈdrommiði]

Belegt man die Subjekt- und Objektstellen mit morphologischen Kasus bzw. Präpositionen, dann werden prinzipiell folgende Markierungen jeweils zugewiesen:

Sub → Nom:	[tu] *donnes une gifle*; lat. [praetor] *palam dicit* ,der Prätor sagt öffentlich';
O_{dir} → Akk:	*praetor dicit* [veritatem] ,der P. sagt die Wahrheit'; dt. *ich habe* [dich] *gesehen*; (afrz.) *li reis veit* [le duc] ,der König (Rektus = Nom) sieht den Grafen' (Obliquus = Akk); sp. *Juán ha visto* [a Maria];
O_{ind} → Dat:	dt. *ich gebe* [dir] *eine Ohrfeige*; *praetor* [tibi] *veritatem dicit* ,der P. sagt dir die Wahrheit'; sp. *di*$[le]_i$ $[a la mamá]_i$ *la verdad*; rum. *spune*-$[i]_i$ $[mamei]_i$ *adevărul* ,sag (ihr) der Mutter die Wahrheit'.

N. B. Vor [+ belebte] und [+ bestimmte] Namen wird im Sp. und Sd. und teilweise im Kat. die Präp *a* verwendet, die rum. *pe* entspricht: *he visto* a *Juán*; *apo bidu a Zuanne*; *am văzut pe Ion*. Der [i]-Index weist auf die syntaktische Koreferenz der Satzglieder hin; die sp. Präp. *a* hat in den jeweiligen Bsp. die gleiche Dativfunktion wie das rum. Kasusmorphem.

Aus den oben besprochenen Bsp. scheint hervorzugehen, daß Sub in transitiven Sätzen immer eines Nominativs bedarf, weil der damit implizierte Mitspieler als Handlungsträger fungiert. Diese letzte Argumentation führt zur Überprüfung der **semantischen Rollen**, die den morphosyntaktischen Kategorien und Funktionen im Satz zukommen. *Nominativ-Akkusativ-Sprachen*, wie Lat., Dt. oder Romanisch, sind hauptsächlich Sprachen, wo dem Sub eines transitiven Verbs die Rolle des **Agens** (,Handlungsträgers') und dem O_{dir} die Rolle des **Patiens** (,Handlungsempfängers') zugeordnet werden. Subjekte können aber auch die Rolle des ,Patiens' übernehmen. Dies erfolgt insbesondere in drei Fällen:

(1) Mit bestimmten **intransitiven** Verben, die eine auf das Subjekt bezogene Handlung ausdrücken: (frz.) *Jean souffre beaucoup*; (sp.) *Juán sufre mucho* ,Hans leidet sehr'.

(2) Mit sog. **Ergativstrukturen**, bei denen die Subjektstelle mit einer Kasuszuweisung besetzt ist, die in *transitiven* oder *intransitiven* Konstruktionen das O_{dir}/O_{ind} kennzeichnet:

	Ergativstrukturen		Transitive/intransitive Strukturen	
(dt.)	[mir] *ist kalt*	=	*er gibt* [mir] (eine Ohrfeige)	
syntaktische Funktion:	Sub		Sub	O_{ind}
morphologische Marke:	Dat		Nom	Dat
semantische Rolle:	Pat		Ag	Pat
	[mich] *friert*	=	*er sieht* [mich]	
	Sub = Akk = Pat		O_{dir} = Akk = Pat	
(rum.)	[mi]-*e rece* ,mir ist kalt'	=	*genunchii* [îmi] *tremurau*	
	Sub *cald* ,mir ist warm'			O_{ind}
	Dat *sete* ,ich bin durstig'			Dat
	Pat *poftă* ,ich bin hungrig'			Pat
	frică ,ich habe Angst'		,Die Knie zitterten mir'	
			(*mi* ist ein Allomorph von *îmi*)	

Die Konstruktionen des Rum. haben ihre Wurzeln im Lat.: *mihi est pudor/cura* → *mihi est frigus/calor*.

(3) Mit **Passivtransformationen**:

Aktiv	(lat.)	venator	occidit	cervum
	(it.)	il cacciatore	uccide	il cervo
		Sub - Nom - Ag	V	Odir - Akk - Pat
Passiv		cervus	occisus est	(a venatore)
		il cervo	è stato ucciso	(dal cacciatore)
		Sub - Nom - Pat	V	(O - Abl - Ag)

Sieht man vorläufig von der dritten Satzkonstituente ab (einer Präpositionalphrase mit dem Objekt im Ablativ im Lat.), so leuchtet nach der Transformation ein, daß das neue Passivsubjekt die ursprüngliche semantische Rolle beibehält, nämlich die des *Patiens*. Passivsätze dienen also dazu, das Patiens ins Vorfeld zu rücken, das Agens der Actio irgendwie innerhalb eines präpositionalen Syntagmas zu verdecken oder es einfach auszuschalten (↗ § 41).

BIBL. Dürr/Schlobinski (op. cit., § 15): 99—110; Maria Manoliu Manea, *Tipología e historia. Elementos de sintaxis comparada románica*, Madrid (Gredos), 1985: Kap. 3 (*Subjetivización*); Karl-Hermann Körner, *Korrelative Sprachtypologie*, Wiesbaden (Steiner), 1987: Kap. 2 und 12.

39 Der Satz: Pragmatische Rollen.

Formen und Funktionen bzw. Bedeutungen waren für die Strukturalisten, wie oben dargestellt, eng verwoben. Dem Prager Strukturalismus, insb. von Vilém Mathesius vertreten, verdanken wir noch die intensive Beschäftigung mit einem weiteren Untersuchungsgegenstand der Satzlehre, nämlich der Verteilung der *Informationseinheiten*. Man ging davon aus, daß in jedem wohlgeformten Satz die Information, in Abhängigkeit von dem dem Sprecher zugesprochenen Mitteilungswert, verschieden verteilt werden konnte. Informationseinheiten hätten deswegen, so die gewonnene Erkenntnis, stets eine **pragmatische**, d. h. ‚kommunikative' Funktion. Derartige Funktionen werden von der sog. Prager **funktionalen Satzperspektive** erfaßt. Grundsätzlich unterscheidet man zwei pragmatische Komponenten: das **Thema** (engl. *topic*, daher dann dt. *Topik*) und das **Rhema** (engl. *comment*). Sie werden mit zweierlei Definitionen voneinander abgegrenzt:

(1) *Thema* ist das, was durch den Kontext *vorgegeben* und *bekannt* ist, also die *alte Information*; *Rhema* ist im Gegenteil das, was nicht durch den Kontext erschlossen werden kann und sich deshalb als *neue Information* erweist.

(2) *Thema* konstituiert den *Ausgangspunkt* einer Mitteilung, *Rhema* ihre natürliche Fortsetzung und Vervollständigung, das eigentliche *Aussageziel*.

Syntaktisch gesehen fällt in einer nicht-markierten Äußerung das Thema weitgehend mit dem Sub und das Rhema mit dem Prädikat (V) zusammen; schematisch dargestellt (T = Thema — R = Rhema):

	T	R
Kontextuelle Informationsart:	*alte* Information	*neue* Information
Mitteilungsartikulation:	*Ausgangspunkt*	*Aussageziel*

Einige Bsp. (aus *Le petit prince*):

(1) *alte* ↔ *neue Information* (V,24)
(frz.) *J'ai connu* [une planète]$_R$ *habitée par un paresseux... Et sur les indications du petit prince, j'ai dessiné* [cette planète-là]$_T$
(kat.) *Jo sé* un planeta *que era habitat per un gandul... Seguint les indicacions del petit príncep, vaig dibuixar* aquell planeta.
(sp.) *Conocí* un planeta *habitado por un perezoso... Y, según las indicaciones del principito, dibujé* aquel planeta.
(ast.) *Tuve conocencia d'*un planeta *ú vivia un folgazán... Con estes indicacions del principín dibuxé* esti planeta.
(pg.) *Uma vez fui a* um planeta *habitado por um preguiçoso... E, a partir das indicações do principezinho, eu desenhei* esse planeta.
(bras.) *Conheci* um planeta *habitado por um preguiçoso... E, de acordo com as indicações do principezinho, desenhei* o tal planeta.
(gal.) *Eu conocín* un planeta *habitado por un preguiceiro... Cas indicacións que me fixo o principiño, dibuxéi* aquil planeta.
(it.) *Ho conosciuto* un pianeta *abitato da un pigro... E sull'indicazione del piccolo principe ho disegnato* quel pianeta.
(frl.) *J'ài cognossût* un planet *là ch'al ere a stâ un pêgri... E, daûr di ce ch'al diseve il pičul princip, j'ài disegnât* chel planet.
(dollad.) *Ie é cunesciú* n planet, *che fora abitá da n drë fret... En scí éi desseniá* chësc planet *aldò de chël che l pitl prinz me cuntova.*
(bünd. surmiran) *Ia va cunaschia* en planet, *tg'era abito d'en marschung... Tenor las indicaziuns digl pitschen prenci, vaia damai dessignia* igl sies planet.
(rum.) *Ştiam undeva* o planetă, *locuită de un trîndav... Iar eu, sub îndrumările micului prinţ, am desenat* această planetă.

Wie man aus den Bsp. ersehen kann, bezieht sich die zweite hervorgehobene Satzkonstituente im frz. Text und in seinen rom. Übersetzungen auf eine im Text schon vorgegebene, und deshalb bekannte — ‚alte' — Information: Es fungiert also als *Thema*. Als *rhematisches* Satzglied wirkt hingegen *une planète*, weil der referierte Sachverhalt zum ersten Mal eingeführt wird, also dem Leser unbekannt — ‚neu' — ist. Ersterwähnungen von Mitteilungseinheiten werden gewöhnlich durch den *unbestimmten Artikel* eingeleitet, während rückweisende Beziehungen auf schon erwähnte Informationseinheiten durch den *bestimmten Artikel* oder durch *Demonstrativa* (d. h. ‚deiktische Partikeln') hergestellt werden. Auf solche Abstimmungen zwischen Formen und textuellen Funktionen kommen wir noch zurück.

(2) *Ausgangspunkt* ↔ *Aussageziel* (I,12)
(frz.) [Les grandes personnes]$_{Sub\text{-}T}$ [ne comprennent jamais rien toutes seules]$_{Präd\text{-}R}$
(kat.) *La gent gran mai no comprenen res, ells tots sols.*
(sp.) *Las personas mayores nunca comprenden por sí solas las cosas.*
(ast.) *A les presones mayores nun-yos entren les coses de primeres.*
(rum.) *Oamenii mari nu princep singuri nimic, niciodată.*
(it.) *I grandi non capiscono mai niente da soli.*

Auch hier ist es evident, daß allein durch die Prädikatsergänzung der Informationsgehalt der nominalen satzeinleitenden Konstituente (Sub) einen vollständigen Sinn erhält: Das Wichtige folgt dem Ausgangspunkt der Mitteilung, was heißt, daß das Rhema dem Thema folgt.

N. B. Eine Ausnahme zum obigen Korrelationsschema zwischen linearer Abfolge und pragmatischen Werten, nämlich: Sub — VP = T — R, bildet die Verbalklasse der *existentiellen* und *präsentativen* V (und auch die schon besprochene Ergativkonstruktion). Es wird angenommen, daß Konstruktionen wie: (frz.) *il y a* (V) + Sub, (it.) *c'è* + Sub, (sp.) *hay* + Sub usw. entweder eine binäre Informationsstruktur T — R (= *kategorielle Konstruktion*) oder einfach ein globales Rhema (= *thetische Konstruktion*) abbilden:

(frz.) *il y a beaucoup de gens ici*;
(it.) *c'è molta gente qui*;
(sp.) *hay mucha gente aquí*.
(Kontext 1: *was gibt es denn*? → [kategorische Antwort] *es gibt viele Leute hier*; Kontext 2: *was stört dich denn*? → [thetische Antwort] *daß es hier viele Leute gibt*.)

Das eingangs dargestellte Schema mit den definitorischen Begriffen T und R läßt aber zusätzliche Kombinationen zu. Ein satzeröffnendes Thema kann zwar auch keinen Zusammenhang mit dem Vortext aufweisen, sich jedoch nicht unbedingt als *neue Information* herausstellen:

(it.) — *Ciao Giorgio*! *C'è freddo oggi, vero*? ‚Es ist kalt heute, gell?'
— *Ciao*! *Beh,* [l'estate]$_T$ [ormai se n'è andata]$_R$ ‚Na ja, der Sommer, weißt du, ist schon vorbei!'.

Unter den Faktoren, die an der Konstitution einer „gesprochenen Mitteilung" teilnehmen, ragt die **Intonation** heraus. Es hat sich erwiesen, daß mit Variationen des Intonationsprofils, gemessen oder angezeigt durch sog. *Informationskonturen*, unmittelbare Änderungen des pragmatisch-semantischen Mitteilungswerts einhergehen. So ist eine gerade *pragmatisch nicht-markierte* Äußerung durch folgende, eng aufeinander abgestimmte Konstitutionseigenschaften gekennzeichnet:

syntaktische Abfolge:	Sub	[V	O]$_{Präd}$
Informationsstruktur:	T	R	
Intonationsprofil:	→	↗	
	Kontinuitätskontur (‚flache')	Terminalkontur (‚leicht steigende')	
	→	↗	
Bsp.:	[Giorgio]$_{Sub-T}$	[non viene oggi]$_{Präd-R}$	

(Leichte Steigerung der Terminalkontur auf dem ganzen Prädikat, die Äußerung enthält keine Hervorhebung.)

Ein solches Satzmuster, mit Sub-V-O-Abfolge, heißt **Basis**- oder **Grundwortstellung**. Wird diese Abfolge modifiziert, erfahren die Informationsstruktur und die Intonationsstruktur eine Änderung. Immerhin kann die Intonation allein, ohne Modifizierung der syntaktischen Struktur, eine tiefgreifende Änderung der pragmatischen Werte hervorrufen, wie noch aus den nächsten Punkten zu ersehen ist. Wir wollen jetzt, vor den Einzeldarstellungen, die erdenklichen syntaktischen, pragmatischen und intonatorischen Strukturvariationen näher betrachten. Auszugehen ist von dem obigen Grundsatzmuster:

nicht-markierte (Basis-)Struktur:	Sub V O	//	T - R	//	→	↗	
markierte Strukturen:	Sub V O	//	T - R	//	→	↑	(abrupt steigende)
	Sub/O_i... X_iVX_i	//	T - R	//	→	↗	
	Sub/O ... V	//	R - T	//·	↑	↘	(fallende)
	V ... Sub/O	//	R - T	//·	↑	↘	

(morphologische Kategorien von O: O_{dir}, O_{ind}, $O_{partitiv}$, O_{adv}).

Außer durch den Umbau des Stellungstyps und durch die Modifizierung der Intonationsstruktur kann eine *pragmatisch markierte* Struktur durch *Einbettung* des Themas oder des Rhemas in eine aus dem Satz extrapolierte und autonome Erweiterung erfolgen. Die präpositionalen und verbalen Syntagmata, die zu solchen *Topikalisierungen* dienen, sind verschiedenster Art, vgl. z. B.: [VP/NP + Sub/O]$_T$ - S_R: (frz.) *en ce qui concerne/quant à Jean - il dort encore/je ne l'ai pas vu*; [VP + Sub/O]$_R$ - S_T : *c'est Jean - qui dort encore/qu'on a vu.*

Wir wollen in den nächsten Unterparagraphen die wichtigsten Typen der T-R-Gliederung im Romanischen vorführen. Es sei vorweg ausdrücklich vermerkt, daß die verschiedenen nachfolgenden kommentierten Informationsverteilungen vornehmlich der *gesprochenen Sprache* angehören und deshalb von den neuen Disziplinen, die sich mit der Erforschung pragmatischer Bestandteile und Versprachlichungsstrategien beschäftigen, erfaßt und ausführlich beschrieben werden.

BIBL. Renzi (op. cit., § 36): Kap. 2 (*L'ordine degli elementi della frase e le costruzioni marcate*); Elisabeth Gülich/Klaus Heger/Wolfgang Raible, *Linguistische Textanalyse. Überlegungen zur Gliederung von Texten*, Hamburg (Buske), [2]1979; Peter Blumenthal, *La syntaxe du message. Application au français moderne*, Tübingen (Niemeyer), 1980; Hans Geisler, *Studien zur typologischen Entwicklung. Lateinisch — Altfranzösisch — Neufranzösisch*, München (Fink), 1982: Kap. 5 (*Veränderungen im Intonations- und Akzentbereich*); Ulrich Wandruszka, *Studien zur italienischen Wortstellung*, Tübingen (Narr), 1982; Barbara Wehr, *Diskurs-Strategien im Romanischen*, Tübingen (Narr), 1984; Miorita Ulrich, *Thetisch und Kategorisch. Funktionen der Anordnung von Satzkonstituenten am Beispiel des Rumänischen und anderer Sprachen*, Tübingen (Narr), 1985; Gerhard Helbig, *Entwicklung der Sprachwissenschaft seit 1970*, Opladen (Westdeutscher Verlag), 1990: Kap. 2.1 und 2.2; Frederike Jin, *Intonation in Gesprächen. Ein Beitrag zur Methode der kontrastiven Intonationsanalyse am Beispiel des Deutschen und Französischen*, Tübingen (Niemeyer), 1990; Klaus Welke, *Funktionale Satzperspektive. Ansätze und Probleme der funktionalen Grammatik*, Münster (Nodus), 1992.

39.1 Themaversetzungen.

Zu den geläufigsten Änderungen der Grundstruktur zählen die Versetzungen — oder **Dislokationen** (< engl. *dislocations*) — des *Objekts*. Man unterscheidet grundsätzlich **Linksdislokationen** (LD) von **Rechtsdislokationen** (RD), je nachdem, ob O nach links oder nach rechts versetzt wird. In beiden Fällen bildet sich eine intonatorische Zäsur (meistens graphisch mit Komma gekennzeichnet; sie kann aber bei Schnelltempo ausfallen) zwischen dem aus dem Satzkern entfernten, extrapolierten O und dem Rest des Satzes. Aufgrund dieser Zäsur spricht man von *segmentierten* Strukturen. Beiden Strukturen ist auch die Anwesenheit eines

Klitikums im Satzkern gemeinsam, das auf das koreferente, linksversetzte O zurückverweist (**anaphorisches Kl**) oder das koreferente rechtsversetzte O ankündigt (**kataphorisches Kl**). Frz. Beispiele (in Klammern die versetzte syntaktische Konstituente und ihre jeweils entsprechende Funktion):

(1)	LD:	
(a)	[Odir]NP	[le flic]$_i$, *je ne* [l']$_i$ *ai pas vu*;
(b)	[Odir]Pro	[lui]$_i$, *je ne* [l']$_i$ *ai pas vu*;
(c)	[Oind]NP	[à Jean]$_i$, *personne ne* [lui]$_i$ *dit jamais rien*;
(d)	[Oind]Pro	[à moi]$_i$, *personne ne* [m']$_i$ *a dit la vérité*;
(e)	[Opart]NPPräp	[de cette question]$_i$, *je n'* [en]$_i$ *sais rien*;
		[de son voyage]$_i$, *il n'* [en]$_i$ *est jamais retourné*;
(f)	[OAdv]NPAdv	[à cette question]$_i$, *je n'* [y]$_i$ *pense plus*;
		[à cet endroit-là]$_i$, *je n'* [y]$_i$ *vais plus.*

(2)	RD:	
(a)	[Odir]NP	*je ne* [l']$_i$ *ai pas vu*, [le flic]$_i$;
(b)	[Odir]Pro	*je ne* [l']$_i$ *ai pas vu*, [lui]$_i$;
(c)	[Oind]NP	*personne ne* [lui]$_i$ *dit jamais rien*, [à Jean]$_i$;
(d)	[Oind]Pro	*personne ne* [m']$_i$ *a dit la vérité*, [à moi]$_i$;
(e)	[Opart]NPPräp	*je n'* [en]$_i$ *sais rien* [de cette question]$_i$;
		il n' [en]$_i$ *est jamais retourné*, [de son voyage]$_i$;
(f)	[OAdv]NPAdv	*je n'* [y]$_i$ *pense plus*, [à cette question]$_i$;
		je n' [y]$_i$ *vais plus*, [à cet endroit-là]$_i$.

Hinsichtlich ihrer Funktionalität in kommunikativen Sprechakten ist zu beachten, daß die *parenthetische* (fallende) Kontur der thematisierten Satzkonstituente bei der RD Hand in Hand mit dem geringen Informationsgehalt des Themas geht, dessen nachträgliche Nennung mehr Bestätigungs- als Informationscharakter hat (so ist z. B. *de son voyage* in 2e in der Tat überflüssig, da der Bezug auf den Vortext unmittelbar erscheint: *il a entrepris un long voyage l'année dernière* → *il n'en est jamais retourné* [*de son voyage*]). Bei der LD verhält sich das einleitende Element dagegen als bloße, aber nicht verzichtbare thematische Informationsvorgabe, die Bezug und Kontinuität mit dem Vortext absichert (z. B. 2f: *tu devrais aller à cet endroit-là* → *à cet endroit-là, je n'y vais plus*).

Vier spezifische Charakteristika einiger rom. Sprachen seien im Rahmen dieses Themenkomplexes kurz angeschnitten.

(1) Jene rom. Sprachen, die ein persönliches Odir syntaktisch durch eine Präp markieren, nutzen das präpositionale Gefüge aus, wenn das O abgesetzt wird. Doch benutzen auch weitere Sprachen, die den präpositionalen Akkusativ nicht kennen, diese syntaktische Strategie; sie bleibt allerdings auf die pronominale Verwendung beschränkt:

(sp.) *a ti, te tengo ya visto*; *a Juán, no le cree nadie*;
(rum.) *pe ea, n-am văzut-o nicăieri* ‚sie habe ich nirgends gesehen';
(it.) *te, ti ho già visto*, neben: *a te, ti ho già visto.*

Bisweilen wird das präpositionale Gefüge zum Zweck der Hervorhebung eines [–persönlichen, –belebten] Objekts gebraucht:

(okz.) *lo pastre*, $[\text{al vin}]_T$, $[\text{l'aima}]_R$ ‚le berger, le vin, il l'aime' (‚le berger aime particulièrement le vin').

Hinsichtlich der — vieldebattierten — Doppelmarkierung des Odir und des Oind mittels eines betonten Pro und eines unbetonten Kl bleibt die Frage noch offen, ob man von einer **Objektkonjugation** sprechen kann. Vgl.:

(sp.) $[\text{a mi}_i]_T$ $[[\text{me}_i]$ llaman todos$]_R$: T = Odir ‚alle rufen mich an'; $[\text{a mi}_i]_T$ $[[\text{me}_i]$ gusta cocinar$]_R$: T = Oind ‚es gefällt mir, zu kochen'; (sd. camp.) [a ˈmmimi, mi ˈdzɛrrianta ˈtotus]; [a ˈmmimi, mi ˈβraʒiði a kkoʒiˈnai];

(it.) (*a*) *me, mi chiamano tutti*; *a me, mi piace cucinare*.

Der Grammatikalisierungsprozeß dieser Strategie ist allerdings nicht in allen Sprachen gleichmäßig fortgeschritten: Im It. z. B. werden diese Strategien als dem Substandard zugehörig eingestuft.

(2) Das Frz. kennt auch die Versetzung der pronominalen Subjekte, die von den — schon besprochenen — *Subjektklitika* wiederaufgenommen werden. Diese Fähigkeit, das Sub abzusetzen und es durch eine „oberflächliche" Reprise wieder zu markieren, kann nur in jenen Systemen stattfinden, die neben Sub_{Pro} auch Sub_{Kl} verwenden (frz., frprov., oberit., frl., dollad.). Vgl. folgende Bsp. aus *Le petit prince* (XIII,43):

(LD) $[\text{Sub}_{\text{Pro}}]_T$ – $[\text{Sub}_{\text{Kl}}\ \text{V O}]_R$
(frz.) Moi, *dit-il encore*, je *possède une fleur*;
(frl.) Jo, *dissal ancjmò*, j'*ai une rose*;
(dollad.) Ie — *òvel mo dit* — ie *é n ciof*; dagegen:
(sp.) Yo — *dijo aún* — *poseo una flor*;
(kat.) Jo *tinc* — *va dir* — *una flor*;
(rum.) Eu — *mai zise el* — *am floare*.

Vgl. auch folgende Bsp. aus dem Westemilianischen und aus dem *patois* von Val d'Aosta:

(oberit.) [te], [t fɛ ˈsəjpar al tɔ duˈver]
‚toi tu fais toujours ton devoir';
(frprov.) [mɛ], [dzɛ ˈlɛi vu pa]
‚moi je n'y vais pas'.

N. B. Um die Thematisierung des Sub irgendwie auszudrücken, kann man in den rom. Sprachen ohne Klitika auf weitere *thematisierende Strategien* zurückgreifen, wie die pg. — im Ggs. zur brasilianischen — Übersetzung der obigen Textstelle beweist:

(pg.) Eu, $[\text{cá por mim}]_T$ *tenho uma flor* vs
(bras.) Eu, *disse ele ainda, possuo uma flor*.

(RD) $[\text{Sub}_{\text{Kl}}\ \text{V O}]_R$ - $[\text{Sub}_{\text{Pro}}]_T$ (*Le petit prince*, XIII,42):
(frz.) [je] *suis sérieux*, [moi];
(frl.) *Ma* [jo] *j soi serio*, [jo]!; dagegen:
(sp.) *Yo soy serio*; (kat.) *Sóc seriós*; (it.) *sono un uomo serio, io*;
(bünd. romontsch) *Jeu sundel serius*; (surmiran) *Ia sung en om serious*.

Angesichts der Tatsache, daß die gelockerte Umgangssprache die klitische Reprise massiv verwendet, hat man die Frage aufgeworfen, ob nicht in diesem Falle eine sich anbahnende Neutralisierung der pragmatischen Markierung festzustellen wäre. Wenn ja, hieße dies, daß das Kriterium zur Unterscheidung zwischen einer markierten und einer nicht markierten Äußerung allein der Intonationsanalyse überlassen bliebe:

(a) Nicht markierte Strukturen: keine Zäsur zwischen Kontinuitäts- und Terminalkontur:

[tu le ʒã i-koˈmãsɛ . . .] ‚tous les gens ils commençaient . . .';
[ta mɛʁ ɛl ɛ fatiˈge . . .] ‚ta mère elle est fatiguée . . .';
[lɛ ʒã is-õ di . . .] ‚les gens ils ont dit . . .'.

(b) Markierte Strukturen: Zäsur zwischen Kontinuitäts- und Terminalkontur:

→ ↗
[ta mɛʀ ɛl ɛ fatiˈge . . .] ‚ta mère, elle est fatiguée . . .';
moi, je pense que . . . = ‚quant à moi, je pense que . . .'.

(3) *Pronominaladverbien* stellen ein ausgezeichnetes Mittel zum Verweis auf eine versetzte Satzeinheit dar. Die Sprachen, die über solche Mittel nicht verfügen, zeigen eingeschränkte Stellungstypen. Vgl.:

(kat.) [de $\text{favors}_i]_T$, *te* $[\text{n'}]_i$ *he fets*;
(arag.) de fabors, *te* n'*e feito*;
(it.) favori, *te* ne *ho fatti*, vs (sp.) *te he hecho favores*;
(kat.) n'*hi havia molta* de gent;
(arag.) en *eba muita*, de chen;
(it.) *ce* n'*era molta*, di gente, vs (sp.) *había mucha gente*;
(kat.) a casar-me, *no* hi *penso pas*, vs
(sp.) *no pienso absolutamente en casarme*.

(4) Das Frz. kann auch Segmentierungen mit Hilfe eines Demonstrativpronomens, etwa *ça*, *cela* bewirken, das auf die versetzte Satzkonstituente verweist. Den restlichen Sprachen der Romania fehlt völlig diese Fähigkeit, und sie verzichten somit auf die entsprechenden markierten Strukturen. Bsp. (*Le petit prince*, X,36:):

(frz.) *ça me fatigue, de marcher*;
(sp.) *caminar me cansa* (b); *me fatiga caminar* (a);
(bras.) *andar cansa-me muito*;
(kat.) *caminar em cansa*;
(it.) *mi stanco a camminare*;
(dol.lad.) *a jí a pé me stanci jú* ‚das Gehen macht mich müde';
(rum.) *oştenesc dacă umblu pe jos* ‚ich werde müde, wenn ich gehe'.

Allein dem asturianischen Übersetzer ist es gelungen, unter Hinzufügung einer neuen VP die Dislokation der Ausgangsfassung wiederzugeben:

(ast.) [*nun sabes lo que me fraya*] [*tener que dir andando*]
‚du hast keine Ahnung, wie es mich müde macht, gehen zu müssen'.
(frz.) *Les épines, ça ne sert à rien* (VII,26);

(dollad.) *La spines, chëles ne n'ie per nía* (LD mittels anaphorischen Dem);
(kat.) *Les punxes no serveixen de res*;
(sp.) *Las espinas no sirven para nada*;
(bras.) *Espinho não serve para nada*;
(bünd.) *Las spegnas servan a navot* (surmiran); *Las spinas valan nuot* (rom.);
(rum.) *Spinii nu folosesc la nimic*.

(frz.) *À quoi cela te sert-il, d'être riche*? (XIII,35/36);
(kat.) *De què et serveix ser ric*?;
(sp.) *¿Y para qué te sirve ser rico*?;
(pg.) *E para que é que te serve seres rico*?;
(dol.lad.) *Y cie te n fejes'a cun l vester rich*?

BIBL. Adriana Belletti/Luigi Rizzi, *The Syntax of* ne: *Some Theoretical Implications*, The Linguistic Review 1 [1981]: 117—154; Pierre Calvé, *Dislocation in Spoken French*, Modern Language Journal 69/3 [1985]: 230—237; Wolf Dietrich, *Romanische Objektsmarkierung und das Verhalten von direktem und indirektem Objekt*, in: Wolf Dietrich/Hans-Martin Gauger/Horst Geckeler (Hgb.), *Grammatik und Wortbildung romanischer Sprachen*, Tübingen (Narr), 1986: 169—179; Timo Riiho, *La redundancia pronominal en el iberorromance medieval*, Tübingen (Niemeyer), 1988; Michel de Fornal, *Constructions disloquées, mouvement thématique et organisation préférentielle dans la conversation*, Langue française 78 [1989]: 101—123; Peter Koch, *L'italiano va verso una coniugazione oggettiva?*, in: Günter Holtus/Edgar Radtke (Hgb.), *Sprachprognostik und das „italiano di domani"*, Tübingen (Narr), 1994: 195—205.

39.2 Freies Thema und Topikalisierungen ohne Reprise (T.o.R.).

Für die Segmentierung ist charakteristisch, daß die versetzte thematisierte Konstituente durch ein Klitikum gerichtet erscheint:

(frz.) *À Paul, on lui dit la vérité; à cet enfant, on s'y habitue très vite*;
(it.) *A Giorgio, tutti gli voglion bene*.

Wenn die Voranstellung vornehmlich das Oind betrifft, läßt sich in allen rom. Sprachen die Möglichkeit feststellen, die Rektionsabhängigkeit der Themaprojektion formal nicht zum Ausdruck zu bringen. Die versetzte Konstituente bleibt syntaktisch „frei" von einer nur nachträglich vermittelten Markierung und heißt deshalb **freies (loses) Thema** (engl. *hanging topic*):

(frz.) *Paul, on lui dit la vérité; ce confort, on s'y habitue très vite*;
(it.) *Giorgio, tutti gli voglion bene*.

Diese in der traditionellen Grammatik als **Anakoluth** oder **Nominativus pendens** bekannte Strategie war in allen Sprachstufen wirksam, wie folgende asp. Bsp. beweisen, bei denen, wie man sieht, die richtige *funktionelle Disambiguierung* (Sub, Odir, Oind?) erst in einem zweiten Moment zustandekommt:

(asp.) [su mugier y sus fijas]$_{\emptyset}$ / *subió*[las]$_{\text{Odir}}$ *al alcázar* (Çid 1644); [quien tu cobdicia tiene]$_{\emptyset}$ / *el pecado* [lo]$_{\text{Odir}}$ *engaña* (Libro de Buen Amor 222); [qui gelo demandava]$_{\emptyset}$ / *dáva*[l]$_{\text{Oind}}$ *consejo sano* (Vida de S. Domingo 476).

Heute sind all diese Sätze mit einem einleitenden *a* versehen: *a su mujer y a su hija*; *a quien*. Nur einige Raumvarietäten (und schichtenspezifische Varietäten) zeigen noch das Festhalten an dieser Strategie, wie aus folgendem lateinamerikanischen Bsp. (aus Salvador Salazar Arrué, *Cuentos de cipotes*, San Salvador, [3]1985: 16) hervorgeht: *y como* [Ø] *los toros no* $[\text{les}]_{\text{Oind}}$ *gusta lo color colorado* ‚und da den Stieren die rote Farbe nicht gefällt'.

Außerhalb des Oind bleibt eine besondere Vorliebe für nicht gerichtete Thematisierungen allein dem gesprochenen Substandard vorbehalten:

(frz.) *son examen, il s'en moque éperdument/il n'y attache aucune importance*; *mon père, je sors souvent avec lui*; *cet homme, je n'en parlerai pas*;
(it.) *Ma questo, credo avremo modo di parlarne dopo*.

Eng verwandt mit dem vorigen Typ ist die **Topikalisierung ohne Reprise** (oder **ohne Anapher**). Mit dem *freien Thema* (F. T.) und der LD teilt diese Strategie die *Extrapolation* des Themas links des Satzkerns und ein ähnliches Intonationsprofil, bestehend aus einer eröffnenden, auf Fortsetzung eingerichteten Kontinuitätskontur und einer auf sie folgenden, leicht steigenden Terminalkontur. Im Unterschied zum F. T. beschränkt sich die T. o. R. auf das Oind und eine geschlossene Verbalklasse; im Unterschied zur LD wird das anaphorische Klitikum in der T. o. R. getilgt, und die Thema-Projektion scheint weniger abhängig vom vorgegebenen Text zu sein und deshalb eine gewisse Autonomie zu zeigen. Hier die drei Typen im Vergleich:

F. T.	[Ø] *Jean, elle lui ressemble*;
LD	*À Jean, elle lui ressemble*;
T. o. R.	*À Jean, elle* [Ø] *ressemble*.

Im allgemeinen zeigt die T. o. R. eine besondere Selektionsabstimmung auf V, die eine ‚Erkenntnis' oder eine ‚telische Aktionsart' zum Ausdruck bringen: (frz.) *Le plumeau, vous connaissez*?; *L'Aquitaine, j'aime*; *Le ménage, la cuisine, j'adore*. Im It. wirken die entsprechenden Stukturen „veraltet" (Bsp. aus Nicolò Tommaseos *Fede e bellezza* [2]1840 und *Dizionario della lingua italiana* 1861—1879 [[2]1929]): *La risposta, indirizzate a Versailles* (‚indirizzatela'); *Mia moglie raccomando a' parenti miei* (‚la raccomando'); *Lingua comune vivente, nel vero senso della parola, l'Italia non ha* (‚non ne ha').

Hervorzuheben ist, daß diese pragmatische Struktur noch heute, vornehmlich in Verbindung mit der Negation vorkommt und die Aufgabe erfüllt, der Thema-Projektion eine deutlich rhematische Ergänzung zu verleihen: (frz.) *l'amour, tu ne connais pas*; *Crise, connais pas*; *une vespa d'occasion, vous ne trouvez pas*; (it.) *come siano arrivati qui, non saprei dire*.

Abschließend sei hier auf eine Struktur hingewiesen, die auch keine klitische Reprise kennt, doch mit einer nominalen Ergänzung das links versetzte Thema wiederaufnimmt: (frz.) $[\text{Paul}_i]_T$, *Marie n'aurait jamais dû* $[Ø]_{Kl}$ *épouser* $[\text{cette loque}_i]_{NP}$.

BIBL. Wolf-Dieter Stempel, *L'amour, elle appelle ça, L'amour tu ne connais pas*, in: Christian Rohrer (Hgb), *Lógos Semantikós, Studien in honorem Eugenio Coseriu*, Berlin (de Gruyter),

1981, V: 352—367; Bernard Fradin, *Approche des constructions à détachement. La reprise interne*, Langue française 78 [1988]: 26—56; Guglielmo Cinque, *Teoria linguistica e sintassi italiana*, Bologna (Il Mulino), 1991: Kap. 9 (*Su alcune costruzioni a prolessi in italiano*); Eduardo Blasco Ferrer, *Io e te*, Studi Linguistici Italiani 18/1 [1993]: 45—71.

39.3 Rhematisierungen.

Wird die Anfangsstellung von einer Satzkonstituente, vorwiegend vom Odir, besetzt und kommt dieser Konstituente die pragmatische Rolle eines **Rhemas** zu, dann spricht man von **Rhematisierung**. *Rhematisierungen* sind insbesondere durch zweierlei Bedingungen gekennzeichnet:

(1) Durch den intensiven Akzent der vorangestellten Konstituente, der den Effekt hat, dem Rest des Satzes eine parenthetische, d. h. neutralisierte Kontur zu verleihen: [↑ ↘].

(2) Durch die stark kontrastive Modifizierung der im Vortext enthaltenen Information (deshalb spricht man auch von **kontrastiver Topikalisierung**). Beispiele:

			↑ ↘
(frz.)	*Paul doit venir demain*	→	*Non,* [Jean]$_R$ [doit venir]$_T$
	Alors, tu voulais jaune?	→	*Non, bleu, je veux;*
(it.)	*Paolo deve venire domani.*	→	*No, Giovanni deve venire;*
	Allora, volevi il giallo?	→	*No, volevo il blu;*
(sp.)	*Pablo debe venir mañana.*	→	*No, Juán debe venir;*
	Entonces, ¿querías el amarillo?	→	*No, quería el azul.*

Freilich kann man Rhematisierungen auch ohne Umbau der Satzgliedstellung bilden, indem man die rhematische Konstituente mit einer kulminativen Kontur *fokussiert* (**Fokussierung**):

(frz.) *je veux bleu!* (it.) *voglio il blu!*; (sp.) *¡quiero el azul!*

Da die kulminative Kontur auf jede Satzkonstituente fallen kann, so kann man im Prinzip alternative pragmatische Strukturen ausgehend von einem einzigen Satz schöpfen (starke Fokussierung diesmal in Majuskel):

(Kontext: Dialog zwischen it. Vater und Mutter; es geht um den Sohn, *Giorgio*)
(Vater) *Allora, Giorgio va a Madrid quest'anno?*

→ → ↗
(Mutter) 1. *no,* [Giorgio]$_T$ [non va più ↑ a Madrid!]$_R$ (er ist krank);
→ ↑ ↘
2. *no,* [Giorgio]$_T$ [NON (CI) ↑ VA]$_R$ [a Madrid!]$_T$ (ich will es nicht!)
→ ↗ ↑
3. *no,* [Giorgio]$_T$ [non va a MADRID!]$_R$ (er fährt nach Barcelona).

Zudem entstehen Rhematisierungen in sog. *Spaltsätzen* (engl. *cleft-sentences*), wenn das fokussierte Element in einen präsentativen Satz eingebettet und vom Rest der Äußerung abgesetzt wird; Bsp. (aus *Le petit prince*, XIV,46):

(frz.) [Ce que j'aime dans la vie]$_T$, [c'est dormir]$_R$ (nicht-markiert: *j'aime dormir dans la vie*; markiert mit Anfangsstellung des Rhemas: *c'est dormir, ce que j'aime dans la vie*!);
(kat.) *El que m'agrada més del món es dormir*;
(sp.) *Lo que más me gusta en la vida es dormir*;
(pg.) *Do que eu mais gosto na vida é dormir*!;
(it.) *Ciò che desidero soprattutto nella vita è di dormire;*
(frl.) *Ce ch'a mi plâs da vite, al é durmî*;
(bünd. romontsch) *Quei ch'jeu carezel sin quest mund, quei ei la sien*;
(rum.) *Ceea ce îmi place mie în viaţă e să dorm.*

Zuletzt ein Hinweis auf die schon angedeutete Eigentümlichkeit der Sprachen mit präpositionalen Odir, die die Präp ebenfalls zum Zweck der Hervorhebung nicht belebter Objekte verwenden:

(sp.) *al habla, mejoran esos cambios, no a la gente*;
(rum.) *pe casa a vîndut-o* ‚das Haus hat er verkauft.'

BIBL. Peter Wunderli, *L'intonation des séquences extrapolées en français*, Tübingen (Narr), 1987; Monique Krötsch/Annette Sabban, *Bleu, je veux. Remarques sur la focalisation en français*, Zeitschrift für romanische Philologie 106 [1990]: 80—96.

40 Strukturelle Satzanalyse: das Dependenzmodell. Nucleus.

Ein Modell zur strukturellen Zerlegung und Analyse von Sätzen, das besonders in Frankreich und Deutschland auf große Akzeptanz stieß, wurde von Lucien Tesnière entwickelt. Die 1959 posthum erschienene **Dependenzgrammatik** Tesnières hat neuerdings eine Aufwertung erlebt und sich als alternatives Modell zur *Satzkonstituentenanalyse* und zur *generativen Grammatik* herauskristallisiert. Die wichtigsten Arbeitsbegriffe dieses Modells sollen jetzt dargestellt und mit der Diskussion kurzer exemplarischer Themenfragen einsichtig gemacht werden. Zentral in diesem Modell ist die Auffassung, daß *syntaktische Relationen* als *Abhängigkeitsbeziehungen*, besser **Dependenz-Relationen** in einem *Stemma* (1) dargestellt werden können. Doch im Unterschied zu dem Konstituentenstrukturbaum (2) erscheint hier als übergeordneter **Nucleus** oder **Knoten** das V, dem alle anderen Satzglieder untergeordnet sind; auch brauchen Satzglieder keine bestimmte kategorielle Etikette zu tragen, sie werden einfach als *Wörter* repräsentiert:

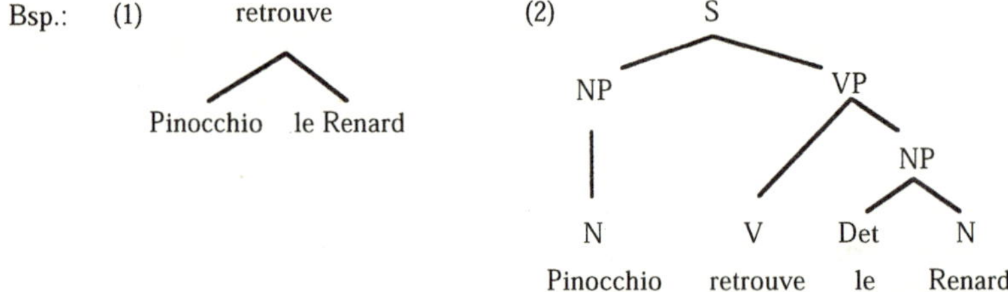

BIBL. Helbig (op. cit., § 1): 198—204; Gauger/Oesterreicher/Windisch (op. cit. § 5): 224—240; Lucien Tesnière, *Grundzüge der strukturalen Syntax*, Stuttgart (Klett-Cotta), 1980; Harm Pinkster, *Lateinische Syntax und Semantik*, Tübingen (Francke), 1988: Kap. 1 und 2.

41 Valenz. Aktanten. Zirkumstanten. Translation.

Der Begriff ist eng mit der Zentralauffassung des Verbs verknüpft. Im oben aufgegriffenen Satz (1) ist die syntaktische Funktion des Verbs *retrouver* aus dem Vorhandensein der zwei untergeordneten Satzglieder ersichtlich: Fehlen das Sub oder das Odir, dann ist die Äußerung unvollständig und — ohne Vortext — grammatisch unkorrekt (*): **Pinocchio retrouve Ø*; **retrouve le Renard*. Tesnière bezeichnet diese notwendigen Mitspieler, die zur Konstitution des Satzes und zur syntaktischen Definition des Verbs beitragen, als **Aktanten** (*actants*). *Pinocchio* entspreche, dieser Auffassung zufolge, dem 1. Aktant (= Sub), *le Renard* dem 2. Aktant (Odir). Die **Valenz** des Verbs sei durch die Zahl der Aktanten gegeben: Kann ein Verb, wie oben, zwei Leerstellen eröffnen und besetzen, dann handelt es sich um ein *zweistelliges* oder *bivalentes Verb*; ein transitives V, wie *retrouver*, eröffnet nur zwei Aktanten; ein weiteres transitives V, wie *donner*, eröffnet dagegen drei Stellen und hat deshalb drei Aktanten: *Jean* (1 = Sub) - *une gifle* (2 = Odir) - *à Paul* (3 = Oind). Intransitive V, wie *voyager*, lassen nur den 1. Aktant zu, sind *monovalent*. Unpersönliche V, wie *neiger, pleuvoir* ‚schneien, regnen', sind *avalent*, weil sie keine Leerstelle aufweisen. Das SubKl *il* in (frz.) *il pleut* oder *al* in lombardisch (oberit.) [al pjøf], ist kein Aktant, sondern nur ein *Verbalindex* (oder ein *dummy subject*), der die 3 P Sg anzeigt.

Neben den *Aktanten* nehmen an der Konstitution eines Satzes auch die **Zirkumstanten** teil, die das Verb oder die Aktanten modifizieren, deren Vorkommen allerdings nicht unerläßlich ist. Es sind hauptsächlich Kategorien wie: Adj, Q, Adv.

Unter **Translation** (oder **Transposition** bei Charles Bally) versteht man den Übergang von einer grammatikalischen Kategorie in eine andere Kategorie. Das V *manger* wird mit dem Art *le* zu einer NP: *le manger*: V + Art → NP. **Translatoren**, wie Art, dienen also zur Überführung von Wortkategorien. Wir wollen im folgenden zwei Probleme der rom. Syntax mit den neuen Arbeitsbegriffen kurz vorführen und erläutern.

BIBL. Pelz (op. cit., § 35): 145—152; Peter Koch/Thomas Krefeld (Hgb.), *Connexiones Romanicae. Dependenz und Valenz in den romanischen Sprachen*, Tübingen (Niemeyer), 1991; Heinz J. Weber, *Dependenzgrammatik. Ein Arbeitsbuch*, Tübingen (Narr), 1992: 19—41.

41.1 Passivtransformation und Valenz-Reduktion.

Wie schon ausgeführt wurde, übernimmt das Sub beim Übergang von einer aktiven in eine passive Struktur die semantische Funktion des Patiens, das Agens bleibt jedoch im Hintergrund (innerhalb einer präpositionalen NP) oder wird getilgt. Diese Tendenz zur Tilgung des Agens, kennzeichnet die lat.-rom. Entwicklung des Passivs:

(lat.) *Romani Gallos vicerunt* → *Galli victi sunt* (*a Romanis*);
pueri puellam amant → *puella amatur* Ø;
(frz.) *le voleur a été pris* (*par la police*: Ag > Ø);
(it.) *il ladro è stato catturato* (*dalla polizia*);
(sp.) *el ladrón ha sido detenido* (*por la policía*).

Im Rahmen des Dependenzmodells hat hier eine **Valenz-Reduktion** stattgefunden, weil das Agens unterdrückt, als nicht wichtig im Textzusammenhang erachtet wird. Schematisch (it.):

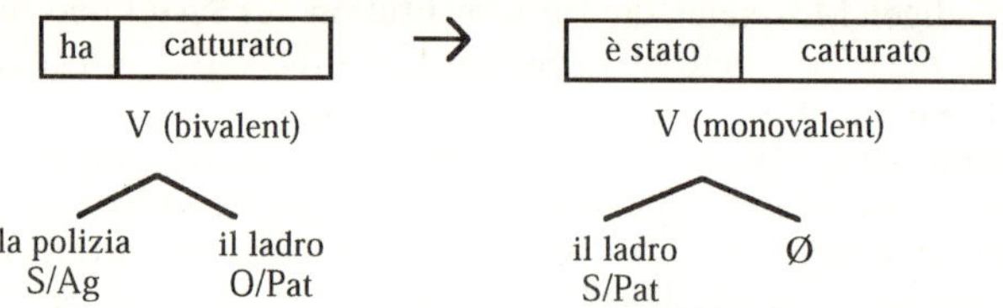

Die gleiche Valenz-Reduktion liegt verschiedenen *Passivverwendungen* von (frz.) *on* und lat.- rom. SE zugrunde; in:

(frz.) *on parle français*; *la porte s'ouvre tout d'un coup*;
(it.) *si parla italiano*; *la porta si apre all'improvviso*;
(sp.) *se habla español*; *la puerta se abre de golpe*,

stehen *on*/*si*/*se* für nicht genannte Mitspieler, deren Agensfunktion unterdrückt wird; deshalb spricht man von *unpersönlichen Ausdrücken*. Die Klitika besetzen bloß stellvertretend die Position des 1. Aktanten.

Eine letzte Bemerkung: Mit der Valenz-Reduktion geht eine Umkodierung der pragmatischen Werte einher; das Rhema bleibt auf das Verb, und nicht auf die ganze VP begrenzt: [il ladro]$_T$ [è stato catturato]$_R$ (das Wichtige ist, daß der Dieb festgenommen wurde; ob ihn die Polizei oder einfache Leute festnahmen, ist für die Mitteilung irrelevant). Will man jedoch das Agens der Actio als Rhema hervorheben, dann kann man die Passivstruktur mit allen Aktanten besetzen oder auch aus dem aktiven Satz eine *Linksdislokation* ableiten, was den Vorteil hat, daß das Agens eine eigene Fokussierung erhält und sich deshalb vom Rest der Information losbindet:

(it.) Aktiv: *la polizia ha catturato il ladro* →
→ ↗
Passiv: [il ladro]$_T$ [[è stato catturato] [dalla polizia]]$_R$
→ → ↗
LD: [[il ladro]/[l'ha catturato]]$_T$ [la polizia]$_R$
(Antwort auf die Frage: *chi ha catturato il ladro*?).

Dies erklärt, warum Passivsätze mit rhematischem Agens in der gesprochenen Sprache nicht beliebt sind, und durch LD ersetzt werden.

BIBL. Carlo Milan, *Das Passiv im Deutschen und Italienischen*, Heidelberg (Winter), 1985; Sarah M. B. Fagan, *The Syntax and Semantics of Middle Constructions*, Cambridge (CUP), 1992; Wulf Oesterreicher, *Typen grammatikalischen Wandels, sprachliche Variation und die spanischen Reflexivkonstruktionen*, Zeitschrift für Phonetik, Sprachwissenschaft und Kommunikationsforschung 45/5 [1992]: 395—410; Michela Cennamo, *The Reanalysis of Reflexives: a diachronic Perspective*, Napoli (Liguori), 1993; Eduardo Blasco Ferrer, *La lingua nel tempo. Variazione e cambiamento in latino, italiano e sardo*, Cagliari (CUEC), 1994: Kap. 7 (*La sorte della diatesi media in italiano*).

41.2 Null-Translation.

Adverbien werden im Romanischen aus Adjektiven durch die Hinzufügung des Suffixes -MENTE gebildet, das schon im Latein als **adverbialer Translator** fungierte: *firma mente, pia mente*. Außer Sd. und Rum. kennen alle rom. Sprachen diesen *Translator*, der die Kategorie Adj in Adv verwandelt:

(frz.) *brusquement le petit prince m'interrogea* (*Le petit prince* V,21);
(kat.) *sobtadament el petit príncep em va preguntar*;
(sp.) *el principito me interrogó bruscamente*;
(bras.) *Pois bruscamente o principezinho me interrogou*;
(it.) *bruscamente il piccolo principe m'interrogò*.

Sd. und Rum., aber auch der Substandard der weiteren rom. Sprachen können Adv aus Adj ohne adverbialen Zusatz bilden: In diesem Fall handelt es sich um eine **Null-Translation**, da eine Kategorie ohne morphologische Variation die Funktion einer zweiten Kategorie übernimmt. Schematisch:

Translation mit Morphem	↔	Translation mit Ø-Morphem
Adj (F) + Translator -MENTE → Adv		Adj + Ø → Adv

Bsp. für *Null-Translation*:

(sd. camp.) [lomˈpjai triɣaˈðiu] ‚arrivare tardi' ([triɣaˈðiu] = Adj ‚tardivo');
(rum.) Adj = Adv: *just* ‚richtig'; *blînd* ‚sanft'; *greu* ‚schwer'; *intens* ‚intensiv';
(okz.) *juste qu'arribavi* ‚justement j'arrivais'; *sigur que lo jundrem* ‚certainement nous le rejoindrons'; *vendrai probable* ‚il viendra probablement'; *correr menut* ‚marcher à petits pas'; *parlar ponchut* ‚parler avec l'accent parisien';
(kat.: Substandard) *explica't clar i parla natural* ‚erklär es deutlich und sprich mit Natürlichkeit'.

BIBL. Heinrich Bischoff, *Setzung und Transposition des -MENTE Adverbs als Ausdruck der Art und Weise im Französischen und Italienischen unter besonderer Berücksichtigung der Transposition in Adjektive*, Zürich (Juris) 1970; Esteban Rafael Egea, *Los adverbios terminados en -MENTE en el español contemporaneo*, Bogotá (Instituto Caro y Cuervo), 1979.

II.4 Der Bereich des Lexikons

42 Lexikon. Lexeme.

Wir haben gesehen, daß Phoneme funktionelle Bestandteile von Lautkörpern sind, also — für den Laien — von Wörtern. Haben diese Wörter eine genaue Funktion in der *Grammatik*, dann nennen wir sie *Morpheme.* Den Morphemen der Grammatik stehen nun die **Lexeme** im **Lexikon** (oder **Wortschatz**) gegenüber. Folgende, in Gestalt einer Opposition aufgestellte Charakteristika unterscheiden die *Lexeme* von den *Morphemen*:

Lexeme (*Buch, Durst, Schiff*)	*Morpheme* (*mit, ohne*; *der, die*)
offene Klasse	geschlossene Klasse
in Wörterbüchern eingetragen	von der Grammatik erfaßt
durch Bedeutungen unterscheidbar	durch Funktionen unterscheidbar

BIBL. Eugenio Coseriu, *Probleme der strukturellen Semantik*, Tübingen (Narr), 1975: Kap. 2 (*Der Strukturbegriff in Grammatik und Wortschatz*).

43 Das sprachliche Zeichen de Saussures und das semiotische Dreieck.

Die Untersuchung des Wortschatzes (in Synchronie und Diachronie) kann sich auf die *formale* oder auf die *inhaltliche* Seite der Lexeme konzentrieren. Nach der

Auffassung de Saussures stellen Ausdrucksseite (*image acoustique*) und Inhaltsseite (*concept*) untrennbare Bestandteile der **sprachlichen Zeichen** (*signes linguistiques*) eines gegebenen Systems dar. Er nennt die Ausdrucksseite **signifiant** und die Inhaltsseite **signifié**. In der deutschen Linguistik haben sich dafür die Fachtermini **Bezeichnung** bzw. **Bedeutung** durchgesetzt. De Saussure betont selbst (*Cours* 98): «Le signe linguistique unit non une chose et un nom, mais un concept et une image acoustique». Schematisch:

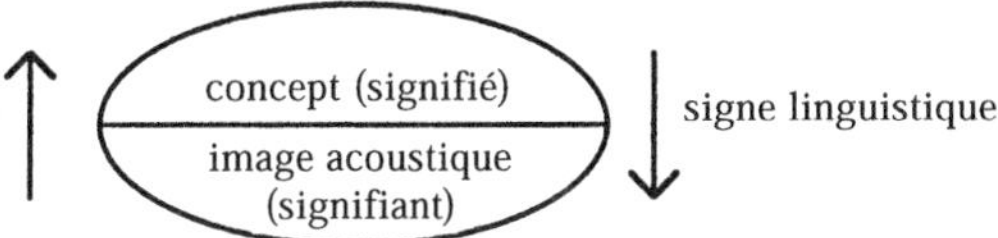

Das **semiotische Dreieck**, von C. K. Ogden und I. A. Richards zum ersten Mal erstellt, trägt der Tatsache Rechnung, daß sprachliche Zeichen auf in unserer Gesellschaft und unserer Welt beobachtete Sachverhalte (*konkrete Gegenstände*) und auf aus Erfahrungen und Konventionen abgeleitete Begriffswörter (*abstrakte Vorstellungen*) hinweisen. Die Klasse der **Konkreta** (Pl. von **Konkretum**) und der **Abstrakta** (Pl. von **Abstraktum**) wird im Dreieck durch das **Denotatum** (oder den **Referenten**) vertreten. Schematisch (Ogden/Richards 11):

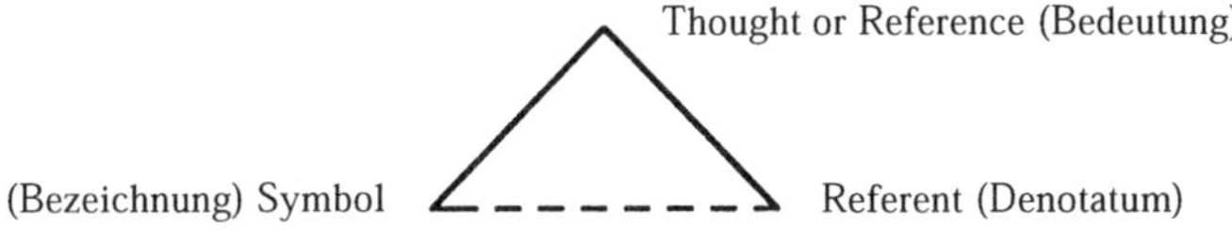

BIBL. Charles K. Ogden/Ivor A. Richards, *The Meaning of Meaning. A Study of the Influence of Language upon Thought and of the Science of Symbolism*, London (Routledge & Kegan), [10]1972: Kap. 1 (*Thoughts, words and things*).

44 Eigenschaften des sprachlichen Zeichens: Willkürlichkeit und Linearität.

Die Beziehung zwischen *signifiant*/Bezeichnung und *signifié*/Bedeutung ist **willkürlich**: «Le lien unissant le signifiant au signifié est *arbitraire*» (*Cours* 100). Die zahlreichen Bezeichnungen für ‚Wiege', ‚Pflug' oder ‚Streik' in den rom. Sprachen und Dialekten beweisen, daß zwischen Inhalts- und Ausdrucksseite keine logische *Motivation*, d. h. ‚Verknüpfung' besteht:

Bedeutung →	Bezeichnungen
‚Wiege'	kat. *bressol*, frz. *berceau*, sp. *cuna*, it. *culla*, südit. [ˈnaka], korsisch [ˈvikulu];
‚Pflug'	frz. *charrue*, it. *aratro*, ostoberit. *varsor*, frl. [varˈdʒine];
‚Streik'	sp. *huelga*, kat. *vaga*, frz. *grève*, it. *sciopero*.

Zum Teil *motivierte Zeichen* sind:

(1) **onomatopoetische** Ausdrücke, also lautmalerische Lexeme: engl. *to splash, to crash, to flash*; frz. *claquer*, *glisser*; it. *miagolare*;

(2) abgeleitete und zusammengesetzte Wörter: (it.) *mangiare* ‚essen' → *mangiabile* ‚eßbar'; (sd. camp.) [ˈkɔŋka] ‚Kopf' + [ˈtuzu] ‚kahl' → [koŋkiˈtuzu] ‚Kahlkopf'.

Als zweite dem Sprachzeichen innewohnende Eigenschaft wird von de Saussure seine **Linearität** angeführt, die vom «caractère linéaire du signifiant» (*Cours* 103) gegeben wird; sie kommt zustande durch die Lautabfolge, die in einem begrenzten Zeitraum realisiert wird (sp. /p-e-r-r-o/ ‚Hund') und durch die graphische Zeichenabfolge, d. h. durch die Aneinanderreihung von **Graphemen**, die Wortkörper reproduzieren (<perro> ‚Hund').

BIBL. Szemerényi (op. cit., § 2): 24—26; Gaetano Berruto, *La semantica*, Bologna (Zanichelli), 1977: 29—35; Herbert E. Brekle, *Semantik*, München (Fink), 1972: 28—70.

45 Semantik. Semasiologie und Onomasiologie. Wörter und Sachen.

Der Teilbereich der Sprachwissenschaft, der die *Bedeutung* von sprachlichen Zeichen untersucht, heißt **Semantik** (‚Bedeutungslehre'). Insofern ist die Semantik in die **Semiotik** eingegliedert, die als Wissenschaft der Zeichen im allgemeinen gilt. Die schwierige Aufgabe, den genauen semantischen *Wert* eines Lexems zu ermitteln, wird von den Wörterbüchern wahrgenommen (↗ § 70). Die Beschäftigung mit der Bedeutung kann aus einer doppelten Perspektive erfolgen:

(1) Man fragt sich, welche Bedeutung eine bestimmte Bezeichnung aufweist.
(2) Man fragt sich, welche Bezeichnung genau einer bestimmten Bedeutung entspricht.

Schlägt man den ersten Weg ein, dann heißt unser Verfahren **semasiologisch**; **onomasiologisch** wird hingegen die Analyse bezeichnet, die versucht, ausgehend von der Bedeutung die Bezeichnungen zu erschließen. Bsp. (it.):

(1) Was heißt *tachicardia*? → ‚batticuore', ‚Herzjagen': Bez. → Bed.
(2) Wie wird der Umstand des ‚schnellen Herzschlagens', des ‚Herzjagens' (*batticuore*) bezeichnet?: Bed. → Bez.

Onomasiologische Verfahren werden oft in sprachgeographischen Felduntersuchungen (↗ § 87) angewandt; dabei bedient sich der Forscher, der eine gewisse Bezeichnung in einem ihm unbekannten Dialekt ermitteln will, nicht der Bedeutungen, sondern der auf sie bezogenen, materiellen Gegenstände. Die südit. Bezeichnung für ‚Wiege', [ˈnaka], eigentlich ‚Schafvlies', wurde erst nach Entdeckung der in Süditalien mit ‚Schaffell hergestellten Hängewiegen' einsichtig. Die sprachwissenschaftliche Methode der **Wörter und Sachen** beruht gerade auf dem Prinzip, daß allein eine vertiefte Erforschung der Gegenstandskultur den Zugang zur sonst nicht durchsichtigen Verknüpfung zwischen Bedeutungen und Bezeichnungen in den verschiedenen Sprachsystemen der Welt ermöglicht.

BIBL. Kurt Baldinger, *Vers une sémantique moderne*, Paris (Klincksieck), 1984: Kap. 3 und 4; Vàrvaro (op. cit, § 5): 251—271; Vidos (op. cit., § 5): 80—94.

46 Strukturelle Semantik: Komponentenanalyse. Seme, Semem, Archisemem.

Gleich der Zerlegung von Lautkörpern in minimale funktionelle Komponenten, nämlich Phoneme, wird in der **strukturellen Semantik** nach den kleinsten Bedeutungskomponenten gefragt: Man nennt sie **Seme** oder **semantische Merkmale**. Entsprechend der Auffassung Hjelmslevs kann man mittels der Kommutation von Semen Wortbedeutungen und -verwendungen genau bestimmen. Bsp. (sd. log.):

Bezeichnungen für	Herde				
	S1	S2	S3	S4	S5
'gama	+	–	+	+	+
re'tolu	+	+	+	–	–
'tazu	+	–	+	–	–
la 'kindza	+	–	–	+	–
ma 'zone	+	–	–	–	+

Semantische Merkmale:

s_1: Kleinvieh
s_2: zusammengedrängt
s_3: von Schafen (oder Schafen + Ziegen)
s_4: von jungen Schafen
s_5: von Schweinen (Mutterschweinen + Ferkeln).

Die Summe der Seme, die zur Definition eines Lexems beiträgt, heißt **Semem**. Das *Semem* spiegelt, als Gesamtheit der konstitutiven Seme, den semantischen Gehalt eines Lexems wider; Bsp.:

	Lexem	←	Semem	Seme
graphematische Realisierung:	<masone>	}	‚gama'	$s_1 + s_5$
phonematische Realisierung:	[maˈzɔne]			

Wie in der Phonologie kann ein Semem alle distinktiven Merkmale der in Oppositionen gestellten Einheiten aufzeigen: Es heißt dann **Archisemem**. Das Sem1 ist in allen untersuchten Lexemen enthalten und findet sich lexikalisch realisiert im **Archilexem** *gama*; zusammengefaßt:

Sem: kleinstes distinktives semantisches Merkmal;
Semem: Summe der distinktiven semantischen Merkmale, die die Bedeutung eines Lexems abbilden;
Archisemem: Menge von verschiedenen Sememen gemeinsamen Semen;
Lexem: lexikalische Realisierung eines Semems;
Archilexem: lexikalische Realisierung eines Archisemems.

BIBL. Bünting (op. cit., § 15): 210—216; Horst Geckeler, *Strukturelle Semantik des Französischen*, Tübingen (Niemeyer), 1973: 21—24.

47 Hyperonymie. Hyponymie.

Zeichen, die die Beziehung vom *Archilexem* zum *Lexem* ausdrücken, die also als ‚Oberbegriff‘ fungieren, heißen **Hyperonyme**. Die gegensätzliche Relation heißt **Hyponymie**, ihre Vertreter sind die **Hyponyme**. Bsp. (frz.):

Hyperonym: *siège* (Archilexem)
(*Ko-*)*Hyponyme*: *pouf - tabouret - chaise - fauteuil* (Lexeme).

BIBL. Wilfried Kürschner, *Grammatisches Kompendium*, Tübingen/Basel (Francke), ^{2}1993: 25—26.

48 Hegers Trapez. Noem.

Betrachtet man das sd. Bsp. näher, liegt die Vermutung nahe, daß jede Sprache die außersprachliche Welt, in Abhängigkeit von der Gegenstandskultur, die sie widerspiegelt, in differenzierter Weise segmentiert. Einfache Übersetzungsvergleiche — d. h. onomasiologische Stichproben — bestärken diesen Eindruck:

(1)	frz.	sp.	sd. log.		
Archilexeme	*cousin*	*primo*	*fradile*	Archisemem	‚Vetter‘
Lexeme	*cousin germain*	*primo hermano*	*fradile carrale*	Sem_1:	1. Grades
			germanu	Sem_2:	2. Grades
			germanitu	Sem_3:	3. Grades

(2)	engl.	frz.	sd. camp.	sp./it.	
	(1) *flesh*	*chair*	*carri*		1 [+ menschlich]
‚Fleisch‘ (1 + 2)				*carne* (1 + 2)	
	(2) *meat*	*viande*	*pettsa*		2 [– menschlich]

Wie aus den Beispielen zu ersehen ist, scheint jede Sprache eine beliebige, eigene Merkmalkombination zu kategorisieren. Diese Hypothese, die von verschiedenen Forschern und Schulen vertreten wird (B. L. Whorf, E. Sapir; L. Hjelmslev, L. Weisgerber) führt aber zur unausweichlichen Erkenntnis, daß es hinter den *einzelsprachlich* strukturierten Semenkonstellationen *übereinzelsprachliche* Begriffssegmentierungen gibt. Klaus Heger und nach ihm Kurt Baldinger haben demnach den Terminus **Noem** entworfen und ihn in ein semiotisches verschobenes Viereck (oder Trapez) eingefügt. Hegers Modell sieht wie folgt aus:

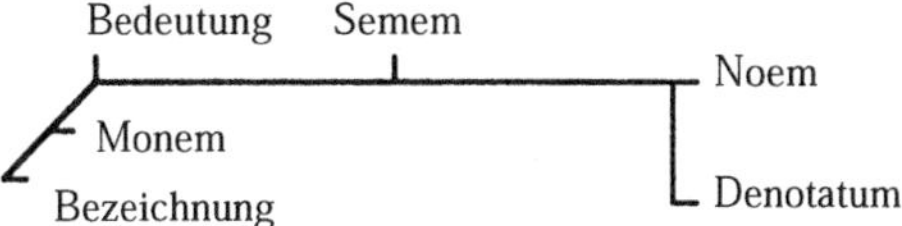

Noeme existieren, dieser Auffassung nach, unabhängig von den gegebenen Sprachsystemen, werden aber als einzelsprachliche Sememe realisiert und bilden die Basis des konkreten Bedeutungsumfangs eines Lexems. *Moneme* (für uns: Morpheme und Lexeme) sind für Heger gleichzeitig Bestandteile der Ausdrucksseite (Bezeichnung) und der Inhaltsseite (Bedeutung). Bsp.:

Noeme →	Sememe →		Moneme (= Lexeme)	
	(südit.)	(sp., frz., it., sd.)		
‚heiraten M'	M		*me maritu*	sp. *me caso*
				frz. *je me marie*
		M+F		it. *mi sposo*
‚heiraten F'	F		*me nsuru*	sd. [mi ˈkoyuβo]

Interessant ist, daß das Rum. die südit. inhaltliche Opposition kennt, zusätzlich aber auch das Archisemem ‚heiraten' aktualisiert hat:

binäre, privative	*a marita* (M)	Archilexem: *a căsători* (M+F)
Opposition:	*a însura* (F)	

Aufgrund solcher übereinzelsprachlicher, *noematischer* Oppositionen ist es zuerst Robert Hallig und Walther von Wartburg gelungen, eine systematische Einteilung der wichtigsten konkreten Gegenstände oder Beobachtungen und abstrakten Erkenntnisse zu entwerfen, die in modernen onomasiologischen Arbeiten übernommen worden ist. So sind z. B. der *Dictionnaire onomasiologique de l'ancien occitan* (DAO), der *Dictionnaire de l'ancien gascon* (DAG) von Kurt Baldinger und der *Dictionnaire onomasiologique des langues romanes* (DOLR) von Henry Vernay gleichermaßen nach noematischen Feldern gegliedert. Greifen wir z. B. auf das DOLR I, Kap. 7, *La vie et ses étapes*, zurück, so finden wir dort folgende *Noeme* aufgelistet, denen die im gleichen Kap. ausführlich besprochenen *Lexeme* entsprechen: *Système noémique*. 0.7.1. *Étapes de la vie*. 0.7.1.0. *La vie prénatale*. 0.7.1.1. *Étapes embryonnaires*. 0.7.1.2. *Fruit de la conception*. 0.7.2. *Étapes de la vie.* 0.7.2.1. *Enfance*. 0.7.2.1.1. *Première enfance*. 0.7.2.1.2. *Enfance à partir de l'âge de raison*. 0.7.2.2. *Adolescence*. 0.7.2.3. *Age adulte*. 0.7.2.4. *Vieillesse*.

BIBL. Baldinger (op. cit., § 45): Teil II (*Le trapèze de Heger*); Louis Hjelmslev, *Prolegomena zu einer Sprachtheorie*, München (Hueber), 1974: Kap. 13 (*Ausdruck und Inhalt*); Klaus Heger, *Monem, Wort, Satz und Text*, Tübingen (Niemeyer), [2]1976: Kap. 4 (*Bedeutung*).

49 **Prototypensemantik** versus **Prädikatensemantik.**

Denotata können auch definiert werden, indem sie mit kognitiv erlernten Repräsentationen von typischen Vertretern ihrer Kategorie verglichen werden. Wenn wir nicht wissen, was — bayerisch — *a Haferl* (*Bier, Kaffee*) entspreche, stellen wir bewußt oder unbewußt einen mentalen Vergleich mit Kategorien wie Tassen, Teetassen, Töpfen, Gläsern usw. an. Auf diese Weise gelingt es uns, eine (aufgrund der erkennbaren differenzierten Attribute) nicht-typische Tasse in eine uns bekannte **Prototypenkategorie** einzuordnen. Wichtig ist nur, daß wir **Prototypen**, also möglichst verschiedene Vertreter von nicht identischen Kategorien in unserem Gedächtnis gespeichert haben. Die Prototypensemantik und die Merkmalsemantik lassen sich durch folgende Prinzipien unterscheiden:

	Prototypensemantik	Merkmalsemantik
1.	Nicht-deutliche Kategorienabgrenzungen	Deutliche Kategorienabgrenzungen
2.	Kategorien mit prototypischen Grundmustern	Vorhandensein/Nicht-Vorhandensein von Merkmalen
3.	Differenzierte Gewichtung von Attributen	Gleicher Status für alle Merkmale

Insgesamt läßt sich zeigen, daß die Prototypensemantik zur Beschreibung von (Kultur-)Gegenständen geeigneter ist als die Merkmalsemantik, die Merkmalsemantik dagegen eine exaktere Abgrenzung von Konkreta und Abstrakta liefert.

BIBL. Leonhard Lipka, *An Outline of English Lexicology*, Tübingen (Narr), [2]1992: 98—120; Georges Kleiber, *Prototypensemantik. Eine Einführung*, Tübingen (Narr), 1993.

50 Intension und Extension. Sinn.

Rudolf Carnap gebührt das Verdienst, die interne Merkmalstrukturierung der Wörter mit ihrem tatsächlichen Gebrauch in der Norm in Verbindung gesetzt zu haben. Er unterscheidet hierbei zwischen **Intension** und **Extension**. Die *Intension* einer lexikalischen Einheit ist durch die Angabe der ihr inhärenten Merkmale angegeben und entspricht ihrem einzelartig ausgedrückten Begriff: «Intension of an individual expression is the individual concept expressed by it» (Carnap 41). Die *Extension* eines Lexems wird durch seine Anwendung, d. h. durch die Menge der Denotata, auf welche es sich bezieht, ermittelt: «The Extension of an individual expression is the individual to which it refers» (Carnap 40). Folgende Lexeme haben gleiche Extension, aber unterschiedliche Intension:

dt.	*Morgenstern*	=	*Abendstern*	‚Venus'
	Indogermanen	=	*Indoeuropäer*	
frz.	*La France*	=	*L'Hexagone*	‚Frankreich'
it.	*tachicardia*	=	*batticuore*	‚Herzjagen'.

In allen Bsp. deckt sich die Referentenanzahl (z. B.: der Staat FR) mit der Prädikatenanzahl (*France* = 1; *Hexagone* = 1), sie unterscheiden sich jedoch durch die verschiedene Merkmalkomposition (‚Abend-' ≠ ‚Morgen-') oder durch zusätzliche Nebenbedeutungen (‚France' ≠ ‚Hexagone').

Gottlob Frege hatte bereits 1892 in dem Aufsatz *Ueber Sinn und Bedeutung* auf die zuvor besprochene, epistemologische Unterscheidung hingewiesen: **Sinn** deckt sich weitgehend mit *Intension*, wobei in der Formulierung Freges die Kontexteinbindung eine gewisse Rolle spielt; so sind die Äußerungen *der Sieger von Austerlitz/der Besiegte von Waterloo* extensional identisch (gemeint ist nur ‚Napoleon I. Bonaparte'), sie drücken aber, aufgrund der syntagmatisch verschiedenen Strukturierung, einen differenzierten Sinn aus.

BIBL. Rudolf Carnap, *Meaning and Necessity. A Study in Semantics and Model Logic*, Chicago (University Press), [7]1975: § 11 (*Extensional and Intensional Contexts*).

51 Denotation und Konnotation. Grundbedeutung und Redebedeutung.

Je nachdem, ob man die Bedeutung eines Lexems getrennt von oder in Verbindung mit dem Kontext, in dem es erscheint, untersucht, spricht man von **denotativer** oder **konnotativer Bedeutung**. Die **Denotation** ergibt sich aus der Merkmalkonstitution:

(1) (frz.) *agent de police*, (it.) *poliziotto* = ‚Polizist';
(2) (frz.) *argent*, (sp.) *dinero*, (it.) *soldi*, (sd. camp.) [daˈnari] ‚Geld';
(3) (pg.) *reprovar*, (sp.) *suspender*, (it.) *rimandare* ‚durchfallen lassen'.

Die **Konnotation** ist an register-, schichten- oder situationsspezifische Variablen gebunden (↗ §§ 114—116), schließt also die vom jeweiligen Kontext aktualisierten *Nuancen* oder Zusatzbedeutungen mit ein:

(1') (frz.) *flic*, (it.) *sbirro* ‚Bulle';
(2') (frz.) *fric, pognon*, (sp.) *plata, cuartos*, (it.) *quattrini, grana*, (sd. camp.) [ˈpilla] ‚Kohlen';
(3') (pg.) *chumbar*, (sp.) *catear*, (it.) *bocciare, trombare* ‚durchrauschen'.

Faßt man die strukturelle Opposition zwischen *System, Norm* und *Rede* ins Auge, dann entspricht der *Denotation* die **Grundbedeutung**, der *Konnotation* die **Redebedeutung**. Nach Eugenio Coseriu wäre die *Grundbedeutung* im System verankert und jederzeit gleich auswertbar, die *Redebedeutung* hingegen in der jederzeit anders aktualisierten Rede (‚parole') angesiedelt. Im It. sind die Grundbedeutungen von *bere* ‚trinken' und *fumo* ‚Rauch' von ihrem Stellenwert im System, d. h. von ihrer Abgrenzung gegenüber anderen Lexemen und Bedeutungen, festgelegt:

mangiare	↔	*bere*	↔	*dormire*	*fumo*	↔	*aria*
‚essen		trinken		schlafen'	‚Rauch		Luft'.

Situationsbedingte Konnotationen sind aber in folgenden Sätzen enthalten: *Piero non beve più* ‚er trinkt nicht mehr Alkohol; er ist nicht mehr vom Trinken abhängig'; *hai fumo*? ‚hast du Haschisch/Marihuana?'.

BIBL. Coseriu (op. cit., § 42): 41—46; Lipka (op. cit., § 49): 55—67.

52 Synonymie. Antonymie.

Synonyme sind ‚gleichbedeutende' *Lexeme*. *Volle Synonymie* findet sich aber kaum realisiert, weil *kontextbedingte Konnotationen* die *Intension* oder die *Extension* zweier mutmaßlicher Synonyme beeinflußen. Bsp.:

(frz.) *très, bien* und *vachement* haben keine deckungsgleiche Intension: *c'est bien amusant* kann nicht das gleiche ausdrücken wie: *c'est vachement marrant*!; *frêle* und *fragile* haben keine deckungsgleiche Extension: *Emballer soigneusement un objet fragile/*frêle*; *Attention, c'est fragile/*frêle*;
(it.) *privo* und *scevro* ‚befreit, entleert' sind nicht intensional identisch (das zweite Glied wirkt „veraltet"); *mero, puro* und *pretto* ‚bloß, rein' sind nicht extensional identisch: *una mera ipotesi*, aber **acqua/aria mera.*

Antonyme drücken ‚gegensätzliche Bedeutungen' aus:

(sp.) *estás muy gordo* vs *estás muy delgado*: ‚dick ↔ mager'; *el tren está lleno, completo* vs *el tren está vacío*: ‚voll ↔ leer';
(sd.) (log.) [kaˈɛnte]/(camp.) [ˈbaska] ‚(es ist) warm' ↔ [ˈfrittu]/[ˈfrius] ‚(es ist) kalt'.

BIBL. Peter Wunderli, *Französische Lexikologie. Einführung in die Theorie und Geschichte des französischen Wortschatzes*, Tübingen (Niemeyer), 1989: 126—141.

53 Polysemie, Homonymie. Falsche Freunde.

Hat ein Lexem verschiedene Grundbedeutungen, heißt es **polysem**. **Polysemie** ist nicht zu verwechseln mit **Homonymie**: **Homonyme** Lexeme weisen den gleichen Ausdruck (*signifiant*) aus, teilen aber keine gemeinsame Sememkonstitution. **Polyseme** Wörter werden von Laien gewöhnlich als zwei- oder vieldeutig empfunden. So sind konkrete und abstrakte Einheiten wie *langue/lengua/lingua*, *nation/nación/nazione* polysem, weil sie verschiedene Sememe enthalten. Ein Beispiel von Polysemie und gleichzeitig Homonymie ist (frz.):

louer$_1$: ‚*déclarer digne d'admiration ou de très grande estime*'
louer$_2$: ‚*donner en location*'. Vgl. auch:

<table>
<tr><td rowspan="3">Homo-
nymie</td><td rowspan="2">langue$_1$</td><td>↗</td><td>(a) système d'expression et de communication commun à un groupe social: la langue française</td><td rowspan="2">} Polysemie</td></tr>
<tr><td>↘</td><td>(b) système de signes: l'opposition langue/parole chez Saussure</td></tr>
<tr><td>langue$_2$</td><td></td><td>(c) organe de la bouche (‚Zunge')</td><td></td></tr>
</table>

Unter den verschiedenen Strategien, die man vorgenommen hat, um Polysemie von Homonymie zu unterscheiden, seien folgende erwähnt:

(1) Ermittlung des *Etymons* (↗ § 4), d. h. der Urprungsbasis: im allgemeinen zeigen Homonyme differenzierte Etyma.

(2) Ermittlung der *Wortkategorie*: oft gehören Homonyme zu verschiedenen Kategorien.

Bsp.: (it.) *parco*$_1$ ‚Garten' (N) und *parco*$_2$ ‚arm' (Adj), *un uomo parco di parole*, jeweils aus einer vorrömischen Basis *PARK und aus dem lat. PARCUM aus PARCĔRE ‚sparsam sein'; *gestire*$_1$ ‚verwalten' und *gestire*$_2$ ‚eine Gebärde machen'; (kat.) *vaga*$_1$ ‚Streik' (N) und *vaga*$_2$ ‚unklar' (Adj, F), *tenir una idea vaga* ‚keine klare Idee haben', jeweils aus VACUUM und VAGUM; (frz.) *temps,* (sp.) *tiempo,* (it.) *tempo*, (rum.) *vreme* ‚Zeit' und ‚Wetter'.

Eine letzte Bemerkung: Zwei sprachliche Zeichen können gleichlautend sein, aber graphisch verschiedene Gestalten aufweisen; dann heißen sie *homophon. Homographe* sind dagegen mit gleicher Graphie, aber mit verschiedener Aussprache versehene Zeichen.

Homograph: (it.) *pesca*$_1$ [ˈpɛska] ‚Pfirsich'
pesca$_2$ [ˈpeska] ‚Fischfang'

Homophon: (frz.) [sã]$_1$ *sans* ‚ohne'
[sã]$_2$ *cent* ‚hundert'

Formale Ähnlichkeit zwischen sprachlichen Zeichen verwandter oder nichtverwandter Sprachen gibt Anlaß zur Entstehung von sog. **falschen Freunden** (*faux amis*, *odd pairs*), die sich insbesondere im Rahmen der Übersetzungstätigkeit als sehr gefährlich und irreführend erweisen können. Frz. *hâbleur* kann nicht mit sp. *hablador* ‚beredsam' gleichgesetzt werden, wie die frz. Synonyme der ersten Einheit, ‚bluffeur, vantard' zeigen. Dt. *irritieren* ‚verwirren, stören' und *parlieren* ‚eine fremde Sprache sprechen' können unmöglich mit it. *irritare* ‚ärgern' und *parlare* ‚sprechen' übersetzt werden, wie die jeweils häufigeren Aktualisierungskontexte belehren: *eine irritierende Freundlichkeit*; *il suo modo di parlare m'irrita sempre*; *französisch parlieren*; *non parli bene la tua propria lingua*. Sd. (log.) [alleˈɣare] entspricht nur formal it. *allegare* ‚Dokumente erbringen, einreichen', bedeutet jedoch ‚sprechen': [ˈisse alˈlɛɣa ˈllaðinu] ‚er spricht deutlich'.

BIBL. Lipka (op. cit., § 49): 135—139; Carlo Milan/Rudolf Sünkel, *Falsche Freunde auf der Lauer. Dizionario di false analogie e ambigue affinità fra tedesco e italiano*, Bologna (Zanichelli), 1990.

54 Bedeutungsübertragung. Tropen und Rhetorik.

In der täglichen Sprachkommunikation verwenden wir Zeichen mit durch Assoziationen gewonnenen neuen semantischen Bedeutungen. Es handelt sich primär um einen Ersatz von Zeichen (Lexemen) aufgrund beobachteter Bedeutungsaffinitäten (Semübertragungen). Man nennt solche Substitutionen **Tropen** (aus gr. *trópos* ‚Wendung'). ‚Wendungen finden' ist ein sehr gebräuchlicher Mechanismus der Alltagssprache aller Zeiten, wie die Tatsache beweist, daß die zentralrom. Verben für ‚finden' sich aus dieser ‚Tätigkeit' herleiten lassen: *TROPĀRE > (prov.) *trobar*, (frz.) *trouver*, (it.) *trovare*. Man pflegt *Tropen* in die gepflegte ‚Kunstrede', die **Rhetorik** einzustufen, obwohl sie zu den Strategien der allgemeinen Sprachinteraktion gehören.

BIBL. Heinrich Lausberg, *Elemente der literarischen Rhetorik*, München (Hueber), [7]1982.

55 Metapher. Wiederholte Rede. Tabu und Euphemismus.

Teilen die Sememkompositionen zweier Lexeme A und B mindestens ein gemeinsames Sem, dann kann man infolge einer Bedeutungsübertragung A durch B ersetzen und somit eine **Metapher** bilden. Bsp. (it.):

	Giovanni		*volpe*
s_1	+ menschlich		s_1 + tierisch
s_2	+ jung		s_2 + alt
s_3	+ schlau	=	s_3 + schlau

→ *Giovanni è* ‚furbo' = *Giovanni è* ‚una volpe' (Metapher).

Genauer gesehen, entstehen oft Metaphern aus syntagmatischen Tilgungen von Vergleichen: (it.) *Giovanni è furbo* [come una volpe] → *Giovanni è* [una volpe]; (sp.) *Tienes* [la cabeza como un coco] → *¿Qué tienes* [en el coco]?; vgl. (frz.) *tête* → *ciboule, citrouille*; (it.) *zucca*; (dt.) *Birne, Kürbis*.

Durch Verblassen der ursprünglichen Affekthaltigkeit, der intensiveren Anschaulichkeit werden Metaphern in neue lexikalische Einheiten umgewandelt: (frz.) *tête*, (it.) *testa*, bedeuteten im Lat. (TESTA) ‚Tongefäß, Scherbe', und sd. [ˈkɔŋka] (lat. CONCHA) stand eigentlich für ‚runde Schüssel'. In der Spontansprache der Römer begegneten beide Etyma frühzeitig als derb-scherzhafte Kraftausdrücke für CAPUT ‚Kopf'. Durch *Konkretisierung* verschwand die semantische *Motivierung*, und sie wurden zu neuen Ersatzwörtern von CAPUT. In den diachronen Wortschatzwandlungen spielt die Metapher eine wichtige Rolle. Schematisch:

	Lexem 1		Lexem 2 (Metapher)	
Phase I:	CAPUT =	‚Kopf'		
Phase II:	CAPUT =	‚Kopf' =	CONCHA	‚runde Schüssel'
Phase III:	Ø	‚Kopf' =	CONCHA	

Lexikalisierte Metaphern verleihen Sprachen oft einen distinktiven Charakter; vgl. ANIMAM ‚Seele' → (rum.) *inimă* ‚Herz' (ggb. Fortsetzungen von COR, CORDIS in den restlichen rom. Sprachen); FRŪCTUM ‚Frucht' → (frl.) *frut* ‚Kind'; CARRUM ‚Karre' → amer.sp. *carro* ‚Auto'; SOLĬTĀTEM > (pg.) *saudade* ‚Sehnsucht'; FACIENDAM > ‚was zu tun ist' → (kat.) *feina* ‚(Haus-)Arbeit'.

Metaphorische Bildungen können freilich auf alle Satzkonstituenten angewandt werden. Noch zwei Bsp. (V): (frz.) *arriver* ‚ankommen' → *je n'y arrive pas* ‚ich begreife es nicht'; (it.) *afferrare* ‚festhalten' → *non ho afferrato* ‚ich habe es nicht kapiert'. Vergleicht man die rom. Bildungen mit dt. *begreifen* (< *greifen*) und engl. *to grasp*, so wird deutlich, daß die Konkretisierung von Metaphern ein einzelsprachlich differenziertes Verfahren ist.

Es sei in diesem Zusammenhang abschließend vermerkt, daß Lexeme, die den familiären und niedrigen schichtenspezifischen Varianten (↗ §§ 114—115) zugeordnet werden, zumeist metaphorische Einheiten darstellen.

Durch häufige Anwendung können auch komplexe syntaktische Gefüge zu metaphorischen **festen Redewendungen** werden. Coseriu bezeichnet diesen Mechanismus als **wiederholte Rede**. Vgl. folgende syntaktische Metaphern für ‚verrecken', ‚ins Gras beißen': (frz.) *casser sa pipe*; (sp.) *estirar la pata*; (pg.) *morder o pó*; (kat.) *fer el darrer badall*; (it.) *tirare le cuoia* und (engl.) *to kick the bucket*. Eine spezifische Eigenschaft dieser syntagmatischen Gefüge betrifft ihre *Kohäsion*: Kein Bestandteil darf ausgelassen oder ausgetauscht werden, ohne den Effekt zu zerstören. Feste Redewendungen tragen vielfach eine für den Sprecher undurchsichtige Bedeutung, deren Erklärung in historischen Einzelfakten zu suchen ist; vgl. it. *mettere sul letto di Procruste* ‚ins Prokrustesbett zwängen'; (pg.) *não entender patavina* ‚überhaupt nichts verstehen' (wörtlich: ‚die paduanische Mundart nicht verstehen').

Metaphern werden oft gebildet, um mit pejorativen Konnotationen oder zu krassen Assoziationen geladene Lexeme, sog. **Tabuwörter**, zu vermeiden. Die metaphorischen Ersatzwörter heißen **Euphemismen**. Anstelle des krassen frz. Verbs *crever* ‚verrecken' wirkt *casser sa pipe* „milder, beschönigender"; und anstatt *è morto* zu sagen, zieht der Italiener vor, *se n'è andato*, *si è spento* oder *ci ha lasciato* zu verwenden. Prägnante sexuell-erotische Lexeme werden zumeist durch metaphorische Euphemismen ersetzt: (it.) *scopare* ‚mit einem Besen kehren' hat in der Umgangssprache weitgehend *chiavare* ‚bumsen' ersetzt und ist deshalb *polysem* geworden. Die neue Bedeutung des einfachen Verbs hat dazu geführt, daß manche Sprecher für die ursprünglich gemeinte Tätigkeit auf ein „neutrales" Verb oder eine Paraphrase zurückgreifen, nämlich *spazzare* ‚fegen' oder *passare la scopa*.

BIBL. Stephen Ullmann, *Semantics. An Introduction to the Science of Meaning*, Oxford (Blackwell), 1977: 211—218; Harald Thun, *Probleme der Phraseologie. Untersuchungen zur wiederholten Rede*, Tübingen (Niemeyer), 1987. Hans Schemann, *Synonymwörterbuch der deutschen Redensarten*, Straelen (Straelener Manuskripteverlag), 1989.

56 Metonymie. Synekdoche.

Wenn das Lexem A in kausaler, räumlicher oder zeitlicher Beziehung zu B steht, liegt eine **Metonymie** vor. Bei der **Synekdoche** (einer Art von *Metonymie*) wird der Teil für das Ganze oder umgekehrt gemeint. Bsp.:

Metonymien: (frz.) *Grève* ‚Sandstrand bei der Seine, wo Arbeitslose zu Protesten zusammenkamen' → *grève* ‚Streik'; (it.) *rete* ‚Netz' → ‚Tor' (vgl. aber den Vorzug für die Metapher im Sp.: *diana* ‚Ziel'); (sp.) *paella* ‚Kasserolle' → ‚typisches sp. Gericht aus Reis'; (lat.) NEX, NECEM ‚Mord' → ‚Schuld wegen Mord ' → ‚wegen, halber' (sd.: [po ˈnnɛke]); (tosk.) *baccelli* ‚Hülsenfrüchte' → ‚Saubohnen' (*fave*); (ast.) *anueiti*, (pg.) *ontem* ‚die Nacht zuvor' (vgl. noch sp.: *anoche*) → ‚gestern'; (lat.) DE MANE und *MANEANAM/UM (scil. HORAM, TEMPUS) ‚morgens, frühmorgens' → ‚morgen' (frz. *demain*, it. *domani*; pg. *amanhã*, sp. *mañana*). Metonymien sind oft formal mit Ellipsen verbunden: CALĀRE (OCULOS) ‚(die Augen) zutun' → (dollad.) [ćaˈrɛ, tʃaˈlɛ] ‚schauen, blicken'; (AP)PLĬCĀRE (NAVEM) ‚(ein Schiff) hinsteuern' → (südkat.) *aplegar*, sp. *llegar*, pg. *chegar* ‚ankommen'.

Synekdochen: (frz.) *voile* ‚navire'; (it.) *i senzatetto* ‚die Dachlosen' (*tetto* steht für ‚casa'); (ast.) *familia* ‚Sohn' (*tien cuatru familias* ‚er hat vier Söhne'); (rum.) *femeia*, auch aus FAMĬLIAM, ‚Frau'; (sd. log.) [ˈpɔɖɖiɣe], eigentlich ‚Daumen' → ‚Finger'; (lat.) ACĬNUM,

-A (Pl) ,Weinbeere' und RACĒMUM ,Kamm der Weintraube' → ,Traube' (sd. [ˈakina], [ˈaʒina]; frz. *raisin*, kat. *raïm*).

BIBL. Stephen Ullmann, *Précis de sémantique française*, Bern (Francke), [5]1975: 259—292.

57 Bedeutungswandel: Erweiterung, Verringerung, Spezialisierung.

Durch Übertragung gewonnene Bedeutungen können, in bezug auf die ursprüngliche Extension, eine *quantitative Änderung* ihrer Merkmalkonstitution aufweisen. Man unterscheidet folgende Arten von **Bedeutungswandel**:

(1) **Bedeutungserweiterung**: UĪLLAM ,Landhaus, -gut' → sd. [ˈbiɖɖa] ,Dorf'; TUTARI (FOCUM) ,bedecken' → ,löschen' (sd. camp. [istuˈðai]) → ,töten' (zentralsd. [tu'ðare], frz. *tuer*).

(2) **Bedeutungsverringerung**: (lat.) CAPTĪVUS ,gefangen' → ,vom Teufel gefangen', daher als konkretisierte neue Bedeutung frz. *chétif*, it. *cattivo* ,böse'.

Betrachtet man die *qualitative Änderung* der Bedeutung, wird im allgemeinen eine **Bedeutungsspezialisierung** wahrgenommen, die eng korreliert mit der jeweiligen Gegenstandskultur ist, und die überdies eine **Verbesserung** oder eine **Verschlechterung** mit sich ziehen kann:

(3) **Bedeutungsspezialisierung**: SEXTA (HORA) ,sechste Stunde' → ,Arbeitsunterbrechung nach Mittagessen' (sp. *siesta*); MANSIO, -ONEM ,Aufenthaltsort' → (frz.) *maison*, aber sd. [maˈzɔne]; FĒTUM ,Lebensfrucht' → (zentralsd.) ,Nachkommenschaft, die Kinder' ([su ˈeðu]; IGNORĀRE ,verkennen' → ,vermissen', (kat.) *enyorar*.

(4) **Bedeutungsverbesserung**: MANDŪCĀRE ,kauend essen' → ,essen': *manger, mangiare*; CASAM ,Hütte' → ,Haus': *casa*.

(5) **Bedeutungsverschlechterung**: SINISTER, -TRA (MANUS) ,links (befindlich)' → ,tückisch': (sp.) *siniestro, -a*; BULGARUS ,(Heiden) aus Bulgarien' → ,Betrüger, mieser Kerl' (frz. *bougre*, it. *buggero*, (V) *buggerare*).

BIBL. Arnulf Stefenelli, *Geschichte des französischen Kernwortschatzes*, Berlin (E. Schmidt), 1981: 53—88.

58 Lexikologie.

Aufgabe der **Lexikologie** ist es, den internen Aufbau des Lexikons, seine historischen Schichtungen und Wandlungen und sein unaufhaltsames Wachstum zu untersuchen. Wenn wir der *Semantik* das Studium der vielfältigen Beziehungen zwischen *Bedeutung* und *Bezeichnung*, vornehmlich unter dem Gesichtspunkt der Inhaltsseite zuweisen, bleibt der Lexikologie primär das Interesse für die Entwicklung und Organisation der Ausdrucksseite des sprachlichen Zeichens in einer gegebenen historischen Phase vorbehalten. Man kann, bei der lexikologischen

Untersuchung synchron oder diachron vorgehen. Daraus ergeben sich zwei komplementäre Teildisziplinen: die **historische** und die **deskriptive** Lexikologie.

BIBL. Wunderli (op. cit., § 52): 9—30.

59 Historische Lexikologie. Die Stratifikation des Lexikons.

Mit **Stratifikation des Lexikons** sind die ‚historischen Schichten' der im Wortschatz einer Sprache enthaltenen Lexeme gemeint. Die Fragestellung ist eng gekoppelt mit der *Sprachgeschichtsforschung* und insbesondere mit der Herausarbeitung der durch externen Einfluß eingedrungenen lexikalischen Bestandteile. Folgende Schichten werden dabei berücksichtigt:

(1) Das Latein, und zwar das variationsreiche (nicht immer belegte) *Vulgärlatein*, aus dem sich die romanischen Sprachen herausgebildet haben. Die wichtigsten lexikalischen Einheiten des Zentralwortschatzes stammen aus dem Latein.

(2) Die *Substratsprachen*, also jene vorrömischen Sprachen, die durch die Ausbreitung des Lateins ausgeschaltet wurden, vor ihrem Niedergang jedoch verschiedene Lexeme ins Vulgärlatein überführten: das Keltische der Gallier in Frankreich und Oberitalien (frz. *charrue*, *berceau*; mailändisch [ˈkroi] ‚hart'); das Baskische und das Iberische auf der iberischen Halbinsel (bask. *ezku okerra* ‚böse, tückische Hand' >pg. *esquerda*, sp. *izquierda* , *kat. esquerra*); das Paläosardische auf Sardinien (sd. *nuraghe* ‚Steinbau aus der Nuraghenkultur').

(3) Die *Superstratsprachen*, also jene Sprachen, die nach dem Untergang des römischen Imperiums (etwa vom 5. bis zum 7./8. Jh.) auf die neu entstehenden rom. Sprachen Einfluß ausübten: das Gotische auf Katalonien, Südfrankreich und Italien (kat. *estona*, tosk. *stonda*; vgl. dt. *Stunde*); das Langobardische auf Italien (it. *guancia* ‚Kinnbacken'); das Fränkische auf Frankreich (*gauche*: ‚die zerquetschte, imperfekte Hand'); das Byzantinische/Mittelgriechische auf Süditalien und Venedig (*gondola*); das Slawische auf Rumänien (*război* ‚Krieg').

(4) Die *Adstratsprachen*, außer Griechisch und Latein gemeinhin Kultursprachen, die zu einem vergangenen Zeitpunkt aufgrund politischer/kriegerischer Ereignisse mit den schon ausgebildeten rom. Sprachen in Kontakt getreten sind und ihnen zahlreiche Einheiten vermittelt haben: die amerikanischen Indianersprachen (sp. *patata, cacahuete*), das Arabische (sp. *berenjena*, it. *melanzana*), das Frz. (auf ganz Europa nach der *Révolution*), das Englische und das Amerikanische.

N. B. Verschiedene Superstratsprachen haben infolge eines massiven lexikalischen Einflusses einzelnen Landschaften der Romania einen ausgeprägten Charakter verliehen. Erwähnenswert sind folgende wichtige Superstrateinflüsse: der *fränkische* Einfluß auf das Frz.: *laid, haïr, cresson, troupeau, brun, garder, choisir, saisir, fauteuil, honte*; der *arabische* Einfluß auf das Pg. und das Sp., in bescheidenem Umfang auf das Kat. (wo der Art *al-* oft schwindet): *albornoz-barnús*; *algodão-algodón-cotó*; *laranja-naranja-taronja*; *açúcar-azúcar-sucre*; *cenoura-zanahoria* (aber kat. *carota*); der *slawische* Einfluß auf das Rum.: *prieten* ‚ami', *vreme* ‚temps', *zăpadă* ‚neige'.

BIBL. W. Sergijewskij, *Geschichte der französischen Sprache*, München (Beck), 1979: Kap. 1 (*Das Französische und seine Herkunft*); Sergio Valdés Bernal, *La evolución de los indoamericanismos en el español hablado en Cuba*, La Habana (Editorial de Ciencias Sociales), 1986; Ralph Penny, *A History of Spanish Language*, Cambridge (CUP), 1991: Kap. 4 (*Lexis*); Paolo Zolli, *Le parole straniere*, Bologna (Zanichelli), ^{2}1991; Claudio Marazzini, *La lingua italiana. Profilo storico*, Bologna (Il Mulino), 1994 (s. v. *prestiti* im Index).

60 Entlehnung. Bedürfnis- und Luxuslehnwörter.

Als wichtigstes Verfahren zur Bereicherung des Lexikons gilt die **Entlehnung** aus anderen *Sprachsystemen*. Ernst Tappolet führte 1914 die Unterscheidung zwischen **Bedürfnislehnwörtern** und **Luxuslehnwörtern** ein: Von den ersten werden leere funktionelle Stellen des Lexikons einer Sprache gedeckt; die zweiten rufen eine Kollision mit schon bestehenden *synonymischen* Einheiten hervor. Bsp.:

(1) *Bedürfnislehnwörter*: gallisch *CARRUCA > frz. *charrue*, ‚neuer Pflugtypus'; gotisch *SAIPŌ ‚Art von Seife' → vlat. SAPŌNEM > frz. *savon*, sp. *jabón*, it. *sapone*, rum. *săpun*; sp. *cacahuete* ‚Erdnuß', aus der Nahuatlsprache Amerikas; sd. [sabaˈteri] < kat. *sabater* ‚Schuster'.

(2) *Luxuslehnwörter*: frz. *toubib* ‚médecin' < nordafrik. Sprachen; it. *summit* ‚vertice' und *killer* ‚sicario', aus dem Englischen.

Bisweilen koexistieren, mit unterschiedlicher Frequenz, die Entlehnung und die autochthone Einheit: (it.) *gol/rete*; *corner/calcio d'angolo* (sp. aber *córner*).

BIBL. Ernst Gamillscheg, *Zur Geschichte der germanischen Lehnwörter im Italienischen*, in: Idem, *Ausgewählte Aufsätze*, Tübingen (Niemeyer), 1962: 129—161.

61 Lehnwort. Semantische Lehnprägung. Neologismen. Purismus.

Entlehnungen aus Adstratsprachen können nach zwei verschiedenen Mustern erfolgen:

(a) Es werden die Bezeichnungen entliehen und gegebenfalls an die phonetischen/morphologischen Verhältnisse der Aufnahmesprache angepaßt. Man spricht hierbei von (nicht adaptierten) **Fremdwörtern** oder (adaptierten) **Lehnwörtern**.

(b) Es wird die fremdsprachliche Bedeutung in entsprechende Einheiten der Aufnahmesprache umkodiert. Man spricht von **Lehnprägungen**. Folgendes Schema verdeutlicht die verschiedenen Mittel der Nachbildung eines fremdsprachlichen Inhalts oder eines Lexems:

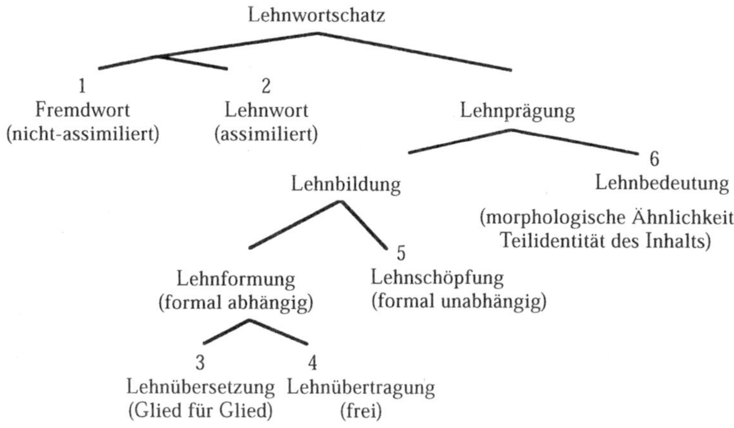

Bsp.:

1 (frz.) *teenager*; (it.) *computer*; (kat.) *buscar* ‚suchen';
2 (sp.) *siesta* → (frz.) *sieste*; (sp.) *computadora*; (akat.) *faïna* (> *feina*) → (sp.) *faena*;
3 *outlaw* → (frz.) *hors-la-loi*, (it.) *fuorilegge*;
4 *fair-play* → (frz.) *franc-jeu*; *sky-scraper* → (sp.) *rascacielos*;
5 *jumbo-jet* → (frz.) *gros-porteur*; *waterpolo* → (it.) *pallanuoto*;
6 *to realize* → (frz.) *réaliser*, (it.) *realizzare* ‚kapieren'.

N. B. Lehnübertragungen mit Teilidentität, aber mit verschiedenem Sequenzmuster der Glieder werden oft als spezielle *Lehnübersetzungen* aufgefaßt: sp. *rascacielos*, kat. *gratacels*, frz. *gratte-ciel*, it. *grattacielo* oder sp. *perro caliente* (*hot dog*) stellen hierfür Paradebeispiele dar.

Alle Formen von Entlehnungen, die in eine normierte Sprache einströmen, heißen **Neologismen**, ‚Neubildungen'. Zusammen mit den internen Wortschöpfungen fördern sie das Wachstum des Wortschatzes. Gegen „externe" fremdsprachliche Neologismen kämpfen seit jeher **puristische** Bewegungen und Institutionen. Ein Beispiel für puristische Sprachpolitik und -lenkung stellt der 1994 von dem frz. Kultusminister Jacques Toubon verabschiedete Gesetzentwurf dar, kraft dessen alle englischen Neologismen durch einheimische lexikalische Strukturen zu ersetzen wären. Für Nichteinhaltung des Gesetzes sind beachtliche Geldbußen vorgesehen.

BIBL. Wunderli (op. cit., § 52): Kap. 3 (*Entlehnung*); Roberto Gusmani, *Saggi sull'interferenza linguistica*, Firenze (La Nuova Italia), 1986; Günter Holtus, *Natura e funzione dei prestiti lessicali nella storia dell'italiano*, in: Fabio Foresti et al. (Hgb.), *L'italiano tra le lingue romanze*, Roma (Bulzoni), 1989: 279—304.

62 Erbwörter und Buchwörter. Halbgelehrte Wörter. Dubletten.

Aus dem Latein können jederzeit Wortgut und Bildungsverfahren entliehen werden: (pg.) *bonus*, (it.) *bonus-malus* ‚Versicherungsprämie'; *summa cum laude*;

(frz.) *pro-communiste*; (it.) *potabile* ‚trinkbar'. Der Einfluß des Lat. macht sich aber auch in der Störung der lautgesetzlichen Entwicklung einer lexikalischen Einheit bemerkbar. Vergleicht man folgende Ergebnisse von lat. FRĪGĬDUS, -UM/A ‚kalt':

(1) (frz.) *frigide* (*une femme frigide*) ↔ (2) *froid* (*une femme froide*); (it.) *frigido, freddo;* (sp.) *frígido, frío*,

stellt sich eine deutliche Divergenz in der formalen und semantischen Entwicklung der zwei Reihen heraus. Die zu (1) gehörigen Einheiten scheinen, ohne beachtliche Änderungen der Lautgestalt, das ursprüngliche Etymon beibehalten zu haben und dies unbeschadet der vlat. und deshalb gesamtrom. Tendenz zur Synkopierung (vgl. CALĬDUS > CALDUS > afrz. *chalt*, nfrz. *chaud*, it. *caldo*). Die in (2) subsumierten Einheiten respektieren dagegen das zu erwartende Lautgesetz: FRĪGĬDUS > FRIGDUS, schon in der *Appendix Probi* belegt (↗ § 120: die frz. und it. Ableger setzen ein betontes Ĭ voraus). Lautgesetzlich entwickelte Lexeme heißen **Erbwörter**, nicht lautgesetzlich entwickelte, direkt dem Lat. entnommene und kaum veränderte Lexeme heißen **Buchwörter** (oder **gelehrte Wörter**). Wird die lautgesetzliche Entwicklung nur „gehemmt", erhält jedoch die Einheit ein romanisches und nicht ein lateinisches Gewand, dann spricht man von **halbgelehrten Wörtern** (oder **Begleitwörtern**); HŬMĬLEM > (frz.) *humble*, mit regelrechter Synkopierung ([mil] > [ml] > [mbl] wegen Epenthese), aber ohne lautgesetzlichen Vokalismus (Ŭ > nasales [œ], nicht [o]); MACŬLAM > (it.) *macchia* (Erbwort: CŬL > C'L > [kkj]) neben *macula* (Buchwort: lat. Entlehnung) und *macola* (halbgelehrtes Wort: Ŭ > [o], aber keine Synkopierung). **Dubletten** sind Wortpaare, bestehend aus einer erbwörtlichen und einer (halb)gelehrten Einheit: SĬMŬLĀRE > (frz.) *sembler/simuler*; MĬNĬMUS > *menomo/minimo*; NŬMERUM > *novero/numero*. Die Bestandteile einer Dublette zeigen stets semantische, denotative (*sembler/simuler*) oder konnotative (*menomo/minimo*) Unterschiede auf.

BIBL. Große (op. cit., § 9): 59—61; Wolf (op. cit., § 9): 50—52; Penny (op. cit., § 59): 32—33; Eduardo Blasco Ferrer, *Handbuch der italienischen Sprachwissenschaft*, Berlin (E. Schmidt), 1994: § 41.

63 Synchrone Lexikologie. Lexematische Strukturen.

Gegenstand der synchronen Lexikologie ist die Erfassung der **lexematischen** (oder lexikalischen) **Strukturen** einer gegebenen Sprache zu einem bestimmten Zeitpunkt. Man unterscheidet grundsätzlich zwischen **primären**, elementaren Einheiten und **sekundären**, abgeleiteten oder *zusammengesetzten* Strukturen. Beide Komponenten des Lexikons können *paradigmatische Oppositionen* oder *syntagmatische Relationen* bilden, was eine zweifache — von E. Coseriu vorgeschlagene — Arbeitseinteilung ergibt:

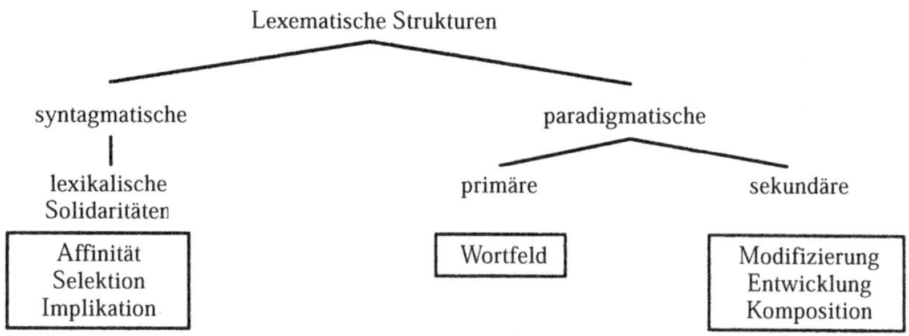

BIBL. Eugenio Coseriu, *Strukturen und Funktionen*, Tübingen (Narr), [3]1979: 161—176.

64 Syntagmatische Strukturen. Lexikalische Klassen.

Die syntagmatischen Relationen betreffen die semantisch-syntaktische Abstimmung oder Selektion unter lexikalischen Einheiten. Folgende Relationen werden erfaßt:

(1) **Affinität**: Bestimmung einer **lexikalischen Klasse**, auf die Gesamtheit der Lexeme bezogen, die durch einen inhaltsunterscheidenden Zug zusammenhängen; z. B. (sp.) *afeitarse*, (it.) *rasarsi* in bezug auf das Merkmal [+ männlich] und die damit verbundene Klasse [+ Männer] (**Maria se afeita* wäre deshalb aufgrund der fehlenden Affinität ausgeschlossen).

(2) **Selektion**: Abstimmung vom übergeordneten *Archilexem* auf untergeordnete, durch das *hyperonyme* Merkmal zusammengebundene *Lexeme*; z. B. (sp.) *correr* ‚schnell fahren' in bezug auf: *coche, tren, bicicleta* und demnach auf die Archieinheit *vehículo* (*de cuatro, dos ruedas*; *de locomoción*).

(3) **Implikation**: Selektionsbeschränkung unter Lexemen, aufgrund der sie unterscheidenden Merkmale; z. B. (it.) *affidabile* und *attendibile* ‚zuverlässig', jeweils auf Personen (*Giovanni non è affidabile*) und auf Sachen (*quest'informazione non è attendibile*) anwendbar.

BIBL. Eugenio Coseriu, *Probleme der strukturellen Semantik*, Tübingen (Narr), 1978: 102—106.

65 Paradigmatische primäre Strukturen. Oppositionen und Wortfelder.

Die Auffassung, daß die Einheiten, die das Lexikon einer historischen Sprache bilden, durch semantische Assoziationen eng zusammengehalten werden, findet sich kodifiziert und versinnbildlicht im *Cours* von Saussure (S. 175: *Les rapports associatifs*):

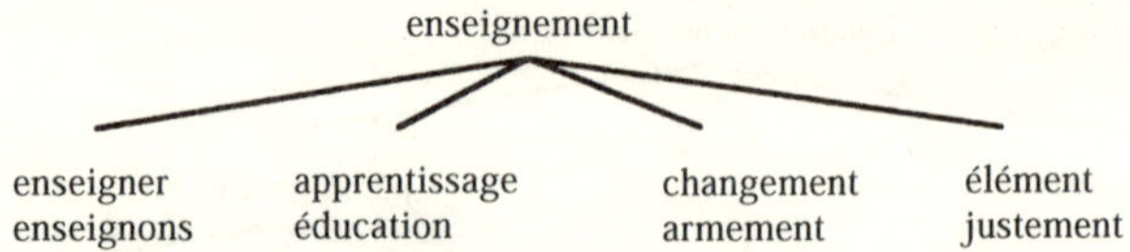

Wie das Wort *enseignement* weitere korrelative Einheiten ins Gedächtnis ruft, so kann man ein **Wortfeld** (auch **semantisches Feld**) erstellen. Die Oppositionen, die dadurch entstehen, sind verschiedener Art und heißen:

(1) **privative** Oppositionen, wenn sich zwei Elemente aufgrund ihrer Merkmale gegenseitig ausschließen: (it.) *vecchio* ↔ *giovane*; (rum.) *bogat* ‚reich‘ ↔ *sărac* ‚arm‘;

(2) **graduelle** Oppositionen, die sich durch Merkmalabstufungen ergeben:

Noten im Abitur (it.):

4	5	6	7	8	9	10
insufficiente	mediocre	sufficiente	più che sufficiente	buono	ottimo	eccellente
non maturo			*maturo*			

(3) **äquipollente** Oppositionen sind durch Gleichwertigkeit der dazugehörigen Glieder gekennzeichnet: (frz.) *jaune — vert — bleu — rouge — noir — blanc.*

Die Struktur eines *Wortfelds* vereint zusammenfassend folgende Bestandteile:

— semantische Merkmale, die verschiedenartige Oppositionen bilden;

— entsprechende lexikalische Einheiten;

— übergeordnete Archilexeme und Archisememe;

— lexikalische Klassen und deren semantische Entsprechungen, die **Klasseme** (z. B.: *Klassem* [± belebt] als Vertreter der *Klasse* ‚Lebewesen‘);

— semantische Gliederungen, sog. **Dimensionen**, die innerhalb eines Wortfelds skalaartige Oppositionen bilden (z. B.: *Dimension* [spezifische Funktion], die im Wortfeld *Verkehrswege* eine erste funktionell-begriffliche Einteilung in „für Fahrzeuge“ / „nicht für Fahrzeuge“ zuläßt).

Folgende Matrixdarstellung veranschaulicht die wichtigsten Bezugseinheiten des Wortfelds ‚Verwandtschaftsbezeichnungen‘ in drei rom. Sprachen. Man beachte die vielfache Dimensionsaufteilung (‚Generation‘, ‚Geschlecht‘, ‚Plural‘); das Archisemem ‚(blut)verwandt‘; die lexikalischen Klassen [Lebewesen] und [Mensch], die gleichzeitig durch die Klasseme [+ belebt], [+ menschlich] repräsentiert sind (+ = Merkmal trifft zu; - = Merkmal trifft nicht zu; 0 = indifferent; 1 ‚belebt‘, 2 ‚menschlich‘, 3 ‚blutverwandt‘, 4 ‚direkte Linie‘, 5 ‚Generation‘ [+ = ‚Aszendenz‘/ - = ‚Deszendenz‘ / 0 = ‚gleiche G.‘], 6 ‚männlich‘, 7 ‚weiblich‘, 8 ‚Plural‘):

Lexem it. – kat. – sp.	Merkmale 1	 2	 3	 4	 5	 6	 7	 8
genitori – pares – padres	+	+	+	+	+	0	0	+
padre – pare – padre	+	+	+	+	+	+	–	0
madre – mare – madre	+	+	+	+	+	–	+	0
fratelli – germans – hermanos	+	+	+	+	0	0	0	+
fratello – germà – hermano	+	+	+	+	0	+	–	0
sorella – germana – hermana	+	+	+	+	0	–	+	0
figli – fills – hijos	+	+	+	+	–	0	0	0
figlio – fill – hijo	+	+	+	+	–	+	–	0
figlia – filla – hija	+	+	+	+	–	–	+	0
zio – oncle – tio	+	+	+	–	+	+	–	0
zia – tia – tia	+	+	+	–	+	–	+	0
cugino – cosí – primo	+	+	+	–	0	+	–	0
cugina – cosina – prima	+	+	+	–	0	–	+	0
nipote – nebot – sobrino	+	+	+	–	–	–	–	0
nipote – neboda – sobrina	+	+	+	–	–	–	+	0

N. B. It. *nipote* ist eine polysemische Einheit, die ggb. den entsprechenden rom. Lexemen als Archilexem fungiert und bezüglich der Genusopposition eine Neutralisierung aufweist; vgl., diesmal unter Einbeziehung des Frz.:

Archilexem	*nipote*			
Merkmale	[von Onkel/Tante]		[von Großvater/Großmutter]	
	[+ männlich]	[– männlich]	[+ männlich]	[– männlich]
Lexeme	*neveu* *nebot* *sobrino*	*nièce* *neboda* *sobrina*	*petit-fils* *nét* *nieto*	*petite-fille* *neta* *nieta*

Zuletzt sei auf den bedeutenden Ertrag der Wortfeldanalyse im Rahmen der Sprachwandelforschung hingewiesen. Durch die in einem gegebenen Zeitraum erfaßten Verschiebungen von Einheiten und Bedeutungen innerhalb eines bestimmten Wortfelds kann man *systemische* Änderungen messen. Schon Jost Trier, der anstatt von Wortfeldern den Terminus **Sinnbezirke** benutzte, hatte festgestellt, daß die *Extension* der *abstrakten* — dem Feudalgesellschaftsleben zugehörigen — ahd. Lexeme *wîsheit*, *kunst* und *list* in wenigen Jahrhunderten eine radikale Reduzierung erfahren hatte, mit der eine Umwälzung der gesamten Struktur einhergegangen war. Schematisch:

ahd.

kunst wîsheit list

mhd.

wîsheit
kunst
wizzen

Folgende graphische Darstellung zeigt die korrelierte Bedeutungskettenverschiebung ‚Dame' → ‚Frau' und ‚Frau' → ‚Weib, Dirne', die zwischen dem 13. und dem 15. Jh. die kat. Bezeichnungen für weibliche Lebewesen ergriffen hat:

13. Jh.:	‚Weib'	‚Frau'	‚Ehefrau'	‚(verehrte) Dame'	
	fembra		*muller*	*dona*	
	↙		←	↓	
15. Jh.:	*fembra*	*dona*	*muller*	Ø ←	(*senyora*)

BIBL. Horst Geckeler, *Strukturelle Semantik und Wortfeldtheorie*, München (Fink), [2]1971: Kap. 6 (*Beschreibung bzw. Analyse des Wortfeldes*); Bruno Staib, *Semantik und Sprachgeographie. Untersuchungen zur strukturell-semantischen Analyse des dialektalen Wortschatzes*, Tübingen (Niemeyer), 1980: Kap. 3—7; Maria Grossmann, *Colori e lessico. Studi sulla struttura semantica degli aggettivi di colore in catalano, castigliano, italiano, romeno, latino ed ungherese*, Tübingen (Narr), 1988; Monika Schwarz/Jeannette Chur, *Semantik. Ein Arbeitsbuch*, Tübingen (Narr), 1993: 60—66.

66 Wortbildungslehre. Präfixe, Infixe, Interfixe.

Wortschatzwachstum kann nicht nur durch Entlehnung, sondern auch durch interne Mittel gefördert werden. Die **Wortbildung** stellt ein internes, d. h. systemkonformes, dem Sprecher stets zur Verfügung stehendes Verfahren zur Bereicherung des durch Tradition überlieferten Lexikons dar. Zur Bildung neuer Einheiten, also *Neologismen*, können sowohl *freie* und *gebundene Morpheme* als auch eigenständige *Lexeme* beitragen. Werden Morpheme eingesetzt, dann ist für eine strukturelle Gliederung ihre Stellung, vor oder nach dem modifizierten Lexem, relevant. Werden allein Lexeme zur Konstitution einer neuen Wortschatzeinheit verwendet, dann ist die Determinationsrichtung zu beachten. Es folgt eine Übersicht der Verfahren mit den jeweiligen Fachtermini anhand sd. Beispiele:

Basis der Ableitungen und Zusammensetzungen: sd. [ˈkɔŋka] ‚Kopf', [ˈkɔŋkinu] ‚Idiot':

(1a) freies Morphem + Lexem *in*/[ˈkɔŋkinu] ‚Esel'
(1b) gebundenes Morphem + Lexem *is*/[koŋˈkare] ‚sich den Kopf brechen'
(2) Lexem + gebundenes Morphem [koŋˈk]/*ale* ‚Augenhöhlen'
(3) Lexem + gebundenes Morphem + gebundenes Morphem *s*/[koŋk]/*orr*/*ai* ‚Kopfschläge geben'
(4) Morphem + Lexem + gebundenes Morphem: *s*/[koŋk]/*iai* ‚wackeln (Kopf)'
(5a) Lexem (Determinatum) + Lexem (Determinans) [koŋki/ˈ*tuzu*] ‚Kahlkopf'
(5b) Lexem (Determinans) + Lexem (Determinatum) [ˈ*perri*/ˈkoŋkinu] ‚Dummkopf'.

Erläuterungen und weitere Beispiele:

(1) Das freie/gebundene Morphem heißt **Präfix**; vgl. noch:
(frz.) *sens* → *contresens*; *habiller* → *déshabiller*; *anglais* → *filoanglais*;
(it.) *correre* → *trascorrere*; *fortuna* → *sfortuna*; *romanzo* → *protoromanzo*;

(sp.) *día* → *mediodía*; *cabalgar* → *descabalgar*; *comunicación* → *telecomunicación*; (kat.) *passat* → *proppassat*; *créixer* → *decréixer*; *crític* → *autocrític*.

(2) Das freie/gebundene Morphem heißt **Suffix**; vgl. noch:
(frz.) *caboche* → *cabochard*; *alcool* → *alcoomètre*;
(it.) *testa* → *testardo*; *sostrato* → *sostratofobia*;
(sp.) *cabeza* → *cabezudo*, *cabezota*; *substrato* → *substratofilía*;
(kat.) *testa* → *testard*; *anglès* → *anglòfob*.

Präfixe (*filo-*, *proto-*, *tele-*, *auto-*) und Suffixe (*-mètre*, *-fob*(*ia*), *-filía*), die aus Gr. oder Lat. stammen, heißen **Präfixoide** und **Suffixoide** (oder **Pseudopräfixe** und **Pseudosuffixe**).

(3) Das gebundene Morphem zwischen der Basis und dem auslautenden Morphem heißt **Interfix**; vgl. noch:
(frz.) *rêver* → *rêvasser*; (it.) *magro* → *magrolino*; (sp.) *humo* → *humareda*; (kat.) *fred* → *fredolic*.

(4) Die gleichzeitig mittels Präfixen und Suffixen gebildeten neuen lexematischen Einheiten heißen **parasynthetische Strukturen**. Weitere **Parasynthetika** sind:
(frz.) *cher* → *renchérir*; (it.) *pazzo* → *impazzire*; (sp.) *loco* → *enloquecer*; (kat.) *nom* → *anomenar*.

(5) Die mittels autonomer Lexeme neugebildeten Einheiten heißen **Komposita**; vgl. noch:
(frz.) *sourd-muet*; *grève surprise*; *casse-croûte*;
(it.) *sordo-muto*; *freddo cane*; *tiramisù*;
(sp.) *sordomudo*; *pararrayos*; *rapapolvos*;
(kat.) *rata-pinyada*; (el) *no-res* (‚néant'); *corre-cuita*.

Freilich können *Komposita* auch aus komplexen Satzgefügen gebildet werden: (it.) *per bene* → *un uomo perbene* ‚ein anständiger Mann'; *me ne frego* ‚es ist mir egal/wurst' → *menefreghismo*.

BIBL. Ulrich Wandruszka, *Probleme der neufranzösischen Wortbildung*, Tübingen (Niemeyer), 1976; Eduardo Blasco Ferrer, *Grammatica storica del catalano e dei suoi dialetti con particolare riguardo all'algherese*, Tübingen (Narr), 1984: Kap. IVb (*Formazione delle parole*); Horst Geckeler/Dieter Kattenbusch, *Einführung in die italienische Sprachwissenschaft*, Tübingen (Niemeyer), [2]1992: Kap. II/3.2. (*Die Verfahren der Wortbildung*).

67 Modifikation. Entwicklung. Komposition.

Die oben vorgestellten Verfahren zur Wortbildung lassen sich durch Einschaltung strukturell-funktionaler Parameter folgendermaßen klassifizieren:

(1) Wird durch die Wortbildung keine neue Kategorie als ‚Satzfunktion' erzielt, sondern nur eine Änderung des ‚Determinationswerts' erreicht, dann heißt das Verfahren **Modifikation** (oder Modifi**zierung**): (frz.) *maison* (N) → *maisonnette* (N: Diminutivbildung); (it.) *bambino* (N) → *bambinone* (N: Augmentativbildung);

(it.) *ragazzo* (N) → *ragazzotto* (N); *donna* (N) → *donnaccia* (N: Pejorativbildung); (kat.) *veure* (V) → *reveure* (V: iterative Bildung).

N. B. Diminutivsuffixe verleihen oft den einzelsprachlichen rom. Systemen eine charakterisierende Ausprägung; vgl.: (pg.) *-inho*; (gal.) *-iño*; (sp.) *-ito*; arag. *-ico*; (kat.) *-et*; (it.) *-ino*; sd. -[ˈeɖɖu].

(2) Wird durch die Wortbildung eine neue Kategorie, also eine neue Satzfunktion geschaffen, heißt das Verfahren **Entwicklung**: (frz.) *clair* (Adj) → *clarté* (N); (kat.) *breu* (Adj) → *abreujar* (V); (sp.) *delante* (Präp/Adv) → *adelantar* (V); sd. [ˈgoa] ‚Schwanz' → [aˈgoa] ‚nachher, hinten' (Adv). Beide hier vorgeführten Verfahren dienen zur Bildung von durch Präfixe oder Suffixe ‚abgeleiteten Strukturen': Man spricht daher von **Derivation**.

(3) Wird eine Neubildung durch Zusammensetzung aus zwei autonomen Einheiten geschaffen, dann spricht man von **Komposition**; die Bedeutung des *Kompositums* kann sich aus seinen Bestandteilen ergeben (*endozentrisch*) oder außerhalb seines Bereiches liegen (*exozentrisch*); vgl. (sp.) *mini-falda* = ‚Rock, der Mini ist' (endozentrisch), aber *sobremesa* = ‚Nachtischzeit zum Plaudern' (exozentrisch).

Folgendes Schema faßt die wichtigsten bisher vorgestellten Wortbildungsverfahren zusammen und versucht, sie zu veranschaulichen: Die Basisformen werden mit kleinen Buchstaben (n, adj, v), die abgeleiteten Neubildungen mit Majuskeln (N, Adj, V) notiert. Je nach den Bestandteilen spricht man von: denominalen (aus *n*), deadjektivalen (aus *adj*), deverbalen (aus *v*), nominalen (N), adjektivalen (Adj), verbalen (V) Ableitungen (also: nN, nAdj, adjN usw.):

Suffixe/ Präfixe:	denominale (n)	deadjektivale (adj)	deverbale (v)
nominale (N)	n → N *lait* *laitier* (frz.)	adj → N *boig* *bogeria* (kat.)	v → N *salir* *salida* (sp.)
adjektivale (Adj)	n → Adj *rabbia* *rabbioso* (it.)	adj → Adj *grogu* *grogastu* (sd. camp.)	v → Adj *plînge* *plîngecios* (rum.)
verbale (V)	n → V *mão* *manejar* (pg.)	adj → V *freddo* *freddare* (it.)	v → V *virar* *desvirar* (okz.)

BIBL. Pavao Tekavčić, *Grammatica storica dell'italiano*, Bologna (Il Mulino), ²1980, Band II: 18—26.

68 Morphophonemik, Semantik und Morphosyntax in der Wortbildung.

Die neuen Ableitungen und Komposita können unter verschiedenen Gesichtspunkten untersucht werden. Im folgenden werden nur einige Aspekte erörtert.

Zieht man Basis und Ableitung in Betracht, dann kann man zunächst eine relevante *morphophonemische* Strukturwandlung feststellen:

(1) Alternanz der Basislexeme:
(sp.) *loco* → *en*/loqu/*ecer* (*graphische* Alternanz: <c> → <qu>);
(pg.) *dor* → do/*enza*, do/*ente* (*phonematische* Alternanz: /r/ → Ø: Tilgung);
(kat.) *groc* → grog/*or* (*phonetische* Alternanz: /k/_# → V[ɣ]V: Sonorisierung).

(2) Alternanz des Morphems:
(frz.) *cher* → *re* + *en* + *cher*/*ir* → *renchérir* (Vokalfusion);
(it.) *pazzo* → *in* + *pazz*/*ire* → *impazzire* (Assimilation).

Die Semantik der *Neubildungen* ist teilweise in bezug auf die Komposita erläutert worden. Was die Präfixe und Suffixe anbelangt, ist prinzipiell zwischen *Grundbedeutung* (oder *Grundwert*) und *Redebedeutung* (oder *Nutzwert*) zu unterscheiden:

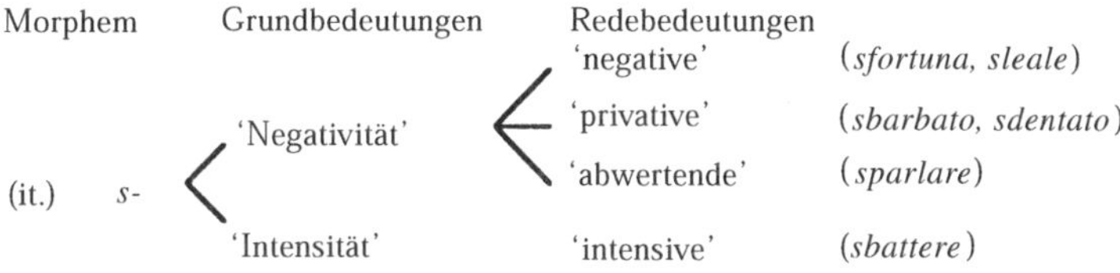

Das zentralrom. und kat. Suffix -ATA und das entsprechende sp. Morphem *-azo* haben sich spezialisiert in der Bedeutung der ‚plötzlich eintretenden Handlungen, insb. im Bereich der *Schläge*':

(it.) *bastone* → *bastonata*; *pugnale* → *pugnalata*; *piede* → *pedata*;
(kat.) *escombra* → *escombrada*; *punyal* → *punyalada*; *peu* → *peuada*;
(sp.) *cabeza* → *cabezada*, *-azo*; *cachete* → *cachetazo*; *bastón* → *bastonazo*.

Unter den morphologischen Besonderheiten der Wortbildung seien hier nur folgende erwähnt:

(1) **Null-Derivationen** (Charles Bally: **Null-Transpositionen**; Lucien Tesnière: **Null-Translationen**) sind ein sehr häufiges — schon teilweise besprochenes — Verfahren: (sd.) [kompoˈrare], (it.) *comperare* → [sa ˈkɔmpora], *la compera*; (kat.) *conversar* → *conversa*; *débaucher, flâner, rechercher* → *débauche, flâne, recherche*.

(2) **Abkürzungen**, auch **Rückbildungen** genannt, werden insbesondere in der gesprochenen Sprache bevorzugt: *prolo* < *prolétaire*; *sympa* < *sympatique*; *dico* < *dictionnaire*; vgl. süddt. *fesch* < *fashionable*.

(3) Verwandt mit den Abkürzungen sind die **Akronyme**, mit Sigeln gekennzeichnete Begriffe: VIP < V(ery) I(mportant) P(erson); (it.) BOT ‚Buono Ordinario del Tesoro'; USL ‚Unità Sanitaria Locale'; (mit metonymischem Translat) CAF ‚Craxi + Andreotti + Forlani (Bündnis)'; (sp., frz.) SIDA, OTAN ggb. it. AIDS, NATO.

(4) Eine morphologische Besonderheit der Jugendsprache Spaniens besteht in der Anhängung eines -[s] an nominale Basisformen oder deverbale Ableitungen: *es un chorras, un pelotas, berzas, berzotas*.

Suffixmorpheme können verschiedene *syntaktische Funktionen* ausüben, unter denen die **prädikative** Funktion herausragt. Die an das Verb angehängten Suffixe tragen zahlreiche Funktionen, die sich auf im Satz topikalisierte Aktanten beziehen; vgl.:

(sp.) *cazar* ‚jagen' → *caz*/ador ‚Jäger': S (Agens): ‚el que + V'; → *caz*/a ‚Jagd': S, O (Nomen Actionis): ‚el hecho de + V'; *comer* → *com*/edor ‚Speisesaal': O (Nomen loci): ‚el lugar donde + O'
(vgl. aber die Suppletivform: (frz.) *manger* → *salle à manger*; (it.) *pranzo* → *sala da pranzo*); (it.) *mangiare* → *mang*/ime ‚Viehfutter': O (Kollektiva): ‚ciò che si + V [in quantità]'.

BIBL. Mariane Kilani-Schoch/Wolfgang Dressler, *Prol-o, intell-o, gauch-o et les autres. Propriétés formelles de deux opérations du français parlé*, Romanistisches Jahrbuch 43 [1993]: 64—86; Hans Geisler, *Che fine fanno i BOT? Anmerkungen zur Akronymenbildung im Italienischen*, in: Festschrift Wolf-Dieter Stempel, hgb. von Annette Sabban/Christian Schmitt, Tübingen (Niemeyer), 1994: 97—120.

69 Produktivität. Motivierung. Suppletion.

Die Vorkommenshäufigkeit eines Wortbildungselements bestimmt seine **Produktivität**. **Produktive** Morpheme sind allerdings mit der Zeit Schwankungen ausgesetzt und können **unproduktiv** werden: kat. V + *-nça* bildete früher alle deverbalen Abstrakta, ist heute in seiner Funktion von dem *produktiveren* Suffix *-ment* zurückgedrängt worden: *créixer* → *creixença*; *nàixer* → *naixença*; *ensenyar* → *ensenyança* > *creixement*, *naixement*, *ensenyament*.

Eine Ableitung ist **motiviert**, wenn die Relation zwischen Basis und Ableitung durchsichtig ist; vgl.:

[+ motiviert]
(it.) *cieco* → *cecità*, *caldo* → *riscaldare*; (sp.) *ciego* → *ceguedad*, *ceguera*, *comer* → *comestible*;
[- motiviert]
(frz.) *aveugle* → *cécité*; (it.) *mangiare* → *commestibile*; (bünd.) *tgod* → *scaldar*.

Freilich kann die Durchsichtigkeit einer Ableitung, trotz formaler Identität, durch metaphorische Verwendung gestört werden; vgl.: (sp.) *domingo* (n) ‚Sonntag' → *dominguero* (nN) ‚Sonntagsfahrer, ungeschickter Autofahrer, der nur am Wochenende fährt'.

Bestehende etymologische *Dubletten* zeigen — wie schon besprochen — Bedeutungsauffächerung oder -spezialisierung: *commestibile* ‚eßbar, zum Verzehr geeignet' vs *mangiabile* ‚eßbar'. Kontexte dienen zur Diasambiguierung möglicher durch Dubletten erzeugter Synonyme: it. *ti sei attirato la sua inimicizia* (‚Feindschaft') vs *mostra verso tutti la sua ostilità* (‚Feindseligkeit').

Werden Suffixe als *unproduktiv* oder wenig *durchsichtig* empfunden, können alternative Strukturen, sog. **Suppletivformen**, zum Ausdruck ihrer Funktion eingesetzt werden: (frz.) *-ette* hat seine niedliche, diminutive Bedeutung fast vollständig eingebüßt (*maison* → *maisonnette*) und wird deswegen durch das *freie Morphem petit* ersetzt: (sp.) *principito* vs (frz.) *petit prince*; desgleichen gilt für die Relation: *frapper* → *coup* (statt deverbalen Ableitungen von *frapper*).

BIBL. August Dauses, *Grundbegriffe der Grammatik*, Wiesbaden (Steiner), 1985: 66—71; Brenda Laca, *Die Wortbildung als Grammatik des Wortschatzes. Untersuchungen zur spanischen Subjektnominalisierung*, Tübingen (Niemeyer), 1986; Ines Loi Corvetto, *Anomalie e paradigmi. Il suppletivismo nelle lingue romanze*, Cagliari (Annali della Facoltà di Magistero), 1989.

70 Lexikographie. Wörterbuchausstattung. Makro- und Mikrostruktur.

Die **Lexikographie** ist der Teilbereich der Linguistik, der sich mit der Erstellung von **Wörterbüchern** befaßt. Ein Wörterbuch stellt das — zumeist alphabetisch angeordnete — Verzeichnis aller Lexeme und freier Morpheme sowie der zur Wortbildung zugehörigen gebundenen Morpheme einer gegebenen Sprache bereit. Die Eintragungen im Wörterbuch heißen **Lemmata**. Die Ausstattung eines Wörterbuchs wird durch folgende zwei Faktoren bestimmt:

(1) durch die **Makrostruktur**, d. h. die Auswahl der eingetragenen Lemmata;

(2) durch die **Mikrostruktur**, d. h. die Angaben, die jedes Lemma begleiten.

BIBL. Giovanna Massariello Merzagora, *La lessicografia*, Bologna (Zanichelli), 1983: Kap. 1 (*Definizione*).

71 Die Makrostruktur. Archaismen vs Neologismen. Homonymie vs Polysemie.

Je nach Art des Wörterbuchs kann die *Makrostruktur* variieren, wobei durchschnittliche synchron-deskriptive Wörterbücher zwischen 50.000 und 125.000 Lemmata enthalten, während enzyklopädische Wörterbücher diese Zahlen verdoppeln können. Der Wortbestand ist zum Teil von der Berücksichtigung von Archaismen und Neologismen abhängig. **Archaismen** sind in der Norm nicht mehr voll funktionsträchtige oder aus dem System geratene Einheiten, deren Frequenz schwankend bzw. absolut niedrig ist und deren Gebrauch den hohen Registern oder diastratischen Variablen vorbehalten bleibt. Vgl. folgende Synonymenreihen mit progressiv-abfallender Frequenz:

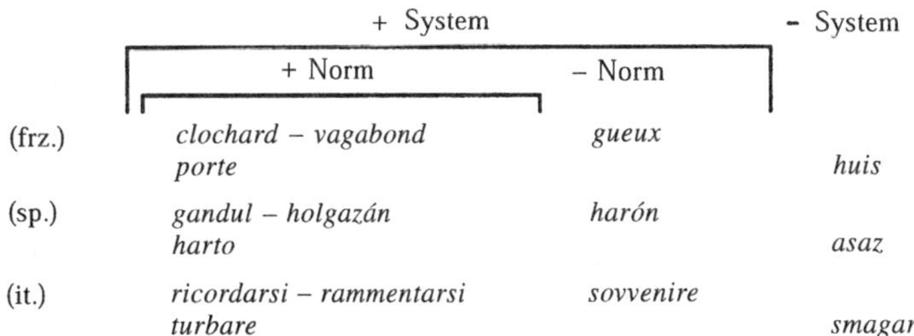

	+ System		- System
	+ Norm	– Norm	
(frz.)	*clochard – vagabond*	*gueux*	
	porte		*huis*
(sp.)	*gandul – holgazán*	*harón*	
	harto		*asaz*
(it.)	*ricordarsi – rammentarsi*	*sovvenire*	
	turbare		*smagare*

Das Auffangen von **Neologismen** aus Entlehnungen oder internen Wortschöpfungen stellt ebenfalls eine schwierige Aufgabe der Lexikographie dar, denn ihr

Zustrom ist unaufhaltsam und ihre Gebrauchsfrequenz zum Teil modebedingt. Ein Beispiel: *Le Nouveau Petit Robert* (1993) weist ggb. der zweiten Auflage von *Le petit Robert* (1977) ca. 500 neue *Neologismen* aus, darunter z. B.: *allophone, narcotrafiquant, essuie-tout, rösti.* Vgl. im It.: *baby-pensione, narcotrafficante, essere un rambo, una task-force* (di poliziotti); im Sp. *suéter, metre, jipi, demasié, pasota, cubata.*

Die Auswahl zwischen *Homonymie* und *Polysemie* wirkt sich auf den Umfang eines Wörterbuchs aus. Das (it.) *Zanichelli* ([11]1993, [12]1994) verzeichnet $tomo_1$ ‚Band' und $tomo_2$ ‚komischer Vogel' als getrennte Lemmata (*Homonyme*), während das DIR dem einzigen Lemma *tomo* ‚Parte in cui può essere diviso ciascun volume d'un'opera a stampa' die metaphorische Bedeutung ‚Tipo singolare per l'aspetto o qualche altra stranezza' unterordnet (*Polysemie*).

BIBL. Albert Junker, *Wachstum und Wandlungen im neuesten Italienisch*, Erlangen (Junge & Sohn), 1955; Franz Josef Hausmann, *Einführung in die Benutzung der neufranzösischen Wörterbücher*, Tübingen (Niemeyer), 1977: Kap. 1 (*Strukturen, Typen, Bauteile des Wörterbuchs*); Felix Scherwinsky, *Die Neologismen in der modernen französischen Science-Fiction*, Meisenheim/Glan (Hain), 1978; Wolfgang Schweickard, *Die* cronaca calcistica. *Zur Sprache der Fußballberichterstattung in italienischen Sporttageszeitungen*, Tübingen (Niemeyer: BZrP 213), 1987; Max Pfister, *Die italienische Lexikographie von den Anfängen bis 1900*, in: Franz J. Hausmann u. a. (Hgb.), *Wörterbücher. Ein internationales Handbuch zur Lexikographie*, Berlin/New York (de Gruyter), 1990: 1844—1863.

72 Die Mikrostruktur. Synchrone und diachrone Wörterbücher.

Die **Mikrostruktur** eines *Lemmas* umfaßt eine Reihe von Informationen, die verschiedentlich strukturiert werden kann. Folgende ausgewählte Bsp. dienen zur Verdeutlichung der Informationsgliederung einiger rom. Lemmata, die nachträglich erläutert werden sollen.

(frz.) *Le Nouveau Petit Robert*, 1993: 935.

> **flic.** [flik] n. m. - 1856; *fligue* «commissaire» v. 1830; *fligman* 1792; p.-ê. all. *Fliege* «mouche, policier». **1** ◆ FAM Agent de police et par EXT. Policier. ⇨ **cogne**, **poulet**; ARG. 3. **bourre**, **vache**. *Appeler les flics. Se faire embarquer par les flics.* ⇨ **flicaille**. *Flic en civil* ⇨ **condé**. *Car de flics.* «*j'irais descendre un flic sur la place Royale ou avec un peu de chance un milicien*» (Sartre). — *Vingt*-deux voilà les flics*! — APPOS. *Une femme flic* (ou *fliquesse*). **2** ◆ PAR EXT. PÉJ. Personne qui aime faire régner l'ordre, surveiller. *C'est un vrai flic*! (⇨ **flicage**, **fliquer**).

(it.) A. Duro, *Vocabolario della lingua italiana*, 1987, II: 316.

> **esìguo** agg. [dal lat. *exiguus*, der. di *exigĕre* nel sign. di «pesare esattamente»: quindi «esattamente pesato», poi «troppo strettamente pesato»]. — Piccolo, tenue: *in e. misura*; *la spesa è veramente e.*; *un e. guadagno*; *una parte e. dei suoi averi*. Più raram., esile, sottile, riferito a forme e proporzioni materiali, fisiche: *membra e.*, *una e. corporatura*. ◆ Avv. *esiguamente*, in maniera esigua, scarnamente.

(bünd.) Th. Ebneter, *Wörterbuch des Romanischen von Obervaz, Lenzerheide, Valbella*, 1981: 133.

esch [ẹš] m. Türe. (Vgl. *poarta, barcheun pegna, schenna d'iert*) ~ d'avugl, ~ dil galiner, ~ dil zon. Stall-, Hühnerstall-, Verschlagstüre. ~ dil foarn. Backofentüre. *Davroir, sarar igl* ~ die Tür öffnen, schliessen. Igl ~ e meaz daviert, daviert aint, saro. Die Türe ist halb offen, ganz offen, geschlossen. *Parts digl ~ d'avugl* Teile der Stalltüre.

(asp.) M. Alonso, *Diccionario medieval español*, 1986, I: 63.

abundo. (l. *abundus*). adv. m. s. XV. Abundamiento, abundancia: «La qual deesa fingieron los poetas dar su *abundo* por un cuerno», J. de Mena, *Coronación* (1438—39), II, S. 270, ed. 1512.

(pg.) J. P. Machado, *Dicionário etimológico da língua portuguesa*, ⁶1990: 472.

Esquerdo, adj. Do basco *ezker*, «esquerdo»; cf. REW 3, n° 2116. séc. XV: «eram acerqua do carro aa parte diestra hommẽes e molheres que cantavã e faziam allegrias e da parte *esquerda* eram os prisoneiros e cativos . . .», *César*, p. 22.

(afrz.) A. J. Greimas, *Dictionnaire de l'ancien français jusqu'au milieu du XIVe siècle*, 1969: 364.

lez, les prép. (fin XIIe. s. Guiot; lat. *latus*, côté). Prép. de lieu, À Côté, près de: *Leis m'amie t'en voi* (Guiot). *Par les*, à côté de. *Deles*, à côté. V. DELES.

(gal.-sp.) *Diccionario galego-castelán*, 1988: 927.

tixela, sf. Sartén, recipiente poco hondo, con mango que se emplea para freír. TIXOLA, SARTAÑA.

(it.-dt.) *Dizionario illustrato italiano-tedesco/tedesco-italiano* Longanesi/Brockhaus, 1974, I: 330; II Teil: 801.

grana 1) *f* getrocknete Ko(s)chenille; das Kar(mes)inrot **2)** *f* (*Struktur*) das Korn; (*fam.*) das Ärgernis; *di ~ fine* feinkörnig; *formaggio di ~* körniger Käse; **3)** *f* Scherereien machen; *è scoppiata una ~* es hat Kontroversen gegeben; **4)** *f* (*vulg.*) der Zaster, Pinke; **5)** Parmesankäse.

der **Zaster** - [s] (*volg.*) quattrini m. pl., soldi m. pl. (*fam.*).

(it.) M. Pfister, *Lessico Etimologico Italiano*, 1994, IV/43: 1246—1248.

Barbara.

[1246] **1.a.** It. **Santa Bàrbera** ‚camera nella parte posteriore della nave, formata da una paratica o sotto il primo ponte delle navi, e sotto il falso ponte nelle fregate, dove sono le polveri e i proiettili carichi' (Saverien 1769; D'AlbVill 1805), *Santa Bàrbara* (D'AlbVill 1771 s.v. *saint* - Melzi 1950), *santabàrbara* (dal 1805, D'AlbVill; DO 1990), gen. *santa-bàrboa* Casaccia[1], romagn. *santabêrbra* Mattioli, faent. *santabêrbara* Morri, trent. or. (rover.) *Santa Barbera* [1247] Azzolini, elb. *santabàrbara* Diodati, sic. *santabbarbara* Traina [. . .] **1.b.** ‚4 dicembre, festa di Santa Barbara' [. . .]. **2** ‚piante' [. . .].

[1248] Santa Barbara (1.) fu una martire vissuta a Nicomedia verso il 240 (o a Eliòpoli in Egitto nel 306 ca.). Secondo la leggenda fu decapitata dal proprio padre Diòscuro che subito dopo venne incinerito da un fulmine; perciò fu invocata, inizialmente con i Santi Simone e Giuda, nei temporali d'autunno (come testimoniano numerose iscrizioni su campane che venivano suonate), nell'imminenza di un temporale, oppure una formula di scongiuro diffusa nel Ticino e nel Moesano. Santa Barbara figura fra i quattordici santi ausiliatori e viene invocata in Italia, Francia, Spagna e Portogallo per ottenere la grazia di poter ricevere i sacramenti in punto di morte improvvisa, in particolare perché protegga da morte per fulmine o esplosione. Perciò è diventata nel medioevo la protrettrice dei bombardieri e dei minatori contro il tuono e lo scoppio delle polveri [...].

(rom.) W. Meyer-Lübke, *Romanisches Etymologisches Wörterbuch*, [3]1935: 164.

1720. **carrūca** (gall.) „Wagen".

Log. *karruga* „Schlitten", „Schleife", grödn. *t'aruia* „kleiner Leiterwagen", prov. *caruga* „kleiner Karren", rouerg. *karrügo* „eindeichseliger Ochsenwagen", frz. *charrue* (> kat. *xaruga*, pg. *charrua*) „Pflug", namentlich im Norden und Südosten üblich, auch „ein Feldmaß", afrz. „Karren", ahd. *karruh* „Karren". - Ablt.: it. *carrucola* [...]. Die Bedeutung „Räderpflug" ist nur nordfrz., beruht also entweder auf einer gall. Pflugform, die *aratrum* „Hackenpflug" *602* nicht hat aufkommen lassen oder auf einer Übertragung von *carruca* „Wagen" auf einen von Franken übernommenen Räderpflug [...]. Möglich ist gall. *carruca* „Pflug" neben von den Römern wieder gebrachtem oder festgehaltenem *carruca* „Wagen", das im Afrz. früh aufgegeben wurde. — Diez 23; Förster, Zs. 29,5; Huber 51.

Wie man aus den zitierten Artikeln ersehen kann, ist die Informationsstruktur je nach Ausrichtung der einzelnen Wörterbücher verschieden aufgebaut. Eine erste Unterscheidung betrifft die Opposition zwischen *Synchronie* und *Diachronie*. *Synchrone* Definitionen und Informationen sind auf bestimmte, überholte oder gegenwärtige Sprachzustände festgelegt. *Diachrone* Wörterbücher vermitteln eine *historisch-etymologische* Information, die knapp aussieht und auf die Rekonstruktion des Etymons beschränkt ist oder die allmähliche Entwicklung des *signifiant* und des *signifié* über alle Jahrhunderte hindurch umfassen kann. Eine zweite Unterteilung trennt die *einsprachigen* von den *zweisprachigen* Wörterbüchern. Letztere beinhalten die Übersetzung von Lemmata aus einer *Ausgangssprache* in eine *Zielsprache* (*Her-* oder *Hinübersetzung*, je nachdem wir von einer Fremdsprache in unsere Muttersprache oder umgekehrt vorgehen). Wenden wir uns jetzt den einzelnen Komponenten des Artikelaufbaus zu:

1 Lemma, fettgedruckt.
2 Aussprache: mit Angaben zu fehlerhaften Aussprachevarianten; Notationen in IPA oder in anderen Systemen (vgl. *esiguo*, mit [ś] = [z], sth. Sibilanten).
3 Kennzeichnung der Wortart sowie weitere grammatikalische Angaben, wie Genus, Pluralbildung, Konjugation unregelmäßiger Verben, Auxiliarselektion.
4 Typographische Zeichen zur Strukturierung des Artikels (**1**, **2**; ◆; —) oder zum Verweis auf weitere Artikel (⇨).
5 Etymologie: mit Datierung des ersten Belegs und teilweiser Rekonstruktion des semantischen Werdegangs.
6 Definitionen: entweder mit Hilfe eines Synonyms oder einer Periphrase, mitsamt einer reichen Beispielsammlung (aus eigenen erfundenen Kontexten oder aus literarischen Texten).
7 Syntagmatische Affinitäten und Selektionen, die sog. **Kollokationen**.
8 Verweise auf übertragene **Bedeutungen** (Metaphern, Metonymien, Synekdochen).
9 Varietätengebundene (regionale, registerabhängige, schichtenspezifische) **Markierungen**.
10 Synonyme, **Antonyme**, **Ableitungen**, **Komposita**, **feste Redewendungen**.

In zweisprachigen Wörterbüchern wird normalerweise die gleiche Reihenfolge der Informationsteile bewahrt, wobei die Bedeutungsangaben in Form der zweisprachigen **Äquivalenzen** erfolgt. Äquivalenzen sind zudem den kontextuellen *Redebedeutungen* untergeordnet, die oft mit in der Ausgangssprache abgefaßten *Kontextangaben* oder mit *Synonymen* verdeutlicht werden. Größte Sorgfalt sollte bei der Angabe von *Hyponymen* und *Hyperonymen* walten, die zur richtigen Übersetzung einer fremdsprachigen Einheit beitragen. Das gal.-sp. Wörterbuch versäumt z. B. zu betonen, daß *texela* «é aplicada en moitas zonas de Galicia á plancha de facer filloas», also zur Vorbereitung bestimmter typischer Kuchen verwendet wird, nicht in einem allgemeinen Kontext, wo der kohyponymen Einheit *sartaña* der Vorzug gegeben wird. Schematisch:

tixela ǀ *sartaña*	(gal.)	Hyponymie
sartén	(sp.)	Hyperonymie

Außerdem zeigt das it.-dt. Bsp. die absolute Notwendigkeit, bei der Her- und Hinübersetzung die gleichen Kontexte zu berücksichtigen: Die Äquivalenzenangaben von dt. *Zaster* sind lückenhaft, da die unmittelbare, schichtenspezifische Entsprechung *grana*, die in der Herübersetzung verzeichnet wurde, in der Hinübersetzung nicht erscheint.

Etymologische Wörterbücher vermitteln eine recht ausführliche und kritische Information über die Bezeichnungs- und die Bedeutungsentwicklung, ausgehend von der belegten oder rekonstruierten (und deshalb mit Sternchen versehenen) Basis und den schon vorgeschlagenen Lösungen. Ergänzt wird die etymologisch-historische Darstellung durch eine Übersicht über die regionalen Varianten. Die gesamte Geschichte des Wortes, analysiert anhand von Textbelegen, wird erfaßt von den *historischen* Wörterbüchern.

BIBL. Hausmann (op. cit., § 71): Kap. 2—5; Hartmut Kleineidam/Walter Gottschalk, *Französische Synonymik*, München (Hueber), [6]1972; Kurt Baldinger, *Introduction aux dictionnaires les plus importants pour l'histoire du français*, Paris (Klincksieck), 1974; Josette Rey-Debove, *Étude linguistique et sémiotique des dictionnaires français contemporains*, The Hague/Paris (Mouton), 1977; Max Pfister, *Einführung in die romanische Etymologie*, Darmstadt (Wissenschaftliche Buchgesellschaft), 1980; Carla Marello, *Dizionari bilingui, con schede sui dizionari italiani per francese, inglese, spagnolo, tedesco*, Bologna (Zanichelli), 1989; Otto Jänicke, *Französische Etymologie. Einführung und Überblick*, Tübingen (Niemeyer), 1991; Valeria della Valle, *La lessicografia,* in: Luca Serianni/Pietro Trifone (Hgb.), *Storia della lingua italiana*, Torino (Einaudi), 1993: 23—92; Wolf Dietrich/Horst Geckeler, *Einführung in die spanische Sprachwissenschaft*, Berlin (E. Schmidt), [2]1994: 113—118.

73 Frequenzwörterbücher. Fachwörterbücher. Rückläufige Wörterbücher.

Frequenzwörterbücher ermitteln, welche Lemmata im täglichen Sprachgebrauch (= ‚Norm') am häufigsten vorkommen; anhand dieser Angaben hat man auch Mindestwortschätze angefertigt (*dictionnaires fondamentaux*), die nur die in der gesprochenen und geschriebenen Sprache über eine hohe Frequenz belegten Wortschatzeinheiten (ca. 7.000—10.000) erfassen. Anhand weniger it. Beispiele wollen wir kurz die Nützlichkeit solcher Informationen überprüfen. In dem von Tullio De Mauro koordinierten *Lessico di Frequenza dell'Italiano Parlato* (LIP) wurden Tonbandaufnahmen von normalen, täglichen Redeakten (Telefongespräche, Dialoge, Vorlesungen) in vier Großstädten (Mailand, Florenz, Rom, Neapel) durchgeführt und ausgewertet. In dem von IBM erstellten *Vocabolario*

Elettronico della Lingua Italiana wurden Nachrichten aus verschiedenen Quellen (ANSA; Zeitungen) ermittelt und ausgerechnet. Stellt man Vergleiche zwischen dem im LIP und im VELI zusammengetragenen Material an, werden einige aussagekräftige Ergebnisse offenkundig:

(1) *Frequenz von autochthonen Strukturen.*

frequenzmäßig:	hoch		niedrig	
[LIP]	*buttare*		*gettare*	
	puro		*mero*	
	scarso		*esiguo*	
[VELI]	*buttare*	(2997)	*gettare*	(2098/10.000)
(Rangordnung nach Frequenzwerten)	*puro*	(1596)	*mero*	(7816)
	scarso	(1515)	*esiguo*	(5497)
	sembrare	(186)	*parere*	(839)
	capo	(253)	*testa*	(725)
	spesso	(799)	*sovente*	(6197)

(2) *Frequenz von fremdsprachigen Neologismen.*

Folgende *Fremdwörter* (unter 10.000 ausgewählten Lemmata) weisen ggb. den entsprechenden gleichbedeutenden einheimischen Wortschatzeinheiten höhere Frequenzwerte im täglichen Usus auf: *test, spot, equipe, team, pool, boss, stress, weekend, hobby, killer, task-force, trend, yacht, stand, escalation, summit, embargo, fast food, party, telefilm, west, night, cast, soft, match, yuppie, card, jep, bit, cash, check, quiz, scoop, jogging, top.*

Fachwörterbücher dringen weit in die Randbezirke des Wortschatzes vor; sie erfassen Einheiten, die nicht dem normalsprachlichen Gebrauch angehören: (it.) *parotite ‚Ohrspeicheldrüse‘* (Medizin); *diritto d'usucapione* ‚Nießgebrauchsrecht‘ (Rechtswissenschaft); *Svarabhakti* ‚Vokaleinschub‘ (Linguistik). Für Fachwörter sieht der Laie manchmal „normale“ Ausdrücke, die expressiver (oder durchsichtiger) sind, vor: *orecchioni* ‚parotite‘; *colpo della strega* ‚Hexenschuß‘ (‚Lumbago‘).

Rückläufige Wörterbücher verzeichnen die Wörter ausgehend von den Endungen (*Zebra* steht unter A-, *Absturz* unter Z-): Sie sind sehr nützlich bei der Suche nach Suffixen oder nach Reimwörtern.

Konkordanzenwörterbücher verzeichnen in alphabetischer Anordnung alle in einem Werk vorkommenden Wörter mit Angabe der Textstellen, in denen sie auftreten. Schlägt man z. B. in den *Concordanze* Manzonis die Frequenz von *sovvenire* ‚sich erinnern‘ nach, so erfährt man, daß dieses altertümelnd wirkende Verb nur einmal in der endgültigen Revision seines Hauptwerkes *I Promessi Sposi* (1840) beibehalten wurde.

BIBL. Hausmann (op. cit., § 71): 112—138; Georges Gougenheim, *Dictionnaire fondamental de la langue française,* Stuttgart (Klett), 1966; Ignacio Bosque/Manuel Pérez Fernández, *Diccionario inverso de la lengua española,* Madrid (Gredos), 1987; Elvira Muñoz, *Diccionario de palabras olvidadas o de uso poco frecuente,* Madrid (Paraninfo), 1993.

III. Die nachstrukturalistische Sprachwissenschaft

74 Die GTG.

Wenn eine Richtung den europäischen und nordamerikanischen Fortschritt im Bereich der Sprachwissenschaft bestimmt hat, ist dies zweifellos der *Strukturalismus*. Bis etwa 1965, wenn auch in differenzierter Tiefe und Ausprägung in den verschiedenen rom. Ländern, definiert die strukturalistische Orientierung Forschung und Lehre der Romanistik. Erst das Aufkommen der **Generativen Transformationsgrammatik** (GTG) Noam Chomskys brachte eine radikale Wende. Zuerst mit *Syntactic Structures* (1957), dann in verfeinerter Formulierung mit *Aspects of the Theory of Syntax* (1965) stellt Chomsky ein äußerst attraktives, zum Strukturalismus alternatives Modell der Theoriebeschreibung bereit. Den bald weltweit anerkannten Erkenntnissen und Erträgen im Rahmen der allgemeinen Linguistik (und auch weiterer Sonderbereiche wie: *Psycho-* oder *Neurolinguistik*) entsprach leider keine stabile Arbeitsmethode: Noch 1981 (*Pisa Lectures*: *Government and Binding*) hat Chomsky ein weiteres operatives Modell vorgestellt, das seither unaufhaltsamen Verbesserungen und Adaptationen unterworfen worden ist. Nicht zuletzt infolge dieses ständigen Wechsels des Arbeitsgerüstes hat sich die GTG auf den deutschsprachigen Lehrstühlen für Romanistik keiner breiten Aufnahme erfreut. Dies ist der Grund dafür, daß wir hier in stark vereinfachter Darstellung nur einige Hauptbegriffe einführen und erörtern.

BIBL. Eugenio Coseriu, *Leistung und Grenzen der Transformationsgrammatik*, Tübingen (Narr), 1975; Andrew Radford, *Transformational Syntax. A Student's Guide to Chomsky's Extended Standard Theory*, Cambridge (CUP), 1981; Id., *Syntactic Theory and The Acquisition of English Syntax,* Oxford (Basil Blackwell), 1990.

75 Universelle Grammatik. Kompetenz und Performanz. Adäquatheit.

Anliegen der GTG ist es, keine einzelsprachliche Grammatik zu beschreiben oder zu erstellen, sondern **universelle grammatische Regeln** zu formulieren, mit Hilfe derer ein Sprecher in der Lage sein soll, richtige Sätze in seiner Muttersprache oder in einer Fremdsprache bilden (= generieren) zu können. Diesem Universalitätsprinzip liegt die Vermutung zugrunde, daß die dem Kinde angeborene Fähigkeit, seine Muttersprache durch eigens konstruierte Schemata allmählich zu strukturieren und zu erlernen, beschreibbar und nachvollziehbar sei. Mit diesem Prinzip eng verbunden ist das Postulat, demzufolge der *native speaker* seine Muttersprache perfekt beherrscht, also über eine stets ausgeglichene und makellose **Kompetenz** verfüge. Die Kompetenz entspricht etwa dem Begriff der *Langue*, doch genau wie bei de Saussure kann der Sprecher in seiner Sprechtätigkeit alternative Strukturen verwenden. Die kontextbedingte Aktualisierung von Strukturen heißt **Performanz**.

Über die Tauglichkeit, besser die **Adäquatheit** der tatsächlich realisierten Äußerungen kann — Chomsky folgend — der Muttersprachler jederzeit entscheiden und von der Kompetenz abwandelnde Strukturen verurteilen (was mit einem Sternchen gekennzeichnet wird: *). Immerhin sind *ungrammatische*, aber sich in der *Parole* oder in der *Norm* behauptende Strukturen in der GTG als „unter Umständen akzeptable Strukturen" markiert (und zwar mit ? oder ?? je nach dem abweichenden Grammatikalisierungs- oder Adäquatheitsgrad gekennzeichnet). Bsp.:

(frz.) *la maison dont j'habite le premier étage*;
(?) *la maison que j'en habite le premier étage*;
(*) *la maison que j'habite le premier étage.*
(it.) *io e tu ci ameremo sempre*;
io e te ci ameremo sempre;
tu e io ci ameremo sempre;
(?) *te e io ci ameremo sempre*;
(??) *te e me ci ameremo sempre*;
(*) *tu e me ci ameremo sempre.*

Die fraglichen Strukturen werden von varietätenlinguistischen Ansätzen (↗ § 112) verschiedenen Substandards zugeschrieben (*français familier*, *populaire* usw.).

BIBL. Lorenzo Renzi, *Nuova Introduzione alla Filologia romanza*, Bologna (Il Mulino), [2]1987: Kap. 4 (*La grammatica generativo-trasformazionale*).

76 Tiefen- und Oberflächenstruktur im Syntaxmodell. Transformationen.

Das Modell Chomskys mißt der *Syntax* eine privilegierte Rolle in der Definition von universellen Regeln bei. Dieser Primat der Syntax stellt eine Innovation ggb. früheren Ansätzen dar. Allerdings unterscheiden die Generativisten in ihren Beschreibungen zwei verschiedene syntaktische Stufen: eine, auf einer abstrakten Ebene anzusiedelnde **Tiefenstruktur** (TS), die die *Erzeugungsregeln* von universellen Syntaxgefügen umfaßt, und eine **Oberflächenstruktur** (OS), die die schon aktualisierten, d. h. phonologisch realisierten Sätze enthält. Die Begründung für diese theoretische und heuristische Unterteilung beruht auf der Feststellung, daß einfachen oberflächlichen Strukturen öfters komplexe Tiefenstrukturen zugrunde liegen; vgl.:

(lat.) OS — TS

metus hostium { ‚Die Angst *des* Feindes' / ‚Die Angst *vor dem* Feinde'

(it.) *l'elezione di Giovanni* { ‚Die Wahl ist auf Giovanni gefallen' (Patiens) / ‚Die Wahl, die Giovanni getroffen hat' (Agens)

Um von der TS zur OS zu gelangen, setzen die Generativisten **Transformationen** voraus. Ein stark vereinfachtes Bsp. von *Transformation* kann anhand der schon besprochenen lat. Struktur des Akkusativs mit Infinitiv geliefert werden:

F_1[iussi ut F_2[tu_{Sub} ires]] → (Transformation: *raising* oder ‚Bewege' *tu* nach ‚oben', also zu F_1): F_1 [iussi te_{Oi} [$Ø_i$ ire]].

Wie man sieht, hinterlassen Transformationen leere Strukturen (Ø), sog. *Spuren*, die syntaktisch mit der bewegten Satzkonstituente *koreferent*, also funktionell äquivalent (und deshalb mit untergesetztem $_i$ gekennzeichnet) sind. Gerade die Präsupposition, daß *leere Konstituenten* (wie Spuren oder *Pro-Formen*), also phonologisch nicht realisierte Strukturen, sich syntaktisch genauso wie ausgedrückte Satzkonstituenten verhalten (vgl. [Pro *piove*] und [*il pleut*]), konstituiert ein für die Abstraktion allgemeingültiger Regeln unerläßliches Arbeitsinstrument.

In der neuen Konzeption der GTG sind Haupt- und Nebensätze mit Querbalken notiert (S, $\bar{S}$) und *Konjunktionen*, *Relative*, *Exklamative* stellen sog. *complementizers* (COMP) dar, die als restriktive Barrieren gegen *inadäquate* Transformationen fungieren. Auch sind, im Ggs. zu früheren Versionen, TS und OS jeweils durch DS (*deep-structure*) und SS (*surface-structure*) ersetzt worden, um die Nicht-Identität der Fachbegriffe hervorzuheben. Der Aufbau der Grammatik kann folgendermaßen vorgestellt werden:

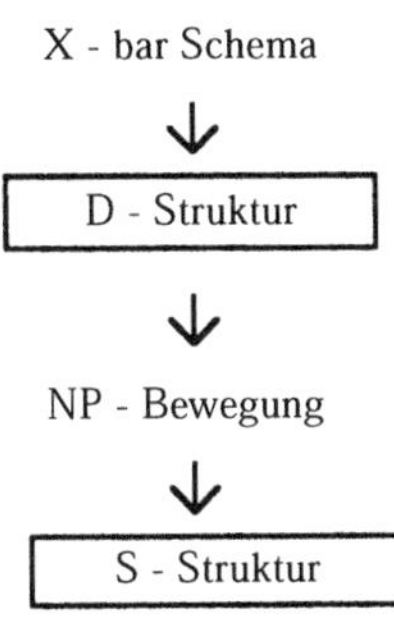

BIBL. Gisbert Fanselow/Sascha W. Felix, *Sprachtheorie. 2: Die Rektions- und Bindungstheorie*, Tübingen (Francke), [3]1993; Luigi Rizzi, *Spiegazione e teoria grammaticale*, Padova (Unipress), 1990: Kap. 1 (*Sul principio di soggiacenza*).

77 Am Rande der GTG: Generative Semantik. Natürliche Ansätze.

Seit der bahnbrechenden syntaktischen Analyse Chomskys Ende der fünfziger Jahre hat es nicht an kritischen Stimmen auch innerhalb des „generativen Kreises" gefehlt, die „Splitterungen" und neue „Ansätze" mit sich gezogen haben. *Semantik* und *Morphologie* stellen seit dem ersten Entwurf des generativen Modells Stiefkinder dar. Die **generative Semantik** ist als Reaktion auf die „Bedeutungsfeindlichkeit" der Standardtheorie entstanden. Unter Berufung auf die *Prädikatenlogik* werden in diesem Ansatz Lexeme als syntaktisch strukturierte Gefüge zerlegt, die gleichzeitig als semantische Grundkomponenten aufgewertet werden. Vgl.:

(frz.) *tuer* = (laisser) + (quelcun) + (mourir);
(it.) *abbaiare* = (emettere + (caratteristico + (alto, forte).
il suono) del cane)

Mit dem Attribut **natürlich** sind verschiedene Ansätze entwickelt worden, die darauf abzielen, Prozesse nach ihrer Aktualisierungswahrscheinlichkeit zu beschreiben und zu bewerten. Komplizierte Bildungsprozesse stellen z. B. weniger — oder nicht — *natürliche* Verfahren dar. So sind nicht-motivierte, gelehrte Ableitungen morphologisch *nicht natürlich*:

(frz.) *chasse* → *chasseur* [+ natürlich] vs
chasse → *cynégénétique* [- natürlich];
(it.) *cane* → *canile* [+ natürlich] vs
cane → *cinofilo* [- natürlich].

Neologismen können ebenfalls unter dieser Sichtweise untersucht werden:

(frz.) *position* → *dis-/colloquer* [- nat] // → *positionner* [+ nat];
(it.) *velocità* → *accelerare* [- nat] → // → *velocizzare* [+ nat].

Auch phonetisch/phonologische Prozesse unterliegen dieser Dichotomie:

[ptk] → [$p^h t^h$h] [+ natürlich] vs [bdg] → [$b^h d^h g^h$] [- natürlich].

Die höhere Vorkommensfrequenz des ersten Prozesses (z. B. tosk. [la ˈhasa] *la casa*) bekräftigt diese *Natürlichkeitshypothese*, was aber nicht ausschließt, daß „weniger natürliche Prozesse" zustandekommen: im Westgal. ist die *gheada*-Erscheinung, wonach [g] → [g^h] ([ˈg^hato, ˈθeg^ho] *gato*, *cego*), eine sehr verbreitete dialektale Eigentümlichkeit.

Optimierungsprozesse liegen auch der **Natürlichen Generativen Grammatik** zugrunde, die die strikte Bindung zwischen phonologischen und syntaktischen Regeln in der Standardtheorie Chomskys ablehnt. Im Rahmen der *Phonologie* werden z. B. Gesetze formuliert, die die optimalen Selektionskonstitutionen in diachronen Prozessen überschaubar machen sollen. Das *progressive Assimilationsgesetz* Robert Murrays besagt z. B., daß beim Zusammenstoß von zwei Konsonanten der stärkere C vom weniger stärkeren C dominiert (= assimiliert) wird: (lat.) FUR/NUM > (sd.) [ˈfurru]; (afrz.) *jal/ne* > (it.) *gia*[ll]*o*.

BIBL. Helbig (op. cit., § 38): 53—131; Mario Alinei, *La struttura del lessico*, Bologna (Il Mulino), 1974; Renate Bartsch/Theo Vennemann, *Grundzüge der Sprachtheorie. Eine linguisti-*

sche Einführung, Tübingen (Niemeyer), 1982; Theo Vennemann, *Preference Laws for Syllable Structure and the Explanation of Sound Change*, Berlin (Mouton de Gruyter), 1988; Mariane Kilani-Schoch, *Introduction à la morphologie naturelle*, Bern/Frankfurt/M. (P. Lang), 1988; Bernhard Hurch, *Über Aspiration. Ein Kapitel aus der natürlichen Phonologie*, Tübingen (Narr), 1988; Hans Geisler, *Akzent und Lautwandel in der Romania*, Tübingen (Narr), 1992: Kap. 1 (*Theoretische Grundlagen*).

78 Der typologische Ansatz. Typologie und Universalienforschung.

Die *Aufbauprinzipien*, die eine Sprache charakterisieren, machen den **Sprachtypus** aus. Der Begriff **Typus** wurde zuerst, mit *klassifikatorischen Zielen*, von den Sprachvergleichern und -philosophen des letzten Jhs. verwendet (August Wilhelm Schlegel, Wilhelm von Humboldt), obgleich Adam Smith ihn schon 1761 in seiner Dissertation *On the Origin of Languages* gebraucht hatte. Die moderne Typologie bezweckt, ohne Rücksicht auf genetische Verwandtschaften (*Sprachfamilien*) oder *areale Zusammenhänge* (*Sprachbünde*: ↗ § 98), die hervorstechenden Konstitutionseigenschaften der Weltsprachen aufzudecken und zu vergleichen.

Eng verwandt mit der Typologie, aber nicht mit ihr zu vermengen, ist die **Universalienforschung**, die danach strebt, *formale* Spracheigenschaften und Verfahren aufgrund empirisch erhobener Vergleichsdaten zu identifizieren, die allen Sprachen der Welt gemeinsam sind. Die Typologie versucht hingegen, in Abstimmung auf formale Universalien jene *funktionellen* Züge herauszuarbeiten, die jede einzelne Sprache im Laufe ihres Werdegangs entwickelt. Auf der Basis solcher Daten werden dann sog. *Skalaritäten*, d. h. induktiv-implikationelle Aussagen über alle erdenklichen typologischen Entfaltungen ermittelt. Einige Bsp. mögen diese Begriffe beleuchten. *Universalien* sind z. B.: (1) *Alle Sprachen der Welt kennen orale Vokale*; (2) *alle Sprachen der Welt drücken Besitzverhältnisse aus*. Eine *Implikation* in bezug auf (1) wäre: *Besitzt eine Sprache nasale V* (z. B. frz. [ã]), *dann kennt sie notwendigerweise auch orale V* ([a]). Ein *sprachtypologisches* Verfahren, das skalaartig beschrieben werden kann, betrifft die *Relativangabe*. Da kann man prinzipiell drei typologische Konstruktionen erkennen, die zur Ausgliederung der Romania und zur Differenzierung des Substandards geführt haben:

(1) Relativkennzeichnung mittels morphologischer Flexion:

Formen			Funktionen	
lat.	dt.	sp.		
QUI	*der*	*que*	Nom	(*el hombre que come*)
CUIUS	*dessen*	*cuyo*	Gen	(*el hombre cuyas lecciones sigo*)
CUI	*dem*	*a quien*	Dat	(*el hombre a quien he dado el dinero*)
QUEM	*den*	*que*	Akk	(*el hombre que ves*)

(2) Relativkennzeichnungen mittels syntagmatischer Markierung:

(it. pop.):

	Ø	Nom	(*l'uomo che mangia*)
che +	*ne*	Gen	(*l'uomo che ne parli* ‚di cui')
	gli/le (*ci*)	Dat	(*l'uomo che gli sei andato addosso* ‚a cui')
	Ø (*lo*)		(*l'uomo che vedi*)

(3) Relativkennzeichnung mittels kontextueller Disambiguierung:

(sd. camp.):

	Nom	[s ˈomini]	+	[*ki* ˈβáppaða]
	Gen	[s ˈomini]	+	[*ki* mi ˈazi ˈnau ariˈzeu] ‚che mi hai detto ieri'
[ki] + Ø	Dat	[s ˈomini]	+	[*ki* ˈapu doˈnau su diˈnai] ‚che gli ho dato i soldi'
	Akk	[s ˈomini]	+	[*ki* ˈbizi]

Gestützt auf zahlreiche Feststellungen dieser Art, haben einige Linguisten eine induktiv-implikationelle *Skalarität* der *Relativierung* von NP aufgestellt, die wie folgt aussieht:

Sub > O_{dir} > O_{ind} > Gen, Poss.

Diese von Edward Keenan und Bernard Comrie aufgearbeitete Implikation besagt, daß NP, die als Sub fungieren, leichter zu relativieren sind als NP, die ein Genitiv- oder Possessivverhältnis ausdrücken.

BIBL. Bernard Comrie, *Language Universals and Linguistic Typology. Syntax and Morphology*, Chicago (CUP), 1981; Paolo Ramat, *Linguistic Typology*, Berlin/New York (de Gruyter), 1987: Kap. 1 und 2.

79 Morphologische Typologie. Idealtypen. Synthetisch vs Analytisch.

Die mit glottogenetischen und klassifikatorischen Kriterien erarbeiteten Typen („die Sprache A ist *primitiver* oder *weniger vollkommen* als die Sprache B"), die vornehmlich auf Schlegel und Humboldt zurückgehen, basieren auf den verschiedenen Strategien, die die Weltsprachen ergreifen, um *relationelle* Satzfunktionen zum Ausdruck zu bringen. Da solche Relationen in den indogermanischen Sprachen mittels *gebundenen Morphemen* ausgedrückt werden, hat sich der Terminus **morphologische Typologie** eingebürgert, mit dem man die sich mit diesen Klassifikationen beschäftigende Teildisziplin bezeichnet. Folgende Haupttypen, die wir hier mit Hilfe rom. Belege verdeutlichen, werden anerkannt:

(1) Der **flektierende** Typus: Gram. Beziehungen werden durch *gebundene* Morpheme ausgedrückt: (lat.) AQUA, -AE, -AE, -AM, -Ā; (it.) *cant-* o/i/a/iamo/ate/ano.

(2) Der **isolierende** Typus: Gram. Beziehungen werden durch *freie* Morpheme ausgedrückt; die Wortstellung trägt zur Funktionsdekodierung der Aktanten bei: (sp.)

agua - de agua - al agua - con agua; (it.) *acqua - di acqua - all'acqua - con acqua*; (frz.) *le roi voit le duc* vs *le duc voit le roi.*

(3) Der **agglutinierende** Typus: *Gebundene* Morpheme werden an die lexikalische Basis nacheinander angefügt: *bimbo, bambo* → *bamb/ino* → *bamb/in/etto* → *bamb/in/ett/ino.*

(4) Der **polysynthetische** (oder **inkorporierende**) Typus: *Freie* und *gebundene* Morpheme werden ineinandergefügt, verschmolzen; die so gebildeten Gefüge entsprechen Sätzen: (it.) *me+ne+frego+ -ismo* → *menefreghismo* ‚il fatto di fregarsene di tutto'; (frz.) *je +me+en+fous+ -isme* → *je m'en foutisme.*

(5) Der **introflexivische** Typus: Grammatikalische Beziehungen werden durch interne Variationen in den Lexemen gekennzeichnet: (it.) *faccio - feci*; (rum.) *dorm* ‚ich schlafe' - *doarme* ‚er/sie schläft'; *cade* ‚er fällt' - *căzu* ‚er fiel'.

Die fünf hier aufgelisteten Typen sind in Wirklichkeit nur **Idealtypen**, die nicht vereinzelt auftreten. Seit Vladimir Skaličkas Revision der *morphologischen Typologie* (1958) weiß man, daß ein Idealtypus in einer Sprache nur *dominant* sein kann (z. B. der isolierende Typus im Chinesischen oder der agglutinierende Typus im Finno-Ugrischen), doch scheinen die meisten Sprachen der Welt an mehreren Typen gleichzeitig teilzuhaben, wie die oben angeführten Bsp. zeigen.

Die Frage nach der Art der *Synthese* veranlaßte den amerikanischen Linguisten Edward Sapir 1921, die Opposition zwischen **synthetisch** und **analytisch**, die bei Schlegel noch ziemlich undifferenziert war, neu zu bestimmen: *Synthetische* Strukturen werden mittels an Basislexemen angehängter gebundener Morpheme gebildet; *analytisch* ist dagegen für Sapir eine Struktur, die auf Lexemen und freien Morphemen basiert. Bsp.:

	synthetisch	↔	analytisch
pg.	*connosco* ‚mit uns'		*com ele* ‚mit ihm'
frz.	*je chanterai*		*je vais chanter* ‚ich werde singen'
kat.	*cantí*		*vaig cantar* ‚ich sang'
it.	*principino*		*piccolo principe* ‚kleiner Prinz'.

BIBL. Vladimir Skalička, *Typologische Studien*, Braunschweig/Wiesbaden (Steiner), 1979; Horst Geckeler, *Le français est-il une langue isolante? V. Skalička et la typologie du français*, in: Francisco J. Oroz Arizcuren (Hgb.), *Navicula Tubingensis. Studia in honorem Antonii Tovar*, Tübingen (Narr), 1984: 145—159; Horst Geckeler, *La place de l'espagnol dans la typologie des langues romanes*, in: *Homenaje a Alvaro Galmés de Fuentes*, Oviedo (Universidad), 1987, III: 99—120; Horst Geckeler, *Zur Typologie des Italienischen* (im Anschluß an V. Skalička), in: *Variatio Linguarum. Festschrift für Gustav Ineichen*, hgb. von Ursula Klenk/Karl-Hermann Körner/Wolf Thummel, Stuttgart (Steiner), 1989: 75—83; Horst Geckeler, *Alter Wein in neue Schläuche. Überlegungen zur Nützlichkeit verworfener traditioneller Kategorien für die typologische Beschreibung romanischer Sprachen*, in: Wolfgang Raible (Hgb.), *Romanistik, Sprachtypologie und Universalienforschung*, Tübingen (Narr), 1989: 163—191.

80 Die integrale Typologie Coserius und das Schicksal der Zweikasusdeklination.

Eine oft in Seminaren und Prüfungen gestellte Frage soll uns helfen, die zuvor vorgeführten Begriffe einsichtig zu machen und sie gleichzeitig um eine von Eugenio Coseriu vorgeschlagene wichtige Verfeinerung zu ergänzen. Betrachtet man die Nomendeklinationen des Lateins, so fällt gleich auf, daß durch ein *synthetisches* Verfahren (sechs gebundene Morpheme: Nom, Gen, Dat, Akk, Abl, Vok) zwei verschiedene Funktionen ausgedrückt werden: eine *paradigmatische*, *nicht-relationale* Funktion, die Genus- und Numerusoppositionen tangiert, und eine *syntagmatische, relationale* Funktion, die von den Kasus wahrgenommen wird. Im Rahmen der **integralen Typologie** werden also Formen und Funktionen ungetrennt voneinander untersucht. Bsp.:

synthetisch			
	- relational		+ relational
EQUUS	‚das Pferd'	EQUĪ	‚des Pferdes' (z. B. *der Besitzer*)
EQUĪ	‚die Pferde'	EQUŌ	‚zu Pferd' (z. B. *reiten*)

Ein *analytisches* Bildungsverfahren war in einigen Fällen z. T. zum Zweck der Hervorhebung vorgesehen: EQUŌ oder IN EQUŌ UEHI ‚reiten'; SILENTIŌ oder CUM SILENTIŌ ‚stillschweigend'. In der spätlat. Zeit verallgemeinert sich die Tendenz, Kasus samt Präpositionen zu gebrauchen: CUM TABULA, CUM AQUA, CUM LINGUA, EX ILLA AQUA. Bald aber verwendet man vorwiegend den *Akkusativus* anstelle der anderen Kasus: CUM IUMENTUM statt IUMENTŌ; IN SAECULUM statt IN SAECULŌ. Am Ausgang der vlat. Zeit blieben vollfunktional allein *zwei Kasus*: *Nominativ* und *Akkusativ*. Da der Akk weitgehend die Funktionen der untergegangenen Kasus übernimmt, spricht man eher von **Rektus** (Nom) und **Obliquus** (Akk, Gen, Dat, Abl, Vok). Die **Zweikasusdeklination** ist ein typologisches Charakteristikum des Afrz. und des Aprov., in den restlichen Sprachen der Romania sind nur erstarrte Überbleibsel, vorwiegend des Nominativs, aufrechterhalten worden. Das Rum. nimmt hier eine Sonderstellung ein, weil im Balkangebiet Nom/Akk von Gen/Dat formal unterschieden werden und zudem der Vok synthetisch gebildet wird. Nachfolgend ein vereinfachtes Schema dieser Situation:

	Galloromanisches Zweikasussystem			Romanisches Einkasussystem
	Rektus	Obliquus		Obliquus
(afrz.)	*li murs* < MŪRUS	*le mur* < MŪRUM	(sp.)	*el muro*
	li mur < MŪRĪ	*les murs* < MŪRŌS		*los muros*
(aprov.)	*lo murs*	*lo mur*	(it.)	*il muro*
	li mur	*los murs*		*i muri*

	Balkanisches Dreikasussystem		
	Nom/Akk	Gen/Dat	Vok
(rum.)	*omul*	*omului*	*omule*
	omii	*omilor*	*omilor*

Zur Veranschaulichung der Funktionalität von Rektus und Obliquus genügen wenige Bsp. aus der afrz. bzw. dem Anfang der mittelfrz. Periode:

Rektus	(Sub):	*Li chevaliers en tel maniere s'en part*;
	(O_{dir}):	*On m'apeloit seignor et mestre*;
	(O_{ind}):	*Isorie va tot counter Messobrys, son frere*;
	(Gen):	*le filleul son enfant.*

Bei transitiven V mit zwei Hauptaktanten (Sub - O_{dir}) ermöglichte die Zweikasusdeklination eine freie Wortstellung: *li reis vit le duc / le duc vit li reis / vit li reis le duc / le duc li reis vit*; *li rois le vilain apela* ‚le roi appela le vilain'; *li rois Tristran menace* ‚le roi menace Tristan'.

Der einschneidende Wandel vom synthetischen zum analytischen Typus im Nominalsystem erfolgte vollends in der mittelfrz. Zeit, als die Präp die relational-syntagmatischen Funktionen endgültig übernehmen und der Rektus untergeht: (mfrz.) *Le roy remist a Gloucestre*; *Promettre santé a ses patiens*; *filz de roy, filz al duc.* Mit der Aufgabe der Zweikasusdeklination geht eine starre Wortabfolge einher, die das Frz. an die Seite der anderen rom. Sprachen stellt: *le roi* (Sub/Ag) *voit le duc* (O/Pat) ≠ *le duc* (Sub/Ag) *voit le roi* (O/Pat); it. *il re vede il duca*; *il duca vede il re.*

BIBL. Leene Schøsler, *La déclinaison bicasuelle de l'ancien français*, Odense (OUP), 1984; Gabriele Eckert, *Sprachtypus und Geschichte. Untersuchungen zum typologischen Wandel des Französischen*, Tübingen (Narr), 1986: 124—155; Marianne Adams, *Verb second shifts in Medieval French*, in: Carl Kirschner/Janet DeCesaris (Hgb.), *Studies in Romance Linguistics*, Amsterdam (Benjamins), 1989: 1—31; Harm Pinkster, *Chronologie et cohérence de quelques évolutions latines et romanes*, in: Gerold Hilty (Hgb.), XXe Congrès Internationale de Linguistique et de Philologie Romanes (Zürich 8—11 avril 1992), Tübingen (Francke), 1993: 237—251.

81 Syntaxtypologie. Determinationsrichtung. Korrelationsbündel. Inkonsistente Typen.

Joseph Greenberg kommt das Verdienst zu, 1963 einen neuen Weg in der typologischen Forschung eingeschlagen zu haben, dem ein rascher und breiter Konsensus beschieden war. Auf der Basis festgestellter Regularitäten in den Satzgliedstellungen der Weltsprachen entwirft Greenberg ein Modell von **Grundwortabfolgen** (*Basic Word Orders* ‚Basisordnungen'), d. h. von pragmatisch nicht-markierten Sub-(V)-O-Sequenzialitäten. Vorgesehen sind fast alle Kombinationen, wobei allerdings wenige Abfolgen eine höhere Frequenz aufweisen, z. B. SubOV und SubVO, die für unsere Zwecke in Frage kommen. Eine direkte Implikation scheint zwischen der Grundwortabfolge, dem Vorhandensein von bestimmten Kategorien, und den Stellungen von determinierten (*Heads/Operands*) und determinierenden (*Modificators/Operators*) Satzkonstituenten zu bestehen. Diese Abstimmung der syntaktischen **Determinationsrichtung** auf die Wortabfolgen ist von Theo Vennemann als **Korrelationsbündel** bezeichnet worden. Einige Bsp. mögen diese Fachtermini beleuchten:

Typus : SubOV	Determinationsrichtung		Typus : SubVO
(lat.) Korrelationsbündel	(Operator → Operand)		(it.) Korrelationsbündel
Art = Ø: AQUA			+ Art: *l'acqua*
Gen - N: LUCI FILIUS	(→)	(←)	N - Gen: *il figlio di Lucio*
V - Aux: SCRIPTUM HABET	(←)	(→)	Aux - V: *ha scritto*

Wie aus dem Schema ersichtlich wird, können **Inkonsistenzen** bei der Definition von syntaktischen Typen auftreten: eine SubOV-Sprache, wie das Lat., kennt ja postponierte *Präpositionen* (MĒCUM, UESTRI HONORIS CAUSĀ ‚eurer Ehre halber'), die *konsistent* sind mit den von Greenberg postulierten universalen Implikationen, zeigt aber eine fast absolute Vorliebe für ihre Vorstellung: CUM, SINE, PER, AD + N. Wie in der morphologischen Typologie, so ist auch in der Syntaxtypologie mit keinen **Idealtypen**, sondern mit sog. **inkonsistenten Typen** zu rechnen. Inkonsistente Typen können sich abschließend auch ergeben, falls man allein formale Erscheinungen ins Auge faßt und sie als typologische Kriterien einrichtet.

Entsprechend den obigen Parametern soll eine konsistente SubOV-Sprache die Abfolge Adj+N aufzeigen. Das Lat. kennt zwar dieses Schema, das sogar bei Farbbezeichnungen vorherrschend ist: NIGRA NOX, CANDIDA COLLA, UIRIDIS MUSCUS (frz.) ‚pampre vert', PURPUREA ANIMA, FULVA NUBES, doch werden zahlreiche Adj oft nachgestellt: HOMO PAUPER, NUMINA LAEVA, SENTENTIA TRISTIS. Eine ähnlich kontroverse Verteilung läßt sich im Romanischen belegen:

(frz.) *d'un grave désaccord*; *grosses lunettes*; *une froide odeur*; *une nouvelle version*; *à un certain âge*; *un bref délire* vs; *le caractère brut*; *l'amour pur*; *un lien certain*; *une main froide*.

Es liegt also nahe, die rein formale Untersuchung mit einer funktionellen Unterscheidung zu ergänzen, woraus sich ergibt, daß *qualifizierende* Adj, die mit dem modifizierten N eine engere semantische Kohäsion eingehen (vgl. den Fall der **Epitheta** wie: *blanche neige*, *bianca neve*), dazu tendieren, vorgestellt zu werden, während *spezifizierende*, *kontrastive* Adj (*main froide* = ‚pas chaude'; *l'amour pur* vs *impur*) in der Regel der Postposition unterliegen (vgl.auch lat.: DUX ROMANUS ‚Führer, der Römer ist' [+ kontrastiv] vs ROMANUS DUX ‚Führer, der sich wie ein Römer verhält' [- kontrastiv + qualifizierend]).

BIBL. Joseph H. Greenberg, *Universals of Language*, Cambridge (CUP), 1966; John A. Hawkins, *Word Order Universals*, New York (Academic Press), 1983; Talmy Givón, *Syntax. A Functional-Typological Introduction*, Amsterdam (Benjamins), 1984, I. Band.

82 Romanische Syntaxtypologie und Klassifikation: die Negation.

Obwohl eingangs betont wurde, daß die Typologie primär nicht klassifikatorische Zwecke verfolgt, können typologische Einteilungen unmittelbar den Wert von Sprachlandschaftsausgliederungen übernehmen, wie aus der Analyse der Negationsschemata deutlich hervorgeht. Wir haben in der Romania *drei Negationstypologien*:

(1) NEG + V (Operator → Operand)	(afrz.) *ge ne sai*; (sp.) *no sé*; (it.) *non so*; (rum.) *nu ştiu*; sd. log. [non ˈisko];
(2) NEG + V + NEG	(frz.) *je ne sais pas*; vgl. auch dollad.: *íe ne ciante pas, iö ne cianti pa*;
(3) V + NEG (Operand ← Operator)	(fr. parlé) *je sais pas*; okz. *sai pas*; frprov. *dze si pa*.

Das aus dem obigen Vergleich resultierende Schema bedarf wiederum der Einbeziehung funktionaler Kriterien. Dabei ergeben sich zwei Probleme:

1. Zieht man das Kat. heran, fällt auf, daß diese Sprache an den typologischen Parametern (1) und (2) gleichzeitig teilnimmt: *no sé* und *no sé pas*. Werden funktionelle Kriterien eingeschaltet, dann leuchtet der Unterschied ein: Typus (1) ist nicht markiert (*no vinc* ‚ich komme nicht', im Ggs. zu *vinc* ‚ich komme'), Typus (2) hingegen ist pragmatisch markiert, bringt eine kontrastive Hervorhebung zum Ausdruck (*no vinc pas*! ‚ich komme bestimmt nicht!', als Reaktion auf einen Befehl oder eine wiederholte Bitte).

2. Die Hintansetzung der funktionalen Kriterien wirkt besonders abträglich, wenn man die sog. **expletive Negation** mitberücksichtigt, mit der der Sprecher nach bestimmten V (‚fürchten') eine mildernde, immerhin *positive* Aussage hervorbringt. Die Erfassung von Funktionen und Ausdrücken eröffnet den Weg zu einer andersgearteten typologischen Einteilung (- = Ausdruck der Negation; + = expletiver, positiver Ausdruck):

(1) Wortstellungsschema: Neg + Sub + V = - // Neg + V + Sub = +

(sp.)	*temía que los vecinos no lo denunciasen*;
	temía no lo denunciasen los vecinos (= ‚que lo');
(it.)	*temeva che Giorgio non arrivasse*;
	temeva non arrivasse Giorgio (‚che arrivasse').

(2) Morphematisches Schema: Neg + V + Neg = - // Neg + V = +

(frz.)	*je crains qu'il ne vienne pas*;
	je crains qu'il ne vienne;
(kat.)	*tinc por que non ens sentin pas*;
	tinc por que non ens sentin (‚daß man uns doch hört!').

(3) Subordinationsschema: $Konjk_1$ + Ind = - // $Konjk_2$ + Konj = +

(rum.) *mi-e frică că nu vine;*
mi-e frică să nu vină.

BIBL. Heidi Siller-Runggaldier, *La negazione nel ladino centrale*, Revue de Linguistique Romane 49 [1985]: 71—85; Paolo Ramat/Giuliano Bernini, *Area Influence versus Typological Drift in Western Europe: the Case of Negation*, in: Johannes Bechert/Giuliano Bernini/Claude Buridant (Hgb.), *Toward a Typology of European Languages*, Berlin (Mouton de Gruyter), 1990: 25—46; Bruno Callebant, *La négation en français contemporain. Une analyse pragmatique et discursive*, Bruxelles (Palais de l'Académie), 1991; Giuliano Bernini/Paolo Ramat, *La frase negativa nelle lingue d'Europa*, Bologna (Il Mulino), 1992; Eduardo Blasco Ferrer, *Italiano colloquiale „Temo sia molto incavolato con me", español coloquial „temo esté muy cabreado conmigo". Analisi descrittiva e diacronica delle completive senza complementatore*, in: Festschrift Wolf-Dieter Stempel (op. cit., § 68): 41—72.

83 Sprach- und Typuswandel. Enérgeia und Érgon. Drift und Prognose.

Sprachwandel erfolgt unaufhaltsam. Ein gewichtiger Grund dafür liegt in der Tatsache, daß die Sprache nicht von den Sprechern und von den situationsbedingten, immer verschiedenen Sprachverwendungen losgelöst werden kann. Diese Einsicht, wonach Sprache eine stets im Wandel begriffene „Tätigkeit", nämlich **Enérgeia**, und nicht ein abgeschlossenes, statisches Gebilde, nämlich **Érgon**, darstelle, geht auf Humboldts typologische Auffassung zurück. Nun drängt sich die Frage auf, ob **Sprachwandel** auch **Typuswandel** impliziert. Überblickt man die Entwicklung vom Vulgärlatein zum Romanischen, wird deutlich, daß die Antwort positiv ist: Das Frz. erfuhr zwischen dem 14. Jh. umd dem 16. Jh. einen derart tiefgreifenden Wandel, daß der afrz. morphologische und syntaktische Typus durch einen radikal neuen Aufbau ersetzt wurde. Nachfolgend werden im Vergleich die hervorstechenden Umwälzungen aufgeführt:

	Altfranzösisch	→	Mittelfranzösisch
1.	Zweikasusdeklination (Synthese)		Präpositionale, wortstellungsbedingte Markierung (Analyse)
2.	Nullartikel vorgesehen (*Viande est bonne a toutes bestes*)		Artikel obligatorisch bei NP (*La viande est bonne . . .*)
3.	Rechtsdetermination im Demonstrativsystem (*cist home* ↔ *cil home*)		Linksdetermination im Demonstrativsystem (*cet homme-ci* ↔ *cet homme-là*)
4.	Morphematische Komparativ- und Diminutivbildung (*graignour*, *estoilette*)		Syntagmatische Komparativ- und Diminutivbildung (*plus grande*, *petite étoile*)
5.	Postdetermination beim V (*chante*, *chantes* [tʃãntə, -əs])		Prädetermination beim V (*je chante*, *tu chantes* [ʒ, ty ʃãt])

Eine letzte Frage kann in diesem Zusammenhang aufgeworfen werden: Darf man auf der Basis empirisch festgestellter Regelmäßigkeiten *typologische Tendenzen*, was Sapir als **drifts** bezeichnete, und sogar **Prognosen**, d. h. ‚Vorhersagen' ermitteln? Greift man nochmals auf die im letzten Paragraph besprochenen Negationsschemata zurück, dann scheint doch eine *diachrone* Entwicklung zu bestehen, die z. B. vom Frz. durchlaufen worden ist:

drift:	(1) NEG V →	(2) NEG V NEG →	(3) V NEG
	afrz.	neufrz.	fr. avancé

Das Kat. hat uns aber gezeigt, daß man allein von *Tendenzen*, nicht von starren *Prognosen* sprechen darf: der Wandel von (1) zu (2) wird sich in dieser Sprache nicht durchsetzen, solange postponierte Negationsmorpheme einen pragmatischen Wert innehaben. Auch der in früheren Kapiteln behandelte rhythmische Zyklus der Zukunftsausdrücke sollte uns vor *deduktiv-nomologischen*, d. h. allgemeingültigen Prognosen warnen: Im Amer.-Sp. verläuft der Zyklus weiter, der typologischen Stabilität zum Trotz:

synthetischer Typus		analytischer Typus	
(1) *yo traeré* (agua)	→	(2) *yo voy a traer*	→
(3) *yo, tú* (v(u)a+trer>) *vatrer*	→	(4) (yo [voy a ir] a trer>) *yo güir a trer*.	

BIBL. Coseriu (op. cit., § 63): 77—90; Eckert (op. cit., § 80): Kap. 2 (*Typologischer Sprachwandel im Mittelfranzösischen*); Suzanne Fleischman, *The Future in Thought and Language. Diachronic Evidence from Romance*, Cambridge (CUP), 1982; Rudi Keller, *Sprachwandel. Von der unsichtbaren Hand in der Sprache*, Tübingen (Francke), 1990; Günter Holtus/Edgar Radtke, *Sprachprognostik und das ‚Italiano di domani'. Prospettive per una linguistica ‚prognostica'*, Tübingen (Narr), 1994.

IV. Fachrichtungen

IV.1 Fachrichtung: Dialektologie

84 Dialektologie. Dialekte.

Die **Dialektologie** ist die (auch als *Mundartforschung* bekannte) Teildisziplin der Linguistik, die sich mit der *Sprachvariation im Raum* beschäftigt. Raumbedingte Sprachvarietäten heißen **diatopische** Varietäten (< gr. *diá* ‚durch' und *tópos* ‚Ort'). Man unterscheidet *primäre* diatopische Varietäten, also **Dialekte**, die sich aus einer Aufteilung des horizontalen, geographischen Kontinuums einer gegebenen

Sprachlandschaft ergeben, von den *sekundären* diatopischen Varietäten, die auch als **Regionalsprachen** oder **Halbmundarten** bezeichnet werden (↗ § 113). Nur die Beschäftigung mit den *Dialekten* gehört vollends zur Aufgabenstellung der Dialektologie. Die romanische Dialektologie war zuerst eng an den *Sprachvergleich* und die *-rekonstruktion* der junggrammatischen Schule gebunden. Man ging wie folgt vor: Nach den Entsprechungen der Hochsprache wurden alle Strukturen einer Mundart untersucht, deren Vergleich mit den Strukturen weiterer, zur gleichen Sprache gehörender Mundarten Aufschlüsse über Bezeichnungs- und Bedeutungsentwicklungen zuließ. Ein einschlägiges Bsp. möge dieses Verfahren beleuchten: Der Felduntersuchung Theodor Capidans über die Mundart der in Mazedonien angesiedelten Rumänen, das *Aromunische* (*Aromânii* 1932), verdanken wir die Angabe, daß dort dem hochsprachigen Wort *femeie* ‚Frau' die Bezeichnung [fumeˈaʎə] und die Bedeutung ‚familie, copii', also ‚Familie, Kinder', entsprechen. Der Linguist, der mit Sprachvergleich verfährt, gewinnt aus diesen Angaben zwei wichtige Erkenntnisse, eine phonetische und eine semantische:

— lat. - LJ - wurde im Urrum. zu [ʎ] und erst dann im Dakorum., also im Gebiet des heutigen Rumäniens, zu [j];
— lat. FAMILIAM bedeutete früher — wie im Asturianischen — ‚Kinder'.

Ab den sechziger Jahren wurden immer mehr dialektologische Untersuchungen den *soziolinguistischen* Interessen hintangestellt (↗ § 90). Der traditionellen Dialektologie verdankt die Romanistik die Erstellung imponierender lexikographischer Unterfangen, nämlich Dialektwörterbücher von Sprachen und sämtlichen Hauptdialekten.

BIBL. Valeriu Rusu, *Dialettologia generale*, Bologna (Zanichelli), 1985: 1—37; Heinrich Löffler, *Probleme der Dialektologie. Eine Einführung*, Darmstadt (Wissenschaftliche Buchgesellschaft), [3]1990: Kap. 2 (*Geschichte und Stand der Dialektforschung*).

85 Dialektale Gliederung und Rekonstruktion. Übergangsmundarten. Diasysteme.

Als sehr ergiebig erwies sich die dialektologische Forschung in der **Gliederung** von Sprachlandschaften und in der **Rekonstruktion** neuer Spracheinheiten auf der Basis von gemeinsam erhobenen dialektalen Charakteristika. Graziadio Isaia Ascoli kommt das Verdienst zu, aufgrund beobachteter Gemeinsamkeiten zwischen den romanischen Dialekten der Schweiz, der Dolomiten und des Friauls im Jahre 1873 ein neues, *synchrones Sprachkonstrukt*, eigentlich eine *neue rom. Sprache* herausgearbeitet zu haben (in der Schrift *Saggi ladini*). Dem Vater der italienischen Dialektologie verdankt man auch durch das gleiche Verfahren den Nachweis der Existenz der frprov. Sprachgruppe (1878, *Schizzi francoprovenzali*), womit eine neue *Gliederung* der Romania erfolgte. Freilich haben synchron festgestellte Gemeinsamkeiten in der diachronischen Perspektive einen wesentlichen Typisierungswert: Das auslautende -[s] (z. B. *romauntsch* [las uˈreʎas], dollad. [les oˈredles], frl. [lis oˈrelis]) hebt das sog. *Rätoromanisch* vom Italienischen (*le* *orecchie*) ab, ordnet aber diese Sprache der Westromania (und Sardinien) zu, wo lat. -[s] bewahrt worden ist.

Einer eindeutigen Klassifikation widersetzen sich hartnäckig jene Gebiete, die Gemeinsamkeiten mit zwei verschiedenen, benachbarten Dialektgruppen teilen: Sie heißen **Übergangsgebiete** (it. *zone grigie*). Zwischen Westkat. und Ostkat. nehmen die sog. *xipella*-Mundarten (etwa: Tuixèn-L'Espluga de Francolí) eine Übergangsstellung ein, wie man folgendem Schema entnehmen kann:

		westkat.	*xipella*	ostkat.
unbet.	[o]	(*m*[o]*rir*)	(*m*[u]*rir*)	(*m*[u]*rir*)
	[e]	(*l*[e]*s vaqu*[e]*s*)	(*l*[i]*s vaqu*[i]*s*)	(*l*[ə]*s* vaqu[ə]*s*)

Zur Beschreibung von Übergangsmundarten und angrenzenden Dialekten im allgemeinen bedienen sich die Strukturalisten bisweilen besonderer „Bezugssysteme", sog. **Diasysteme**. Ein Diasystem ist eine *diasynchronische* Formel, mittels derer relevante Übereinstimmungen und Unterschiede kenntlich gemacht werden. Das Diasystem der betonten Vokale in den zwei sd. Hauptvarianten, nämlich Log. und Camp., ließe sich folgendermaßen darstellen:

$$\text{Log./Camp.:} \quad /a/ \approx /i/ \approx /u/ \; \frac{/e/ \quad \sim \quad /o/}{/\varepsilon/ \sim /e/ \quad /ɔ/ \sim /o/}$$

Das Diasystem zeigt, daß die phonematische Opposition /offen/ ~ /geschlossen/ nur im camp. System realisiert wird, ansonsten die Verteilung der Phoneme im Lexikon in beiden Mundarten identisch ist.

BIBL. Jan Goossens, *Strukturelle Sprachgeographie. Eine Einführung in Methodik und Ergebnisse*, Heidelberg (Winter), 1969: 13—26; Gerhard Rohlfs, *Rätoromanisch. Die Sonderstellung des Rätoromanischen zwischen Italienisch und Französisch*, München (Beck), 1975: 1—20; Luís F. Lindley Cintra, *Estudos de Dialectologia portuguesa*, Lisboa (Sá da Costa), 1983: *Introdução* (*Sobre o interesse humano no estudo dos dialectos e falares regionais*); Joan Veny, *Introducció a la dialectologia catalana*, Barcelona (Enciclopèdia catalana), 1985: 11—30.

86 Historische Dialektologie und Skriptaforschung.

Die Anwendung dialektologischer — und auch soziologischer — Kriterien auf die Analyse der Entstehung und Entfaltung der frühesten rom. Sprachdenkmäler hat neues Licht auf den verwickelten Prozeß der Verschriftung und Ausbreitung von Regionalnormen geworfen. Man geht davon aus, daß das zunehmende Prestige einer gewissen Mundart (z. B. des *Franzischen* im 12. Jh.) Sprecher fremder Sprachsysteme dazu veranlaßt, bewußt auf ihre Heimatmundart in für die breite Öffentlichkeit verfaßten Schriftstücken zu verzichten. Dadurch entstehen regionale ‚Schrifttraditionen', sog. **Skriptae**. Hauptaufgabe der **Skriptaforschung** ist die Ermittlung der Zunahme bzw. der Abnahme von gut umrissenen dialektalen

Zügen in alten Urkunden und die Zuweisung der konstatierten Gebrauchsanweisungen zur Konkurrenz zwischen schwachen und starken diatopischen Varietäten.

BIBL. Åke Grafström, *Étude sur la morphologie des plus anciennes chartes languedociennes*, Stockholm (Almqvist & Wiksell), 1968; Hans Goebl, *Die normandische Urkundensprache. Ein Beitrag zur Kenntnis der nordfranzösischen Urkundensprache des Mittelalters*, Wien (Österreichische Akademie der Wissenschaften), 1970; Max Pfister, *Die sprachliche Bedeutung von Paris und der Ile-de-France vor dem 13. Jahrhundert*, Vox Romanica 32 [1973]: 217—253; Anthonij Dees, *Atlas des formes linguistiques des textes littéraires de l'ancien français*, Tübingen (Niemeyer), 1987; Alf Monjour, *Der nordostfranzösische Dialektraum*, Frankfurt/M. (P. Lang), 1989.

IV.2 Fachrichtung: Sprachgeographie

87 Sprachgeographie. Wörter und Sachen.

Die **Sprachgeographie** (oder **Dialektgeographie**) folgte auf die Dialektologie und trug entscheidend dazu bei, die starre Sprachkonzeption der Junggrammatiker abzumildern. Hauptanliegen dieser Disziplin, die dem Mundartforscher Georg Wenker ihre Entstehung verdankt (1881 erstes Heft des zwischen 1926 und 1956 herausgegebenen Sprachatlas des Deutschen), besteht in der kartographischen Aufzeichnung dialektaler Erscheinungen. Eine **Sprachkarte** verzeichnet alle durch Umfragen ermittelten diatopischen Bezeichnungen für einen bestimmten Begriff oder eine bestimmte grammatische Struktur. Durch die in einem Sprachatlas enthaltenen Sprachkarten gewinnt der Dialektologe ein prägnantes Bild der räumlichen Gliederung einer Sprachlandschaft.

Die der Erstellung von Sprachkarten vorausgehenden Phasen sind folgende:

1. Auswahl des zu untersuchenden Gebiets, einer nationalen oder regionalen Sprachgemeinschaft. Auf diese Weise entstehen *Nationalatlanten* (z. B. ALF und AIS) oder *Regionalatlanten* (z. B. ALEANR).

2. Festlegung des im jeweiligen Sprachgebiet zu berücksichtigenden *Netzes* von *Fragepunkten*, das eng- oder weitmaschig sein kann. Der ALF hat z. B. für die Region *Pyrénées orientales* 5 Ortschaften untersucht, die mit den Nummern 794, 795, 796, 797 und 798 gekennzeichnet sind, wobei 798 der katalanisch sprechenden Stadt *Perpinyà* entspricht.

3. Vorbereitung eines *Fragebuchs*. Die abzufragenden Begriffe werden in alphabetischer Anordnung (ALF: *abeille-vrille*) oder nach Wortfeldern (AIS: ,Zeiteinteilungen', ,Verwandtschaftsbezeichnungen', ,Wochentage', ,Monate') gruppiert.

4. Entsendung eines *Forschers* oder *Interviewers*, der die *Umfragen* durchführt. Die Umfrage kann *semasiologisch* (man übersetzt eine hochsprachige Bezeichnung mit der entsprechenden, über die Bedeutung erschlossenen mundartlichen Bezeichnung: *charrue* ,charrue' → okz. *araire*) oder *onomasiologisch* (,womit wiegt man ein Kind bei euch?' → *culla*). Der *Enquêteur* kann *kulturell-anthropolo-*

gische Spezifika der materiellen Kultur durch eigens erstellte Aufzeichnungen oder Bilder erforschen: In der AIS-Karte ist für *culla* die Aufzeichnung der typisch südit. Hängewiege eingetragen worden. Dieses Interesse für die Bezeichnung zwischen Gegenständen und sie bezeichnenden mundartlichen lexikalischen Strukturen mündete in eine Forschungsrichtung, die man als **Wörter und Sachen** bezeichnet, und in eine autonom gewordene Disziplin, nämlich die *Ethnolinguistik* ein (↗ § 89).

BIBL. Gerhard Rohlfs, *Romanische Sprachgeographie*, München (Beck), 1971: Kap. 1 (*Die Entwicklung der Sprachgeographie*); Eugenio Coseriu, *Die Sprachgeographie*, Tübingen (Narr), 1975; Lorenzo Massobrio, *Corso di Geografia linguistica. Gli Atlanti linguistici*, Novi Ligure (Arti Grafiche Novesi), 1989; Otto Winkelmann (Hgb.), *Stand und Perspektiven der romanischen Sprachgeographie,* Wilhelmsfeld (G. Egert), 1993.

88 Synchrone und diachrone Interpretation von Sprachkarten. Arealnormen und Isoglossen.

Eine Fülle von wichtigen Informationen kann den Sprachkarten entnommen werden. Eine der bedeutendsten Erkenntnisse der Sprachgeographie tangiert die Diskussion über die *Lautgesetze*: Die höchst gesplitterte Verbreitung von differenzierten Bezeichnungsentwicklungen beweist, daß Lautwandel nicht nach ausnahmslosen Gesetzen stattfindet, sondern auch sozialen, d. h. außersprachlichen Faktoren unterliegt. Für den synchron verfahrenden (Sozio-)Linguisten ist die Erkenntnis relevant, daß Innovationen sich aus Ausstrahlungszentren verbreiten und konkurrenzfähige, bis dahin gebrauchte Formen an die Randgebiete zurückdrängen. Gestützt auf diese Erkenntnis, arbeitete Matteo Bartoli 1925/1940 die sog. **Arealnormen** heraus, die diachron verwertbare Ergebnisse in unmittelbare Verbindung mit geographischen Maßstäben setzte. Nachfolgend in Kürze die wichtigsten Arealnormen:

1. *Norm des isolierten Bereichs*: Das vom Verkehr abgeschnittene Gebiet bewahrt eine archaischere Sprachphase; vgl. sd. [ˈdɔmo, -u] <DŎMŌ, -Ū> vs it. *casa* < CASAM.

2. *Norm der Randbereiche*: Innovationen erreichen zuerst zentrale Gebiete, Randgebiete bewahren dagegen ältere Entwicklungen; vgl. die zentralrum. Entlehnungen für ‚Schnee', *zăpadă* und *omăt*, und für ‚Sand', *nisip* und *homoc*, denen die in den Randgebieten bewahrten lat. Fortsetzer, *nea*(*o*) ([ˈnewə, ˈnɛwu]) bzw. *arină, anină*, entsprechen. Es läßt sich leicht zeigen, daß den scheinbar ausnahmslosen Verteilungen, die von den Arealnormen erfaßt werden, wiederum sozial-historische Störfaktoren entgegenwirken: Lat. CRAS wurde von der Neuerung DE MANE nach Süditalien verdrängt, aber Sizilien weist ein unerwartetes [duˈmani] auf, das auf die mittelalterliche nordit. Besiedlung zurückgeht.

Ein weiterer, grundlegender Ertrag der Sprachgeographie stammt aus der Möglichkeit, durch die aufgearbeitete Verteilung von Erscheinungen *Grenzlinien* zu erstellen, die man **Isoglossen** nennt. Eine Isoglosse entspricht dem auf der Karte eingezeichneten Verlauf einer bestimmten Erscheinung. Wenn verschiedene Isoglossen einen identischen oder fast identischen Verlauf aufweisen, ergibt sich auf der Karte ein **Isoglossenbündel**, das eine echte Dialektgrenze darstellt. Man kann also mit sprachgeographischen Argumenten eine exakte, innersprachliche Definition von *Dialekt* formulieren: *Dialekte sind durch Isoglossen umgrenzte Sprachgebiete.*

Anhand der drei abgebildeten Sprachkarten wollen wir abschließend zeigen, welche nützlichen Informationen der Dialektologe aus den sprachgeographischen Daten gewinnen kann.

(1) ALF-Karte 246 A/B *la charrue*.

(1a) *Atlas Linguistique de la France*, von Jules Gilliéron und Edmond Edmont, Paris, 1902—1910: 36 große Faszikel mit insgesamt 1920 alphabetisch angeordneten Karten (1421 umfassen das ganze galloromanische Gebiet; 326 nur Südfrankreich; 173 nur einen Teil davon) und einem Aufnahmenetz von 639 numerierten Gemeinden, darunter keine Stadt. Ziemlich kompliziertes Transkriptionssystem (z. B. Punkt 889: [ấrą̊́yré]).

(1b) *Verteilung der Bezeichnungen*; *wichtigste lexikalisierte Typen*: 1. *charrue* < gallo.-lat. CARRŪCA „zweirädiger Wagen“, auf ganz Nordfrankreich, sporadisch auch im Süden verbreitet. Bedeutungsentwicklung im Gefolge zivilisatorischer Neuerung: Kelt. Räderpflug mit zweirädrigem Gestell verdrängt den traditionellen Pflug, und entsprechend wird die alte Bezeichnung an die Randgebiete verdrängt. — 2. Typ *araire* (> *alaire* durch Dissimilation) < lat. ARATRUM ‚Pflug‘, verbreitet in Wallonien und im mittleren und östlichen Süden. Zahlreiche Allomorphe sind mit Suffixerweiterung (-ĔLLUM) gebildet worden (Wallonien *aré*, Saintonge *areau*, Savoyen *arel*, Gascogne *aret*). — 3. Typ *versoir* < lat. VERSŌRIUM, zu VERSĀRE ‚wenden (auch beim Pflug)‘; Verbreitung: Poitou-Charente; Bedeutung in der Hochsprache: ‚Teil des Pflugs‘. — 4. Typ *harnais* < germ. *HERNEST (> it. *arnese*) ‚Gerät‘, ‚Reisevorrat‘; Verbreitung: Deux-Sèvres, Gers, Pyrenäen. Bedeutungsentwicklung: Erweiterung im Mittelalter zu ‚für einen Beruf nötige Gerätschaften‘, danach Spezialisierung je nach Fachbereich (vgl. ŎRGANUM, pl. -A, ‚Werkzeug‘ → frl. *vuarzine* ‚Pflug‘). — 5. Typ *coutri*, *coutrier*, Ableitung zu *coutre* ‚Pflugmesser‘, aus lat. CŬLTER ‚Messer‘ (einer Synekdoche), verbreitet im Südosten. — 6. Typ *apleit* < lat. APPLĬCTUM ‚angewandt‘; Verbreitung: Charente-Dordogne, Haute-Vienne; Bedeutungsentwicklung: Vom Partizipium zur neutralen Instrumentalbezeichnung (‚Werkzeug‘), regional spezialisiert.

(1c) *Besonderheiten phonetischer und morphosyntaktischer Art*: unterschiedliche Entwicklungsstufen von lat. [k] = <c> vor [a] beim Typ (1); Erhaltung des etymologischen Phonems (Pikardie, nördliche Normandie); Erhaltung der ältesten Palatalisierungsstufe [tʃ] in Wallonien; verschiedene Ergebnisse im frprov. Gebiet: [tʃ], [ts], [s], [θ], sowie in der Marne ([t] in Courtisols, Punkt 146). Die südlichen Formen mit [ʃ] zeigen, daß es sich um aus dem Norden importierte Formen handelt. Pikardische Artikelformen: *del* [keˈʀu], aus *de* + Art (f.) *le*, bzw. *ed* [kaˈʀu], mit Metathese (*de* → *ed*).

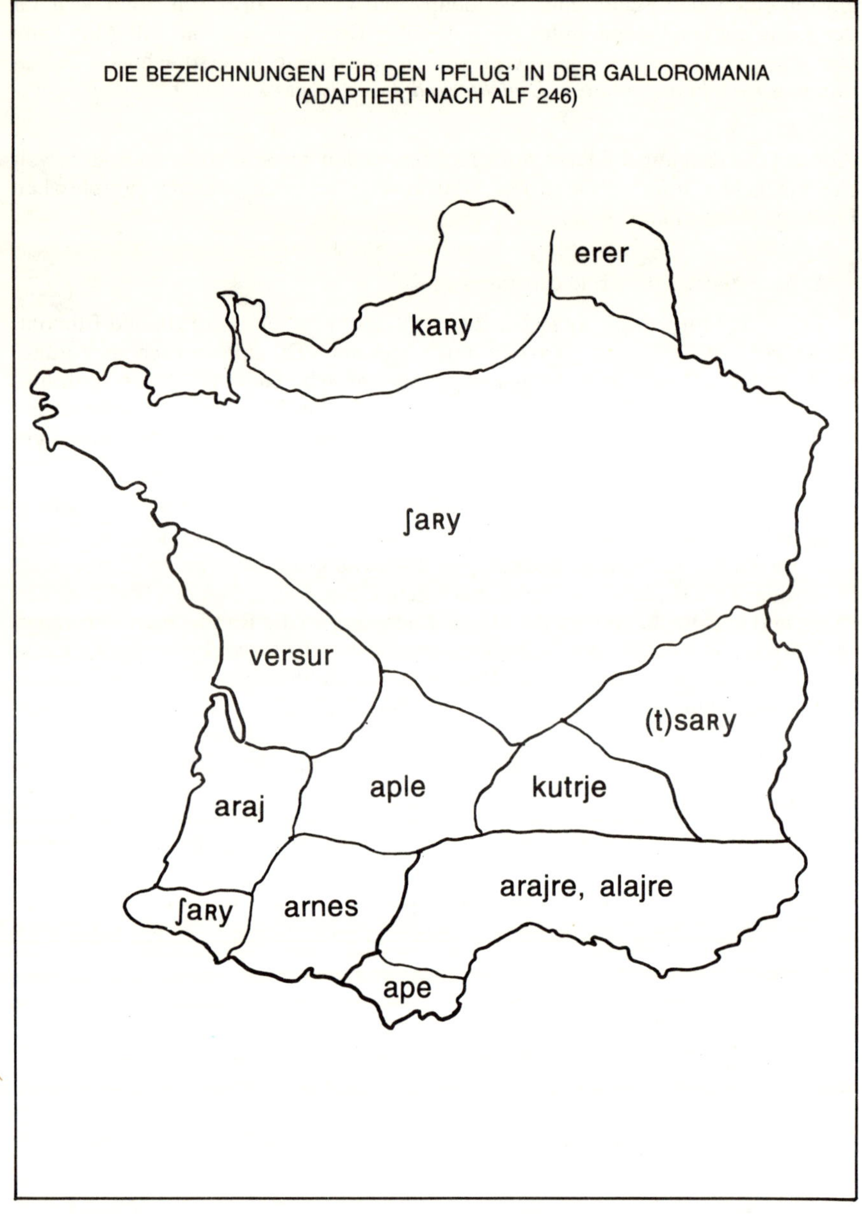
DIE BEZEICHNUNGEN FÜR DEN 'PFLUG' IN DER GALLOROMANIA
(ADAPTIERT NACH ALF 246)
erer
kaʀy
ʃaʀy
versur
(t)saʀy
aple
kutrje
araj
arajre, alajre
ʃaʀy
arnes
ape

DIE BEZEICHNUNGEN FÜR DIE «WIEGE» IN DER ITALOROMANIA
(ADAPTIERT NACH AIS 61)
Kyna
Kulla
Naka
Brassolu
Naka

(2) AIS-Karte 61, Begriff ‚la culla‘; durch drei Zeichnungen ethnographisch ergänzt.

(2a) *Sprach- und Sachatlas Italiens und der Südschweiz*. Abkürzung nach der it. Entsprechung, *Atlante Italo-Svizzero* (Kurzform von: *Atlante linguistico-etnografico dell'Italia e della Svizzera meridionale*), von Karl Jaberg und Jakob Jud, Zofingen, 1928—1940: 8 Bände mit 1705 Karten und 416 Aufnahmepunkten (darunter auch Großstädten). Ethnographische Bereicherung durch Aufzeichnungen am Rande der Karten und knapp kommentierte kultur-anthropologische Eigentümlichkeiten. Zugängliches, in der traditionellen Dialektologie geläufig verwendetes Transkriptionssystem (z. B. [la kúna] = [ˈkyna]). Umfragen durch Paul Scheuermeier (Norditalien), Gerhard Rohlfs (Mittel- und Süditalien), Max Leopold Wagner (Sardinien).

(2b) *Verteilung der Bezeichnungen; wichtigste lexikalische Typen*: 1. Typ CŪNA auf ganz Norditalien, bis an der Grenze zur Toskana. — 2. Typ mit Diminutivsuffix, *CŪNŬLA (vgl. ACUS, AURIS → *ACŪCŬLA, AURĬCŬLA > sp. *aguja*, it. *orecchia*) auf Mittelitalien und nördliche Teile Süditaliens. — 3. Gr. Typ νάκη [ˈnake:] > *naka* auf ganz Süditalien. Bedeutungsentwicklung: ‚Hängewiege aus Schaffell‘ → ‚Wiege‘. — 4. Typ *vikulu*, vermutlich aus einer deverbalen Ableitung, auf Elba, Korsika und Nordsardinien. — 5. Gr.-byzantinische Bezeichnungen für den ‚Backtrog auf Sardinien‘. — 6. Kat. Entlehnung auf Südsardinien: *bressol* → [bratˈtsolu], [brasˈsolu].

(2c) *Besonderheiten phonetischer und morphosyntaktischer Art*: Palatalisierung von lat. Ū, eine Erscheinung, die vielfach dem keltischen Substrat zugeschrieben wird. Der Isoglossenverlauf von Ū > [y] zeigt ein abruptes Haltmachen an der toskanischen und an der venetischen Dialektgrenze, also dort, wo Etrusker und (indogermanische) Paläoveneter dem keltischen Vordringen einen effektiven Widerstand leisteten; teilweise Entrundung des palatalen Lautes ([y] > [i]), z. B. im Punkt 178 (Genua): [ˈkiŋa] (mit velarem Nasallaut); Sandhi-Aspiration im Toskanischen (V[k]V > V[h]V: *la* # [ˈkulla] > *la* # [ˈhulla], vgl. *la* # *pipa* [la ˈɸiɸa]), wo die Wirkungen des etruskischen Substrats teilweise herangezogen werden; Halblenisierung im Zentrum, etwa im Punkt 625 (Provinz Aquila): *la* # [ˈgunnola] ([k] > [g]; -Ŭ- > [o]; Verlängerung des Nasallautes in Proparoxytona, wie in *sabato* [ˈsabbado]). Art: aus (ĬL)LA(M) > *la*; wegen satzphonetischer Bedingungen im Piemont und in Ligurien fortgeschrittene Ergebnisse: V[la] > [ra] > [a]; im Süden *a*; nordsd. Ergebnisse aus (ĬL)LU(M) > *lu* klaffen mit den echt sd. Lösungen aus ĬPSUM > *su* auseinander.

(3) ALEANR-Karte 1704, *(Si) tuviera (dinero lo) compraría.*

(3a) *Atlas Lingüístico-Etnográfico de Aragón, Navarra y La Rioja*, Zaragoza, 1980, ein Regionalatlas Nordspaniens. Von Manuel Alvar, Antonio Llorente, Tomás Buesa und Elena Alvar zwischen 1979 und 1980 in 12 Bänden erstellt. Die Umfragen erstreckten sich auf die Provinzen Logroño (Aufnahmepunkte: Lo 100—Lo 605), Navarra (Na 100—Na 602), Huesca (Hu 101—Hu 602), Zaragoza (Z 100—Z 607), Teruel (Te 100—Te 601). Die zwischen 1963 und 1968 abgeschlos-

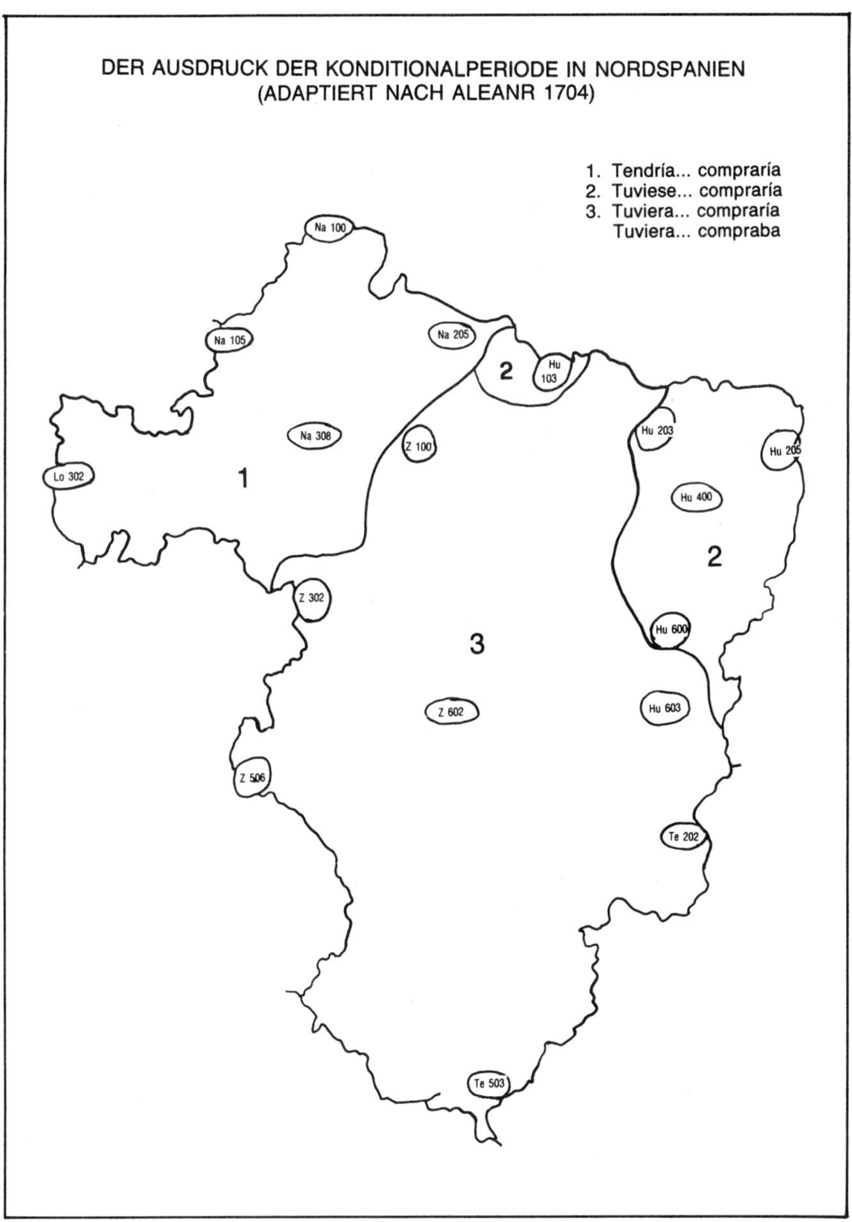
DER AUSDRUCK DER KONDITIONALPERIODE IN NORDSPANIEN
(ADAPTIERT NACH ALEANR 1704)
1. Tendría... compraría
2. Tuviese... compraría
3. Tuviera... compraría
Tuviera... compraba
Na 100
Na 105
Na 205
Hu 103
Na 308
Z 100
Lo 302
Hu 203
Hu 205
Hu 400
Z 302
Hu 600
Z 602
Hu 603
Z 506
Te 202
Te 503
1
2
2
3

senen Umfragen berücksichtigten eine dialektal aufgesplitterte Region, aber der Leiter des Unternehmens betont: «geografía e historia han hecho que los resultados de hoy tengan mucho que ver entre sí».

(3b) *Verteilung der Ausdrücke; wichtigste morphosyntaktische Typen*: 1. Typ *tendría ... compraría* ergreift die nordwestlichen Provinzen von Logroño und Navarra; 2. Typ *tuviese ... compraría* erstreckt sich auf Randgebiete der aragonesischen Provinz Huesca; 3. Typ *tuviera ... compraría/compraba* umfaßt die größte Verbreitung im Zentrum der untersuchten Sprachlandschaft.

BIBL. Karl Jaberg/Jakob Jud, *Der Sprachatlas als Forschungsinstrument. Kritische Grundlegung und Einführung in den Sprach- und Sachatlas Italiens und der Südschweiz*, Halle (Niemeyer), 1928; Giovanni Ruffino (Hgb.), *Atlanti linguistici italiani e romanzi. Esperienze a confronto*, Palermo (CSFLS), 1992.

IV.3 Fachrichtung: Ethnolinguistik

89 Ethnolinguistik.

In der Erörterung der sprachgeographischen Fachbegriffe wurde auf die Notwendigkeit hingewiesen, *Wörter und Sachen* gleichermaßen zu berücksichtigen, um kulturbedingte, schwer zugängliche Spracheigenschaften ans Licht zu bringen. Mit dem Studium der einzelsprachlichen Techniken, mit denen kultur-anthropologische Charakteristika und soziale Regelungen in den Sprachgemeinschaften der Welt manifest werden, beschäftigen sich verschiedene Ausrichtungen und Teildisziplinen: die *Demolinguistik*, die die *Folklore* (‚die Sitten‘) untersucht; die *anthropologische Linguistik*, die „primitive“, schriftlose Kulturen erforscht und ihre *semiotischen Werte* herauszufinden versucht (A. B. Lord: «Man without writing thinks in terms of sound groups and not in words»; innere Organisierung; Rituale; Gegenständen und Tätigkeiten beigemessene Urteile und strukturell gegliederte Funktionen); die **Ethnolinguistik**, die sich für die Beziehungen zwischen Kultur und Sprache interessiert und die als übergeordnete Fachrichtung betrachtet werden kann. Ethnolinguistische Felduntersuchungen konzentrieren sich auf breitangelegte, wennmöglich nicht gesteuerte Umfragen, Erhebungen von Sagen und Legenden, heuristische und hermeneutische Strategien, die es dem „externen“ Forscher ermöglichen, tieferen Einblick in die interne Konstellation der ihm fremden Kultur zu nehmen. Das schon unter semantischem Aspekt besprochene Bsp. der ‚Vetternartikulation‘ in Zentralsardinien spiegelt auch eine ethnisch-kulturelle, eigenartige Gesellschaftsstruktur wider, die auf einer durch die Blutsverwandtschaft gewonnenen Gruppenkohäsion beruht, welche darauf abzielt, Landverteilungen nur unter den Gruppenmitgliedern zuzulassen. In der Hirtenkultur Zentralsardiniens haben Landverteilungen eine besonders relevante Funktion.

Ethnotexte beliebiger Art (wie: Sagen und Legenden; Erzählungen; Autobiographien) bilden heute die Hauptquelle ethnolinguistischer Interpretationen. Kinderreime, wie it. *filastrocche*, können hierzu enorme Leistungen erbringen. Es ist einmütig eingesehen worden, daß z. B. *Fingerwortspielen* eine indirekte, gleichzeitig erzieherische und sozial regulierende Funktion anhaftet. Das Spiel — das als solches eine echte „Universalie" darstellt — ist sehr einfach und überall gleich gestaltet: Die Mutter drückt und rotiert die Finger der Hand ihres Kleinkindes und sagt bei jedem leichten Druck einen kurzen Satz; am Ende des Spiels wird der Handballen des Kindes gerieben. Erstaunlich ist, daß unbeschadet der Bezeichnungsvielfalt, gewisse symbolische, durch Metaphern erzielte Wertungen sich wiederholen. Auch interessant festzustellen ist, daß „geschlossene" Kulturen (wie die sardische) eine beeindruckende Homogenität — trotz der dialektalen Zerklüftung — in der Darstellung von Formen und Funktionen aufweisen. Nachfolgend bieten wir einige kurze Bsp.; anstatt sie zu übersetzen, geben wir nur die Bedeutungen der wichtigsten Lexeme an. Zum Vergleichen der „noematischen Grundstruktur" ziehen wir auch ein ungarisches Beispiel heran.

(1) Brasilien (São Paulo: Spiel ausgehend vom kleinen Finger)
[Fingerdrücken]
1 *mindinho* → 2 *seu vizinho* → 3 *pai de todos* → 4 *fura-bolo* → 5 *mata-piolho*.
[Reiben]
6 *Cadê* (,que é de?') *o queijinho que estava aqui? O rato comeu e correu, correu, correu!*

(1 MINŪTUS + *-inho* ,ganz klein'; 4 ,Kuchen-Löcher'; 5 ,Läuserkiller'; 6 *cadê* ,wo ist'; *queijinho* ,kleiner Käse'; *rato* ,Maus').

(2) Norditalien (Lunigiana: Spiel ausgehend vom Daumen)
1 [ki g ɛ paˈsato una ˈlegora ˈgrasa ˈgrasa] → 2 [ˈkweʃto i ɖ a viʃta] → 3 [ˈkweʃto i ɖ a amaˈtsa] → 4 [ˈkweʃto i ɖ a maˈɲa] → 5 [e al miɲuˈliŋ gə n ɛ arˈmatʃo ˈɲaŋk um briʒoˈliŋ]

(1 [ˈlegora] ,Hase'; 3 [amaˈtsa] ,getötet'; 4 [maˈɲa] ,gegessen'; 5 ,und dem Kleinsten ist nicht einmal ein Krümelchen übrig geblieben').

(3) Rumänien (Spiel ausgehend vom Daumen)
Aici stă iepurele: 1 *ăsta-l vede* → 2 *ăsta-l aleargă* → 3 *ăsta-l împuşcă* → 4 *ăsta-l tăie şi-l mănîncă* → 5 *ăsta zice: - Viti, viti, din codiţă, dă-mi şi mie-o bucăţica.* — (mit voller Stimme) 6 *Ba, ba, că n-oi mînca, mai mănîncă-un şoricel, că n-ai muncit tu pentru el.*

(*iepurele* ,der Hase'; 2 *a alerga* ,verfolgen'; 3 *a împuşca* ,erschießen'; 4 ,hackt und ißt'; 5 *zice* ,sagt'; *viti* ,onomatopoetischer Ausdruck, in anderen Kontexten mit *vic* widergegeben'; Satz: ,gib mir ein Bißchen des kleinen Schwanzes'; 6 ,ach nein, ich werde nicht essen, iß du eine weitere Maus, da du nicht für ihn (scil. den Hasen) gearbeitet hast').

(4) Südsardinien (Spiel ausgehend vom Daumen; bei 5 wird dreimal der kleine Finger gedrückt)
1 [ˈkustu ɛ ssu ˈβroku] → 2 [ˈkustu ɖɖ a ˈmmortu] → 3 [ˈkustu ɖɖ a abbruˈʒau] → 4 [ˈkustu si ɖɖ a ppaˈppau] → 5 [e a ssu pittikeɖˈɖeɖɖu no ɳɖi ɛst abbarˈrau ˈnuɖɖa ˈnuɖɖa ˈnuɖɖa].

(1 ‚das Schwein‘; 2—3—4: ‚getötet — gekocht — gegessen‘; 5 ‚und dem Kleineren ist nichts, nichts, nichts geblieben‘).

(5) Nordwestsardinien (Spiel wie oben)
1 [ˈkuɬθu ɛ ssu ˈβoxxu] → 2 [ˈkuɬθu l a ˈmmoɬθu] → 3 [ˈkuɬθu l aðuʃˈʃaðu] → 4 [ˈkuɬθu zi l a mmaɳɖiˈaðu] → 5 [e a ppikkokkeɖˈɖeɖɖu no ɳɖe l a rreɬˈtaðu].

(6) Ungarn (Spiel wie oben)
1 *Ez elment vadászni*, dieser ist zum Jagen gegangen‘; 2 *Ez meglőtte*, dieser hat es erschossen‘; 3 *Ez hazavitte* ‚dieser hat es nach Hause gebracht‘; 4 *Ez megsütötte* ‚dieser hat es geröstet‘; 5 *Ez az icike-picike mind megette*, und dieser kleine hat es ganz gegessen‘.

BIBL. Max Leopold Wagner, *Das ländliche Leben Sardiniens im Spiegel der Sprache. Kulturhistorisch-sprachliche Untersuchungen*, Heidelberg (Winter), 1921; Manfred Oppitz, *Notwendige Beziehungen. Abriß der strukturellen Anthropologie*, Frankfurt/M. (Suhrkamp), 1975; Giorgio R. Cardona, *Introduzione alla etnolinguistica*, Bologna (Il Mulino), 1976; Eugenio Coseriu, *La socio- y la etnolingüística y sus fundamentos y sus tareas*, Anuario de Letras (México) 19 [1981]: 5—29; Mario Alinei, *Dal totemismo al cristianesimo popolare. Sviluppi semantici nei dialetti italiani ed europei.* Alessandria (Dell'Orso), 1984; Robert Wuthnow/H.J. Davinson/A. Bergesen/E. Kurzweil, *Cultural Analysis*, Boston (Routledge and Kegan), 1984; Manuel Casado Velarde, *Lenguaje y cultura. La etnolingüística*, Madrid (Síntesis), 1988; Siegfried J. Schmidt, *Kognitive Autonomie und soziale Orientierung. Konstruktivistische Bemerkungen zum Zusammenhang von Kognition, Kommunikation, Medien und Kultur*, Frankfurt/M. (Suhrkamp), 1994: Kap. 5 (*Kultur. Die Ordnung symbolischer Ordnungen*).

IV.4 Fachrichtung: Soziolinguistik

90 Soziolinguistik. Vertikale Sprachvariation und Sozialbarrieren.

Dem Strukturalismus war es gelungen, nachzuweisen, daß *Dialekte* der Hochsprache ebenbürtige, vollkommene *Sprachsysteme* sind. Allerdings ging dieser Ansatz vom Postulat einer internen, strukturellen Homogenität aus, was durch frühe dialektologische Befunde entkräftet worden war. Schon Louis Gauchat hatte Anfang dieses Jahrhunderts durch eine Felduntersuchung im schweizerischen Dorf Charmey herausgefunden, daß innerhalb der von ihm untersuchten Mundarten *generationsbedingte* Unterschiede als Sprachbarrieren wirkten. Bald zeigte sich auch, daß zahlreiche weitere, nicht *horizontale* (also geographische) Einteilungen zu einem Abbau der internen Homogenität jedweden strukturell formulierten Sprachmodells beitragen. *Geschlechts-* und *situationsbedingte,* und insbesondere *schichtenspezifische*, d. h. vertikale Variationen jeder Art sind als wichtigste Faktoren der sprachlichen Heterogenität anzusehen.

Diese erste Erkenntnis galt der *Beschaffenheit* von Sprachsystemen und dem *Sprachverhalten* von differenzierten Sprechern innerhalb einer Gemeinschaft.

Ihnen gesellte sich dann die Problematik des reduzierten *Geltungsbereiches* des Dialekts hinzu: Man fragte sich nach den Ursachen der Deklassierung von Dialekten im Sprachgebrauch und fand heraus, daß **soziale Konflikte** und **Barrieren** und daraus entstandene *psychologische Störfaktoren* dafür verantwortlich waren. Aus der *Raumdialektologie* entwickelte sich die *soziologische Dialektologie*, nämlich die **Soziolinguistik**, die als wichtigste Aufgabe hat, die regen und mannigfaltigen Wechselwirkungen zwischen *Sprache* und *Gesellschaft*, bzw. zwischen *Sprachverwendung* und *Einzelsprecher* in ursächliche Beziehung zu setzen. Aus dieser doppelten Sichtweise sollen nun die vorzuführenden Fachtermini erläutert werden.

BIBL. Dell Hymes, *Foundations of Sociolinguistics. An Ethnographic Approach*, London (Tavistock), 1974; Giorgio Raimondo Cardona, *Introduzione alla Sociolinguistica*, Torino (Loescher), 1987: Kap. 1 und 2; Karmele Rotaetxe Amusategui, *Sociolingüística*, Madrid (Síntesis), 1988; Brigitte Schlieben-Lange, *Soziolinguistik. Eine Einführung*, Stuttgart (Kohlhammer), [3]1990.

91 Idiolekt und Soziolekt. Stadtdialektologie.

Entgegen der Idealgröße der Dialektologie, dem variationsfrei konzipierten *Dialekt*, bedient sich die Soziolinguistik zweier eigener Größen, mit denen die interne Stratifikation eines Dialekts erforscht werden kann: des individuellen **Idiolekts** und des gruppengebundenen **Soziolekts**. In bezug auf die von den Strukturalisten eingerichteten funktionellen Parameter sind unsere drei Referenzgrößen jeweils auf der Ebene der gemeinschaftlichen *Norm* (Dialekte), der gruppenspezifischen (Sub-)Normen (Soziolekte) und der idiosynkratischen *Parole* (Idiolekte) anzusiedeln. Die Einbeziehung der Soziolekte in die soziolinguistische Forschung hat das Interesse der traditionellen Dialektologie auf die komplexen Situationen der Städte und der Ballungsgebiete verlagert; damit hat sich die auf das ländliche Leben bezogene *Dialektologie* (it.: *dialettologia rurale*) in eine *Stadtdialektologie* (it.: *dialettologia urbana*) verwandelt. Innerhalb dieser neuen Ausrichtung nehmen *Stadtviertel* eine besondere Rolle ein: Sie bewirken gleichzeitig eine *horizontale* und eine *vertikale* Gliederung der städtischen Norm. Die bekanntesten Pionierarbeiten in diesem Fragenkomplex stammen aus der Feder des amerikanischen Soziolinguisten William Labov, der unter anderem das Sprachverhalten und die Sprachverschiebungen in New Yorker Stadtvierteln und in Martha's Vineyard eingehend untersucht hat.

Um diesen schwer erfaßbaren Aufspaltungen gebührend Rechnung zu tragen, sehen moderne Sprachatlanten (wie der ALESCh: *Atlas Lingüístico-Etnográfico del Sur de Chile*) eine zielgerichtete Befragung von Stadtvierteln vor. Zu erwähnen ist noch, daß *Viertel* auch in kleinen Landgemeinschaften als Differenzierungsgrößen wirken können. Bsp.:

Idiolekt: die vom Turiner Fiatbesitzer, dem Rechtsanwalt Agnelli typische, stark pharyngale Aussprache von [r], die in den Zeitungen als <g>/<v> wiedergegeben wird, konstituiert einen idiolektalen, oft nachgeahmten Sprachzug.

Soziolekt:

(a) Eine soziolinguistische Umfrage in einer stark industrialisierten Stadt Kataloniens (Vilafranca del Penedés, 1983), wo viele südsp. Inmigranten sich niedergelassen und ökonomisch etabliert haben, hat eine höchst differenzierte Verteilung der Sprachnorm ergeben: Im Viertel *L'espiral*, wo die dichteste Konzentration von Inmigranten registriert wurde, spricht man am wenigstens Katalanisch, während in Vierteln, wo die kat. Bevölkerung homogen vertreten ist, bei weitem das Katalanische überwiegt.

(b) In der ligurischen Sprachinsel von Carloforte auf Sardinien kennt das Hafenviertel eine ggb. der allgemeinen Dialektnorm differenzierte Realisierung der Personalpronomina (soziologische Variablen stehen stets zwischen Winkelklammern): Carloforte < - Hafen > [nwjˈɔ:tri] ↔ < + Hafen > [njˈɔ:tri] ‚wir'.

BIBL. Gauger/Österreicher/Windisch (op. cit., § 5): Kap. B/9 (*Sprache und Gesellschaft in einer industriellen Großstadt. Soziolinguistik:* La llengua del barcelonins 1969 von Antoni M. Badia i Margarit); William Labov, *Il continuo e il discreto nel linguaggio*, Bologna (Il Mulino), 1977; Uriel Weinreich/William Labov/Marvin I. Herzog, *Fondamenti empirici per una teoria del cambiamento linguistico*, in: Winfred P. Lehmann/Yakov Malkiel, *Nuove tendenze della linguistica storica*, Bologna (Il Mulino), 1977: 101—204; Norbert Dittmar/Brigitte Schlieben-Lange (Hgb.), *Die Soziolinguistik in romanischsprachigen Ländern*, Tübingen (Narr), 1982; Albert Bastardas i Boada, *La bilingüització de la segona generació immigrant. Realitat i factors a Vilafranca del Penedés*, Barcelona (La Magrana), 1985; Tullio Telmon, *Tradizione e rinnovamento nella dialettologia urbana*, in: *Dialettologia urbana: problemi e ricerche*, Atti del XVI Convegno del C.S.D.I. (Lecce 1–4 ottobre 1986), Pisa (Pacini), 1989: 247—255.

92 Geschlechts- und schichtenspezifische Variation. Sprachverhaltenstheorie.

Sprachliche Unterschiede zwischen Männern und Frauen beruhen normalerweise auf anthropologischen Bedingungen (wie z. B. kulturbedingten Arbeitseinteilungen). Da Frauen in Bauern- und Hirtenkulturen im Unterschied zu Männern kaum mit außerhalb der Gruppe stehenden Sprechern in Kontakt kommen, bewahren sie zumeist ältere Entwicklungsstufen. In einem kleinen Gebiet um Granada (Vertientes, Tarifa) ist der Dialektforscher Gregorio Salvador bei der Durchführung der Umfragen zum ALEA (*Atlas Lingüístico-Etnográfico de Andalucía*) auf eine merkwürdige geschlechtsspezifische Sprachvariation gestoßen: Dort nehmen alle Männer an der andalusischen Norm teil, während Frauen eine (diachron ältere) anti-andalusische soziolektale Norm befolgen:

Normen	Merkmale:	[s] + C > [s]#	/r/ ~ /l/	/ʎ/
	Bsp.:	*los pies*	*soldado*	*calle*
M		[lo^{h} pje^{h}/lɔ: pjɛ:]	[sorˈðao]	[ˈkaje]
F		[los pjɛs]	[solˈðao]	[ˈkaʎe]

Eine ausgeprägte ethnolinguistische Sprachbarriere existiert in Zentralsardinien (Barbagia): Dort verüben Männer, die als Hirten lange Zeit weit von zu Hause und der Familie entfernt leben, ein nur unter ihnen bekanntes, geheimes Verbrechen: Sie stehlen Schafe aus anderen Gemeinschaftsherden und verbergen sie in sog. [ˈospiles] oder [osˈpiles], mit ‚Büschen aufgestellten Verstecken'. Eine zielgerichtete Umfrage ergab, daß Frauen dieser Sonderwortschatz fremd ist.

Schichtenspezifische Variationen dürfen nicht von sozialen Werturteilen und vom **Sprachverhalten** getrennt werden. Vertikale Sprachschichtungen entstehen vorwiegend dort, wo sozial-ökonomische Klassenunterschiede kraß sind. Dabei läßt sich feststellen, daß niedrig geschätzte Varianten sich am Modell der mit höherem **Prestige** versehenen Varianten orientieren. Diese oft bestätigte gruppenspezifische *Normverschiebung* hängt in entscheidendem Ausmaß vom **Sprachverhalten** der Sprecher ab: Wünscht man sich eine soziale **Aufwärtsmobilität**, dann imitiert man bewußt oder unbewußt die Spracheigenschaften der führenden Klasse, wobei hierzu die Zusatzkriterien **Bildung** und **Alter** eine wichtige Komponente der Normverschiebung darstellen. Ein diesbezüglich sehr aussagekräftiges Bsp. betrifft die Entwicklung von lat. bet. Ē in freier Silbe im Frz.: Der im 13. Jh. daraus entstandene Diphthong [we] (*françois*, *devoit*) vereinfachte sich in der prestigeträchtigen Hofaussprache, so daß das neue Ergebnis, nämlich [ɛ], sich einer raschen Aufnahme in der Volkssprache erfreute und sich bald als moderne, phonetische und graphische Lösung durchsetzte (*français*, *devait*). Dieses Bsp. zeigt auch, wie aufgrund sozialer Werturteile entstehende funktionelle **Kovariationen** (vgl. [ɛ] in *français* <+ gebildete, hohe Variante> vs [wa] in *froid* <- gebildete, niedrige Variante>) den Rhythmus der Sprachentwicklung bestimmen können.

Mit sozialer Mobilität begründet ist die sorgfältige Vermeidung der nachlässigen Aussprache der sp. Verbalendung *-ado* (*cantado*) seitens jener Sprecher der schwankenden mittleren Bourgeoisie Madrids, die einen Klassenaufstieg anstreben; dabei wird die immer — auch unter Gebildeten und Jugendlichen — verbreitetere -[ao]-Aussprache irrtümlicherweise verurteilt. Ein komplexes Gebilde der im Wandel begriffenen Sprachvariation (Labov: *change in progress*) ergibt sich aus der gleichmäßigen Berücksichtigung innersprachlicher Funktionalitätseinschränkungen und außersprachlicher Bedingungsfaktoren. Einige in der Karibik und in Spanien durchgeführte Vergleichsstudien über die Tilgung von -[s]# im Verbalparadigma (*estudias* → *estudia*) und die sich als funktionelle Ausgleichsreaktion ergebende Pronomensetzung (*tú estudiaØ*) haben folgende soziolinguistische Werte erbracht: 50 % der Befragten in San Juán de Puerto Rico tilgen -[s] und verwenden ein Subjektpronomen, während in Madrid, wo -[s] stabil ist, nur 26 % der untersuchten Sprecher ein Pro setzen. Bezieht man aber soziologische Variablen in die Analyse mit ein, so erzielt man ein weniger homogenes Ergebnis: In Santo Domingo z. B. findet die Tilgung bei allen Sprechern der untersten sozialen Skala (100 %) statt, sie betrifft jedoch 77 % der Sprecher mit mindestens 6 Schuljahren und 28 % jener Sprecher, die ein Universitätsdiplom erworben haben; in Madrid erfaßt die Pronominalsetzung vorwiegend Männer der vierten Generation (ca. 28 %). Es leuchtet demnach ein, daß geschlechts-, generations- und bildungsbedingte Variationen zu einer korrekten Darstellung der internen Beschaffenheit eines Sprachsystems wesentlich beitragen.

Setzt man synchrone Sprachvariation in ursächliche Beziehung mit diachronem Sprachwandel, dann werden für den Sprachhistoriker wichtige Befunde sichtbar, die wir hier in Gestalt vereinfachter Postulate formulieren:

(1) Sprachvariation fördert Sprachwandel: Stellen wir fest, daß sich ein Sprachwandel abgeschlossen hat (CUM TABŬLĀ → CUM TABULAM), dann können wir mit Recht das Ende einer vertikalen Sprachvariation voraussetzen (vlat. CUM TABULĀ <hoch> vs CUM TABULAM <niedrig>).

(2) Horizontale (diatopische) Sprachvariation kann sich in vertikale (soziologische) Sprachvariation umsetzen und umgekehrt. Das gegenwärtige Genuesische kennt das Phonem /a/, z. B. in MAREM > *ma*, während man im ländlichen Hinterland /a/ über eine hintere Aussprache ([å]) zu einem offenen, gerundeten Vokal /ɔ/ übergegangen ist: [u mɔ] (it.) ‚il mare'. Doch haben soziolinguistische Analysen nachgewiesen, daß im Stadtgenuesischen eine vertikale Opposition zwischen /a/ <+ hoch> und /å/ <+ niedrig> bis vor kurzer Zeit bestanden hat. Da die an der Küste gelegenen Zentren kein gerundetes Ergebnis aufweisen, liegt die Vermutung nahe, daß die sozial niedrig markierte Variante als bäuerliche Aussprache abgewertet und demzufolge ins Hinterland zurückgedrängt worden ist. Der *yeísmo* (/ʎ/ > /y/), eine diatopische Erscheinung, die eine horizontale Gliederung der sp. Sprachlandschaft ermöglicht, ist in Tenerife in ein vertikales Aufteilungskriterium umgedeutet worden: Dort wird den Sprechern des Hafens und der untersten Schichten mit *yeísmo* die mit herabsetzender Konnotation beladene Bezeichnung *chichacreros* zugewiesen. Das *voseo* (die Ersetzung von *tú* durch *vos* und die damit einhergehende Veränderung der Verbalmorphologie :*tú comes* → *vos comés*, *comís* ‚du ißt') kennzeichnet in Méjico die ärmsten Schichten in verschiedenen Gebieten (Chiapas, Tabasco).

BIBL. Labov (op. cit., § 25): Kap. 19 (*The Overestimation of Functionalism*); Suzanne Romaine, *Socio-historical Linguistics. Its Status and Methodology*, Cambridge (CUP), 1982; Jordi Colomina i Castanyer, *L'alacantí. Un estudi sobre la variació lingüística*, Alacant (Institut d'Estudis Juan Gil-Albert), 1985; Gregorio Salvador, *Estudios dialectológicos*, Madrid (Paraninfo), 1986: Kap. 15 (*Fonética masculina y fonética femenina en el habla de Vertientes y Tarifa — Granada*); Humberto López-Morales, *El español del Caribe*, Madrid (Paraninfo), 1992: 90—100.

93 Die Defizit-Hypothese. Restringierter/elaborierter Sprachkode.

Die schichtenspezifische Sprachbarrierenproblematik wurde in den fünfziger und sechziger Jahren vom Sprachwissenschaftler B. Bernstein aufgeworfen und in zahlreichen Aufsätzen theoretisch formuliert. Nach Bernstein besteht eine *kausale* Korrelation zwischen sozialen Sprachvarietäten (Soziolekten) und kognitiven Fähigkeiten und Kategorisierungsvermögen dergestalt, daß benachteiligte Schichten über einen defizitären, **restringierten Sprachkode** verfügen, während sozial aufstrebende und ökonomisch stabile Klassen, die Mittel- und Oberschicht umfassen, einen **elaborierten Sprachkode** vorweisen können. Freilich haftet dieser soziologischen Konzeption ein apriori als universell angenommenes Entwicklungsprinzip der bürgerlichen Gesellschaften an. Ohne explizit auf Bernstein Bezug zu nehmen, hat z. B. Pier Paolo Pasolini in den sechziger Jahren auf die Sprachbarrieren hingewiesen, die Sprecher der it. Unterschichten in den ärmsten Ringvierteln Roms kennzeichneten. Die Diskussion über Sprachbarrieren hat sich im Rahmen eines varietätenlinguistischen Interpretationsmodells auf die Problematik der sozial niedrig markierten *Sprachvarianten* (wie *it. popolare*: ↗ § 114) verlagert.

BIBL. Helbig (op. cit., § 38): 254—266; Tullio De Mauro, *Storia linguistica dell'Italia unita*, Bari (Laterza), [2]1979: Kap. 4 (*Nuove forme e funzioni*).

94 Mehrsprachigkeit: Bilinguismus und Diglossie. Domänen und Rollen. Code-Switching.

Mehrsprachige Situationen bieten dem Soziolinguisten ein optimales Forschungs- und Arbeitsgebiet. Treten zwei Sprachen in Kontakt innerhalb der gleichen Verwaltungsgrenzen, so entsteht ein *Sprachkonflikt*, der entweder zur Beseitigung bzw. Verdrängung der „schwächeren" Sprache führt oder eine ausgeglichene Mehrsprachigkeitssituation fördert. Im letzten Fall, wenn Sprecher über eine gleichmäßige (in der Tat sehr schwer zu erreichende) Zwei- oder Mehrsprachigkeit verfügen, spricht man von **Bilinguismus**. Anders stellt sich die Situation dar, derzufolge eine Sprache oder Sprachvariante A einer Sprache oder Sprachvariante B hierarchisch übergeordnet ist und eine funktionale Monopolstellung einnimmt. Charles E. Ferguson setzte 1956 den Terminus **Diglossia** in Umlauf, mit dem er diese instabile Situation bezeichnete. Während der Franco-Ära kennzeichnete eine drastische Diglossie den täglichen Sprachgebrauch des Kast.-Sp. und des Kat.: Dem Madrider Sprachsystem kamen alle wichtigen Kommunikations- und Bildungsfunktionen zu (Presse, Radio, Fernsehen, öffentliche Informationen und Anweisungen, Schule), der Gebrauch des Kat. blieb hingegen nicht-offiziellen, ausschließlich gesprochenen Anlässen und Zwecken vorbehalten. Joshua Fishman nennt solche Situationen, die die Auswahl einer Sprachvarietät fördern, **Domänen** und die damit ausgelösten Beziehungen zwischen den Interaktionsteilnehmern **Rollen**. Domänen und Rollen bestimmen den Gebrauch der Sprachvarietät, die der einzelne Sprecher als für seine kommunikativen Zwecke ertragreicher erachtet. Auch kann sich im Laufe eines Gesprächs ein sog. *code-switching* vollziehen, d. h. der bewußte Übergang von einer Varietät in eine andere. Ein Bsp.: In sd. Schulen unterhalten sich oft Schüler auf Sd., wechseln aber zum Ital., wenn Lehrer sie ansprechen, bisweilen auch wenn Schülerinnen sich zu der Gruppe gesellen.

BIBL. Charles E. Ferguson, *Diglossia*, Word 15 [1959]: 325—340; Joshua A. Fishman, *The Sociology of Language. An Interdisciplinary Social Science. Approach to Sociolinguistics*, The Hague (Mouton), 1970; Alberto Vàrvaro, *La lingua e la società. Le ricerche sociolinguistiche*, Napoli (Guida), 1978; Rosita Rindler-Schjerve, *Sprachkontakt auf Sardinien. Soziolinguistische Untersuchungen zum Sprachenwechsel im ländlichen Bereich*, Tübingen (Narr), 1987. Brigitte Schlieben-Lange, *Soziolinguistik. Eine Einführung*, Stuttgart (Kohlhammer), [3]1990.

95 Entfremdung, Selbsthaß und Minderwertigkeitskomplex.

Langfristig kann eine diglossische Situation zur *Identitätskrise* der Sprecher führen, die die verdrängte Sprache gebrauchen. Der Okzitanist Robert Lafont hat für diese tückische Erscheinung den treffenden Terminus **Sprachentfremdung** erfunden (*aliénation linguistique*). Sprachentfremdung setzt sich in tägliche, differenzierte kulturelle Signale um, z. B. in die Suche nach einer fremden, aber überlegenen Sprache und Literatur, die den Sprecher befähigt, sich hemmungslos und kompromißlos auszudrücken; oder in die Erzeugung abwertender Bezeichnungen für das verurteilte System (vgl. *patois*, das eine pejorative Konnotation übernommen hat, etwa, einer „deklassierten Mundart"). *Entfremdung* korreliert eng mit **Selbsthaß**, auf kat. *autoodi*. Der Terminus wurde vom Soziolinguisten Rafael Ninyoles geprägt und deutet auf die historisch belegte Tendenz, die eigene, verurteilte Sprache zu „verleugnen", indem man auch die Stammgruppe, die Ethnie, zu der man gehört, als *fremd* erklärt. Die valenzianische Aristokratie gab im Laufe des 15. Jahrhunderts ihre kat. Identität auf, verschmähte den Gebrauch des Kat. und bemächtigte sich des Kast., der einzigen Sprache, die heute die spanisch sprechenden Valenzianer (sog. *xurros*) im öffentlichen und privaten Verkehr benutzen.

Entfremdung und *Selbsthaß* werden von **Minderwertigkeitskomplexen** ausgelöst. Mit diesem aus der Psychologie entlehnten Terminus bezeichnet man eine Reihe von selbstgemachten negativen Beurteilungen über die eigene Sprache, die Sprecher eines sozial abgewerteten Sprachsystems spontan oder auf zielgerichtete soziolinguistische Fragen vermitteln. Moderne soziolinguistische Umfragen sehen immer mehr indirekte Strategien und Fragetechniken vor, um Aussagen über die Spracheinstellungen der Befragten ermitteln zu können. In einer 1983 in einer stark mit Südspaniern durchsetzten kat. Sprachgemeinschaft (Vilafranca del Penedés) durchgeführten Umfrage wurden folgende Fragen gestellt: «És el castellà una llengua més de moda que el català?» ‚ist das Kast.-Sp. eine von den Sprechern ggb. dem Kat. bevorzugte Sprache?'; «Un llibre castellà és més atractiu que en català?» ‚Ist ein auf Kast.-Sp. geschriebenes Buch reizvoller als ein auf Kat. verfaßtes Buch?'. Eine auf das Sizilianische gerichtete Studie enthielt folgende Fragen über Selbsteinschätzungen: «La parlata siciliana è rozza e volgare» ‚Das Sizilianische ist schlampig und vulgär' (*ja/nein?*); «Il siciliano è adatto per i discorsi allegri e scherzosi» ‚Das Sizilianische paßt eher zu scherzhaften und nicht ernsten Reden' (*ja/nein?*).

BIBL. Bastardas i Boada (op. cit., § 91); Georg Kremnitz, *Sprachen in Konflikt. Theorie und Praxis der katalanischen Soziolinguisten. Eine Textauswahl*, Tübingen (Narr), 1979: 102—111; Idem, *Entfremdung, Selbstbefreiung und Norm. Texte aus der okzitanischen Soziolinguistik*, Tübingen (Narr), 1982: 40—52; Franco Lo Piparo (Hgb.), *La Sicilia linguistica oggi*, Palermo (CSFLS), 1990: Teil I.

96 Sprachbewußtsein und Sprachloyalität.

Sprachbewußtsein ist ein von deutschen Soziolinguisten (Brigitte Schlieben-Lange, Norbert Dittmar) oft verwendeter Terminus, mit dem man Intuitionen über den sozialen Status und die *Kompetenz* der eigenen (gefährdeten) Sprache herauszuarbeiten versucht. Haben Sprecher ein ausgeprägtes Sprachbewußtsein, d. h. sichere Kenntnisse der Sprache, ihrer Sprachgeschichte und der sprachpolitischen Ereignisse, die zur Gebrauchsverwendung geführt haben, dann kann sich dieses in eine aktive **Sprachloyalität** umsetzen. *Sprachloyalität* manifestiert sich in der bewußten Aneignung aller Ausdrucksmittel der verdrängten Sprache und in deren ungehemmten Verwendung in allen erdenklichen Situationen. Manche kat. Sprecher haben seit dem Tode Francos und der endgültigen Einführung des Bilinguismus in Katalonien ihre verminderte Kompetenz des Kat. bewußt — durch Studium — verbessert und wenden sie auf alle Kommunikationssituationen und -bereiche an. Sprachloyalität stellt eines der hervorstechenden Forschungsinteressen soziolinguistischer Umfragen dar; zu ihrer Ermittlung werden alle bisher erwähnten Bestimmungsgrößen (*Alter, Geschlecht, Bildungsgrad, sozialer Status, Herkunft, Niederlassung, Domänen* usw.) mitberücksichtigt. Abschließend werden einige Ergebnisse aus einer 1991 im Languedoc-Roussillon durchgeführten Umfrage über den Gebrauch des Okzitanischen kommentarlos vorgestellt (zwischen Klammern die Parameter):

Fragen	Antworten (%)	
1. *Comprenez-vous l'occitan?*	oui (48 %)	
2. „	(18—24 ans ↔ 65 . . . ans)	oui (11 %) ↔ oui (55 %)
3. *Savez-vous parler l'occitan?*	(bien — discrètement — peu — non) 16 % 6 % 6 % 46 %	
4. „	(chez vous — à la campagne — au café — dans le marché) 32 % 23 % 31 % 17%	
5. „	(hommes) ↔ (femmes)	oui (59 %) ↔ oui (41 %)
6. „	(niveau scolaire minimum — Bac) bien 56 % 10—20 %	
7. *Souhaitez-vous que vos enfants apprennent l'occitan?*	oui (48 %)	
8. *Êtes-vous attaché à la langue occitane?*	oui (50 %)	
9. *En ce qui concerne les panneaux bilingues, vous êtes:*	(favorable: 75 % — défavorable: 25 % — indifférent: 25 %)	
10. *Pensez-vous que apprendre l'occitan facilite l'intégration dans le travail?*	oui (33 %)	

BIBL. Brigitte Schlieben-Lange, *Okzitanisch und Katalanisch. Ein Beitrag zur Soziolinguistik zweier romanischer Sprachen*, Tübingen (Narr), 1973; Uriel Weinreich, *Sprachen in Kontakt. Ergebnisse und Probleme der Zweisprachigkeitsforschung*, München (Beck), 1977; Antoni Ferrando, *Conciència lingüística i nacional dels valencians*, València (Universitat de València), 1980; Jonathan Carl Holmquist, *Language Loyalty and Linguistic Variation. A Study in Spanish Cantabria*, Dordrecht (Foris), 1988.

IV.5 Fachrichtung: Kontaktlinguistik

97 Kontaktlinguistik. Interferenz, Entlehnung und Hyperkorrektismus.

Sprachkonflikte, die eine Diglossiesituation hervorrufen oder zum Sprachverfall und Sprachtod führen, bilden das privilegierte Forschungsgebiet der **Kontaktlinguistik** (it. auch: *interlinguistica*), einer Forschungsrichtung, die zahlreiche Berührungspunkte mit der Soziolinguistik aufweist. Der anhaltende Kontakt zwischen zwei oder mehreren Sprachen kann Spachsysteme der gleichen Sprachfamilie (z. B. romanischer Sprachen und Dialekte) oder nicht-verwandte Sprachen (z. B. Baskisch und Spanisch oder Gaskognisch im sp. und frz. Baskenland) betreffen.

Nachhaltige Sprachkonflikte fördern **Interferenzen**, d. h. Kompetenzschwankungen in einem der in Konflikt geratenen Sprachsysteme. Substraterscheinungen sind typische durch Interferenz hervorgerufene Beispiele: Der Osker, der nach der Ausbreitung Roms das Latein gezwungenermaßen als zweite Sprache erlernen mußte, übertrug aus seiner Muttersprache den im Lat. unbekannten Nexus [nn], mit dem er die lat. Abfolge [nd] zu übersetzen glaubte, in die neuerworbene staatliche Sprache. Die Bewahrung dieser Interferenz durch Generationen erklärt, warum heute in Kampanien anstatt [ˈmondo] (< MUNDUM), [ˈmunnə] zu hören ist. Auch beim Erwerb einer modernen Zweitsprache vollzieht sich die Interferenz. Die aspirierte Aussprache der Verschlußlaute ([pʰtʰkʰ]) im It. verrät die deutsche Abstammung des Sprechers. Aber auch *Regionalsprachen* (↗ § 113) werden durch Interferenzen gekennzeichnet: Der Südfranzose fügt regelmäßig einen Schwalaut am Ausgang mehrsilbiger frz. Oxytona hinzu ([vwaˈtyrə]). Interferenzen können, im phonologischen System der erworbenen Sprache, nicht nur Veränderungen in der Distribution, sondern auch im Inventar hervorbringen: Dem tiefgreifenden Einfluß des Slawischen ist das Phonem /h/ im Rum. (*hrană* ‚Nahrung', *haină* ‚Kleidung') zuzuschreiben. Auch in der Morphosyntax kann ein dauernder Sprachkonflikt zu Umwälzungen von systemischen Oppositionen führen: Das Zentralsd. kennt von Hause aus die formale Pronominalunterscheidung zwischen Subjektfunktion (‚du') und Objektfunktion (‚dich'); diese auch ansonsten aus dem Lat. ererbte und aufbewahrte Opposition ist im Südsd. infolge des tiefgreifenden kat. Einflusses aufgegeben worden; vgl.:

(log.)	*tue* [ˈmaɳɖiɣas ˈpɛθθa]	↔	[ˈapo ˈbiðu] *a tene*
	‚*du* ißt Fleisch'		‚ich habe *dich* gesehen'
(camp.)	*tui* [ˈpapas ˈpɛttsa]	=	[ˈapu ˈbiu] *a tui*
(kat.)	*tu menges carn*	=	*he vist a tu.*

Das Ergebnis von Interferenzen im lexikalischen Bereich ist **Entlehnung** jeder Art (↗ § 60). Dabei kann die *Bedeutung* oder die *Bezeichnung* der gewanderten lexematischen Einheiten betroffen werden. Eine Bedeutungserweiterung erfährt kat. *caixa* ‚Schachtel' im Munde eines Kastilianers, der mit dieser Bezeichnung sp. *caja* ‚Kiste' zu übersetzen glaubt und dabei die im Kat. vorgesehene Opposition zwischen: *caixa* ‚Kiste' (von Büchern) und *capsa* ‚Schachtel' (von Zigaretten) verkennt. In der bairischen Sprachinsel von Zahre (auf it. Sauris, im Friaul) hat eine infolge mehrfacher formaler Entlehnung eigenartige Umstrukturierung im Wortfeld der ‚Mahlzeiten' stattgefunden: [frunʃtkx] ‚Frühstück' (germ.) ↔ [ˈjauzə] ‚Mittagessen' (< slaw., heute österr. *južina*) ↔ [tʃejna] (< CĒNAM, über das Dolomitenladinische in die tirolischen Mundarten aufgenommen).

Hyperkorrektismus (oder -korrek**tur**) stellt auch eine sehr verbreitete Erscheinung in Sprachkonflikten dar. Der Sprecher, der eines zweiten Sprachsystems nicht mächtig ist, unterliegt — wie oben gesagt — Kompetenzschwankungen, die ihn irreführend veranlassen können, *korrekte*, aber nicht vollständig erlernte Strukturen der Zweitsprache als *unkorrekt* zu qualifizieren und sie deshalb zu „hyperkorrigieren". Der Sprecher des Kat., der diese Sprache nicht als Muttersprache hat, kann durch die Bezeichnungsgleichheit von Kast. und Kat. *solament*(*e*) oder *medieval* dazu verleitet werden, diese Formen zu hyperdifferenzieren und Einheiten wie **solsament* oder **mitgeval* zu bilden. Wegen Hyperkorrektur vermeidet auch der Sarde die Setzung der Präp *a*, die zur Kennzeichnung des persönlichen direkten Objekts dient ([ˈapu ˈbiu] *a Giuanni* ‚ho visto a Giovanni'), in it. Fügungen, wo *a* doch verlangt wird: **ho telefonato Giorgio* statt *a Giorgio*.

BIBL. Lluís Payrató, *La interferència lingüística. Comentaris i exemples català-castellà*, Barcelona (Curial), 1985; Salvatore Claudio Sgroi, *Interferenze fonologiche, morfo-sintattiche e lessicali fra l'arabo e il siciliano*, Palermo (CSFLS), 1986; Anna Giacalone Ramat (Hgb.), *L'italiano fra le altre lingue: strategie di acquisizione*, Bologna (Il Mulino), 1988; Marius Sala, *El problema de las lenguas en contacto*, México (Universidad Nacional Autónoma), 1988; Brauli Montoya i Abad, *La interferència al Sud Valencià*, València (Generalitat), 1989; Max Pfister, *Sprachrelikte und Interferenzerscheinungen bei Walsern und Bayern in Oberitalien*, in: Heinrich Beck (Hgb.), *Germanische Rest- und Trümmersprachen*, Berlin/New York (de Gruyter), 1989: 97—118; Walter Belardi, *Storia sociolinguistica della lingua ladina*, Roma (Università La Sapienza), 1991; Martin Haase, *Sprachkontakt und Sprachwandel im Baskenland. Die Einflüsse des Gaskognischen und Französischen auf das Baskische*, Hamburg (Buske), 1992.

98 Arealtypologie. Konvergenzen und Sprachbünde.

Kontakterscheinungen können sich auf diatopisch kleinräumigen oder großräumigen Gebiete manifestieren und jeweils zu mikro- oder makroskopischen Systemänderungen führen. Markt- und Messenzentren, vornehmlich in Bauern- und Hirtenkulturen, stellen privilegierte Interferenzbereiche dar, wo lebhafte Wechselbeziehungen stattfinden. In der Region um Ghilarza, einer an der Grenze zwischen Campidano und Logudoro liegenden, während des ganzen Mittelalters und der Neuzeit durch Viehmärkte bekannten sd. Ortschaft, belegt man im Bereich der Zählungssysteme rein campidanesischer Mundarten stark abweichende, mit dem Logudoresischen verwandte Kardinalzahlen: [ˈbattero], [ˈbattiro] ‚4' und [ˈkimbi] ‚5', entsprechend dem Log. [ˈbattoro] und [ˈkimbe], aber in Kontrast zum Camp. [ˈkwatru] und [ˈtʃiŋkwi]. Die Erklärung ist naheliegend: Die regen Handelsbeziehungen zwischen log. Hirten und camp. Bauern haben sich im Zählungssystem dieser Übergangsmundarten niedergeschlagen. In diesem Fall hat man keine bloße *typologische Konvergenz* vor sich (wie im Bsp. von NEG V NEG → V NEG auf großen Flächen Europas), sondern eine *arealtypologische*, durch Kontakt geförderte Konvergenz.

Die **Arealtypologie** untersucht also jene Sprachsituationen, die aus durch Kontakt geförderten Konvergenzen entstehen. Arealtypologische Konvergenzen infolge jahrhundertelang anhaltender Kontakte führen bisweilen zur Entstehung von sog. **Sprachbünden** (Terminus von Karl Sandfeld und Roman Jakobson). Der *balkanische Sprachbund* z. B. umfaßt nichtverwandte Sprachen, die durch nachhaltigen, engen Kontakt und wechselseitige Interferenzen merkwürdige, vorwiegend morphosyntaktische Gemeinsamkeiten aufweisen, wie diejenige, die wir hier stellvertretend anführen:

Merkmale:	bulgarisch	albanisch	neugr.	rumänisch
analytisches Futur des Typs ‚ich will + arbeiten':	*šte rabotja*	*do të punoj*	*τὰ δουλέυω*	*o să lucrez*
analytische Komparation ‚mehr + schön':	*po-dobăr*	*më bukur*	*πιὸ καλό ς*	*mai bun*
eigenartige Zählungswortbildung ‚eins + über + zehn' = 11	*edinnadeset*	*njëm bëdhjetë*	—	*unsprezece*
Ersetzung des Infinitivs durch Konjunktionalgefüge ‚ich will, daß ich schlafe'	*az iskam da spa*	*dua të flë*	*θέλω νὰ πλαγιάσω*	*vreau să dorm*

BIBL. Harald Haarmann, *Aspekte der Arealtypologie. Die Problematik der europäischen Sprachbünde*, Tübingen (Narr), 1977; Georg Renatus Solta, *Einführung in die Balkanlinguistik mit besonderer Berücksichtigung des Substrats und des Balkanlateinischen*, Darmstadt (Wissenschaftliche Buchgesellschaft), 1980; Emanuele Banfi, *Linguistica balcanica*, Bologna (Zanichelli), 1985.

99 Pidgins und Kreolsprachen.

Diglossische andauernde Situationen zwischen nicht verwandten Sprachen rufen oft Mischsysteme hervor, die als Verkehrssprachen einen begrenzten oder einen breiten Geltungscharakter aufzeigen können. Besonders während der frz., pg., sp. und engl. Kolonialzeit entstanden in der Karibik solche aus Kontakt hervorgewachsene Mischsprachen, die aus afrikanischen und europäischen Komponenten bestanden, eine reduzierte Funktionalität innerhalb der Neusiedlungen aufwiesen und zumeist kurzfristige Dauer hatten. Man bezeichnet sie als **Pidgins**. Wenn solche „Notsprachen" durch vermehrten Gebrauch und progressiven Strukturaufbau sich einer breiteren Funktionalität erfreuen und den Status von *standardisierten* Nationalsprachen erringen, dann spricht man von **Kreolsprachen**. Wichtigste typologische Charakteristika der Kreolsprachen sind: reduzierter Wortschatz europäischer Herkunft, insbesondere im Bereich der Konkreta; ausgeprägte Tendenz zur Durchsichtigkeit und zur formalen Motivierung in der Morphosyntax und der Wortbildung; merkwürdige Parallelismen im Aufbau, trotz differenzierter Entstehungsprozesse (pg. und frz. Kreolsprachen zeigen oft parallele Aufbauprinzipien). Folgende Bsp., mit denen wir einige Besonderheiten dieser Mischsprachen verdeutlichen wollen, entstammen aus der verbreitetsten frz. Kreolsprache der Karibik, die auf Haiti und Santo Domingo für die Mehrheit der (schwarzen) Bevölkerung die gesprochene Alltagssprache darstellt:

(1) Synkretismus von Personalpronomina und Possessivadjektiva (Besitzverhältnis und Personendeixis werden allein durch den Kontext disambiguiert; vgl. die Ergativkonstruktionen des Typs: ‚*mir* (Poss) *ist kalt* ‘ = ‚*ich* (Pro) *friere*‘); auch Zusammenfall der 4. und 5. Person:

1 P	<mouin>	[muɛ̃]	*mouin vi-ni* ‚je vins‘
2 P	<ou>	[u]	*oto mouin* ‚mon auto‘
3 P	<li, i>	[li, i]	*chez nou yo* ‚vos chaises‘
4 P	<nou>	[nu]	*kay li* ‚sa maison à lui‘
5 P	<nou>	[nu]	
6 P	<yo>	[jo]	

(2) Morpheme, die als Determinatoren von NP fungieren, werden nachgestellt (diesem morphologischen Schema entspricht eine phonetische, wachsende Agglutination): *liv la* (M) ‚le livre‘ und *fanm la* (F) ‚la femme‘; *much yo* ‚les mouches‘; *kay-ou-yo* (it.) ‚le tue case‘.

(3) Tendenz zur Analyse und zur Iteration (z. B. in der Komparativbildung):
bon → *pi bon* → *bon anpil* → *bon anpil anpil* (vgl. sp.: *bueno* → *más bueno* → *muy bueno* → *buenísimo*).

(4) Periphrastische Verbalformen zum Ausdruck der ‚Vergangenheit‘ und der ‚Zukunft‘; das Bildungsschema sieht durchgehend eine zwischen Sub und V eingebettete Partikel vor, der die zeitlichen und aspektuellen Funktionen zukommen (und die genetisch aus erstarrten Hilfsverbmorphemen stammt). Prädetermination in der Personenkennzeichnung (*mouin - ou - li - nou* + Inf *palé* = frz. [ʒ - ty - i + parl]):

‚progressives Präsens‘: Pro + *ap* + Inf: *m-ap palé* (sp.) ‚yo estoy hablando‘
‚einfaches Pf‘: Pro + *té* + Inf: *m-té-li* ‚yo leí‘; *ou-té-li* ‚tú leíste‘
‚progressives Impf‘: Pro + *tap* + Inf: *m-tap-kouri* ‚yo estaba corriendo‘
‚nahes Fut‘: Pro + *pral* + Inf: *m-pral palé* ‚je vais parler‘
‚fernes Fut‘: Pro + *va* + Inf: *m-va-palé* ‚je parlerai‘.

BIBL. Annegret Alsdorf-Bollée, *Zur Entstehung der französischen Kreolendialekte im Indischen Ozean*, Genf (Droz), 1977; Peter Stein, *Kreolisch und Französisch*, Tübingen (Niemeyer), 1984; Nelson Didiez Nadal, *Manual breve de lengua creol*, Santo Domingo (Taller), 1984; Thomas Stolz, *Gibt es das kreolische Sprachwandelmodell?*, Frankfurt/M. (P. Lang), 1986.

IV.6 Fachrichtung: Ausbaukomparatistik

100 Ausbaukomparatistik. Standard und Substandard. Norm und Kodifikation. Sprache und Dialekt.

Aus den beschriebenen kontaktlinguistischen Überlegungen dürfte es einleuchtend hervorgehen, daß jeder in einer Sprachgemeinschaft zwischen zwei Systemen eingetretene Konflikt soziolinguistische und funktionale Mißverhältnisse auslöst. Unbeschadet der von dem Strukturalismus erbrachten Beweisführung, daß alle Sprachsysteme gleich vollkommen und funktionsfähig sind, entsteht in einer durch Sprachkonflikt gekennzeichneten Diglossiesituation eine Hierarchie, derzufolge die *high variety* (Ferguson) gleichzeitig als **Standard** gilt, also zum Leitmodell erhoben wird und alle weiteren Varietäten (↗ § 117) als *low varieties*, also als **Substandard**, deklassiert werden. Dadurch entstehen neue vertikale Umwertungen herkömmlicher horizontaler Bezeichnungen: **Sprache** bleibt nunmehr dem völlig ausgebauten Sprachkodex vorbehalten, also jenem diatopischen Diasystem, das über eine orthographische, grammatikalische und lexikalische institutionalisierte (Referenz-)**Norm** verfügt und als Verwaltungs-, Amts-, Literatur-, Verkehrs- und Staatssprache fungiert. Hingegen übernehmen kleinräumige diatopische Varietäten eine negative Abwertung, die sie ursprünglich nicht kannten: gr. διάλεκτος, **Dialekt**, ein Wort, das etymologisch jene gleichwertigen diatopischen Varietäten der gr. *Koine* (des ‚Bundes') kennzeichnete, erfährt eine Bedeutungseinschränkung und -abwertung und bezeichnet schließlich jene nicht standardisierten Sprachsysteme.

Der allmähliche Ausbau einer diatopischen Varietät, die den Rang eines Standards zu erlangen trachtet, heißt **Kodifikation**. Eine kodifizierte Sprache verfügt, im Ggs. zu Substandardvarietäten (wie Dialekten), über folgende Merkmale:

(1) eine sog. **präskriptive Norm**, also einen Katalog von orthographischen, grammatikalischen und lexikalischen Regeln, dem sich alle Mitglieder der Sprachgemeinschaft verpflichtet fühlen. (Die *präskriptive Norm* soll nicht mit der Coseriuschen *Norm* verwechselt werden, die eher dem in *deskriptiven Grammatiken* ‚beschriebenen' Usus entspricht);

(2) einen uneingeschränkten Geltungsbereich: Die kodifizierte Sprache wirkt als prestigeversehenes und obligatorisches Leitmodell auf dem ganzen Sprachgebiet, in allen Kommunikationsmitteln und -situationen, für alle Kulturzentren, Institutionen und Verwaltungsbehörden;

(3) einen in allen kognitiven Bereichen gleichmäßig vollkommenen verschrifteten Ausdrucksvorrat.

Alle in einer bestimmten Synchronie zum Substandard rechnenden Varietäten entbehren eines oder mehrerer der oben geschilderten Kriterien. Aus einer diachronen Perspektive läßt sich aber leicht nachweisen, daß das, was heute als *kodifizierte Hochsprache* angesehen wird, in früheren Zeitstufen eine reine diatopische (und auch vertikale) Varietät darstellte, die aufgrund historisch-politischer oder kultureller Begebenheiten sich einen privilegierten Status erkämpfte: Das heutige Standardfrz. beruht auf dem alten Dialekt der Île-de-France, der schon früh beachtliches Prestige gewann, sich endgültig mit der *Révolution* auf dem ganzen *Hexagone* durchsetzte. Das Kast.-Sp. hat seinen Ursprung in einem winzigen Gebiet um Burgos, woher dann der kast. Dialekt infolge der *Reconquista* nach Süden wie ein Keil vordrang und alle Südvarietäten verdrängte. Die heutige it. Hochsprache wurzelt auf dem Florentinischen von Dante, Boccaccio und Petrarca, einem Dialekt, der dank der im 16. Jh. erfolgten literarischen Aufwertung durch den Venezianer Pietro Bembo und die *Accademia della Crusca* einerseits, durch das literarisch hochangesehene Werk Manzonis andererseits die kulturell-politische Oberhand gewann. Die **Ausbaukomparatistik** beschäftigt sich hauptsächlich mit dem Studium der Kodifikationswege natürlicher Sprachen.

BIBL. Harald Haarmann, *Elemente einer Soziologie der kleinen Sprachen Europas*. Band II: *Studien zur Multilingualismusforschung und Ausbaukomparatistik*, Hamburg (Buske), 1979; Eduardo Blasco Ferrer, *La lingua sarda contemporanea. Grammatica del logudorese e del campidanese. Norma e varietà dell'uso. Sintesi storica*, Cagliari (Della Torre), 1986; Richard Baum, *Hochsprache, Literatursprache, Schriftsprache. Materialien zur Charakteristik von Kultursprachen*, Darmstadt (Wissenschaftliche Buchgesellschaft), 1987.

101 Minderheitensprachen und Dachsprachen. Abstandsprachen und Ausbausprachen.

Die Wiederentdeckung und Neubewertung kultureller und linguistischer Traditionen, die während der Romantik stattfand, schaffte den Nährboden für politisches Aufbegehren und autonomistische Regionalbewegungen im ganzen Europa. Als „Wiedergeburt" (gal. *Rexurdimento*; kat. *Renaixença*; *Rinascita* auf Sardinien) nach dem Sprachverfall und -tod wurden die Bestrebungen bezeichnet, die sich als Ziel gestellt hatten, Diglossiezustände abzubauen. Im Bereich der Romania trafen diese Bewegungen auf die sog. **Minderheitensprachen** zu (neuerdings als *Lesser Used Languages* oder *Endangered Languages* in internationalen Fachzeitschriften etikettiert): Es handelte sich primär um durch Isoglossenbündel gut abgegrenzte Sprachgemeinschaften innerhalb von zentralistischen Staaten, denen trotz einer historisch-anthropologischen (zum Teil auch ethnischen) und linguistischen Sonderentwicklung der Gebrauch der eigenen, einheimischen Sprache per Gesetz abgesprochen, doch die Verwendung einer **Dachsprache**, eines fremden, die eigene Muttersprache überdachenden Kommunikationsmittels, auferlegt wurde. Ökonomische Gründe (Autonomie in Verwaltung und Geldpolitik) haben das Aufkommen weiterer, in den letzten Jahrzehnten aufblühender Regionalbewegungen gefördert.

Um einen abgewogenen Maßstab an die Differenzierung von „echten" und „vermeintlichen" Minderheitensprachen anzulegen, prägte Heinz Kloss die Termini *Abstand* und *Ausbau*. Eine **Abstandsprache** ist ein verdrängtes Sprachsystem, das sich strukturell (und gegebenenfalls auch typologisch) deutlich von der Dachsprache abhebt. Der strukturelle Abstand bestimmt allein den „Sprachstatus". Korsisch und Sardisch weisen gegenüber den jeweiligen Dachsprachen, Französisch und Italienisch, derart relevante typologische und strukturelle Abweichungen auf, daß ihnen automatisch das Etikett *Sprache* zukommt. Vgl. etwa:

Abstandsmerkmale I	Korsisch	Französisch
-ˈV# (Paroxytona)	-[a, e, i, u]	-[ə/Ø]
	apa, *sete*, *elli*, *sogu*	*abeille* [aˈbej]
Nomendetermination	Postdetermination (N)	Prädetermination (Art)
	(*u*) *ditu* ↔ (*i*) *diti*	*le* ↔ *les* [dwa]
Abstandsmerkmale I	**Sardisch**	**Italienisch**
Futurausdruck	analytisch	synthetisch
	[ˈapo] *a* [kkanˈtare]	*je chanterai*
Artikel	*su*, *sa* < IPSE	*le*, *la* < ILLE

Freilich können synchron oder diachron ausgerichtete Klassifikationen zu divergierenden Ergebnissen führen, wie die vieldiskutierten Zuordnungen des Katalanischen oder des Rätoromanischen zur Genüge beweisen. Auch die Kataloge der privativen Merkmale des Ast. und insbesondere des heute auf wenige Gemeinden zurückgedrängten Arag. sind zu eng und ermöglichen deshalb keine vorurteilsfreie Bestimmung des Abstands. Allerdings sind auch diesbezüglich Grenzen zu ziehen, um übertriebenen Forderungen vorzubeugen: Gregorio Salvador berichtet anläßlich der jüngsten Autonomietendenzen in Andalusien, daß der vermeintliche Abstand des Andalusischen vom Kast.-Sp. durch überspitzte *Ad-hoc*-Übersetzungen in Fußballrundfunksendungen kräftig unterstützt wird (wie etwa in: *el delantero centro le da al balón con la izquierda* → *er delantero sentro le arrima a la pelota con la socata*). Auch der Mangel an einer extern-politischen oder intern-strukturellen Verzahnung kann sich als Störfaktor für die Kodifikation von Abstandsprachen herausstellen. Die Zerklüftung der frprov. Dialekte, die sich auf drei verschiedene Länder verteilen (Frankreich, Schweiz, Italien), hindert daran, eine für die ganze Sprachgemeinschaft gültige Sprachnormierung zu erstellen. Das Sd. entbehrt immer noch einer einheitlichen Sprachnorm, weil die durch historische Ereignisse gewachsenen Unterschiede zwischen Log. und Camp. eine unüberbrückbare Kluft zwischen diesen beiden Hauptdialekten aufgetan haben. Der Abstand zum It. wird hier durch einen intern-strukturellen Abstand „wettgemacht". Innere dialektale Aufsplitterungen können bisweilen die Wirkungen eines schon abgeschlossenen, überregionalen Kodifizierungsprozesses bremsen und gegebenenfalls eine sprachinterne Normvariation auslösen: Den Forderungen der autonomen *Generalitat* Valencias folgend, hat 1993 das *Institut d'Estudis Catalans*, das höchste Entscheidungsorgan der Sprachnormierung und -pflege in Katalonien, einige nur für València gültige standardisierte Varianten anerkannt (z. B. val. *servisc*, *cantara* statt kat. *serveixo*, *cantés*; *este-eixe-aquell* vs *aquest-aqueix-aquell* usw.).

Neben dem *Abstand* gilt für Kloss der **Ausbau** als bestimmendes Kriterium zum Erlangen des Rangs einer Sprache. Darunter versteht Kloss die „Menge von Sachprosa“, die ein verschriftetes Sprachsystem als Ausdruck seiner Kultur und als institutionalisiertes Kommunikationsmittel vorzuweisen vermag. Fast alle Dialekte verfügen über Gedichtsammlungen, aber fast keiner über technische Wörterbücher. Eine vollkommen ausgebaute Sprache soll demzufolge folgende Phasen der Schriftentwicklung durchlaufen:

Vorphasen:	Unterentwickelte Komik, Niederschriften von Volksliedern
1. Phase:	Volksdichtung
2. Phase:	Schauspiel; ernsthafte Prosaerzählungen
3. Phase:	Zeitschriften
4. Phase:	Lehrbücher und Nachschlagewerke über alle möglichen Wissensgebiete
5. Phase:	Zeitungen; Originalforschungen, insbes. in modernen Wissenschaftsbereichen; durchgehende Verwendung in allen Verwaltungsgebieten

Das Katalanische z. B. hat all diese Phasen durchgemacht und verfügt sogar über ganz moderne Texte im Bereich des Verwaltungswesens (vgl. das von der *Generalitat* 1986 bereitgestellte, zweisprachige Handbuch *Dret administratiu*). Die Entwicklung des galicischen Ausbaus ist nicht so weit fortgeschritten, doch hat das *Instituto da Lingua galega* nach der Veröffentlichung der orthographischen und grammatischen Standardregel und der Anfertigung zweisprachiger Wörterbücher auch beachtliche Errungenschaften in der Festlegung der Sonderwortschätze herbeigeführt (vgl. die *Vocabularios da Música e espetáculos* oder *do Médio físico*, die die *Dirección Xeral de Política Lingüística* regelmäßig herausgibt). Wenig glückliche Fälle sind diejenigen der ast. und sd. Minderheiten, die über die 3. Phase nicht hinaus gelangt sind.

BIBL. Heinz Kloss, *Die Entwicklung neuer germanischer Kultursprachen seit 1800*, Düsseldorf (Schwann), [2]1978; Žarko Muljačić, *Tipi di lingue in elaborazione romanze*, Incontri Linguistici 7 [1983]: 26—31; Ursula Esser, *Die Entwicklung des Galizischen zur modernen Kultursprache. Eine Fallstudie zur aktuellen Sprachplanung*, Bonn (Romanistischer Verlag), 1990; Mariselda Tessarolo, *Minoranze linguistiche e indagine della lingua. Una ricerca sulla realtà italiana*, Milano (Franco Angeli), 1990; R. H. Robins/E. M. Uhlenbeck, *Endangered Languages*, Oxford/New York (Berg), 1991.

102 Sprachpolitik. Sprachpflege und -lenkung. Corpus und Status Planning.

Die erfolgreiche Durchsetzung einer für die ganze Sprachgemeinschaft gültigen Sprachnorm hängt sicherlich — wie schon oben besprochen — von der Sprachentfremdung oder -loyalität der Sprecher ab; doch kann ein positives, generalisiertes Sprachbewußtsein nur durch eine aktive **Sprachpolitik** zustandekommen. Sprachpolitische Maßnahmen, wie **Sprachpflege** und **Sprachlenkung**, werden heute von eigens eingerichteten und dafür zuständigen Institutionen oder Organen wahrgenommen, wie z. B. vom IEC (*Institut d'Estudis Catalans*) in Katalonien, vom IEO (*Institut d'Estudis Occitans*) in Okzitanien, von der *Academia de la Llingua Asturiana* in Asturien. Sprachpflege kann sich aber auch in **Purismus** ‚Sprachreinigung' verwandeln und eine autoritäre Prägung annehmen, wie die jüngsten, 1994 verabschiedeten puristischen Gesetzentwürfe des frz. Ministers Jacques Toubon kundtun, wonach engl. Wörter im öffentlichen Gebrauch durch frz. Entsprechungen ersetzt werden *müssen*. Auch während des Faschismus in Italien und Spanien traten Gesetze zur Verdrängung der „Nationalsprache" in Kraft, die den Ausbauprozessen der jeweils überdachten Minderheitensprachen abträglich waren. Diese „totalitäre" Einstellung hat leider nicht zu wirken aufgehört: Das it. Parlament hat 1994, dem Sonderstatut der autonomen Region Sardinien zum Trotz, das Recht, Sd. als zweite Pflichtsprache in den sd. Schulen einzuführen, als „verfassungswidrig" erklärt.

Natürliche, d. h. nicht durch Verdrängung oder Unterdrückung von alternativen, im Usus eingebürgerten Ausdrücken zu erreichende sprachpolitische Programme sehen — nach Einar Haugen — eine stufenweise durchzuführende *Sprachplanung* vor, die das Korpus oder den Status betreffen kann. Der Fachterminus **corpus planning** deutet auf die progressive Erweiterung der Sprachnormierung hin, ausgehend von der *Orthographie* bis zum Lexikon und den Sonderwortschätzen. Dagegen bezeichnet Haugen mit **status planning** all jene sprachpolitischen Maßnahmen, die darauf abzielen, den Gebrauch der künftigen Ausbausprache in allen Bereichen der Sprachgemeinschaft und in allen Kommunikationsakten des täglichen Lebens funktionell zu gestalten. Damit sprachpolitische Maßnahmen wirkungsvoll erscheinen, soll mit der Erweiterung der Korpusplanung eine bewußt gezielte und sofortige Statusplanung einhergehen. Innerhalb der EG sind verschiedene Institutionen (*Bureau of Lesser Used Languages* in Dublin, oder *Fryske Akademy* in Friesland) damit beauftragt worden, für eine rapide und demokratische Korpus- und Statusplanung der Minderheitensprachen zu sorgen.

BIBL. Michael Scotti-Rosin, *Die Sprache der Falange und des Salazarismus. Eine vergleichende Untersuchung zur politischen Lexikologie des Spanischen und des Portugiesischen*, Frankfurt/M. (P. Lang), 1982; Fryske Akademy, *EMU-Projekt Europe. Minority Languages in Primary Education*, Ljouwert (Fryske Akademy), 1988, Hefte: 2 (Ladinian), 3 (Corsican), 6 (Sardinian), 8, 20, 21 (Catalan), 11, 34 (Occitan), 13 (French), 17 (Galician), 25 (Friulan); Wolfgang Settekorn, *Sprachnorm und Sprachnormierung in Frankreich. Einführung in die begrifflichen, historischen und materiellen Grundlagen*, Tübingen (Niemeyer), 1988; Susanne Kolb, *Sprachpolitik unter dem italienischen Faschismus. Der Wortschatz des Faschismus und seine Darstellung in den Wörterbüchern des Ventennio (1922—1943)*, München/Stamsried (Vogel), 1990; Einar Haugen, *The Implementation of Corpus Planning. Theory and Practise*, in: J. Cobarrubias/J. A. Fishman (Hgb.), *Progress in Language Planning. International Perspectives*, Berlin/New York (Mouton), 1993: 269—289; Fernando González Ollé, *El largo camino hacia la oficialidad del español en España*, Boletín informativo de la Fundación Juan March 237 [1994]: 1—14, 238 [1994]: 1—20; Eduardo Blasco Ferrer, *Ello/Ellus. Grammatica della lingua sarda*, Nuoro (Poliedro), 1994.

IV.7 Fachrichtung: Toponomastik

103 Onomastik und Toponomastik. Toponyme, Anthroponyme.

Mit zahlreichen Teilgebieten der synchronen und diachronen Sprachwissenschaft ist die Disziplin verbunden, die sich mit der Erforschung von Namen, insbesondere von Orts- und Personennamen beschäftigt. Sie wird als **Onomastik** bzw. als **Topo-** und **Anthroponomastik** bezeichnet. Aus einer synchronen Sichtweise wird die Strukturierung der **Toponyme**, der ‚Ortsnamen' untersucht. Dabei ergeben sich verschiedene Ansatzpunkte und Fragestellungen, wie:

(1) die Ermittlung der Determinationsrichtung: *Ville/Neuve* (Kopf ← Modf) vs *Neu/ville* (Modf → Kopf). Echtromanische Bildungen (die mit dem SubVO-Typus konsistent sind: N + [spezifizierendes] Adj) entsprechen dem ersten Schema, der zweite Typ geht zumeist auf germ. Superstratseinflüsse zurück (vgl. *Neustadt*);

(2) die Ermittlung der Bildungsverfahren: Ableitung: AURELIUS + -ACUM → *Aurilhac, Orly*; CORNELIUS + -ANUM → *Cornellà, Cornegliano*; QUERCUS + -ETUM → *Querceto*; Komposition: VILLA NOVA → *Biddanoa*; PAX AUGUSTA → *Badajoz*; CAMPUS LONGUS → *Cîmpulung*; *Neuve* + *Ville* → *Neuville*; *Fiume* + *freddo* → *Fiumefreddo*; Ellipse: (CASTRUM) HELENAE → *Elna*; (AUGUSTA) EMERITA → *Mérida*; Tautologie (die zusammengesetzte Bezeichnung enthält zwei gleichlautende, aber aus verschiedenen Sprachstraten stammende Komponenten): *Chateaudun* (*dun* < kelt. ‚château'); *Vall d'Aran* (bask. *aran* ‚VALLIS'); *Gonnoscodina* (paläosd. *gonnos* = sd. *codina* ‚altura, collina'); *Linguaglossa* (gr. *glossa* ‚lingua').

(3) die Ermittlung der Bedeutung(sentfaltung): ‚geomorphologische Charakteristika', besonders in den **Mikrotoponymen** erkennbar: Namen von Straßen, Ländereien, Weilern, Bächen und Flüssen (*Hydronyme*); von Bergen (*Oronyme*); von Pflanzen (*Phytonyme*); von Fluren: *Prato*, *El Prat*, *El Prado*; *Peschio* ‚roccia'; sd. *Teti*, aus appellativischem [ˈteti] ‚Stechwinde'; pg. *Figueira* aus FICUS + -ARIA; auch **Ethnikabildungen**, d. h. aus alten römischen und vorröm. oder germ. ‚Länderbesitzernamen' abgeleitete Ortsnamen: PETRINIUS ‚Besitzer der Ländereien' (FUNDUS, PRAEDIUM) → PETRINIANUS ‚dem Besitzer zugehörige Ländereien und Sklaven' → *Petrignano*, *Pedrinyà*, *Perignac* (Toponyme); ‚Tätigkeiten': *Florinas* < FIGULINAS ‚Töpferwerkstatt'; ‚Aufenthaltstypen': PALATIUM > gal. *Pazo* (‚Palast → Landhaus').

Aus einer diachronen Perspektive kann die Erforschung der Toponyme Aufschlüsse über ‚Verbreitung' und ‚Dichte' früherer Siedlungsprozesse geben. Die mit -ACUM und -ANUM abgeleiteten Toponyme in Frankreich, Katalonien und Norditalien ermöglichen eine feine Bestimmung der gallischen Expansion und lassen Deutungsversuche über heutige Sprachgrenzen zu. Schwierig ist die Aufgabe, vorröm. Toponyme zu entschlüsseln, insbes. wenn über die jeweiligen Substratsprachen wenig bekannt ist: Der nordkat. mittelalterliche Bischofssitz *Elna* war früher als *Iliberri* bekannt, dessen Etymologie sich vielleicht in bask. *iri berri* ‚ciudad nueva' (vgl. auch im Süden *Ili-*, *Illiberis* ‚Elvira' bei Granada) spiegelt; *Orgosolo*, in Zentralsardinien, hängt sicherlich mit sd. *orgosa* ‚Brunnen; feuchtes Land' zusammen, aber über den Ursprung des Wortes und über die Kultur oder die Sprache, denen es zugeordnet werden soll, können wir so gut wie nichts sagen.

Toponomastische Forschung kann gelegentlich Hand in Hand mit Sprachpolitik gehen. Der mittelalterlichen bajuwarischen Durchdringung des südlich des Brenners gelegenen Gebietes (etwa bis Trient) ist die tief verankerte und äußerst dichte germ. Toponomastik Südtirols zuzuschreiben (vgl. *Neumarkt* mit [Adj + N]). Infolge der während des Faschismus betriebenen Sprachpolitik Italiens sind zahlreiche germ. Ortsnamen mit it. bzw. mit nicht-germ. Entsprechungen umbenannt oder an die phonetischen Bedingungen angepaßt worden (vgl. *Sterzing* → *Vipiteno*; *Brenner* → *Brennero*). Es handelt sich mithin um eine durch die Toponomastik auferlegte Entwürdigung des Menschen. Zur Festlegung der autochthonen, lautgesetzlichen Entwicklung von toponomastischen Bezeichnungen erweist sich die historische Phonetik als ein unerläßliches Arbeitsinstrument: Kat. L- entwickelt sich zu [ʎ], so daß der sp. Ortsbezeichnung *Lérida* die echtkat. Benennung *Lleida* entspricht; die altertümliche mozarabische Aussprache des Diphthongs /ai/ differiert von der kat. Reduktion (*Moraira* vs *Morera*) und legt somit Zeugnis über von Mozarabern (d. h. ‚unter der arabischen Herrschaft lebenden Christen') besetzten Gebieten ab.

Das Studium der Personennamen bringt gleiche Implikationen wie die Toponomastik mit sich. Der typisch sp. Name *Javier*, *Xavier* ist aus einer ursprünglichen Zusammensetzung mit zwei bask. Komponenten zu deuten, *etxe* + *berri* ‚casa nueva'. Zahlreiche **Anthroponyme**, ‚Personennamen', bezeichneten ursprünglich den ‚Herkunftsort' der von einer neuen Gemeinde eingegliederten Person: (Sardinien) *Si* → *De* + *Si* > *Dessí* (Komposition: Präp + Toponym); *Gadoni* (Ort) → *Gadoni* (PN). Die Untersuchung der *Cognomina* (‚Familiennamen'), die sich an einem bestimmten Ort und zu einem bestimmten Zeitpunkt ermitteln lassen, hilft bei der Erforschung von Wanderungsprozessen: Namen auf *-engo* in Norditalien weisen auf eine dichte langobardische Besetzung hin, die sich auch in der Toponomastik niederschlägt.

Auf Tätigkeiten und Berufsbezeichnungen gehen verschiedene PN zurück, wie z. B.: *Ferrer*, *Ferreri*, *Ferraro*, aus (FABER) FERRARIUM (Ellipse), ‚Schmied'. Auch Namen von ‚Heiligen', **Hagionyme**, geben Anlaß zu Benennungen von Personen: Einem gr. *hágion* ‚heiligen' *Andriákion* ‚kleinen Andreas' verdanken wir den sonst unbekannten sd. PN *Avendrace*. **Deonomastische** Bildungen basieren auf PN und können zahlreiche Funktionen erfüllen: *Reagan* → *reaganismo*; *Craxi* → *il craxismo* (N); *Nietzsche* → *nicciano*; *Bembo* → *bembiano*, *bembesco* (Adj); *Berlusconi* → *berlusconizzare* (V). Es sei hier auch auf die in einigen Kulturen belegte Gewohnheit hingewiesen, ‚scherzhafte Kosenamen', ‚Übernamen' (it. *soprannomi*) zur Identifizierung von einzelnen Gemeinschaftsmitgliedern oder von Familienzugehörigkeiten zu schaffen: (sd.) *Cagalatti* ‚der Milch scheißt'.

BIBL. Heinz Jürgen Wolf, *Die Bildung der französischen Ethnika (Bewohnernamen)*, Genève/Paris (Droz), 1964; Pedro Cunha Serra, *Contribução topo-antroponímica para o estado do povoamento do Noroeste peninsular*, Lisboa (Centro de Estudos Filológicos), 1967;

Albert Dauzat/Gaston Deslandes/Charles Rostaing, *Dictionnaire étymologique des noms de rivière et de montagne en France*, Paris (Klincksieck), 1978; Giovan Battista Pellegrini, *Toponomastica italiana*, Milano (Hoepli), 1990; Wolfgang Schweickard, *„Deonomastik". Ableitungen auf der Basis von Eigennamen im Französischen, unter vergleichender Berücksichtigung des Italienischen, Rumänischen und Spanischen*, Tübingen (Niemeyer), 1992.

IV.8 Fachrichtungen: Gesprächsanalyse, Pragma- und Textlinguistik

104 Gesprächsanalyse. Pragmalinguistik. Textlinguistik.

Seit der etwa in den siebziger Jahren stattgefundenen Hinwendung von der diachronen zur synchron-beschreibenden Sprachwissenschaft haben sich verschiedene neue Disziplinen mit Problemstellungen wie *Sprechaktgliederung* und *-gestaltung, Interaktionsvollzug und kommunikative Funktionen, Informationsverteilung* oder *Textsegmentierung* und *Textsortentypologie* befaßt. Die Fachrichtungen, die gewöhnlich als **Gesprächsanalyse** (oder **Konversationsanalyse**), **Pragmalinguistik** und **Textlinguistik** bezeichnet werden, teilen verschiedene der oben aufgezählten Interessensgebiete und überschneiden sich bisweilen in den von ihnen gestellten Aufgaben. Einen gemeinsamen Nenner kann man jedoch im schrittweisen Abrücken vom „Geschriebenen" zum „Gesprochenen" ausmachen.

BIBL. M. Elisabeth Conte, *La pragmatica linguistica*, in: Cesare Segre (Hgb.), *Intorno alla linguistica*, Milano (Feltrinelli), 1983: 94—129; Hans Scherer, *Sprechen im situativen Kontext. Theorie und Praxis der Analyse spontanen Sprachgebrauchs*, Tübingen (Stauffenburg), 1984; Idem (Hgb.), *Sprache in Situation: Eine Zwischenbilanz*, Bonn (Romanistischer Verlag), 1989.

105 Textsegmentation: Gliederungspartikeln. Abtönungspartikeln.

Eines der ergiebigsten Forschungsgebiete der oben vorgestellten Disziplinen betrifft die **Segmentation** *gesprochener Texte*. Bei dieser Aufgabe vermag der Linguist, eine breite Palette von sog. **Gesprächspartikeln** oder -**Wörtern** herauszugreifen, die keine eigentliche *grammatische*, sondern eine deutlich *textuelle* Funktion innehaben. Zwei Hauptgruppen lassen sich hierbei bestimmen:

(1) **Gliederungspartikeln**, deren Funktion es ist, Diskursabschnitte zu signalisieren. Sie können, hinsichtlich der von ihnen spezifisch markierten Textsegmente oder -signale, untergliedert werden in: **Eröffnungspartikeln**, die Textabschnitte einteilen; **Turn-Taking-Signale**, die in Dialogen den Sprecherwechsel markieren; **Kontaktsignale**, die dazu dienen, die Aufmerksamkeit des Dialogpartners auf bestimmte Textinformationen zu lenken (darunter spielen die sog. *question-tags* eine besondere Rolle); **Überbrückungspartikeln**, die Verzögerungen der Strukturplanung signalisieren; **Korrekturpartikeln**, die Änderungen an erzeugten Textsegmenten herbeiführen. Der Vorrat romanischer Gliederungspartikeln ist freilich sehr groß; hier nur einige stellvertretende Einheiten aus den Hauptsprachen:

(frz.) *alors, puis, hein, tu sais, tu vois, écoute, dis donc, n'est-ce pas?, enfin, bon*; (sp.) *entonces, pues, mira, y oye, fíjate, venga, ¿de verdad?, ¿no?, vamos, bueno*; (it.) *allora, dunque, ecco, vedi, senti, guarda, ma sai, capito?, vero?, non è vero?* (*nevvero?*), *insomma, cioè, diciamo, appunto.*

(2) **Abtönungspartikeln** bringen einen ausgesprochen pragmatischen Wert zum Ausdruck: Sie signalisieren die Stellung des Sprechers und rufen gleichzeitig bestimmte Reaktionen beim Gesprächspartner hervor. Sie können aufwertenden oder abwertenden Charakter haben, handlungsinitiierende (vgl. dt. *mal*, *doch*, *schon*), -unterstützende (*ruhig*, *halt*, *eben*) oder -regulative (*ja*, *nur*, *bloß*) Funktionen haben; Bsp.: (frz.) *ah dites*, *eh*; (sp.) *pues*; (it.) *pure*, *magari*.

Da die beste Methode, *Gliederungspartikeln* und *Abtönungspartikeln* kennenzulernen, die *Konversationsanalyse* ist, wollen wir jetzt diesen Paragraph mit einer kurzen Darstellung von gesprochenen Textabschnitten abschließen. Zuvor sei eine wichtige Präzisierung vorgenommen: Um ein getreues Bild vom segmentierten Redefluß zu ermitteln, bedienen sich die Linguisten eines ziemlich komplexen Notationsapparates, der z. B. Angaben vermitteln soll über: Zahl der Gesprächsteilnehmer, Pausen und Hervorhebungen; Geräusche und Mimik. Wir sehen in unserer vereinfachten Darstellung von solchen Begleitnotationen ab und beschränken uns darauf, Gliederungspartikeln und Abtönungspartikeln kursiv zu setzen. Um das Verständnis unseres sd. Textabschnitts zu erleichtern, erstellen wir am Schluß ein Glossar der verständlichen Wörter.

Text 1: Aufnahme aus einer Pariser Funkzentrale (aus Jürgen Eschmann, *Texte aus dem „français parlé“*, Tübingen, Narr, 1984: 60; durchgestrichene Buchstaben im Original, die für ‚stumme Laute‘ stehen, wurden hier kursiv gesetzt, unterstrichene Buchstaben geben an, daß der entsprechende Laut ausgesprochen wurde; in beiden Fällen werden ausschließlich Laute in satzphonetischer Stellung berücksichtigt).

A. Oui, v*ou*s ave*z* appelé?
B. Allô. j'ai appelé tout à l'heure, di*s* *einh* . . . j'ai pa*s* un poil de dégivrage (et) j*e* voudrais qu*e* les . . . mécanos ils viennent *euh* au terminus là pour *ehh* . . . *enfin euh* à huit heure*s* et demie là pour me purger ma flotte là pour me purger mon circuit d'eau.
C. Huit heure trente quel bus?
B. (12345). *Mais* . . . d*e* toute façon j*e* vais . . . j*e* te rappellerai pa*rce* qu'i*l* faudrait bien que j*e* regarde si *euh* . . . si y a d*e* le . . . si y a d*e* l'eau dans mon radiateur.

Text 2: Telephongespräch aus Neapel (LFIP: Neapel [NB 1]).

1 *pronto* parlo in casa XYZ?
2 sì, chi è?
1 Sono Anna Rosa, c'è Vera?
2 no mia mamma sta dormendo
1 *ahah* già dormendo
2 sì
1 bella, mi passi papà
2 sì un attimo solo
1 grazie ciao
2 ciao
3 pronto!
1 pronto Bruno?
3 *uhé* ciao!
1 come stai?
3 bene grazie
1 tua moglie non ha perso il vizio
3 no assolutamente
1 no ahah *ma* poi si alza sempre

all'alba?
3 alle cinque è più o meno in piedi
1 vergognoso, è quasi mostruoso; *senti* Bruno io volevo notizie di mamma
3 sta bene sta bene
1 sta bene
3 sì sì sì
1 *ma, eh,* perché c'era stato quel momento di preoccupazione
3 *ahah,* sì sì no no *poi*
1 postoperatoria
3 no *poi insomma* si è ripresa
1 *ahah*
3 adesso cammina
1 ah cammina?
3 *già* sì *già* discretamente *insomma*
1 ottimo ottimo
3 sì sì sì tutto a posto
1 *e* io avevo anche come bollettino informazioni . . . Alessandro a scuola
3 *ahah* sì sì sì
1 *eh insomma*
3 *eh*
1 *comunque, niente,* io *insomma eh* sono fortunatissima perché credo che sia la terza o quarta volta che cerco di mettermi in contatto con lei.

Text 3. Interview in Sevilla (aus *Sociolingüística andaluza* 4: *Encuestas del habla urbana de Sevilla. Nivel popular*, Sevilla, 1987: 457—458).

1 De hablar sobre Sevilla, *así* que yo había pensado . . . *pues* no sé, *a ver* qué . . . qué le parece a Usted la Semana Santa o algo así.
2 *Bueno,* yo tengo unas ideas muy particulares sobre la S. S., Manolo.
1 *A ver . . . a ver* si son las mismas o son distintas.
2 *Este* . . . yo . . . para mí *pues* son una especie de folklore de un pueblo.
1 *Ajá.*
2 *Claro,* yo soy sevillana, religiosa, todo; pero, *eso . . . mmm . . . en fin,* yo *eso* lo veo como un folklore; o sea yo . . . para mí la religión va por un sitio y la S. S. que yo veo aquí por otro sitio.
1 *Claro,* hay mucho de . . . más festivo que . . . que religioso, *¿no*?
2 *Claro, claro.*
1 Pero ¿usted no pertenece a ninguna hermandad ni nada?
2 No
1 *Ajá.* Y, *bueno,* y sus . . . sus amigas, sus vecinas . . .
2 *Bueno,* mis amigas y mis vecinas, *pues* sí, *no sé,* yo . . . sí, aquí, mis vecinas, *pues* sí, la S. S. y *eso,* pero que yo tengo una idea distinta; yo veo las cosas sobre otro punto de vista diferente *¿entiendes*?

Text 4. Dialog zwischen zwei jungen Cagliaritanern (Transkription in moderner südsardischer Graphie).

1 *oo* Fabríziu, *ma* sa máchina, cantu dd'as pagada?
2 dd'apu pagada su sánguni, unu milioni e sexentus francus!
1 *ma* dd'as agatada in su Baratu?
2 *ellus*! a sorri tua in Su Baratu! dd'apu pagada de Alfredinu, un'amigu miu, unu tipu togu togu
1 *ma* babu tuu, ita est fendi, sémpiri su panateri?
2 est sémpiri imbriagu, de mangianu a noti
1 *diaderus*? *ma* est casteddaiu, casteddaiu?
2 *ei,* de santa Ténera. Babu miu est santadenesu, est sceti chi est imbriagoni
1 *e* it'est, ca non tenit nudda a penzai?
2 *ee,* ddu creu deu! s'únicu penzieru chi at tentu finas ora est su binu.

Glossar: *sánguni* ‚Blut' (Metapher); *francus* ‚Lire'; *Su Baratu* ‚Werbezeitung Cagliaris'; *ellus* ‚doch'; *sorri* ‚Schwester'; *togu* (it.) ‚togo'; *panateri* ‚Bäcker'; *imbriagu(-oni)* ‚besoffen'; *man-*

gianu ,morgens'; *diaderus*? ,echt'; *casteddaiu*, ,Einwohner aus *Casteddu*, Cagliari'; *it'est* ,was ist los'.

Eine letzte Bemerkung: Da Gesprächspartikeln keine reine grammatikalische Funktion erfüllen, erweist sich ihre richtige Übersetzung als eine äußerst schwierige Aufgabe, die nach einem ausgezeichneten Sprachgefühl verlangt; vgl.:

(sp.) - ¿Soledad, viene contigo? ,Kommt S. mit dir?'
- *sí* ,Ja'
- ¿*Y* dónde está? ,Wo ist sie *denn?*' (*y* ≠ ,und').
(it.) - Perché *mai* hai fatto questo? ,Warum hast du das *doch* getan?' (*mai* ≠ ,nie').

BIBL. Elisabeth Gülich, *Makrosyntax der Gliederungssignale im gesprochenen Französisch*, München (Fink), 1970; Harro Stammerjohann, *Strukturen der Rede. Beobachtungen an der Umgangssprache von Florenz*, Studi di Filologia Italiana 28 [1970]: 296—397; Edgar Radtke, *Gesprochenes Italienisch zwischen Varietätenlinguistik und Gesprächsanalyse*, in: Günter Holtus/Edgar Radtke (Hgb.), *Varietätenlinguistik des Italienischen*, Tübingen (Narr), 1983: 170-194; Antonio Quilis, *La concordancia gramatical en la lengua española hablada en Madrid*, Madrid (CSIC), 1983; Klaus Hölker, *Zur Analyse von Markern. Korrektur- und Schlußmarker des Französischen*, Stuttgart (Steiner), 1988; Reinhard Kiesler, *Sprachliche Mittel der Hervorhebung in der modernen portugiesischen Umgangssprache*, Heidelberg (Winter), 1989; Catherine Kerbrat-Orecchioni, *La question*, Lyon (Presses Universitaires), 1991; María Pilar Garcés Gómez, *El operador discursivo* pues *en el español hablado*, Romanistisches Jahrbuch 43 [1993]: 261—276.

106 Das Bühlersche Organonmodell. Sprechakttheorie: illokutiv, perlokutiv.

In einem Satz wie: (it.) *vai pure*! ,geh doch!', findet sich ein grammatikalisches Wort (ein Morphem), das im Redekontext keine grammatikalische Funktion, sondern lediglich eine handlungsorientierte *Appellfunktion* an den Gesprächspartner erfüllt: Mit den **Abtönungspartikeln** *pure*/*doch* wird die Insistenz des Sprechers in bezug auf die vom Gesprächspartner auszuführende Handlung ausgedrückt. Die Einbettung von Äußerungen in sprachliche Kontexte und die Beschäftigung mit Handlungs- und Situationsbezügen von Sprechakten stellen den Untersuchungsgegenstand der *Pragmalinguistik* dar. Schon Karl Bühler hatte 1934 in seinem **Organonmodell** (gr. *órganon* ,Werkzeug' = ,Sprache'), das ein ,Sprachzeichenmodell' darstellte, den „pragmatischen" Funktionen von Äußerungen ein bedeutendes Gewicht eingeräumt. In seinem Zeichendreieck erscheint die pragmatische Bedeutung eines beliebigen Sprechaktes an die Seite des Empfängers gebunden, sie heißt **Appellfunktion**:

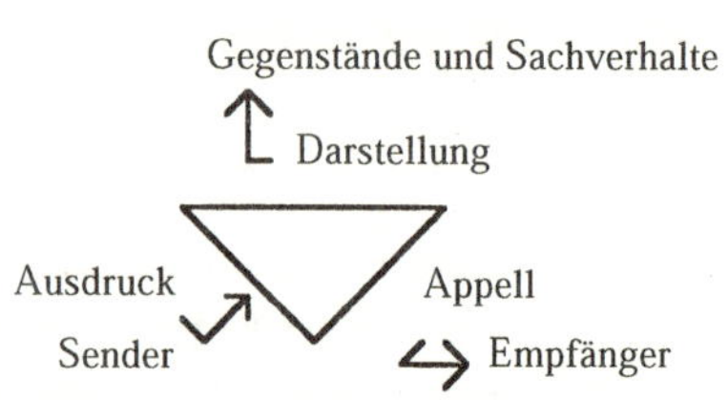

Der von Bühler entworfene kommunikationstheoretische Ansatz wurde unter anderen von den Engländern J. L. Austin und J. R. Searle verfeinert und führte zu einer epistemologischen Dreigliederung von auf Sprechakten bezogenen Funktionen (*How to do Things with Words*); man unterscheidet:

(1) die **lokutive** Funktion: die eigentliche Äußerung, die aus lautlichen, grammatikalischen und lexikalischen Einheiten besteht;
(2) die **illokutive** Funktion: die mit der Äußerung verbundene Handlung (Frage, Warnung, Befehl);
(3) die **perlokutive** Funktion: die von der Äußerung hervorgerufene Reaktion.

Bsp. (frz.): 1 *je te défends de fumer chez moi*! →
2 *D'accord, je ne fume plus.*
Sprechakt: 1 *illokutive* Funktion: *Imperativ* (‚Befehl, Aufforderung');
2 *perlokutive* Funktion: ‚Herbeiführung des befohlenen Zustands'.
(it.) *ti giuro che vengo alla festa*!
Sprechakt: Die durch die *illokutive* Funktion festgelegte Sprechhandlung schließt den geäußerten Effekt mit ein; man nennt solche V **performativ**, weil sie ein ausgezeichnetes Mittel sind, mögliche Sprechhandlungen direkt zu benennen und sie an die *Origo* des Sprechers (z. B. durch Hinzufügung von *hiermit*) zu binden.

Freilich sind sprechhandlungsbezogene Äußerungen nicht unbedingt auf die mündliche Interaktion eingeschränkt; vgl. z. B.: *défense de fumer*!, ¡*prohibido fumar*!, *divieto di transito*! ‚Verkehrsverbot'.

BIBL. Dieter Wunderlich, *Grundlagen der Linguistik*, Reinbek bei Hamburg (Rowohlt), 1974: Kap. 3 (*Die Bedeutung sprachlicher Äußerungen in Kommunikationssituationen* [*Sprechhandlungsgrammatik*]); Karl Bühler, *Sprachtheorie. Die Darstellungsfunktion der Sprache*, Stuttgart (Fischer), [2]1965.

107 Kontext und Kotext. Informationsverteilung.

Pragmatisch orientierte Ansätze berücksichtigen — wie man aus den obengenannten Sätzen entnehmen kann — nicht nur satz- und textbezogene Kontexte, sondern auch außersprachliche, situationsbedingte Kontexte. Die *Textlinguistik* hat hierfür eine grundlegende terminologische Unterscheidung eingeführt, derzufolge textinterne, Textstellen umrahmende Strukturabfolgen als **Kotexte** bezeichnet werden, während **Kontexte** textexterne Einbettungen und Situationsbedingungen repräsentieren. In einem Fresko z. B., wo neben den abgebildeten Protagonisten auch die ihnen zugeteilten Sätze erscheinen, stellen die gemalten Sprachhandlungen (‚zu jemandem sprechen', ‚drohen', ‚bitten') die *Kontexte*, die lat. oder rom. Didaskalien die *Kotexte* dar, die eine richtige Textinterpretation ermöglichen.

Auch die *Informationsverteilung*, also die in jedem (mündlichen oder geschriebenen) Text vorkommende, verschiedenartige Kodierung von Mitteilungskomponenten, steht im Kern des Forschungsinteresses der Pragma- und der Textlinguistik. Zur Aufgabe der Bestimmung von textuellen *Informationsblöcken* behilft sich die Textlinguistik der schon vorgeführten Fachtermini **Thema** und **Rhema** bzw. **Topik** und **Kommentierung**. Textthematische Blöcke enthalten schon aus früheren Ko(n)texten bekannte Informationen und stehen somit in krassem Gegensatz zu textrhematischen Segmenten, die die neuen Mitteilungen tragen. Wie schon besprochen, werden alte, vorgegebene NP ausschließlich mit einem definiten Artikel oder Nomendeterminatoren eingeführt, der unbestimmte Art ist für diese *themaeinleitende* Funktion untauglich; dies erklärt, warum *Linksdislokationen* allein mit bestimmtem Art gebildete NP zulassen: *le prof/mon copain, je l'ai vu* vs **un prof/un copain, je l'ai vu.*

Die thematische Entfaltung folgt auch diesem Prinzip: Neue Informationen werden mit Hilfe der unbestimmten Art präsentiert und erst dann als thematische Strukturen mit dem bestimmten Art wiederaufgegriffen. Bsp. (*Le petit prince* XVIII/54):

(frz.) *Le petit prince traversa le désert et ne rencontra qu'*[une fleur]R.
- *Bonjour dit le petit prince.*
- *Bonjour dit* [la fleur]T.

(frl.) *Il pičul princip al traversà il desert e al cjatà dome* une rose.
- *Bondì, dissal il pičul princip.*
- *Bondì, disé* la rose.

BIBL. Harald Weinrich, *Sprache in Texten*, Stuttgart (Klett), 1976; Harald Thun, *Schwerpunkte der rumänischen Dialoggestaltung*, in: Günter Holtus/Edgar Radtke (Hgb.), *Rumänistik in der Diskussion. Sprache, Literatur und Geschichte*, Tübingen (Narr), 1986: 280—295; Eunice Pontes Souza Lima, *O tópico no português do Brasil*, Campinas (Pontes Campinas), 1987; Gemma Rigau i Oliver, *Gramàtica del discurs*, Bellaterra (Universitat Autònoma), ²1988; Wolfgang Heinemann/Dieter Viehweger, *Textlinguistik. Eine Einführung*, Tübingen (Niemeyer), 1991; Eugenio Coseriu, *Textlinguistik. Eine Einführung*, Tübingen ³1994: Kap. 1 (*Einführung in die Problematik einer „Linguistik des Textes“*).

108 Textkohäsion und Textkohärenz. Wiederholung, Anapher, Tilgung.

Ein unter den Gesichtspunkten der Pragma- und der Textlinguistik erarbeiteter Textbegriff berücksichtigt gleichermaßen strukturelle und kommunikative Forderungen: Text ist in diesem Zusammenhang eine begrenzte Anzahl von aufeinander abgestimmten sprachlichen Zeichen, die eine (semantisch-)interpretative Kohärenz aufweist und die als unauflösbare Einheit eine deutlich erkennbare kommunikative Funktion signalisiert. Die enge Zusammenfügung von Textteilen heißt **Textkohäsion**, der daraus resultierende progressive Informationsaufbau wird als **Textkohärenz** bezeichnet. Textkohäsion und -kohärenz werden durch Einschaltung verschiedener Strategien (wie Tempusauswahl und -kontinuität, richtiger Setzung von Adverbien und konjunktionalen Satzverknüpfungen usw.) erzielt. Darunter ragen folgende Strategien heraus:

(1) **Wiederholung**: Thematische oder rhematische Informationsblöcke oder -einheiten werden einfach wiederholt; damit wird, trotz einer gewissen Redundanz, eine kompakte Bindung zwischen den Textteilen erreicht. In der oben aufgeführ-

ten Textpassage aus *Le petit prince* werden beide Protagonisten, der Prinz und die Blume, durch Wiederholung wiederaufgenommen.

(2) **Anapher**: Ein Textglied wird durch *Substitution* wiederaufgegriffen, die Rückverweisung erfolgt durch Pronomina (‚Ersatzwörter'). Die Bindung ist lockerer als diejenige, die durch Wiederholung erreicht wird, die Strategie wirkt nichtsdestoweniger beschönigender und ökonomischer auf die formale Textgestaltung. Vgl. (aus Robert Lafont, *La Feste*. 1. *Lo cavalier de Març*, Nîmes, 1983: 37):

[Lo torista]$_i$ *curiós escota pas la fin de l'explicacion.* [Son]$_i$ *autò s'en vai* (*son* kann sich nur auf *Lo torista* beziehen).

Manchmal übernimmt der anaphorische Verweis die Zusatzfunktion der **Disambiguierung** von Hauptaktanten; insbes. Personalpronomina können dann eine deutliche *deiktische* Aufgabe erfüllen. Vgl. (aus Lafont, op. cit.: 148):

[Anna]$_i$ *s'avisa que de la chambra, aquela de Montpelher, podriá ren dire ara. Tot oblidat, la color dei parets, lei mobles.* [Pasmens]$_{ii}$, *i visquèt detz mes. A partir de novembre i visqueron quasiment dos.* [El]$_{ii}$ *era pion au Liceu. De la sala d'estudis au liech, i caliá pas mai de detz minutas. Dins lo liech* [ela]$_i$ *l'esperava nusa.*

(3) **Tilgung**: Diese sparsamere Strategie besteht darin, schon eingeführte Textelemente, auf die nachträglich verwiesen wird, phonetisch nicht zu realisieren. Dadurch erhält der Text eine formale „Entlastung" von redundanten Einheiten. Auf der Basis der Entwicklung der it. Pro *egli/lui* und *ella/lei* läßt sich der funktionale Ertrag dieser und der letzten Strategie vergleichend überschauen. Zwischen 1827 und 1840 vollbrachte Alessandro Manzoni eine grundlegende Revision seines Romans *I Promessi Sposi*. Eine der einschneidendsten Änderungen, die er dabei vornahm, war gerade die *Substitution* bzw. *Tilgung* von thematisierten Texteinheiten: Deutlich *anaphorische* Funktionen wurden durch Beibehaltung der Pro *egli/ella* oder durch Tilgung vereinfacht dargestellt, während *deiktische*, disambiguierende Funktionen durch Einschaltung „expressiverer" Pro erzielt wurden. Bsp. (aus der vergleichenden Ausgabe Lanfranco Carettis, Turin, 1977):

(anaphorische Substitution: NP → *egli/ella*): *Vengo, rispose* (Perpetua), *mettendo sul tavolino, al luogo solito, il fiaschetto di vino di* [don Abbondio]$_i$, e si mosse lentamente; *ma non aveva ancor toccata la soglia del salotto, ch'*[egli]$_i$ *v'entrò* (30/66—69).

(deiktische Substitution: NP → *lui/lei*): *Sentite, Renzo; io non posso dir niente, perché . . . non so niente; ma quello che vi posso assicurare è che il* [mio padrone]$_i$ *non vuol far torto, né a voi né a nessuno*: *e* [lui]$_i$ *ci ha colpa* (43/29—31: ‚er und kein anderer ist schuldig').

(Tilgung: NP → Ø): *Se* [Renzo]$_i$ *si potesse mandare in pace con un bel no, via; ma* [egli]$_i$ (1828) → Ø (1840) *vorrà delle ragioni* (28/61).

Wir schließen diesen Paragraph mit einer kurzen sp. Textpassage ab, vermittels derer alle drei zur Erlangung der Textkohäsion und der Textkohärenz einzusetzenden — und nachfolgend kursiv gesetzten — vorgeführten Strategien gleichzeitig überschaut werden können (aus *Cuentos populares españoles*, hgb. von Aurelio M. Espinosa, Madrid, 1946: 54, n° 36):

«Este era *un señor* que estaba casao con *una mujer* mu guapa mu guapa. Y había *tres curas* en el pueblo ande vivían que staban los tres mu enamorados de *la mujer* y cuando Ø iba a misa Ø salían a encontrar*la* ca uno en una puerta e la iglesia y *le* decían que si quería que fueran a ve*la* a *su* casa pa acostarse con *ella*. Y *ella* se pasaba corriendo sin decir nada. Pero ya un día Ø dijo:

- Pa que no me estén molestando tanto estos frailes voy a decírselo a *mi marido*. Conque llega y *le* dice a *su marido*».

BIBL. Michael K. Halliday, *An Introduction to Functional Grammar*, London (E. Arnold), 1985: Kap. 3 (*Theme and Rheme*); Petra Scholz-Iopianecki, *Die Kohärenzstrukturen nichtliterarischer und literarischer Texte. Eine vergleichende Untersuchung*, Frankfurt/M. (Lang), 1987; Jean-Michel Adam, *Eléments de linguistique textuelle: théorie et pratique de l'analyse textuelle*, Liège (Marlaga), 1990.

109 Textsortentypologie.

Die moderne Textlinguistik hat auf der Basis der vorgeführten kommunikativ-pragmatischen Texteigenschaften eine Typologisierung von Texten bereitgestellt, die je nach der Themenentfaltung und der kommunikativen Absicht zu Klassifizierungen gelangt. Folgende vier Haupttypen werden mit Hilfe der **Textsortentypologie** unterschieden und jeweils mit charakteristischen Konstitutionseigenschaften versehen:

(1) Der *deskriptive* Text, in dem ein Thema in seinen Einzelteilen beschrieben wird. Deiktische Partikeln erscheinen als Origo-Indikatoren im Vordergrund: *voilà*; *ecco*; *he aquí*; *iată*.

(2) Der *narrative* Text, in dem ein Thema in eine Vergangenheitsperspektive versetzt und dort entfaltet wird. Aspektuelle Oppositionen kennzeichnen eindeutig erzählende Texte, wobei nach Harald Weinrich die kombinierte Anwendung von ‚Hintergrundtempora' (z. B. Impf) und ‚Vordergrundtempora' (z. B. *passé simple* oder *passé composé*) zur Abwechslung zwischen „erzählter" und „erlebter" Zeit zur Textgestaltung wesentlich beiträgt.

(3) Der *explikative* Text, in dem Sachverhalte beschrieben und mittels Argumentationen in unmittelbare Verbindung mit Kausalitätserklärungen gesetzt werden. Zum Ausdruck der hergestellten logischen Relationen erweisen sich Adv und Konjk (*étant donné*, *si*, *parce que*, *donc*; *dato che*, *se*, *poiché*, *perché*, *allora*; *puesto que*, *ya que*, *si*, *porque*, *entonces*) als unerläßliche Instrumente.

(4) Der *argumentative* Text, in dem eine These angefochten oder mit Gegenargumenten verworfen wird. Auch hier spielen Adv (*peut-être*; *probabilmente*; *posible-*

mente) und Konjk (*vu que*; *visto che*; *visto que*), aber inbes. eine höchst ausgearbeitete interne Kohäsion zwischen den angebrachten Argumenten eine wesentliche Rolle.

BIBL. Harald Weinrich, *Tempus. Besprochene und erzählte Welt*, Stuttgart (Kohlhammer), [4]1985; Cristina Lavinio, *Teoria e didattica dei testi*, Firenze (La Nuova Italia), 1990.

110 Textuelle Ausarbeitung. Medium und Konzeption. Nähe und Distanz.

Ein wichtiges, traditionelles Kriterium zur Klassifizierung von Texten betrifft den Grad ihrer **Ausarbeitung**. *Formale* Texte weisen eine feingeschliffene thematische Kohäsion auf und setzen sich von *informalen* Texten durch eine Reihe struktureller Eigenschaften ab, wie z. B. durch den regelmäßigen Einsatz der *Hypotaxe*, die der weniger elaborierten *Parataxe* entgegensteht.

Formale und informale Texte wurden herkömmlich nach dem Kriterium ihrer medialen Beschaffenheit, d. h. des **Mediums**, differenziert: Informale Texte wären, dieser Ansicht zufolge, eher im Rahmen einer vorwiegend mündlich tradierten Entwicklungsgeschichte entstanden. Ludwig Söll kommt das Verdienst zu, diese unzulängliche Auffassung behoben zu haben: Der Unterschied (z. B. im Frz.) zwischen *code phonique* und *code graphique* oder zwischen *schriftlosen* und *verschrifteten* Sprachen tangiert allein den Bestimmungsparameter des *Mediums*, nicht den der Ausarbeitung. Ein mündlich vorgetragener Text kann ohne weiteres so elaboriert wie ein hoch formalisierter Text aussehen (man denke an eine Vorlesung), und umgekehrt kann ein geschriebener Text informelle Eigenschaften aufweisen (man denke an vertrauliche Briefe unter Freunden). Entscheidend ist also nicht das *Medium*, sondern die vom Sprecher oder Verfasser intendierte Absicht, die **Konzeption**. Ciceros oratorische Leistungen waren vorwiegend medial mündlich vorgetragene Redestücke, die konzeptionell einer strengen Ausarbeitung unterworfen wurden; doch zeigen seine Freundesbriefe einen absichtlich nachlässigen Ton. Unter pragmatisch-kommunikativen Gesichtspunkten können freilich medial gesprochene und konzeptionell wenig ausgearbeitete Texte soziale und interaktionsgebundene Barrieren abbauen und eine Annäherung, sogar eine Intimität zwischen Sender und Empfänger herbeiführen. Dagegen hemmen medial geschriebene und konzeptionell stark elaborierte Texte eine unmittelbare Abstimmung zwischen den Kommunikationsteilnehmern und fördern eine relative Entfernung. Peter Koch und Wulf Oesterreicher haben für beide Gegenpole die (auf einem breiten varietätenlinguistischen Rahmen anwendbaren) Fachtermini **Nähe** und **Distanz** eingeführt. *Literarische Nähe* erfolgt durch *Mimesis* (‚Simulation') des Gesprochenen, wobei Simulation allerdings mit keiner unmittelbaren Übertragung mündlicher Strukturen gleichzusetzen ist: Es ist unmöglich, das tatsächliche Gesprochene literarisch einzuholen, jeder Autor trifft eine mehr oder weniger glückliche Auswahl unter den Merkmalen des Gesprochenen. Die Werke von Céline oder Queneau bilden ein mustergültiges Bsp. literarischer Nähe. Nachfolgende Prozentzahlen betreffen verschiedene Strategien der gesprochenen Sprache bei einigen modernen frz. Autoren:

(a) Unterdrückung des *Schwa*-Lautes:
Céline: *j'm'en fous*; *j'te reconnais*.

(b) Segmentierungen (mit *ça*):
Céline: *Tandis que les hyènes ça rigole énormément*; *Les femmes ça ne médite jamais*.

Folgender Textabschnitt, mit dem wir die neuen Begriffe exemplifizieren wollen, stammt aus der Feder von Alonso Zamora Vicente (*Sin levantar cabeza*, Madrid, 1977: 138—139) und enthält eine Fülle schon beschriebener, pragmatisch markierter Erscheinungen, die eher zu einem informalen, mündlich vollzogenen Text passen würden.

«Yo soy bachiller, me gradué en las Esclavas, y no hice carrera universitaria porque, en la guerra, que me pilló en San Sebastián veraneando, me hice madrina del que fue mi marido, y ya, luego, para qué iba a estudiar, si, como decía mamá, hice una gran boda, vamos, que tuve suerte . . . Fuimos novios unos meses. Ay sí, Doña Doloritas, Goyo ha sido siempre muy decidido. Ya no me preocupé de mí, a ver, eso es para la gente que necesita trabajar, dejé todo, y me alegro, porque, ya ve, supongo que lo sabrá, que la Universidad . . . seguramente tendrán que mandar contra ella unos cuantos batallones, a lo mejor quizá quizá la aviación, a ver, menudos son los estudiantes».

BIBL. Ludwig Söll, *Gesprochenes und geschriebenes Französisch*, Berlin (E. Schmidt), [3]1985; Peter Koch/Wulf Oesterreicher, *Gesprochene Sprache in der Romania. Französisch, Italienisch, Spanisch*, Tübingen (Niemeyer), 1990: Kap. 2 (*Mündlichkeit und Schriftlichkeit in sprachtheoretischer Sicht*); Andreas Blank, *Literarisierung von Mündlichkeit. Louis-Ferdinand Céline und Raymond Queneau*, Tübingen (Narr), 1991.

111 Protokoll und Vorlesen. Diskurstraditionen.

Die historische Dimension der Textlinguistik hat seit der verstärkten Berücksichtigung medialer und konzeptioneller Textkonstitutionseigenschaften beachtliche Fortschritte gemacht und zur Interpretation der Entstehungsprozesse rom. Schriftmanifestationen wesentlich beigetragen. Paul Zumthor (1963) verdankt man die grundlegende Unterscheidung zwischen „spontanen, nicht-elaborierten" Texten, *documents*, und „stark ausgearbeiteten" Texten, *monuments*. Auf diese fundamentale Opposition gehen 1965, in einer fruchtbaren Polemik, Helmut Lüdtke und Peter Wunderli ein, die die Aufmerksamkeit auf die enge Verzahnung zwischen Textproduktion und konzeptioneller Textgestaltung richten. Ins Blickfeld der Diskussion rückte die Vermittlungsrolle, die schreibkundige Notare und Kleriker bei der Überführung von einer mündlich tradierten Kultur und von Sprechakten und Kommunikationsprozessen in medial verschriftete und konzeptionell ausgearbeitete Texte einnahmen. Zwei wichtige außersprachliche sprachhandlungsbezogene Situationen begünstigten diesen Übergang: die Technik des **Protokolls**, der Niederlegung mündlich vorgetragener Zeugenaussagen über Privatbesitz und Gegenstände; die Technik des **Vorlesens** der mündlich vorgenommenen Wiedergabe (‚des Wiedergebrauchs': Wunderli) protokollierter Texte. Peter Koch hat neuerdings in verschiedenen Arbeiten die treffende, auf Medium und Konzeption beruhende Unterscheidung zwischen Mündlichkeit und Schriftlichkeit verfeinert und sie mit der Hinzufügung eines weiteren, für die Entwicklungsgeschichte der rom. Sprachen relevanten Parameters ausgebaut. Koch nimmt an, daß kommunikative Nähe oder Distanz in der ältesten Phase der rom. Sprachen durch die jeweilige Bindung des Textproduzenten an gewisse ihm gut bekannte Gattungen oder Textsorten bestimmt wurde. Er bezeichnet solche Textsorten als **Diskurstraditionen** und formuliert damit eine kausale Erklärung über das frühere oder spätere Erscheinen von verschiedenen Traditionen zuzuordnenden Texten. *Listen*, d. h. Auflistungen von Namen, Steuern, Abgaben, Gegenständen usw. stellen z. B. viele der ältesten, in der Volkssprache abgefaßten rom. Schriftzeugnisse.

Abschließend sei die unter Einbeziehung der angeführten und erörterten Begriffe *Medium*, *Konzeption*, *Nähe*, *Distanz* und *Diskurstradition* von Koch aufgestellte Typologie der ältesten rom. Sprachdenkmäler zusammengefaßt:

Typus 1: *Eidesformeln* (z. B. *Serments de Strasbourg*, 842; *Placiti Campani*, 960/963), die zu kommunikativer Distanz neigen, die aber im Blick auf einen mündlichen Wiedergebrauch graphisch fixiert wurden.

Typus 2: *Freskos* (z. B. *Iscrizione di San Clemente*, ca. 1100), die zu einer kommunikativen Nähe tendieren, graphisch als protokollartige oder imitative Verschriftung fixiert wurden.

Typus 3: *Glossare*, *Volgarizzamenti* (*Glosas emilianenses*, 11. Jh.; Übersetzungen und Vulgarisierungen aus dem Lat. oder Arab. ins Romanische oder aus dem Afrz. ins Ait. usw.), die vorwiegend den Eindruck einer rom. Distanz erwecken, jedoch die unzulängliche Kompetenz des Textproduzenten verraten, weil die erzeugten Texte einen sprachlichen Hybridcharakter aufweisen.

Typus 4: *Listen*, die aufgrund ihrer äußerst durchsichtigen Strukturierung eine ausgesprochen kommunikative Nähe anstreben (*Nodicias de kesos*, ca. 980; *Conto navale pisano*, 12. Jh.).

BIBL. Paul Zumthor, *Langue et techniques poétiques à l'époque romane (XI—XIII siècles)*, Paris (Picard), 1963; Helmut Lüdtke, *Die Entstehung der romanischen Schriftsprachen*, Vox Romanica 23 [1965]: 2—21; Peter Wunderli, *Die ältesten romanischen Texte unter dem Gesichtswinkel von Protokoll und Vorlesen*, Vox Romanica 24 [1965]: 44—63; Peter Koch, *Pour une typologie conceptionnelle et médiale des plus anciens documents/monuments des langues romanes*, in: Maria Selig/Barbara Frank/Jörg Hartmann (Hgb.), *Le passage à l'écrit des langues romanes*, Tübingen (Narr), 1993: 34—82.

IV.9 Fachrichtung: Varietätenlinguistik

112 Varietätenlinguistik. Sprachvarietäten.

Die multidimensionale Heterogenität der natürlichen Sprachen zu erforschen, ist der Gegenstand einer jüngst eigenständig gewordenen Disziplin, die zahlreiche Berührungspunkte mit weiteren kommunikativ-pragmatisch, soziologisch und kontaktlinguistisch ausgerichteten Ansätzen aufzeigt: der **Varietätenlinguistik**. Mit dem Begriff **Sprachvarietäten** will man aussagen, daß die in den alltäglichen Tätigkeiten und Beziehungen dem Sprecher begegnenden, vom (präskriptiv normierten) Standard abweichenden vielfältigen Spielarten im engen Sinne für spezifische Kommunikationsbedürfnisse notwendige, funktionelle „Teilsprachen" sind, die in gebührender Weise beschrieben und analysiert werden sollen. Mehrere der zu untersuchenden Sprachvarietäten entbehren noch einer einmütigen Einstufung im Spannungsverhältnis mit der Standardsprache, andere offenbaren eine zeitlich bestimmte Verlagerung ihrer Positionen im genannten Spannungsfeld, was interessante diachronische Beobachtungen und Aufschlüsse über den (auch künftigen) Sprachwandel zuläßt. Da der Standard als stetiger Bezugspunkt zur Klassifizierung der Sprachvarietäten gilt, verfügen rom. nicht-standardisierte Minderheitensprachen über keinen kompletten Varietätenkatalog. Die außerlinguistischen Parameter, mit denen man die Variation untersucht und die die Bezugsmaßstäbe zum Standard festlegen, heißen *Variablen*.

BIBL. Günter Holtus/Edgar Radtke, *Varietätenlinguistik des Italienischen in der Diskussion. Einführende Bemerkungen zur Thematik und zu ihrer Aktualität*, in: Holtus/Radtke (op. cit., § 105): 11—21; Günter Holtus, *Standard und Substandard als grammatikalisches Problem*, in: Günter Holtus/Edgar Radtke (Hgb.), *Sprachlicher Substandard*, Tübingen (Niemeyer), 1986: 89—104; Peter Braun, *Tendenzen in der deutschen Gegenwartssprache. Sprachvarietäten*, Stuttgart (Kohlhammer), [3]1993.

113 Die diatopische Variable. Regionalsprachen. Koinai.

Der Kontakt zwischen Dialekt und Standardsprache ruft *vertikale Varietäten* im Sprachkontinuum hervor, deren Abgrenzung und Definition in den varietätenlinguistischen Aufgabenbereich fällt. Man hat festgestellt, daß aus *Interferenzen* mit dem zugrundeliegenden einheimischen Dialekt zahlreiche Sprecher, die in einer bestimmten Region leben, von sog. **Regionalsprachen** Gebrauch machen. Regionalsprachliche Äußerungen behalten insgesamt ein hochsprachliches Aussehen bei, weisen aber gleichzeitig eine verschieden dosierte dialektale Färbung auf. Die dialektale Tönung kann sich auf phonetische, intonatorische, morphosyntaktische oder lexikalisch-semantische Strukturen auswirken. Es ist klar, daß dort, wo zwei Abstandsprachen in Kontakt geraten, Regionalsprachen entstehen werden, die Züge der dominierten Sprache aufzeigen. Nachfolgend einige Bsp.:

(1) *Phonetik/Phonologie*: [inˈdando] statt [inˈtanto], it. *intanto* im Munde eines Neapolitaners, der in seinem Dialekt nur [nd] (< lat. -NT-) kennt; [ˈfijə] statt [ˈfiʎə], kat. *filla* ‚Tochter', als ausschließliche Aussprache eines spanischsprechenden *yeísta* ([ʎ] → [j]), der als zweite Sprache Kat. hat.

(2) *Intonation* (und *suprasegmentale* Eigenschaften): Veneter und Norditaliener im allgemeinen antizipieren die Druckstärke des Haupttons um eine Silbe, so daß ein vom Standard abweichender „melodischer Rhythmus" entsteht ([ˈma/tina] statt [matˈtina]).

(3) *Morphosyntax*: Nord- und Süditaliener geben bei der Tempusauswahl im Standard vorgesehene temporale (‚sprechzeitnah' vs ‚sprechzeitfern') Oppositionen auf: (nordit.) *un giorno ho visto* (‚vidi'); (südit.) *Maria arrivò* (‚è arrivata') *stamattina*. Das Kriterium der ‚Zeitdauer', die im Standardkat. zur Gebrauchsunterscheidung von *ésser* (‚kurzer, zeitbegrenzter Aufenthalt an einem Ort') und *estar* (‚langer, ständiger Aufenthalt') dient, funktioniert z. B. nicht in der (schichtenspezifischen und herkunftsbedingten soziolektalen) Regionalsprache um Barcelona: *et truco de Girona, on estaré* (‚seré') *un parell d'horetes* ‚ich rufe dich aus Girona an, wo ich mich für kaum 2 Stunden aufhalten werde'.

(4) *Lexikon, Semantik*: Schlägt man in einem it. Wörterbuch Wörter wie *slambrot* ‚bairischer Dialekt, der sich in Norditalien aufrechterhalten hat und für die umgebenden Romanen unverständlich ist' und *gaurru* ‚grober Kerl' nach, findet man keinerlei Erklärung, denn es handelt sich um jeweils ein nordit. und ein campidanesisches Wort. Beide dialektale Formen können aber ungestört innerhalb von „normalen" it. Äußerungen auftauchen und kennzeichnen dann die trientinische und die campidanesische Regionalsprachen. Schematisch:

(trient.)	[slamˈbrot]	
	↓ Interferenz	
(Standardit.)	*che* [cosa incomprensibile] *hai detto*?	→
(Regionalit.)	*che* [slambroto] *hai detto*?	
(sd.)	[gaˈurru]	
	↓ Interferenz	
(Standardit.)	*quel ragazzo è molto* [rozzo]	→
(Regionalit.)	*quel ragazzo è molto* [gaurro].	

In dialektal stark zerklüfteten Ländern wie Italien kann man auf einen reichen Formenbestand von gleichbedeutenden, regional verteilten **Geosynonymen** stoßen; vgl. für den Begriff ‚die Schule schwänzen, blau machen', folgende regionalit. Entsprechungen der im Standard vorgesehenen Redewendung *marinare la scuola*: *salare la scuola, far filone, bigiare, far forca, bruciare, segare, bucare, far schissa, far Sicilia, far campagnola, fare vela, salinare*.

Eine semantische Entlehnung (Lehnübertragung) ist das im *italiano regionale sardo* oft vorkommende Gefüge *brutta voglia* ‚Nausea', das sd. *gana mala* entspricht. Eine semantische Verschiebung, die dem Einfluß der Kontaktsprache Amerikanisch-Englisch zu verdanken ist, zeigt das frz. Wort *décrocheur* in Québec (nach dem Vorbild des engl. *drop-out*), das ‚qui abandonne l'école' bedeutet. Folgende lexematische Eigentümlichkeiten des *français acadien* stellen autonome Entwicklungen des frz. Wortschatzes dar: *chauffer* ‚bûcher', *carabin* ‚étudiant', *dodge* ‚l'école buissonière', *faire une saucette* ‚faire une courte visite', *galauter* ‚flatter', *gelasser* ‚geler légèrement'. Amer.-sp. Besonderheiten, die innere Entwicklungskräfte widerspiegeln, sind z. B.: *a gatas*, ‚a cuatro patas', *vengo de* ‚acabo de', *no más* ‚solamente'.

Regionalsprachen haben einen starken pragmatisch-kommunikativen Kohäsionswert, weil sie zur Identifizierung der zu einer Region gehörigen Mitglieder dienen.

Die Verstärkung des sozialen Geflechtes geht einher mit dem Zweck, eine übereinzelmundartliche, funktionsträchtige Varietät zu verwenden, die den Mangel an einer überdachenden Standardsprache behebt oder die von den Sprechern empfundene „Distanz" zur institutionalisierten Norm zu betonen anstrebt. Eine derart geschaffene Regionalsprache heißt **Koine**. Die *Koine padana* war im Mittelalter eine *funktionale Regionalsprache*, die in den nordit. Höfen als verschriftetes, zur Absicherung der wechselseitigen Verständigung gedachtes Kommunikationssystem emporgehoben wurde.

Es sei abschließend vermerkt, daß die stärkere Besetzung einer hochsprachlichen Äußerung durch regionale Eigentümlichkeiten Sprecher kennzeichnet, die ein niedriges Bildungsniveau aufweisen. In diesen Fällen stellen regionale Varietäten gleichsam sozial markierte Varietäten (↗ § 114) dar.

BIBL. José María Becerra Hiraldo/Candida Vargas Labella, *Aproximación al español hablado en Jaén*, Granada (Universidad), 1986; Lothar Wolf, *Französische Sprache in Kanada*, München (Vogel), 1987; Tullio Telmon, *Guida allo studio degli italiani regionali*, Alessandria (Dell'Orso), 1990; Sinclaire Robinson/Donald Smith, *Dictionary of Canadian French*, Toronto (Stoddart), 1990.

114 Die diastratische Variable. Varianten. Argot.

Sozial markierte Gruppensprachen werden im Rahmen der Varietätenlinguistik als **diastratische Varianten** bezeichnet (lat. STRĀTUM ‚Schicht'). Eine primär auf schichtenspezifischen Variationen fundierte Gliederung des Sprachkontinuums führt zu einer hierarchischen Unterscheidung zwischen einer *hohen* Variante, die Prestige genießt und sich durch einen auserwählten, puristischen Sprachgebrauch auszeichnet, und einer *niedrigen* Variante, die einer sozialen Stigmatisierung ausgesetzt ist und nicht-normkonforme Sprachverwendungen aufweist. In bezug auf die Standardnorm verfügt freilich der gebildete Benutzer einer hohen Variante über eine „Supernorm", die er je nach der Situation ein- oder ausschalten kann. Dagegen sind Sprachbenutzer niedriger Varianten meistens Ungebildete (oder ‚halb (Un)gebildete', it. *semianalfabeti* oder *semi(in)colti*), die keine ausreichende Normkompetenz ausweisen können und die sich deshalb ausschließlich einer nachlässigen und schlampigen Sprache bedienen. Die Zuweisung dieser zwei Sprachvarianten zu jeweils fest umrissenen soziologischen Größen (etwa: *hohe Variante* = ‚der Aristokratie' vs *niedrige Variante* = ‚des gemeinen Volkes, der *sordidior plebs*') erweist sich heute als sehr problematisch, weil der — mindestens in Europa — in den letzten 50 Jahren stattgefundene wirtschaftliche Fortschritt sozio-ökonomische Barrieren abgebaut hat. Vielmehr gelten weitere Faktoren, wie Prestige, Schulbildung, Teilnahme an sozial mobilen Gruppen, bewußte Einschaltung funktional restringierter Sprachkodes, sprachpsychologisches Verhalten (Ablehnung, Nachahmung von Vorbildern) usw. als Bestimmungs- und Zuweisungsparameter.

Rein strukturell gesehen, weisen hoch markierte Varianten oft von der Norm (und aus dem System) abgewandelte grammatikalische Strukturen, einen frequenzmäßig seltenen Wortschatz (Archaismen) und eine ausgeprägte Tendenz zum Purismus auf. Bsp.:

fr. cultivé: *je n'irai pas, dussé-je pâtir; affres, gueux, décès*;
it. colto: *genetliaco* ‚compleanno', *ancipite* ‚ambiguo', *sovvenire* ‚ricordarsi';
sp. culto: *harón* ‚gandul', *inane* ‚inútil', *dicha* ‚suerte', *proficuo* ‚útil', *asaz* ‚harto, muy'.

Das Interesse der Diastratik-Forschung hat sich aber massiv auf synchrone und diachrone Themenkreise und Problemstellungen der niedrig markierten Varianten konzentriert. Man hat z. B. festgestellt, daß ursprünglich sozial abgewertete Sprachvarianten, entgegen den Prinzipien der amerikanischen Soziolinguistik, oft eine deutliche Expansionskraft genießen und sich entlang des Varietätenspektrums in die Richtung der (gesprochenen) Norm verlagern (↗ § 116). Auch hat die Forschung auf diesem Gebiet nachgewiesen, daß alle Sektoren des Sprachsystems niedrig markierte diastratische Oppositionsumwälzungen aufweisen können. Wir besprechen nachfolgend einige wichtige sektorenspezifische Erscheinungen der niedrigen Diastratie und belegen sie mit rom. Beispielen. Vorab sei vermerkt, daß die Bezeichnungen für die niedrigen Sprachvarianten im Rom. zwischen *populär* und *vulgär* schwanken, der erste Terminus jedoch mehr Akzeptanz hat.

(1) *Graphie* und *Phonie*. Benutzer niedriger Varianten sind oft (Semi-)Analphabeten, zeigen mithin eine unzulängliche Beherrschung der orthographischen Regeln. Folgendes eindringliches Bsp. stammt aus dem *Incipit* einer 1852 abgefaßten nordit. Autobiographie:

«Libro 1°. istoria del Garbagna Giacomo o sia una quantita di perversse disventure acadutte a Lui nell ita della sua giovantu per causa dei suoi Geninotori e di suoi parenti».

N. B. *istoria = storia*; *o sia = ossia*; *quantità*; *perverse*; *disventure = disavventure*; *accadute*; *nell'ita = nell'età*; *gioventù*; *Genitori*; keine Interpunktion; falsche Großbuchstabensetzung.

Nachlässige, schlampige Aussprachen kennzeichnen gemeinhin Sprecher dieser Varietäten; vgl. für das *español popular* bzw. *vulgar*: *pacencia* ‚paciencia' (Monophthongierung); *menistro* ‚ministro' (Dissimilation); *gofetá* ‚bofetada'; *piazo* ‚pedazo'; *éjalo* ‚déjalo'; *usté* ‚Usted' (generalisierter Ausfall von -[d]-); *buevo* ‚huevo', *güeno* ‚bueno', *güeso* ‚hueso', *agüelo* ‚abuelo' (Austausch von [b] und [g] bzw. [w]); *sordao*, *abril* ‚abrir', *cuelpo*, *velgüenza* (Austausch von [r] und [l]). Ein paar Bsp. aus dem fr. *populaire*: *peu*[z] *à peu*; *il va*[t] *et vient*; *popotame* ‚hippopotame', *sercher* ‚chercher', *quat' francs*.

(2) *Morphosyntax*. Im Rahmen der Morphosyntax treten echte Verstöße gegen die von der Norm und von dem System erfaßten Regeln und Oppositionen auf. Unter den Wesenszügen der morphosyntaktischen niedrigen Diastratie, die allen rom. Sprachen gemeinsam sind, kann man folgende anführen: analogische Bildungen (und Hyperkorrekturen); Vereinheitlichung morphologischer Markierungen; Tendenz zum analytischen Bau. Bsp.:

(2.1) *Analogische Verbalformen*: (it. pop.) *averebbo* ‚avrei', nach dem Vorbild von *ebbe* und *avrebbe*; *vendivi* ‚vendei', nach *dormivo*; (sp. pop.) *mos* statt *nos*, wegen der Kontamination mit *me*; *volvido* ‚vuelto'; *quison* ‚quisieron', *jizon* ‚hicieron' (Verbalanalogien); *cafesis*, *yanquisis* (Pluralbildung); (fr. pop.) *pleuver*, *buver*, *mouler*.

(2.2) *Syntagmatische Relativmarkierung*, mit weitgehendem Verlust der Ergänzungsmarken (*en*, *y*) oder mit unzulässiger Hinzufügung des pronominalen Odir: (fr. pop.) *tu me diras si tu m'as envoyé le colis* que (‚dont') *me parlais*; *voici l'adresse du corps d'armée* que (‚duquel') *mon fils fait partie*; *la lettre* que (‚dans laquelle') *tu me parlais de Jean*; *un*(*e*) *problème qu'elle arrive pas à le définir*; (it. pop.) *la squadra* dove (‚che') *vince sempre*; *il conto che io* lo *salderò*; Hyperkorrekturen: (sp. pop.) *las leyes* cuyas (‚que') *la comisión acaba de revisar*'; (it. pop.) *privo di* suoi (‚delle sue') *desiderate lettere* dal quale (‚che, le quali') *mi anno tenuto con l'animo sospeso*.

(2.3) *Vereinfachung* funktionaler, temporal-aspektueller Oppositionen im Verbalsystem: (fr. pop.) *s'il m'arriverait quelque chose, elle serait bien en peine*; *quoiqu'il ne faut pas y compter*; *pour que je reçois*; (it. pop.) *se avrei soldi te li darei*; *vorrei che tu venga qua*; (esp. pop.) ¡*callarsos*! ‚¡ callaos!' (Imperativ → Infinitiv); *oyó como si era* (‚fuera') *un serrucho y hizo así como si tenía* (‚tuviera') *una mosca en el labio*.

(2.4) *Reduzierung des Formenbestandes* durch Synkretismusausweitung einiger Morpheme: (esp. pop.) *ande* ‚donde, a donde, de donde'; *mucho* ‚muy'; (fr. pop.) *un courseur vite* (‚rapide'); (it. pop.) *lo facciamo per non capire lui* ‚perché lui non ci capisca'.

(3) *Lexik*. Diastratisch niedrig markierte Varianten werden durch eine Fülle stark expressiver, häufig derb-vulgärer Ausdrücke gekennzeichnet, die zum Teil den *Geheimsprachen* entnommen werden. Für diese gruppenspezifischen Sprachen gibt es im Romanischen zahlreiche Bezeichnungen: *argot*, *slang* (< engl.), *jerga*(*-ón*), *gergo*, *calão* oder *gíria*. Die mit diesen Termini bezeichneten Konzepte verweisen jedoch auf keine fest umrissene, einheitliche Beschreibungskategorie, was sich aus der pg. Doppelbezeichnung leicht zeigen läßt: *gíria* hat eine Bedeutungsaufwertung erfahren und bezeichnet heute die allgemeine und die diastratisch markierte *Umgangssprache*, wobei die alte, auf die Sprachen der Randgruppen (z. B. der Verbrecher) beschränkte Bedeutung heute dem *calão* vorbehalten bleibt. Aufgrund ihrer starken Expressivität zeigen ursprünglich sozial abgewertete Ausdrücke oft Überschneidungen mit lockeren Sprachregistern und dringen hierdurch in jugendsprachliche Normen ein. Mit dieser Verlagerung geht freilich der Verlust der vulgären Konnotationen einher, und damit bahnt sich allmählich eine weitgehende Aufnahme in die Allgemeinsprache an. Aus einer funktionalen Perspektive gesehen dienen Geheimsprachen zur Errichtung von Sprachbarrieren, sie tragen gemeinhin zur Ghettoisierung ihrer Benutzer bei. Diese Funktionalitätseinschränkung bezweckt eine engere Kohäsion unter den Mitgliedern von Randgruppen. Vgl. folgendes, der andalusischen Zigeunersprache entnommenes Bsp.: ¡*Orí Adonay*! ¿*Anduque najas*? - *A dicar os bureles*. - *Mangue matejó najo a dequelarlos*, (sp.) ‚¡*Hola Manuel*! ¿*A dónde vas*? - *A ver los toros*. - *Yo también voy a verlos*'.

Der Gebrauchsschwankung von *Argot* zugeordneten Ausdrücken tragen moderne Wörterbücher Rechnung, indem beide Konnotationskennzeichnungen, nämlich *pop/vulg* ‚salopp, vulgär' und *fam* ‚familiär' in den Definitionen mancher diastratisch niedriger Lemmata Aufnahme finden oder von Werk zu Werk alternieren; vgl. (fr. pop./fam.): *dégueulasse, godasse* (z. B. im Larousse und im Petit Robert); pg. *gajo* ‚Typ' oder *porreiro* ‚prima'. Nachfolgend eine kurze Auswahl von Lexemen aus dem rom. Argot:

(fr. pop.): *gueule* ‚bouche', *grisbi, magot, pognon* ‚argent', *maboul* ‚fou'; (it. pop.): *seminare qualcuno* ‚jemanden abhängen', *pecogna* ‚Kohle', *farsi una pera* ‚sich Heroin spritzen', *scopare* ‚bumsen', *zoccola, sgualdrina* ‚Dirne';
(pg. pop.): *baril* ‚gut' (calão do crime); *sacana* ‚Schwein', *porra* ‚Penis' und als Interjektion ‚verdammt' (vgl. sp. *cojones, coño*).

Durch die *Zigeunersprache* sind manche „Wanderwörter" entstanden; vgl.: (it.) *scaia* ‚Dirne' in Rom und auf Sardinien; (sd.) *gaggio*, wie pg. *gajo* und sp. *gacho*.

Auf die unlösbare Korrelation zwischen niedrigem Bildungsniveau und dialektaler Färbung wurde schon angedeutet. Die fortwährende Interferenz mit dem dialektalen „Substrat" fördert beim unbeholfenen Sprecher eine konstante Normschwankung und kennzeichnet seine ungrammatische Performanz. In einem Gefangenenbrief schreibt ein armer, bildungsbedürftiger Sizilianer auf *italiano regionale popolare* (di Sicilia): «I miei compagni strincono (‚stringono') gli stinghi (‚stinchi') . . . mi dicono senza muoverti (‚non muoverti') . . . Il Torinese mi chiama . . . ci (‚gli') prendo la mano». Die in Klammern erklärten Erscheinungen stellen alle unfreiwillige Interferenzen mit dem siz. Dialekt dar (Schwankungen zwischen [k] und [g] nach Nasal; Imperativ mit *senza*; *ci* statt *gli/le*).

Volksetymologien, d. h. durch einfache Assoziationen gebildete Neologismen und falsche Verwendungen und Interpretationen (it. *lucciola* ‚l'ulcera', fr. *jour ouvrable* ‚où l'on ouvre les magasins'), normabweichende Wortbildungen (*débrancher* ‚ébrancher', *souiller* ‚baiser') und progressive Ausweitung der lexikalischen Extension (*fare un esame, il Liceo, una malattia, un incidente d'auto*) gehören auch zur Sprache des gemeinen Volkes.

Wir schließen die Betrachtung der *Diastratie* mit einer kurzen Textprobe ab (einem *Soldatenbrief* aus dem Ersten Weltkrieg, aus: A. Prein, *Syntaktisches aus französischen Soldatenbriefen*, Gießen, 1921: 73, n° 20; Sprecher gebürtig aus Amiens, Somme):

> «Ma Femme cheri. Je ne sai si ma lettre te Parviendra en tous les cas ma Santé et toujour a peut pres Bonne mais tu sais en se demande tous les Prisonniers si on va nous laissér ici il y on a beaucoup qui ne reviendron plus ceux qui peuve le faire ils on bien raison celui qui n'ait pas marier et qui les libre je la prouve et les père de Familles tel que moi voila 4 ans bientot que je suis captive qu'il respé veut tu que Mes deux chers Petits garcons auront encore pour moi que je les almes tant et eux aussi ce n'est pas de leur faute il vont moublier cest la faute a tous cest grand feseur de Discours aussi bien avent la Guerre que pendant et pendant ce temps en c'est nous qui Trinq e on tou les cas en ce mon moment j'ait rudement cafart».

BIBL. Bodo Müller, *Das Französische der Gegenwart. Varietäten. Strukturen. Tendenzen*, Heidelberg (Winter), 1975: Kap. 7 (*Das Französische in diastratischer Hinsicht*); Joan J. Vinyoles i Vidal, *Vocabulari de l'argot i de la delinqüència*, Barcelona (Millà), 1978; Jacques Cellard/Alain Rey, *Dictionnaire du français non conventionnel*, Paris (Hachette), 1980; Eduardo Nobre, *O calão. Dicionário da gíria portuguesa*, Lisboa (Casado Livro), [2]1980; Mario Cacciaglia, *Lingua popolare in Brasile*, S. Maria degli Angeli (Ed. Pozzuncola), 1986; Juan Manuel Oliver, *Diccionario de argot*, Madrid (Sena), [2]1987; Kerstin Ingeborg Rohr, *Geldbezeichnungen im Neufranzösischen unter besonderer Berücksichtigung des Argot*, Tübingen (Niemeyer), 1987; Gaetano Berruto, *Sociolinguistica dell'italiano contemporaneo*, Roma (NIS), 1987: Kap. 3 (*L'italiano popolare*); Barsaly Dávila/Blas Pérez, *Apuntes del dialecto caló o gitano puro*, Cádiz (Jiménez Mena), [2]1991; Giovanni Rovere, *Un'autobiografia popolare del primo Ottocento*, Torino (Grafica MG), 1992.

115 Die diaphasische Variable. Sprachregister.

Wenn Sprecher einer Gemeinschaft freiwillig eine Auswahl unter ihnen zur Verfügung stehenden Sprachverwendungen treffen, spricht man von **Sprachregistern**. Sprachregister gehören in die **Diaphasik** (aus gr. *phásis* ‚Erscheinung') und sind streng von *Sprachvarianten* zu unterscheiden. Sie stellen situationsbedingte, zielgerichtete Verwendungen dar, die eine gewisse Nähe oder Distanz zum Gesprächspartner herbeiführen. Im Ggs. zu den soziolektalen (niedrigen) Varianten signalisieren Register eine „reiche" Kompetenz des Einzelsprechers, der bewußt in Abhängigkeit von der außerlinguistischen Situation oder von dem pragmatisch-kommunikativen Rahmen ein *hohes*, distanzierendes oder ein *niedriges*, vertrauliches Register einschaltet.

N. B. In einschlägigen linguistischen Arbeiten und Nachschlagewerken wird oft von *Sprachstilen* geredet (engl. *styles*). In Wirklichkeit sind *Stile* mit dem individuellen, jeden Autor kennzeichnenden Schöpfungsvermögen verbunden und unterliegen nicht (unbedingt) normbezogenen Werturteilen. Freilich sind hier Überschneidungen zu vermelden, weil z. B. rhetorische Figuren oft in der lockeren Umgangssprache vertreten sind, aber eine globale begriffliche Gleichsetzung nicht zulässig ist. *Stile* werden von der literaturwissenschaftlichen Teildisziplin **Stilistik** erfaßt.

Einige Sprachregister sind *altersbedingt* und fallen teilweise mit Gruppensprachen zusammen, wie z. B. alle der *Jugendsprache* zugeordneten *Sonderwortschätze* (*langue du disco*; *du rock*; *linguaggio dei paninari*, *dei rockettari*; *la lengua estudiantil*, *pasota*), sie stellen jedoch bewußt zum Aufbau von Sprachbarrieren eingesetzte Sprachkodes dar, die allesamt als *informale*, *familiäre* Register aufzufassen sind, und sie genießen in der Regel eine bedeutende Expansionskraft (vgl. sp. *me paso de todo tío* ‚es ist mir Wurst, du'; pg. *chumbar*, it. *trombare* ‚durchrauschen'; it. *sgamare* ‚aufschnappen'; *fare il/un pacco* ‚jn. ‚reinlegen; einen Termin nicht einhalten'; *truzzo*, *cinghios*, *zarro* ‚Turiner und Mailänder Diskoburschen, Angeber' usw.).

Das Bestreben, eine gewisse Formalität einzuhalten, führt zur Selektion hoch markierter Register, wie fr. *soigné* oder *soutenu*, it. *aulico* oder *sorvegliato*, esp. *formal* oder *coloquial culto*; vgl. in bezug auf die lexikalische Auswahl: (frz.) *automobile* ‚voiture', *cohue* ‚foule', *reprimander* ‚blâmer'; in bezug auf phonematische Unterschiede: (it.) /pεska/ ~ /peska/; in bezug auf morphosyntaktische Regelselektionen: (it.) *desidero iscrivermi in* codesta (‚dieser') *Università.*

Wie im Fall der „populären" Varianten hat sich das Interesse der Diaphasikforschung mit den — zum Teil schwierigen — Definitions- und Abgrenzungsproblemen der niedrig markierten Sprachregister intensiv beschäftigt. Man hat z. B. festgestellt, daß informelle Sprachregister, nämlich fr. *familier*, esp. *coloquial*, it. *familiare/colloquiale*, hinsichtlich des Ausbaugrads erhebliche einzelsprachliche Unterschiede aufweisen: Im Frz. kann man für zahlreiche Einheiten des Standardkernwortschatzes „familiäre" gleichbedeutende Ausdrücke problemlos herausfinden, was für die restlichen rom. Sprachen nicht zutrifft; vgl.:

(fr. *courant*, „Standardgebrauch"): *type, agent de police, argent, médecin, chaussure, voiture, travail, manger, tête, fou, ami, livre, imbécile, peur, soif, parapluie, oncle.*
(fr. *familier*): *mec, flic, fric, toubib, godillot, bagnole, boulot, bouffer, caboche, cinglé/dingue, copain, bouquin, con, trac/trouille/frousse, pépie, pépin, tonton.*

Freilich kann man in den anderen rom. Sprachen diesen Bereich, wenngleich in einem bescheideneren Ausmaß, auch mit gefühlsbetonten, anschaulichen Ausdrücken belegen:

(it. fam.): *dare un cazzotto* ‚pugno', *bidone* ‚truffa', *sfacchinare, sgobbare* (frz.) ‚bûcher, piocher', *un casino di* ‚un mucchio, una barca di', *quattrini* ‚soldi', *fregarsene* (frz.) ‚s'en ficher', *avere le scatole rotte* (frz.) ‚en avoir marre/pardessus de la tête', *incavolarsi/incazzarsi* ‚adirarsi'.
(esp. fam.): *churra* ‚suerte', *cojonudo* ‚toll', *pencar* ‚trabajar duro', *pelas/cuartos* ‚pesetas', *cabrearse* ‚sich ärgern', *torta/hostia* ‚cachete, bofetada', *follón* ‚Chaos, Durcheinander'.

Diaphasisch markierte Sprachregister der lockeren Umgangssprache treiben natürlich auch morphosyntaktische Änderungen voran und schlagen sich ebenfalls in den Sektoren der pragmatischen Satzgestaltung und der Wortbildung nieder:

(1) *Morphosyntax*: (frz.) elliptische Ausdrücke: *courir après, travailler pour*; präpositionale Determinationstypen: *ce fripon de valet*; Präsens pro Futur zum Ausdruck der Zukunft: *mais quand il saura qu'il a un fils, il épousera la mère tout de suite, ou alors je lui casse la gueule*!; (sp.) Nachstellung des Demonstrativs: *el niño este, el coche aquel*; Elativausdrücke: *¿Lloviendo*? - *¡Lloviendísimo*!; (it.) syntagmatische Relativmarkierung: *il ragazzo che gli* (‚a cui') *sei andato addosso*; Tilgung der Subordinationskonjunktion *che*: *credo non ci sia nessuno/credevo ci fosse in casa/temevo non arrivasse/sembra sia francese* (diese Struktur hat sich schon in die Diamesik verlagert und gilt teilweise als <gesprochen>); (pg.) alternative Negationsschemata: NEG V NEG und V NEG (z. B. im Bras.): *não é para êles não*; *êles foram não*; (kat.) sog. *que-énonciatif*: *que t'enfades*?; *que no trobes que tinc raó*?

(2) *Pragmatische Satzgestaltung*: Hier ragen *Hervorhebungsstrategien* und jederlei Dislokationen und Gesprächspartikeln hervor, die einen stark perlokutiven Wert innehaben: (sp.) *¡Vamos con el niño*!; *Lo que es, es tonto, el niño ese*; *la Coruña me encanta, me encanta;* *¡Y cómo*!, *si sabe lo que dice*; *¡Está Usted pero que muy equivocado*!

(3) *Wortbildungsverfahren*, wie Abkürzungen: (frz.) *prof* ‚professeur', *dico* ‚dictionnaire', *clodo* ‚clochard', *collabo* ‚collaborateur', *perme* ‚permission'; (pg.) *buroca* ‚burocrata', *comuna* ‚comunista'; Präfigierung und Komposition: (pg.) *desinquieto* ‚sehr unruhig', *falas e refalas* ‚du redest und redest', *tomo a minha penga-zinha* ‚ich trinke mein Schnäpschen'.

Als Textprobe führen wir eine Textpassage aus Miguel Delibes (*Diario de un emigrante*, Barcelona, 1987: 162—163) an, in der der Autor im Rahmen einer z. T. dialogartigen Autobiographie in eindrucksvoller Weise ganz familiäre Ausdrücke mit einer lockeren Satzgestaltung verbindet:

> «Soñé con las perdices de allá y me he levantado con un remusguillo que para qué. Yo apuntaba a conciencia, pero cuando apretaba el gatillo, nada: abría y tenía el cartucho vacío, y volvía a cargar, y seguían saliendo perdices, y apuntaba otra vez a conciencia, apretaba el gatillo y nada. Y así un ciento de veces. ¡La madre que las echó! Ésta me la pagan, vaya que sí. Ya le dije a la chavala que si hoy no fui de caza, lo mismo que el domingo pasado, fue por ella, y que estaba determinado a dejar la escopeta si el que yo saliera al campo iba a afectarla. La chavala, tan comprensiva, que ni por pienso y que si yo la gozaba así, ella ya se apañaría y que no me preocupara. La dije lealmente que me gibaba y que ya sabe que yo no soy uno de esos tipos que por encima de todo pongan su capricho. Ella porfió que no la importaba y yo le dije que me daba lacha, la verdad. La chavala terminó por decirme que si no salgo al campo el domingo, no me dirigirá la palabra. A la chavala esta, por las buenas lo que se quiera, ya se sabe, pero si uno se pone enfrente va arreglado. Estuvimos al biógrafo. Verdaderamente esto de los letreros es una gaita. Sale uno del cine con la cabeza tonta. Acabé el día murrio. Yo no sé a santo de qué, uno ve unos días la vida color de rosa y otros, negra. Esta noche qué sé yo lo que hubiera dado por encontrarme allá».

BIBL. Alice Braue, *Beiträge zur Satzgestaltung der spanischen Umgangssprache*, Hamburg (Seminar der Universität), 1931; Lluís Payrató, *català col.loquial. Aspectes de l'ús corrent de la llengua catalana*, València (Universitat de València), 1988; Günter Holtus, *Stilistik/Stylistique*, in: Günter Holtus/Michael Metzeltin/Christian Schmitt (Hgb.), *Lexikon der Romanistischen Linguistik*, Tübingen (Niemeyer), 1990, V,1: 154—167; Clara Mavellia, *Die Sprache der Jugendlichen in Mailand. Untersuchungen zur Semantik und Wortbildung des aktuellen Italienischen*, Frankfurt/M. (Lang), 1991; Cristina Lavinio/Alberto Sobrero (Hgb.), *La lingua degli studenti universitari*, Firenze (La Nuova Italia), 1991; Ana M. Vigara Tauste, *Morfosintaxis del español coloquial. Esbozo estilístico*, Madrid (Gredos), 1992; Wolf-Dieter Stempel, *La rhétorique des jeunes*, in: Edgar Radtke (Hgb.), *La lingua dei giovani*, Tübingen (Narr), 1993: 81—93; Idem, *Stylistique et interaction verbale*, in: Georges Molinié/Pierre Cahné (Hgb.), *Qu'est-ce que le style?*, Paris (PUF), 1994: 313—320.

116 Die diamesische Variable. Übereinzelsprachliche und einzelsprachliche Merkmale der gesprochenen Sprache.

Der (vom it. Sprachwissenschaftler Alberto Mioni eingeführte) Fachterminus **diamesisch** (< gr. *mésos* ‚Medium') bezieht sich prinzipiell auf die schon besprochene „mediale Opposition" zwischen *graphischem* und *phonischem Code*, die besonders im Frz. eine krasse Distanzierung zwischen der Orthographie und der tatsächlichen Aussprache schafft; vgl. (*Schwa* nicht gezählt):

(frz.) *je/ chan/te* (3 Silben) = [ʒʃãt] (1 Silbe)
le/pe/tit/ prin/ce (5 Silben) = [l pti prɛ̃s] (2 Silben);
(it.) *il/ pic/co/lo prin/ci/pe* (7 Silben) = [il ˈpikkolo ˈprintʃipe] (7 Silben).
ancora oggi; *volere bene*; *abbiamo visto*; *gli italiani*; *quale è*? ↔ *anco*[r] *oggi*; *vole*[r] *bene*; *abbia*[m] *visto*; [ʎitaˈljani], [ˈkwal ɛ].

Dieses übermäßige Auseinanderklaffen zwischen den beiden Sprachkodes im Frz. hat neuerdings eine rege Polemik über die orthographische Standardisierung entfacht. Infolge des im letzten Jahrzehnt rasch zugenommenen Interesses für die Konversationsanalyse hat die **Diamesik** ihre Aufmerksamkeit auf die *konzeptionelle* Opposition zwischen *gesprochener* und *geschriebener Sprache* gelenkt. Die *Gesprochene-Sprachforschung* hat inzwischen beachtliche Beiträge in der Aufarbeitung und Klärung epistemologischer (d. h. erkenntnistheoretischer) Fragen und heuristischer (d. h. operationeller) Verfahren geleistet. Zwei Hauptthemenkomplexe, auf die wir hier eingehen, bilden den Kern der gegenwärtigen Diskussion:

(a) die Unterscheidung zwischen übereinzelsprachlichen und einzelsprachlichen Erscheinungen und Versprachlichungsstrategien, die die gesprochene Sprache charakterisieren;

(b) die Frage nach dem Wesen einer *gesprochenen Substandardnorm*, nach ihrer varietätenlinguistischen, soziologischen und sprachpolitischen Rechtfertigung und nach ihrem eigentlichen Alter. Diese Frage wird in den nächsten, der Diachronie und dem Sprachwandel gewidmeten Paragraphen ausführlich behandelt.

Übereinzelsprachliche Merkmale der *gesprochenen Sprache* sind jene Versprachlichungsstrategien, die wir im Rahmen der *Gesprächsanalyse* und der *Pragmalinguistik* kennengelernt haben und die hier kommentarlos mit einzelnen ausgewiesenen Beispielen nochmals aufgeführt werden:

(1) Reiche Verwendung von — zum Zwecke der Hervorhebung, der Abmilderung, der subjektiven Anteilnahme, der Einbeziehung des Gesprächspartners eingesetzten — *Gesprächspartikeln*: (frz.) *c'est pas mal, quoi*!; (sp.) *¡Ay, si tiene que pasar algo malo, ya lo verá, nos la estamos ganando. Los españoles nos la estamos ganando, vaya si nos la estamos ganando*!; (it.) *non è che l'acqua è* (*sia*) *pulita, ma si può bere*; *non è che capisca molto ciò che dice a lezione*; *non è che hai mille lire*?

(2) Gebrauch von Thema-Rhema-Versetzungen und pragmatisch markierten Äußerungen: (pg.) *E êle, que foi que respondeu*?; (sp.) *yo, para mí, que no está bien eso*; (frz.) *alors, là, je la connais pas*!

(3) Vorliebe für die Parataxe: (it.) *intanto, premesso che quando sono andato io tutte le chiese, tutti i monasteri, tutti chiusi, oppure trasformati tutti i musei,*[Ø] *nessun sacerdote poteva essere presente in Albania* (‚giacché, poiché, dato che').

(4) Konkordanz *ad sensum*: einem V im Sg folgt ein Sub im Pl (oder umgekehrt): *c'è pochi soldi*; *che notizie c'è in proposito*?.

(5) Reduzierung des morphologischen Inventars (z. B. im Bereich der Konjunktionen): *un pochino adesso ci viene a mancare*, per cui *è un grande stimolo*; *sia io sia*

Gianluigi abbiamo dei nuovi impegni, per cui *adesso finiamo qui* (*per cui* = ‚di conseguenza, sicché, cosicché').

Besondere Beachtung im Rahmen der Varietätenlinguistik verdienen jedoch jene einzelsprachlichen, vorwiegend morphosyntaktischen Erscheinungen, die etwa auf eine Normverschiebung hindeuten. Besonders im Frz. hat sich die *gesprochene Grammatik* von der präskriptiven (geschriebenen) Norm derart entfernt, daß man die erste als fortgeschrittenes Entwicklungsstadium angesehen hat. Vgl. folgendes, in Gestalt von Oppositionen erarbeitetes, synoptisches Schema:

Oppositionskriterien	fr. *parlé*	fr. *écrit*
Negation	[se pa pɔˈsibl]	*ce n'est pas possible*
	[j a py d frik]	*il n'y a plus de fric*
Direkte Frage	[t(y) par kã?]	
	[se kã k t(y) par?]	*quand est-ce que tu pars?*
Passé composé	[ʒlevy]	*je l'ai vu naguère*
vs	(*naguère/l'année dernière*)	
Passé simple		*je le vis l'année dernière*
Subjektklitika	[fo i aˈle], [j a pa]	*il faut y aller, il n'y a pas*

Auch für das gesprochene It. läßt sich ein ähnlicher Merkmalkatalog aufstellen:

Oppositionskriterien	it. *parlato*	it. *scritto*
Subjektpronomen (3 P)	*lui/lei*	*egli/ella*
Objektpronomen (3 P Pl)	*li videro e gli dissero*	*li videro e dissero loro*
Relativmarkierung	*la valigia che*	*la valigia in cui*
	ci stanno tutti i libri	*ci stanno tutti i libri*
Vollverb ‚haben'	*ci ha un carattere brutto*	*ha un carattere brutto*
Präsens *pro* Futur	*passo sabato*	*passerò sabato*
	con l'assegno	*con l'assegno*
Konditionalperiode	*se avevo i soldi,*	*se avessi avuto i soldi,*
	te li davo	*te li avrei dati*
Direkte Frage	*non è che mi puoi*	*mi puoi*
	prestare gli appunti?	*prestare gli appunti?*

Für das *gesprochene Spanisch* führen wir zwei typische Erscheinungen an: das präsentative *que* und die expressive Verbverdoppelung: *Agüela, que dice mi hermana que me va a hacer unos pantalones*; *oye tú que dice mi padre que me va a buscar un novio*; *y llora que te llora y grita que te grita.*

Zu beachten ist, daß mehrere der oben aufgeführten Erscheinungen ununterbrochen in der *gesprochenen* Norm seit Jahrhunderten benutzt werden, ihre Aufnahme in die Schriftsprache unterlag jedoch puristischen Verbotsmaßnahmen. Schließlich kann man die Frage aufwerfen, ob die Systemumwälzungen der gesprochenen Sprache nicht eine *Vereinfachung der Grammatik* schlechthin darstellen. Doch hat man richtig eingewendet, daß ein Oppositionsabbau nicht unbedingt mit einer funktionellen Vereinfachung einhergeht, zumal wenn man bedenkt, daß durch den Ausfall von Oppositionskennzeichnungen die Kodierungs- und Dekodierungsstrategien erschwert werden können oder eine funktionale Überlastung anderer Einheiten entstehen kann.

Als Textprobe haben wir ein kurzes Telephongespräch ausgesucht, das in Mailand von den Mitarbeitern De Mauros aufgenommen wurde (LFIP: MB 4; <?> ,unverständliche Stellen'; [X] ,außersprachliche Kontexte'; - ,Pause'):

1 senti - va bé allora gnente <?> restiam d'accordo cosí.
2 sí. d'accordo.
1 <?> non lo so poi la Luciana bó, o chiamala tu - io eh, posso, posso chiamarla domani sera.
2 no - ma provo a chiamarla io.
1 provi a chiamarla tu?
2 che poi guarda che domani sera è la sera [RIDE]
1 e - sí, io, appunto, va bé, giusto tornata dall'università posso chiamarla.
2 mh.
1 ma alle sei cosí.
2 no ma la chiamo adesso.
1 ok(ay?).
2 okay!
1 allora ci vediam domani sera, e bó, porto qualcosa, non so cosa, bó, se, se, se, bó, ma sí, dai, insomma.
2 ma sí, patatine.

BIBL. Douglas Biber, *Variation across speech and writing*, Cambridge (CUP), 1988; Gaetano Berruto, *Semplificazione linguistica e varietà sub-standard*, in: Günter Holtus/Edgar Radtke (Hgb.), *Sprachlicher Substandard III*, Tübingen (Niemeyer), 1990: 17—43; Paolo D'Achille, *Sintassi del parlato e tradizione scritta della lingua italiana. Analisi di testi dalle origini al secolo XVIII*, Roma (Bonacci), 1990; Günter Holtus/Wolfgang Schweickard, *Zum Stand der Erforschung der historischen Dimension gesprochener Sprache in der Romania*, Zeitschrift für romanische Philologie 107 [1991]: 547—574; Gudrun Krassin, *Neuere Entwicklungen in der französischen Grammatik und Grammatikforschung*, Tübingen (Niemeyer), 1994.

117 Standard, Substandard und Neostandard. Nähesprache und Distanzsprache.

Besonderes Verdienst kommt der *Varietätenlinguistik* bei der Definition neuer, mit dem *Standard* konkurrierender *Substandardnormen* zu, die einen in stetiger Expansion begriffenen Geltungsbereich aufweisen. Unter **Substandard** wurden, in der Tradition der ausschließlich an der verschrifteten, präskriptiven Norm orientierten Sprachwissenschaft, jene Sprachvarietäten verstanden, die unterhalb des Standards liegen. Diese Definition ist jedoch allzu einschränkend, weil sie die nicht von der Supernorm erfaßten Sprachvarietäten ohne Berücksichtigung des Kontextes und ihrer funktionellen Aussagekraft untersucht (regional oder gesprochen waren gleichbedeutende, abgewertete und isoliert betrachtete Erscheinungsformen, deren Literarisierung „Entfremdung" hervorrufen kann). Unter dem kommunikativ-pragmatischen Gesichtswinkel der Varietätenlinguistik werden jedoch substandardsprachliche Erscheinungen als eigenständige, aus den Wechselbeziehungen der konstituierenden Teilvarietäten entstandene Normen aufgefaßt. Nach Peter Koch und Wulf Oesterreicher wird der so herausgearbeitete Substandardbegriff als **Nähesprache** bezeichnet, er steht somit in unmittelbarer Opposition zur **Distanzsprache**. Eine *Nähesprache* zeichnet sich demgemäß durch folgende Bestimmungsparameter aus:

— sie ist medial mündlich und konzeptionell „gesprochen" (schwach geplant);
— sie ist diastratisch und/oder diaphasisch niedrig und diatopisch stark markiert;
— sie schafft eine kommunikative Nähe zwischen Absender und Rezipienten.

Je mehr eine Nähesprache ihre diatopische, diastratische und diaphasische Markierung verliert, desto mehr wird sie zu einem dem Standard ebenbürtigen **Neostandard**. Schematisch:

Standard	„geschrieben"	←	diamesisch	→	„gesprochen"	Neostandard
			↑			
↑	hoch	←	diaphasisch	→	niedrig	↑
			↑			
Distanz-sprache	hoch	←	diastratisch	→	niedrig	Nähesprache (Substandard)
			↑			
	schwach	←	diatopisch	→	stark	

BIBL. Peter Koch/Wulf Oesterreicher, *Sprache der Nähe — Sprache der Distanz. Mündlichkeit und Schriftlichkeit im Spannungsfeld von Sprachtheorie und Sprachgeschichte*, Romanistisches Jahrbuch 36 [1985]: 15—43.

118 Varietätenlinguistik und Sprachwandel. Neostandard und Normverschiebung.

Die letzte uns zu beschäftigende Frage in diesem Themenkomplex betrifft die *Dynamik* der Sprachvarietäten, die als neue Standards gelten sollen. Die Diskussion um die diastratischen und diaphasischen Varietäten hat uns gezeigt, daß zahlreiche niedrig markierte schichtenspezifische Erscheinungen zuerst in die familiären Sprachregister Aufnahme gefunden haben und sich dann durch die Jugendsprache in die gesprochene, allgemeine Norm einschleichen. Man kann also folgende *Verschiebungskette* aufstellen, um der Dynamik des **Sprachwandels** Rechnung zu tragen (+ und - signalisieren die Markierung):

Diastratie		→	Diaphasie		→	Diamesie	
+	-		+	-		+	-

Die vulgärlateinische Entwicklung bestätigt dieses dynamische Schema: Deutlich von der klassischen Norm verurteilte, schichtenspezifische Strukturen (*cum matrem* statt Abl *matre*; *oricla* statt *auris*) dringen allmählich in familiäre und nachlässige Sprachregister, um schließlich die alleinherrschende gesprochene Norm auszumachen (rom.: *con la madre*; *oreille*). Aufgrund dieser und weiterer Überlegungen hat man in den letzten Jahren eine Reihe von neuen Bezeichnungen in die Diskussion um das Wesen und das Alter des frz. und it. Neostandards eingebracht: *néo-français*, *français avancé*, *italiano dell'uso medio*, *neoitaliano*, *italiano del Duemila*. Die Beschaffenheit solcher neuer Sprachformen entspricht genau den oben referierten, nicht-markierten Nähesprachen. Die Dynamik, die diesen Neostandards anhaftet, wird daraus ersichtlich, daß ihre Konstitutionseigenschaften immer mehr in geschriebene und formale Texte (Zeitungen, Romane) Eingang finden, was auf eine globale **Normverschiebung** hinzudeuten scheint. Was das Alter betrifft, so hat die diachrone Forschung nachgewiesen, daß varietätenspezifische Neuerungen des *français avancé* oder des *italiano del Duemila* auf mehrere Jahrhunderte zurückzuverlegen sind (vgl. *pas* für *ne pas*, schon belegt in der Renaissance und in verstärktem Ausmaß in dem *Journal d'Héroard*, dem im 17. Jh. vom Dauphin Louis XIII niedergelegten Tagebuch; auch it. *lui*/*lei*, die schon im *Quattrocento* in niedrigen Texten erscheinen). Umstritten bleibt noch, was das It. betrifft, die Gewichtung der diatopischen Komponente im Neostandard. Diesbezüglich hat Arrigo Castellani den Vorbehalt erhoben, die „neu erfundene" gesprochene Norm entspreche der „normalen" und daher statischen Gebrauchsnorm des Toskanisch-Florentinischen, aus dem — wie bekannt — der it. Standard hervorgegangen ist. Nicht von der florentinischen Norm vorgesehene Erscheinungen (z. B. *che* statt *quanto* in: *che bello*!) sollen schlichtweg aus diesem *italiano normale* abgewiesen werden.

Als Fazit dieses Kapitels können wir festhalten, daß die Varietätenlinguistik zur Identifikation der dem Standard zugrundeliegenden Dynamik entscheidend beigetragen und das von einer traditionellen, präskriptiven Sichtweise zu eng gefaßte Spannungsverhältnis zwischen Standard und Substandard neu definiert hat.

BIBL. Jutta Langenbacher, *Das néo-français. Sprachkonzeption und kritische Auseinandersetzung Raymond Queneaus mit dem Französischen der Gegenwart*, Frankfurt/M. (Lang), 1981; Jean Dubois, *Le néo-français. Réalité ou illusion?*, in: Franz Josef Hausmann (Hgb.), *Die französische Sprache von heute*, Darmstadt (Wissenschaftliche Buchgesellschaft), 1983: 145—167; Edgar Radtke, *Gesprochenes Italienisch: Forschungsstand und Perspektiven*, in: Günter Holtus/Edgar Radtke (Hgb.), *Gesprochenes Italienisch in Geschichte und Gegenwart*, Tübingen (Narr), 1985: xi—xxxviii; Helga Prüßmann-Zemper, *Entwicklungstendenzen und Sprachwandel im Neufranzösischen. Das Zeugnis des Héroard und die Genese des gesprochenen Französisch*, Bonn (Dissertation), 1986; Luca Serianni, *La lingua italiana tra norma e uso*, in: Carla Marello/Giacomo Mondelli (Hgb.), *Riflettere sulla lingua*, Firenze (La Nuova Italia), 1990: 37—52; Francesco Sabatini, *Una lingua ritrovata: l'italiano parlato*, Studi Latini e Italiani 4 [1990]: 215—234; Arrigo Castellani, *Italiano dell'uso medio o italiano senz'aggettivi*, Studi Linguistici Italiani 18/1 [1992]: 233—256; Eduardo Blasco Ferrer, *Io e te*, Studi Linguistici Italiani 18/1 [1992]: 45—72.

V. Studienfach: Romanistik

119 Romanistik. Romanische Sprachwissenschaft.

Ziel dieser letzten Sektion ist, dem angehenden *Romanisten* einen angemessenen Einstieg in die mannigfaltige Disziplin der **Romanistik** zu bieten. Dabei werden — entsprechend den Zielsetzungen dieses Lexikons — kurzgefaßte Definitionen und stichwortartige Angaben über die an deutschen Universitäten gelehrten, und in Einführungen, Übungen und Seminaren durchgearbeiteten Haupt- und Nebenfächer, Themenkomplexe, Fragestellungen und Lösungsansätze vermittelt. Anknüpfend an die schon dargelegte Terminologie wird nachfolgend eine knappe — und nach persönlichem Geschmack ausgewählte — Bibliographie der für die wichtigsten Forschungsrichtungen und Seminar- und Prüfungserfordernisse als unerläßlich zu betrachtenden Nachschlagewerke angeboten.

Die **romanische Sprachwissenschaft** beschäftigt sich mit diachronen und synchronen linguistischen Problemstellungen der romanischen Sprachen wie: Entstehung und Werdegang, Etymologie, Periodisierung, sprachinterne und sprachexterne Entwicklung, synchrone Beschreibung, (Top-)Onomastik, Gliederung der Sprachlandschaften, Soziolinguistik, Kontaktlinguistik, Varietätenlinguistik, Textlinguistik, Typologie. Die Abgrenzung von der rom. Literaturwissenschaft ist — trotz gelegentlichen Überschneidungen: vgl. Stilistik — weitgehend abgesichert.

In der Regel wird der Zugang zu diesem Studienfach durch drei verschiedene Hauptfächer ermöglicht, die auch als Nebenfächer gelten können:

1 *Galloromanische Philologie*, mit Französisch als Schwerpunkt;
2 *Iberoromanische Philologie*, mit Spanisch als Schwerpunkt;
3 *Italoromanische Philologie*, mit Italienisch als Schwerpunkt.

Die restlichen rom. Sprachen werden diesen drei Blöcken „zugeordnet", außer des Rumänischen, das als eigenständiges Fach ausgewählt werden kann: Okzitanisch gehört zu 1, Portugiesisch zu 2, Katalanisch entweder zu 1 oder zu 2, „Rätoromanisch" und Sardisch zu 3. Einige Universitäten können diesen „schwächeren" Sprachen eine vorrangige Beachtung in Lehre und Forschung schenken (vgl. die *Katalanistik* in Frankfurt/M. oder die *Lusitanistik* in Hamburg und Trier). Zu der unentbehrlichen Qualifikation eines Romanisten zählt ein *Schein*, der die Teilnahme an einer Einführung oder einem Seminar über das *Vulgärlatein* nachweist.

Empfohlene Lektüre.

Einführungen in die romanische Sprachwissenschaft: Heinrich Lausberg, *Romanische Sprachwissenschaft*, Berlin (de Gruyter), [3]1969—1972, 3 Bände; Martin Harris/Nigel Vincent (Hgb.), *The Romance Languages*, London/Sidney (Croom Helm), 1988; Wolfgang Pöckl/Franz Rainer, *Einführung in die romanische Sprachwissenschaft*, Tübingen (Niemeyer), [2]1994; Petrea Lindenbauer/Michael Metzeltin/Margit Thir, *Die romanischen Sprachen. Eine einführende Übersicht*, Wilhelmsfeld (G. Egert), 1994.

Nachschlagewerk (über alle Fachrichtungen und Forschungsgebiete): Günter Holtus/Michael Metzeltin/Christian Schmitt (Hgb.), *Lexikon der Romanistischen Linguistik* (Abk.: LRL), Tübingen (Niemeyer), 1988– (8 Bände geplant).

Linguistische Fachwörterbücher: Theodor Lewandowski, *Linguistisches Wörterbuch*, Heidelberg (Quelle und Meyer), [5]1989, 5 Bände; Hadumod Bußmann, *Lexikon der Sprachwissenschaft*, Stuttgart (Kröner), [2]1990; Wilfried Kürschner, *Grammatisches Kompendium*, Tübingen (Francke), [2]1993; Helmut Glück (Hgb.), *Metzler-Lexikon Sprache*, Stuttgart/Weimar (Metzler), 1993.

Einführungen in die allgemeine und romanische Linguistik (Sprachwissenschaft): Walther von Wartburg, *Einführung in die Problematik und Methodik der Sprachwissenschaft*, Tübingen (Niemeyer), [3]1970; Josef Felixberger/Helmut Berschin, *Einführung in die Sprachwissenschaft für Romanisten*, München (Hueber), 1974; John Lyons, *Einführung in die moderne Linguistik*, München (Beck), [7]1989; Hans-Martin Gauger/Wulf Oesterreicher/Rudolf Windisch, *Einführung in die romanische Sprachwissenschaft*, Darmstadt (Wissenschaftliche Buchgesellschaft), 1981; Michael Dürr/Peter Schlobinski, *Einführung in die deskriptive Linguistik*, Opladen (Westdeutscher Verlag: WV Studium 163), 1990; Gerhard Helbig, *Entwicklung der Sprachwissenschaft seit 1970*, Opladen (Westdeutscher Verlag: WV Studium 161), [2]1990.

Grammatiken und Wörterbücher. Etymologie: Wilhelm Meyer-Lübke, *Grammatik der romanischen Sprachen*, Hildesheim/New York (Olms), Nachdruck 1972, 4 Bände; Eugenio Coseriu, *Das romanische Verbalsystem*, Tübingen (Narr), 1976; Jens Lüdtke, *Prädikative Nominalisierungen mit Suffixen im Französischen, Katalanischen und Spanischen*, Tübingen (Niemeyer), 1978; Maria Iliescu/Louis Mourin, *Typologie de la morphologie verbale romane*. I: *Vue synchronique*, Innsbruck (AMOE), 1991; Henry Vernay, *Dictionnaire onomasiologique des langues romanes*, Tübingen (Niemeyer), 1991—1995, 5 Bände; Wilhelm Meyer-Lübke, *Romanisches Etymologisches Wörterbuch* (Abk.: REW), Heidelberg (Winter), [3]1935; Max Pfister, *Einführung in die romanische Etymologie*, Darmstadt (Wissenschaftliche Buchgesellschaft), 1981.

Chrestomathien (‚Anthologien frühromanischer Texte'): Jesús Moreno/Pedro Peira, *Crestomatía románica medieval*, Madrid (Cátedra), 1979.

Sprachgeographie: Gerhard Rohlfs, *Romanische Sprachgeographie. Geschichte und Grundlagen, Aspekte und Probleme mit dem Versuch eines Sprachatlas der romanischen Sprachen*, München (Beck), 1971.

(*Vergleichende*) *Typologie*: Maria Manoliu Manea, *Tipología e historia. Elementos de sintaxis comparada románica*, Madrid (Gredos: BRH 337), 1985.

120 Vulgärlatein.

Eine *Einführung in das Vulgärlatein* oder ein Seminar mit dem Titel *Vom Vulgärlatein zum Altfranzösischen/Altspanischen/Altitalienischen* gehören zu den „Klassikern" des Curriculums eines Romanisten. Behandelt werden innerhalb solcher Lehrveranstaltungen etwa folgende Problemdarstellungen:

(1) *Definition und Alter des Vulgärlateins* (die Bezeichnung wurde von Hugo Schuchardt geprägt). Nach den uns schon bekannten Kriterien der Varietätenlinguistik handelt es sich um eine *mediale und konzeptionelle Nähesprache*, die diastratisch (*sermo plebeius*), diaphasisch (*sermo familiaris*), diatopisch (*sermo rusticus*) und diamesisch (*sermo cotidianus*, im Sinne von ‚gesprochener Alltagssprache') markiert ist. Unter dem Gesichtspunkt der Diachronie lassen sich Abweichungen von der *klassischen Norm* ab dem 1. Jh. n. Ch. belegen, aber die Zahl und die systematische Ausdehnung der Verstöße vermehren sich in der spätlateinischen Zeit und führen letztlich zu einer etwa im 6./7. Jh. anzusetzenden unüberbrückbaren Kluft zwischen der gesprochenen und der (erstarrten klassischen) geschriebenen Norm. Nicht wenige Erscheinungen des Vlat. stimmen mit vorklassischen, altlat. Sprachmerkmalen (z. B. bei Plautus) überein. Nach dem Abbau der durch die Opposition gestifteten Diglossie zwischen einer „hohen" *Schriftsprache* und einer „niedrigen" *gesprochenen Sprache*, der durch die Entstehung und allmähliche Verschriftung der rom. Sprachen stattfindet, erfährt die weiterhin verwendete lat. Schriftsprache zahlreiche Veränderungen infolge des nachhaltigen Einflusses der neuen rom. Volkssprachen. Dadurch entsteht ein variationsreiches, regional differenziertes (z. B. merowingisches) **Mittellatein**, dessen Studium zur Rekonstruktion der ersten Entwicklungsphasen des Romanischen sich als unerläßlich erweist.

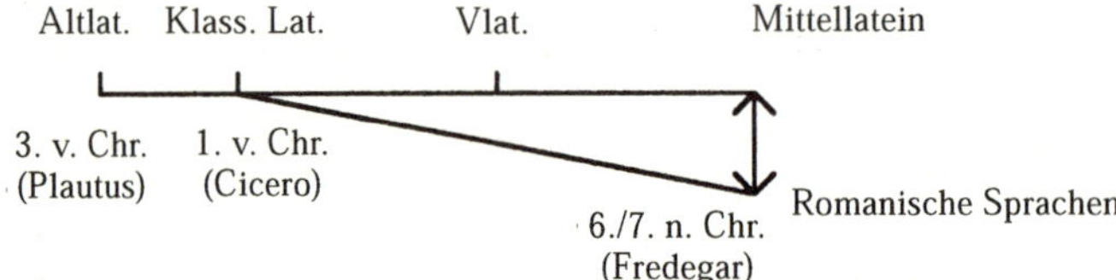

(2) *Beschaffenheit und Typologie* des Vulgärlateins. Im Hinblick auf das vergleichende Studium der rom. Sprachen wird in Einführungen und Seminaren ein Merkmalkatalog der wichtigsten vlat. Neuerungen aufgestellt, die auf einen tiefgreifenden typologischen Wandel hinweisen. Kurze auf phonetische, morphosyntaktische oder lexikalische Problemdarstellungen zielgerichtete — auch für Studenten ohne Lateinkenntnisse angemessene — Vergleiche zwischen klass. Lat., Vlat. und rom. Sprachen verdeutlichen die im Laufe der spätlat. Zeit sich vollziehende Entfernung der (gesprochenen) Nähesprache von der (geschriebenen) Distanzsprache. Einige, in diesem Buch angeschnittene Themen sind z. B.:

— der Quantitätenkollaps;
— der Zerfall der Kasusflexion: allmählicher Verlust von Formen und Oppositionen;

— der *drift* zum analytischen Typus (vgl. Kasus → Präp + N; neue zusammengesetzte Tempora, wie HABEO CANTATUM > *j'ai chanté*; HABEO AD CANTĀRE, CANTĀRE HABEO > *je chanterai*; mittels freier Morpheme Neukennzeichnung *verbaler* Funktionen, wie: ITUR > *on va, se va, si va*, usw.);
— die systematische Umwälzung des lexikalischen Bereichs, mit weitgehendem Verlust semantisch verblaßter Strukturen und entsprechendem Gewinn ausdruckskräftiger, derb-expressiver Einheiten und neuer Bedeutungsentwicklungen (vgl. EQUUS ↔ CABALLUS → *cheval*; DOMUS ‚Haus' ↔ CASA ‚Hütte' → *casa*; CAPTIVUS ‚gefangen' → *chétif, cattivo* ‚böse', dollad. *catif* ‚elegant', sd. [gatˈtiu] ‚Witwe').

(3) *Quellen und Rekonstruktion.* Durcharbeitung von Texten, die in verschiedener Dosierung einen Einblick in die gesprochene, ungezähmte Volkssprache gewähren (Inschriften, familiäre Briefe, z. B. von Cicero; literarische Werke wie dasjenige Petrons, die *Cena Trimalchionis*, wo die vom Mund abgelauschte Alltagssprache wiedergegeben wird; Soldatenbriefe), oder von nach puristischen Zwekken erstellten Listen von zu vermeidenden „Schnitzern" (*Appendix Probi*) usw. Nicht belegte Formen werden nach Heranziehung der rom. Zeugnisse und Anwendung von Lautgesetzen rekonstruiert.

Empfohlene Lektüre.

Einführungen: Bengt Löfstedt, *Studien über die Sprache der langobardischen Gesetze. Beiträge zur frühmittelalterlichen Latinität*, Göteborg (Almqvist & Wiksell), 1961; R. A. Haadsma/ J. Nuchelmans, *Précis de latin vulgaire suivi d'une anthologie annotée*, Groningen (Wolters), [3]1980; Guy Serbat, *Les structures du latin. Le système de la langue classique, son évolution jusqu'aux langues romanes*, Paris (Picard), 1975; François Kerlouégan/Danielle Conso/Pierre Bouet, *Initiation au système de la langue latine. Du latin classique aux langues romanes*, Paris (Nathan), 1975; Veikko Väänänen, *Introduction au latin vulgaire*, Paris (Klicksieck), [3]1981; Harm Pinkster, *Lateinische Syntax und Semantik*, Tübingen (Francke: UTB 1462), 1988; Arnulf Stefenelli, *Das Schicksal des lateinischen Wortschatzes in den romanischen Sprachen*, Passau (Rothe), 1992.

Anthologien: Gerhard Rohlfs, *Sermo Vulgaris Latinus*, Tübingen (Niemeyer), 1969; Antonio Fontán/Ana Moure Casas, *Antología del latín medieval. Introducción y textos*, Madrid (Gredos), 1987; Maria Iliescu/Dan Slusanski (Hgb.), *Du latin aux langues romanes. Choix de textes traduits et commentés (du IIe siècle avant J. C. jusqu'au Xe siècle après J. C.)*, Wilhelmsfeld (Egert), 1991.

Wörterbücher: Alfred Ernout/Antoine Meillet, *Dictionnaire étymologique de la langue latine. Histoire des mots*, Paris (Klincksieck), [4]1985 (par Jacques André); REW.

121 Französisch — Français (Langue d'oïl).

Französisch wird als Dachsprache in ganz Frankreich, im frankophonen benachbarten Belgien, in der Suisse romande und in Luxemburg, als Standard- oder Verkehrssprache in zahlreichen Gebieten der Welt gesprochen. Die Hochsprache fußt auf dem ab dem 12. Jh. an Prestige zunehmenden Dialekt der *Île-de-France*. Durch die normierende Tätigkeit verschiedener Grammatiker (wie Malherbe und Vaugelas) und der 1635 gegründeten *Académie française* erhielt die Pariser Hofsprache eine erste Festlegung, der die *Révolution* einen beachtlichen Impuls verlieh. Die zentralisierende und puristische Sprachpolitik des *Hexagone* macht sich zu verschiedenen Zeitpunkten durch restriktive Gesetze (Erlaß von Villers-Cotterêts von 1539; Loi Bas/Lauriol von 1976) und *Arrêtés* zur Unterstützung und Kontrolle des *Bon Usage* stark. Die interne Gliederung sieht, grob dargestellt, eine vierfache Einteilung vor in: Dialekte des Westens und des Zentrums (Normandie, Gallo, Angevin, Poitevin, Saintongeais, Berrichon, Bourbonnais, Île-de-France, Orléanais); Pikardisch; Wallonisch; Dialekte des Ostens (Champagne, Lothringen, Bourgogne, Franche-Comté, wobei neuerdings aufgrund zahlreicher Übereinstimmungen die drei letzten Gruppen in einen umfassenderen, gegenüber dem Zentrum konservativ aufgefaßten Sprachblock subsumiert worden sind). Was die Periodisierung anbelangt, unterscheidet man ein *altfranzösisches* Stadium, das sich durch die Zweikasusflexion auszeichnet (9.—14.), eine *mittelfranzösische* Phase (14. Jh.—16. Jh.), in der sich ein tiefgreifender typologischer Wandel vollzieht, und eine *moderne* Entwicklungsstufe, die allerdings durch die neuesten Tendenzen (*français avancé, néo-français*) weiter unterteilt wird. Wichtigste sprachexterne Komponenten sind: das *gallische* Substrat (auf das vielfach die Palatalisierung von Vokalen und Velarkonsonanten zurückgeführt worden ist) und das *fränkische* Superstrat (das im Wortschatz und in der Toponomastik zahlreiche Spuren hinterlassen hat).

Empfohlene Lektüre.

Gesamtübersicht des Fachs: LRL V/I.

Einführung in die Bibliographierecherche: Wolfgang Hillen/Ludwig Rheinbach, *Einführung in die bibliographischen Hilfsmittel für das Studium der Romanistik. Praktische Anleitung für die Literaturrecherche. 1. Französische Sprach- und Literaturwissenschaft*, Bonn (Romanistischer Verlag), ²1989.

Einführungen in die französische Sprachwissenschaft: Wilhelm Pötters/Annegret Alsdorf-Bollée, *Sprachwissenschaftlicher Grundkurs. Französisch*, Tübingen (Narr), ⁶1993; Horst Geckeler/Wolf Dietrich, *Einführung in die französische Sprachwissenschaft*, Berlin (E. Schmidt), 1995.

Sprachgeschichten: Walther von Wartburg, *Évolution et structure de la langue française*, Tübingen (Francke), ¹²1993; Helmut Berschin/Josef Felixberger/Hans Goebl, *Französische Sprachgeschichte. Lateinische Basis. Interne und externe Geschichte. Sprachliche Gliederung Frankreichs. Mit einer Einführung in die historische Sprachwissenschaft*, München (Hueber), 1978 u. ff.; J. Picoche/Ch. Marchello-Nizia, *Histoire de la langue française*, Paris (Nathan), 1989; Heinz Jürgen Wolf, *Französische Sprachgeschichte*, Heidelberg (Quelle & Meyer), ²1991.

Altfranzösisch: Lucien Foulet, *Petite syntaxe de l'ancien français*, Paris (Champion), ³1928 (und ab 1968 zahlreiche Nachdrucke); Mildred K. Pope, *From Latin to Modern French*, Manchester (Univ. Press), 1953, Nachdruck 1975; Gerhard Rohlfs, *Vom Vulgärlatein zum Altfranzösischen. Einführung in das Studium der altfranzösischen Sprache*, Tübingen (Niemeyer), ³1968; Ernst Ulrich Große, *Altfranzösischer Elementarkurs*, München (Hueber), ²1975; Hans Rheinfelder, *Altfranzösische Grammatik*, München (Hueber), ⁵1976, 2 Bände; Lothar

Wolf/Werner Hupka, *Altfranzösisch. Entstehung und Charakteristik. Eine Einführung*, Darmstadt (Wissenschaftliche Buchgesellschaft), 1981; Arnulf Stefenelli, *Geschichte des französischen Kernwortschatzes*, Berlin (E. Schmidt), 1981; François de La Chaussée, *Initiation à la phonétique historique de l'ancien français*, Paris (Klincksieck), 1982; Jean Batany, *Français médiéval*, Paris (Bordas), 1985; Gustav Ineichen, *Kleine altfranzösische Grammatik. Laut- und Formenlehre*, Berlin (E. Schmidt), [2]1985; Gaston Zink, *Morphologie du français médiéval*, Paris (PUF), 1989; Frede Jensen, *Old French and Comparative Galloromance Syntax*, Tübingen (Niemeyer), 1990.

Mittelfranzösisch: Rosalyn Gardner/Marion A. Greene, *A Brief Description of Middle French Syntax*, Chapel Hill (The University of North Carolina Press), 1958; Christiane Marchello-Nizia, *Histoire de la langue française aux XIVe et XVe siècles*, Paris (Bordas), 1979; Robert Martin/Marc Wilmet, *Manuel du français du Moyen Âge*, Bordeaux (Sobodi), 1980.

Neufranzösisch: Hans-Wilhelm Klein, *Phonetik und Phonologie des heutigen Französisch*, München (Hueber), 1963 u. ff.; G. Mauger, *Grammaire du français d'aujourd'hui. Langue parlée. Langue écrite*, Paris (Hachette), 1968; Wolfgang Rothe, *Phonologie des Französischen*, Berlin (E. Schmidt), [2]1978; Martin Harris, *The Evolution of French Syntax. A Comparative Approach*, London/New York (Longman), 1978; Harald Weinrich, *Textgrammatik der französischen Sprache*, Stuttgart (Klett), 1982; Maurice Grevisse, *Le bon usage. Grammaire française*, Paris/Gembloux (Duculot), [10]1986 (édition refondue par André Goosse); Adrian Battye/Marie-Anne Hintze, *The French Language Today*, London/New York (Routledge), 1992; Nikolaus Schpak-Dolt, *Einführung in die französische Morphologie*, Tübingen (Niemeyer), 1992; Gudrun Krassin, *Neuere Entwicklungen in der französischen Grammatik und Grammatikforschung*, Tübingen (Niemeyer), 1994.

Typologie: Hans Geisler, *Studien zur typologischen Entwicklung Lateinisch-Altfranzösisch-Neufranzösisch*, München (Fink), 1982; Gabriele Eckert, *Sprachtypus und Geschichte. Untersuchungen zum typologischen Wandel des Französischen*, Tübingen (Narr), 1986.

Synchrone und diachrone Wörterbücher: *Grand Larousse de la langue française en six volumes*, Paris (Larousse), 1971-1978; *Larousse de la langue française. Lexis*, Paris (Larousse), 1977 u. ff.; *Le grand Robert de la langue française. Dictionnaire alphabétique et analogique de la langue française*, Paris (Le Robert), [2]1985, 9 Bände; *Le Nouveau Petit Robert. Dictionnaire alphabétique et analogique de la langue française. Nouvelle édition remaniée et amplifiée sous la direction de Josette Rey-Debove/Alain Rey*, Paris/Stuttgart (Le Robert/Klett), 1993; *Trésor de la Langue Française* (Abk.: TLF). *Dictionnaire de la langue du XIXe et du XXe siècle (1789—1960)*, Paris (CNRS), 1971—1992, 15 Bände (bis *teindre*); *Französisches Etymologisches Wörterbuch* (Abk.: FEW), von Walther von Wartburg, Bonn/Basel (Zbinden), 1922 u. ff., 25 Bände; Adolf Tobler/Erhard Lommatzsch, *Altfranzösisches Wörterbuch*, Berlin/Wiesbaden (Weidmannsche Buchhandlung/Steiner), 1925-1976, 10 Bände (bis T-); Frédéric Godefroy, *Dictionnaire de l'ancienne langue française du IXe au XVe siècle*, Paris (Librairie des Sciences et des Arts), 1935—1938, 10 Bände; Algirdas Julien Greimas, *Dictionnaire de l'ancien français jusqu'au milieu du XIVe siècle*, Paris (Larousse), 1968; Kurt Baldinger, *Dictionnaire étymologique de l'ancien français* (Abk.: DEAF), Tübingen (Niemeyer), 1980—1994, 8 Faszikel; Algirdas Julien Greimas/Teresa Mary Keane, *Dictionnaire du moyen français. La Renaissance*, Paris (Larousse), 1992.

Lexikologie, Lexikographie, Semantik, Etymologie: Horst Geckeler, *Strukturelle Semantik des Französischen*, Tübingen (Niemeyer), 1973; Stephen Ullmann, *Précis de sémantique française*, Bern (Francke), [3]1975; Franz Josef Hausmann, *Einführung in die Benutzung neufranzösischer Wörterbücher*, Tübingen (Niemeyer), 1977; Kurt Baldinger, *Vers une sémantique moderne*, Paris (Klincksieck), 1984; Peter Wunderli, *Französische Lexikologie. Einführung in die Theorie und Geschichte des französischen Wortschatzes*, Tübingen (Niemeyer), 1989; Otto Jänicke, *Französische Etymologie. Einführung und Überblick*, Tübingen (Niemeyer), 1991.

Varietätenlinguistik; Pragma- und Textlinguistik: Henri Bauche, *Le langage populaire*, Paris (Payot), 1951; Henri Frei, *La grammaire des fautes*, Genève (Slatkine Reprints), 1971; Bodo Müller, *Das Französische der Gegenwart*, Heidelberg (Winter), 1975; Harald Weinrich, *Textgrammatik der französischen Sprache*, Stuttgart (Klett), 1982; Ludwig Söll, *Gesprochenes und geschriebenes Französisch*, Berlin (E. Schmidt), [3]1985 (revidierte und erweiterte Auflage hgb. von F. J. Hausmann); Claire Blanche Benveniste/Colette Jeanjean, *Le français parlé. Transcription et édition*, Paris (PUF), 1987; Peter Koch/Wulf Oesterreicher, *Gesprochene Sprache in der Romania: Französisch, Italienisch, Spanisch*, Tübingen (Niemeyer), 1990; Andreas Blank, *Literarisierung von Mündlichkeit. Louis-Ferdinand Céline und Raymond Queneau*, Tübingen (Narr), 1991; Edgar Radtke. *Gesprochenes Französisch und Sprachgeschichte. Zur Rekonstruktion der Gesprächskonstitution in Dialogen französischer Sprachlehrbücher*, Tübingen (Niemeyer), 1994.

Sprachgeographie, Dialektologie: *Nationalatlas*: ALF; hervorragend durchforschte dialektologische Lage dank der sich auf die ganze Sprachlandschaft erstreckenden Regionalatlanten; Lothar Wolf, *Aspekte der Dialektologie. Eine Darstellung von Methoden auf französischer Grundlage*, Tübingen (Niemeyer), 1975; Alf Monjour, *Der nordostfranzösische Dialektraum*, Frankfurt/M. (Lang), 1989; Sinclair Robinson/Donald Smith, *Dictionary of Canadian French*, Toronto (Stoddart), 1990.

Sprachnormierung: Wolfgang Settekorn, *Sprachnorm und Sprachnormierung in Frankreich. Einführung in die begrifflichen, historischen und materiellen Grundlagen*, Tübingen (Niemeyer), 1989; Monika Keller, *Ein Jahrhundert Reformen der französischen Orthographie. Geschichte eines Scheiterns* (1886—1991), Tübingen (Stauffenburg), 1991.

122 Spanisch. Aragonesisch. Asturianisch.

1. *Spanisch.*

Die offizielle Dachsprache Spaniens, das **Kastilisch-Spanische**, gilt als die auf der Welt verbreitetste und am meisten gesprochene rom. Sprache. Ursprünglich auf ein winziges Sprachgebiet um Burgos begrenzt, überlagerte dieser nordkastilische Dialekt im Laufe der *Reconquista* schrittweise alle südlichen Varietäten und verbreitete sich rasch in den ab dem 15. Jh. von Cristóbal Colón und weiteren Kolonisatoren entdeckten Überseegebieten. Die *Gramática castellana* von Antonio Nebrija (1492), deren Erscheinen zeitlich mit dem politischen Höhepunkt der kastilischen Dynastie zusammenfiel, verlieh der Expansion der neuen Staatssprache eine bedeutende Triebkraft. Die 1713 gegründete *Real Academia Española* sicherte endgültig die Festlegung der kast. Norm. Während der Franco-Ära (1939—1978) setzte sich in Spanien eine tückische, verabsolutierende Sprachpolitik durch, die sich als Hauptziel die Unterdrückung der Minderheitensprachen gestellt hatte. Nach dem Tod Francos hat sich die Lage normalisiert; mittlerweile ist eine demokratische, auf Bilinguismus zielende Gesetzgebung verabschiedet worden. Die traditionelle sp. Dialektologie, die den jüngsten Autonomiebestrebungen einzelner Regionen keinen Wert beimißt, sieht folgende Arealgruppen vor: Aragonesisch, Astur-Leonesisch, Andalusisch und Kanarisch. Dazu kommen das Amerikanisch-Spanisch mit seinen vielfältigen Untergliederungen und zwei aus historischen Gegebenheiten selbständig gewordene Sprachsysteme, das Mozarabische, das die altrom. Sprache der Christen unter der arab. Herrschaft darstellt, und das Judenspanische (*judeo-español, sefardí*), das Sprachsystem der 1492 aus Spanien vertriebenen Juden, das sich in verschiedenen, voneinander entfernten Kolonien aufrechterhalten hat. Lebhaft diskutiert sind die Entstehungsmodalitäten des Amer.-Sp., wobei aufgrund der auffälligen Übereinstimmungen mit dem Andalusischen die These des *Andalucismo de América* immer glaubwürdiger wird. Die neuere textlinguistische Orientierung, die sich mit den Sprachmerkmalen der ersten, von den Kolonisatoren abgefaßten Dokumente intensiv beschäftigt, kann zur Lösung dieser Fragestellung entscheidend beitragen. Ein Nationalatlas, der *Atlas Lingüístico de la Península Ibérica* (ALPI), liegt nur in einem einzigen Band vor (1962), weitere abgeschlossene Regionalatlanten erstrecken sich auf Andalusien (ALEA), Nordostspanien (ALEANR) sowie einzelne Länder Hispanoamerikas (Kolumbien, Chile). Was die interne Sprachgeschichte anbelangt, so unterscheidet man herkömmlich ein *altspanisches* (11.—15. Jh.) von einem *neuspanischen* Sprachstadium. Basko-iberische, vorrömische Relikte und arabisches Superstrat machen zwei differenzierende Wesenszüge der sp. Sprachgeschichte aus. Weniger erforscht als im Frz. oder It. sind von der Standardnorm abweichende gegenwärtige Tendenzen und Sprachvarietäten.

Empfohlene Lektüre.

Gesamtübersicht des Fachs: LRL VI/1.

Einführungen: Kurt Baldinger, *La formación de los dominios lingüísticos en la Península Ibérica*, Madrid (Gredos: BRH I,10), [2]1972; Michael Metzeltin, *Einführung in die hispanistische Sprachwissenschaft*, Tübingen (Niemeyer), 1973; Antonio Tovar, *Einführung in die Sprachgeschichte der iberischen Halbinsel*, Tübingen (Narr), 1977; Dieter Messner/Hans Joachim Müller, *Ibero-Romanisch. Einführung in Sprache und Literatur*, Darmstadt (Wissenschaftliche Buchgesellschaft), 1983; Vidal Lamíquiz, *Lengua española. Método y estructuras lingüísticas*, Barcelona (Ariel), 1987; Manuel Ariza Viguera, *Manual de Fonética Histórica del Español*, Madrid (Síntesis), 1990; Wolf Dietrich/Horst Geckeler, *Einführung in die spanische Sprachwissenschaft*, Berlin (E. Schmidt), [2]1993; Bernard Darbord/Bernard Pottier, *La langue espagnole. Éléments de grammaire historique,* Paris (Nathan Université), [2]1994.

Sprachgeschichten. Diachronische Untersuchungen: Ramón Menéndez Pidal, *Manual de gramática histórica española*, Madrid (Espasa-Calpe), [14]1973; Melvyn C. Resnick, *Introducción a la historia de la lengua española*, Washington (Georgetown UP), 1981; Rafael Lapesa, *Historia de la lengua española*, Madrid (Gredos: BRH 45), [8]1980; Manuel Alvar/Bernard Pottier, *Morfología histórica del español*, Madrid (Gredos: BRH 57), 1983; Hernán Urrutia Cárdenas/Manuela Álvarez Álvarez, *Esquema de morfosintaxis del español*, Bilbao (Universidad de Deusto), 1983; Paul M. Lloyd, *From Latin to Spanish*, Philadelphia (American Philosophical Society), 1987; Eva María Bravo García, *El español del siglo XVII en documentos americanistas*, Sevilla (Alfar), 1987; Rafael Cano Aguilar, *El español a través de los tiempos*, Madrid (Arco Libro), 1988; Thomas A. Lathrop, *Curso de gramática histórica española*, Barcelona (Ariel), 1989; Ralph Penny, *A History of Spanish Language*, Cambridge (CUP), 1991; Petra Braselmann, *Humanistische Grammatiken und Volkssprache. Zur Gramática de la lengua castellana von Antonio de Nebrija*, Düsseldorf (Droste), 1991.

Altspanisch: Ramón Menéndez Pidal, *Cantar de Mío Cid. Texto, gramática y vocabulario*, Madrid (Espasa-Calpe), [2]1969; Idem, *Orígenes del español. Estudio lingüístico de la Península Ibérica hasta el siglo XI*, Madrid (Espasa-Calpe), [8]1976; Michael Metzeltin, *Altspanisches Elementarbuch*. I: *Das Altkastilische*, Heidelberg (Winter), 1979; Heinz Jürgen Wolf, *Glosas Emilianenses*, Hamburg (Buske), 1991.

Neuspanisch: Samuel Gili Gaya, *Curso superior de sintaxis española*, Barcelona (Biblograf), 1961; Navarro Tomás/Günther Haensch/Bernard Lechner, *Spanische Aussprachelehre*, München (Hueber), 1970; Real Academia Española, *Esbozo de una nueva gramática de la lengua española*, Madrid (Espasa-Calpe), 1977; Gregorio Salvador, *Lengua española y lenguas de España*, Barcelona (Ariel), 1987; Nelson Cartagena/Hans-Martin Gauger, *Vergleichende Grammatik Spanisch/Deutsch*, Mannheim (Dudenverlag), 1989, 2 Bände; Franz Rainer, *Spanische Wortbildungslehre*, Tübingen (Niemeyer), 1993.

Synchrone und Diachrone Wörterbücher: RAE, *Diccionario de la lengua española*, Madrid (RAE), [20]1984, 2 Bände; Marcos A. Morínigo, *Diccionario de americanismos*, Barcelona (Muchnik), 1985; Martín Alonso, *Diccionario medieval español. Desde las glosas emilianenses y silenses (s. X) hasta el siglo XV*, Salamanca (Universidad Pontificia), 1986, 2 Bände; RAE, *Diccionario manual e ilustrado de la lengua española*, Madrid (Espasa-Calpe), 1989; Juan Corominas/José A. Pascual, *Diccionario crítico etimológico de la lengua castellana*, Madrid (Gredos), 1980—1991, 6 Bände.

Dialektologie: Alonso Zamora Vicente, *Dialectología española*, Madrid (Gredos), [2]1970; Charles E. Kany, *Sintaxis hispanoamericana*, Madrid (Gredos), 1976; Juan C. Zamora Munné/Jorge M. Guitart, *Dialectología hispanoamericana. Teoría, descripción, historia*, Salamanca (Almar), 1982; Alvaro Galmés de Fuentes, *Dialectología mozárabe*, Madrid (Gredos), 1983; Gregorio Salvador, *Estudios dialectológicos*, Madrid (Paraninfo), 1986; Antonio Viudas Camarasa, *Dialectología hispánica y geografía lingüística en los estudios locales (1920—1984). Bibliografía crítica y comentada*, Cáceres (Institución Cultural El Brocense), 1986; Hugo Kubarth, *Das lateinamerikanische Spanisch*, München (Hueber), 1987; José Moreno de Alba, *El español en América*, México (Fundación de Cultura Económica), 1988; Manuel Alvar, *Norma lingüística sevillana y español de América*, Madrid (Ediciones de Cultura Hispánica), 1990; Humberto López-Morales, *El español del Caribe*, Madrid (Ed. Mapfre), 1992; Marcu. A. Gabinski, *Das Judenspanische in der gegenwärtigen Diskussion*, Archiv für das Studium der neueren Sprachen und Literaturen 230 [1993/2]: 352—365.

Varietätenlinguistik: Werner Beinhauer, *El español coloquial*, Madrid (Gredos), 1985; Vidal Lamíquiz (Hgb.), *Sociolingüística andaluza* 4: *Encuestas del habla urbana de Sevilla. Nivel popular*, Sevilla (Universidad), 1987; Peter Koch/Wulf Oesterreicher, *Gesprochene Sprache in der Romania. Französisch, Italienisch, Spanisch*, Tübingen (Niemeyer), 1990; Ana M. Vigara Tauste, *Morfosintaxis del español coloquial. Esbozo estilístico*, Madrid (Gredos), 1992.

2. *Aragonesisch.*

Die Sprachentwicklung des Aragonesischen ist durch historische Fakten (*La Corona d'Aragó*, das Bündnis Aragonien-Katalonien, bildete während des ganzen Mittelalters eine politische, administrative und im Mittelmeerraum strategische Gegenmacht zu Kastilien) vom gemeinsamen Schicksal der zentral- und südsp. Varietäten unberührt geblieben. Die abgeschiedene geographische Lage (Hochpyrenäen) und das neuerdings wiederbelebte Sprachbewußtsein haben die Auflösung dieser Sprachvarietät verhindert. Zwar beruht der *Abstand* des Arag. zum

Kast.-Sp. auf nicht unbedeutenden Wesenszügen (u. a.: Erhaltung von F-: *fablar* ‚hablar'; Diphthongierungen, die dem Kast. völlig fremd sind: ŎCTŌ > *güeito*; ŎCLUM > *uello* ‚ojo'; HŎDIE > *güey* ‚hoy'; pronominale Adverbien: *en*, *y*), die die arag. Akademie, *O Consello d'a fabla aragonesa*, aufzuwerten versucht, doch ist ihre Zahl nicht relevant genug und ihre Verbreitung nicht gleichmäßig verteilt. Der Ausbau ist nach dem Erscheinen einer als normativ geltenden Grammatik und eines offiziellen Blatts der Akademie (*Füeya*), mit großer Mühe eingeleitet worden.

BIBL. Manuel Alvar, *El dialecto aragonés*, Madrid (Gredos), 1953; Anchel Conte et al., *El aragonés. Identidad y problemática de una lengua*, Zaragoza (Librería General), 1982; Francho Nagore, *Gramática de la lengua aragonesa*, Zaragoza (Librería General), [4]1982; Gerhard Rohlfs, *Diccionario dialectal del Pirineo aragonés*, Zaragoza (Diputación Provincial. Institución Fernando El Católico), 1985.

3. *Astur-Leonesisch* (*Bable*).

Mit der Bezeichnung **Bable** werden die heutigen Sprachvarietäten Asturiens und z. T. Leons und Zamoras benannt, die als Überbleibsel des mächtigen mittelalt. Königtums von Asturien und Leon anzusehen sind. Die westlich an Kastilien grenzende Region führte während der *Reconquista* ein selbständiges Leben und bildete eine eigene, gut erforschte Skripta. Erst nach dem 15. Jh. unterlag sie allmählich der kast. politischen Macht. 1981 wurde offiziell per Gesetz die *Academia de la Llingua Asturiana* gegründet, und es wurden ihre sprachpolitischen Aufgaben festgelegt:

(a) *Investigar y formular las leyes gramaticales de las variedades lingüísticas del bable.*
(b) *Dar orientaciones y normas para el cultivo literario del mismo.*
(c) *Inventariar su léxico.*

Der Ausbau schreitet seither mit der Ausgabe zahlreicher normativer und didaktischer Veröffentlichungen, darunter der Fixierung der *Normes Ortogràfiques y Entamos Normativos*, Uviéu, 1981 ([3]1989) und der Publikation einer linguistischen Zeitschrift (*Lletres Asturianes*) unaufhaltsam voran. Der Abstand zum Kast.-Sp. ist hier stärker ausgeprägt als im Falle des Arag. (vgl. z. B.: Kakuminallaute; Metaphonie und Neutrum; altertümliche Stellung der Klitika; spezifisches Lexikon), die dialektale Zerrissenheit der Sprachlandschaft wirkt jedoch hemmend auf die sprachpolitische Vereinheitlichung.

BIBL. Ana M. Cano González et al., *Gramática bable*, Madrid (Naranco), 1976; Xuan Xoxé Sánchez/Carlos Rubiera Tuya, *Enclisis, proclisis* y *pronomes átonos n'asturiano*, Lletres Asturianes 18 [1985]: 71—81; Ana M. Cano González, *Averamientu a la historia de la llingua asturiana*, Principau d'Asturies (Guía didáctica para escolares), 1987; Academia de la Llingua Asturiana, *Informe so la llingua asturiana/Rapport sur la langue asturienne*, Uviéu (Academia), 1987; Xosé Lluís García Arias, *Contribución a la gramática histórica de la lengua asturiana y a la caracterización etimológica de su léxico*, Uviéu (Biblioteca de Filoloxía Asturiana), 1988.

123 Italienisch. Dolomitenladinisch, Friaulisch und Sardisch.

1. *Italienisch.*

Italienisch ist die offizielle Dachsprache des Staates Italien und die Amtssprache des Kantons Tessin in der Schweiz. Das it. Sprachgebiet umschließt die größte Zahl rom. und nicht.-rom. (z. B. germanischer, slawischer und albanesischer) Minderheitensprachen, deren Anerkennung gesetzlich, z. T. durch autonome Statute, vorgesehen ist. Den ersten, diatopisch stark differenzierten, spärlichen Sprachmanifestationen (früheste Zeugnisse der sog. *volgari italiani*) folgte ab dem 13. Jh. in der Toskana ein rapider Skriptaausbau, der in die literarische Leitbildtätigkeit der *Tre Corone* (Dante, Boccaccio, Petrarca) einmündete. Eine erste sprachpolitische Fixierung der Norm erfolgte erst im 16. Jh. als Ergebnis einer sehr lebhaften Auseinandersetzung (*Questione della Lingua*) zwischen Befürwortern einer toskanischen (auch florentinischen) gesprochenen Sprache und Verfechtern eines umfassenderen modernen Modells. Die endgültige Entscheidung (vom Venezianer Pietro Bembo in seinen *Prose della volgar lingua* niedergelegt) fiel auf die solide literarische Sprachtradition des *Trecento* (14. Jh.), wodurch sich eine schier unüberbrückbare Kluft zwischen der tatsächlich gesprochenen und der überholten geschriebenen Sprache auftat. Zu einer Unterstützung des normierenden Sprachmodells Bembos führte die puristische Tätigkeit der *Accademia della Crusca* (1583), deren *Vocabolario* ([1]1612) sorgfältig auf die Ausscheidung nicht-toskanischer, niedrig markierter lexematischer Einheiten bedacht war. Erst mit Alessandro Manzoni und der sprachlichen Revision seines Romans *I Promessi Sposi* (1840) wurde das Gefälle zwischen gesprochener und geschriebener Sprache allmählich verringert. Gegenwärtige Tendenzen und Entwicklungen haben ein neues Interesse an der Normverschiebung hervorgerufen. Eine dreifache Großraumgliederung kennzeichnet die it. Sprachlandschaft: Die nordit. (auch galloit.) Dialekte teilen manche Erscheinungen mit den galloromanischen Mundarten (z. B.: A > [e], Ū > [y]; Apokope und Synkope) und verraten das Nachwirken eines gemeinsamen kelt. Substrats; die mittelit. Dialekte (Toskana, Umbrien, teilweise Latium) bilden einen eher konservativen Block, der sich allerdings durch spezifische Eigenentwicklungen vom Rest der Romania abhebt (vgl. z. B. die *gorgia toscana*, d. h. die aspirierten/frikativen Ergebnisse von -[p t k]- > -[p^h θ h]-: tosk. [la ˈhulla]); die südit. Dialekte zeigen einen altertümlichen Wortschatz (z. B. CRAS > [ˈkrai] ‚domani‘) und eigenartige Sonderentwicklungen, die z. T. vom altgr. bzw. byzantinischen Adstrat gefördert wurden (vgl. den Infinitivverlust). Die Zuordnung einiger auf Istrien gelegener Mundarten gibt noch Anlaß zu lebhaften Polemiken und divergierenden Stellungnahmen (1.: istrische Dialekte als Teil des nordostit. Diasystems vs 2. Istroromanisch als eigene Sprache). Dank des AIS und der zahlreichen schon abgeschlossenen (ASLEF: Friaul) oder in Vorbereitung befindlichen Regionalatlanten (u. a.: Piemont, Toskana, Sizilien) ergibt sich eine verhältnismäßig gut erforschte sprachgeographische Lage. Eine im Vergleich mit den anderen rom. Ländern führende Stellung hat die it. Soziolinguistik (*sociolinguistica rurale e urbana*) in der Forschungstradition inne. Die diachronische Forschung unterscheidet ein altes (*Altitalienisch*: 9. Jh. bis ca. 1525) von einem neuen Sprachstadium, wobei — wie gesagt — eine fruchtbare Diskussion um das *italiano del Duemila* im Gange ist.

Empfohlene Lektüre.

Gesamtübersicht des Fachs: LRL IV.

Einführung in die Bibliographierecherche: Wolfgang Hillen/Ludwig Rheinbach, *Einführung in die bibliographischen Hilfsmittel für das Studium der Romanistik. Praktische Anleitung für die Literaturrecherche. 2. Italienische Sprach- und Literaturwissenschaft*, bearbeitet von Astrid Klapp-Lehrmann/Wolfgang Hillen, Bonn (Romanistischer Verlag), 1989; Žarko Muljačić, *Avviamento bibliografico allo studio della lingua italiana*, Firenze (La Nuova Italia), 1991; Lorenzo Còveri (Hgb.), *L'italiano in biblioteca. Guida bibliografica alla linguistica italiana*, Siena (Università per Stranieri di Siena), 1994.

Einführungen in die italienische Sprachwissenschaft: Francesco Bruni, *L'italiano. Elementi della lingua e della cultura italiana*, Torino (UTET), 1984, ^{2}1987; Teresa Poggi Salani, *Per lo studio dell'italiano. Avviamento storico-descrittivo*, Padova (Liviana), ^{3}1989; Maurizio Dardano, *Manualetto di linguistica italiana*, Bologna (Zanichelli), 1991; Horst Geckeler/Dieter Kattenbusch, *Einführung in die italienische Sprachwissenschaft*, Tübingen (Niemeyer), ^{2}1992; Alberto Sobrero (Hgb.), *Introduzione all'italiano contemporaneo*, Roma/Bari (Laterza), 1993, 2 Bände; Alfredo Stussi, *Introduzione agli studi di filologia italiana*, Bologna (Il Mulino), 1994; Eduardo Blasco Ferrer, *Handbuch der italienischen Sprachwissenschaft*, Berlin (E. Schmidt), 1994.

Sprachgeschichten, diachrone Übersichten: Marcello Durante, *Dal latino all'italiano moderno. Saggio di storia linguistica culturale*, Bologna (Zanichelli), 1981 u. ff.; Stefano Gensini, *Elementi di storia linguistica italiana*, Bergamo (Minerva), ^{2}1985; Vittorio Coletti, *L'italiano nel tempo. Introduzione alla storia della lingua italiana*, Milano (Librex), 1987; Bruno Migliorini, *Storia della lingua italiana*, Firenze (Sansoni), ^{10}1991 (^{1}1936); Francesco Bruni (Hgb.), *L'italiano nelle regioni. Lingua nazionale e identità regionali*, Torino (UTET), 1992—1994, 2 Bände; Luca Serianni/Pietro Trifone (Hgb.), *Storia della lingua italiana.* I: *I luoghi della codificazione.* II: *Scritto e parlato.* III: *Le altre lingue*, Torino (Einaudi), 1993—1994, 3 Bände; Claudio Marazzini, *La lingua italiana. Profilo storico*, Bologna (Il Mulino), 1994.

Altitalienisch: Arrigo Castellani, *I più antichi testi italiani. Edizione e commento*, Bologna (Pàtron), ^{2}1980; Luca Serianni, *Appunti di grammatica storica italiana*, Roma (Bulzoni), ^{2}1988; Mirko Tavoni, *Storia della lingua italiana. Il Quattrocento*, Bologna (Il Mulino), 1992; Eduardo Blasco Ferrer, *Breve corso di linguistica italiana. (Con facsimili, edizione e commento di testi quattrocenteschi ad uso di seminari ed esercitazioni)*, Cagliari (CUEC), 1995.

Neuitalienisch: Klaus Lichem, *Phonetik und Phonologie des heutigen Italienisch*, München (Hueber), 1969; Luca Serianni, *Storia della lingua italiana.* I: *Il primo Ottocento.* II: *Il secondo Ottocento*, Bologna (Il Mulino), 1989—1990, 2 Bände; Bruno Migliorini, *La lingua italiana nel Novecento*, Firenze (Le Lettere), 1990; Maurizio Vitale, *La lingua di Alessandro Manzoni*, Milano (Cisalpina), ^{2}1990; Pier Vincenzo Mengaldo, *Storia della lingua italiana. Il Novecento*, Bologna (Il Mulino), 1994.

Synchrone und diachrone Grammatiken: Gerhard Rohlfs, *Historische Grammatik der italienischen Sprache und ihrer Mundarten*, Bern (Francke), ^{2}1972; Pavao Tekavčić, *Grammatica storica dell'italiano*, Bologna (Il Mulino), ^{2}1980, 3 Bände; Anna Laura Lepschy/Giulio Lepschy, *La lingua italiana. Storia. Varietà dell'uso. Grammatica,* Milano (Bompiani), 1981, überarbeitete Aufl. 1993; Christoph Schwarze, *Grammatik der italienischen Sprache*, Tübingen (Niemeyer), 1988; Lorenzo Renzi/Giampaolo Salvi/Anna Cardinaletti (Hgb.), *Grande Grammatica Italiana di Consultazione*, Bologna (Il Mulino), 1988—1994, 3 Bände; Luca Serianni (con la collaborazione di Alberto Castelvecchi), *Grammatica italiana. Italiano comune e lingua letteraria*, Torino (UTET), [2]1989.

Synchrone und diachrone Wörterbücher: Salvatore Battaglia, *Grande Dizionario della Lingua Italiana* (Abk.: GDLI), Torino (UTET), 1961—1994, 17 Bände (bis S-); *Vocabolario degli Accademici della Crusca*, Firenze [1]1612, Nachdruck (Licosa) 1974; Manlio Cortelazzo/Paolo Zolli, *Dizionario etimologico della lingua italiana* (Abk.: DELI), Bologna (Zanichelli), 1979—1988, 5 Bände; Max Pfister, *Lessico Etimologico Italiano* (Abk.: LEI), Wiesbaden (Reichert), 1979 u. ff., 4 Bände, 45 Faszikel (bis *Baseum*: 1994); DIR, *Dizionario italiano ragionato*, diretto da Angelo Gianni/Luciano Satta, Firenze (D'Anna), 1988; VELI, *Vocabolario Elettronico della lingua italiana*, Roma (IBM), 1989; Miro Dogliotti/Luigi Rosiello (Hgb.), *Il Nuovo Zingarelli. Vocabolario della lingua italiana*, Bologna (Zanichelli), [12]1994; Aldo Duro (Hgb.), *Vocabolario della lingua italiana* (Abk.: VLI), Roma (Treccani), 1986—1994, 5 Bände; D'Arco Silvio Avalle, *Concordanze della lingua poetica delle Origini*, Milano/Napoli (Ricciardi), 1992; LFIP, *Lessico di Frequenza dell'Italiano Parlato*, diretto da Tullio De Mauro, Roma (Etas), 1993.

Dialettologia: Gerhard Rohlfs, *Studi e ricerche su lingua e dialetti d'Italia*, Firenze (Sansoni), 1972; Giacomo Devoto/Gabriella Giacomelli, *I dialetti delle regioni d'Italia*, Milano (Bompiani), [1]1972, [2]1994; Giovan Battista Pellegrini, *Carta dei dialetti d'Italia*, Pisa (Pacini), 1977; Tullio Telmon, *Guida agli italiani regionali*, Alessandria (Dell'Orso), 1990.

Gesprächsanalyse. Varietätenlinguistik: Silvana Ferreri, *Lessico colloquiale. Una indagine sul campo*, Palermo (CSFLS), 1983; Günter Holtus/Edgar Radtke (Hgb.), *Varietätenlinguistik des Italienischen*, Tübingen (Narr), 1983; Idem, *Gesprochenes Italienisch in Geschichte und Gegenwart*, Tübingen (Narr), 1985; Gaetano Berruto, *Sociolinguistica dell'italiano contemporaneo*, Roma (NIS), 1987; Accademia della Crusca, *Gli italiani parlati. Sondaggi sulla lingua d'oggi*, Firenze (Crusca), 1987; Günter Holtus/Edgar Radtke (Hgb.), *Sprachlicher Substandard*, Tübingen (Niemeyer: Konzepte 36 und 45), I. Band (1986), III. Band (1990); Paolo D'Achille, *Sintassi del parlato e tradizione scritta della lingua italiana. Analisi di testi dalle origini al secolo XVIII*, Roma (Bonacci), 1990; Peter Koch/Wulf Oesterreicher, *Gesprochene Sprache in der Romania: Französisch, Italienisch, Spanisch*, Tübingen (Niemeyer), 1990; Cristina Lavinio/Alberto Sobrero (Hgb.), *La lingua degli studenti universitari*, Firenze (La Nuova Italia), 1991; Enrico Testa, *Simulazione di parlato. Fenomeni dell'oralità nelle novelle del Quattro-Cinquecento*, Firenze (Accademia della Crusca), 1991; Accademia della Crusca, *Gli italiani scritti*, Firenze (Crusca), 1992; Günter Holtus/Edgar Radtke (Hgb.), *Sprachprognostik und das Italiano di domani. Prospettive per una linguistica prognostica*, Tübingen (Narr), 1994; Marco Mancini, *Oralità e scrittura nei testi delle Origini*, in: Luca Serianni/Paolo Trifone (Hgb.), *Storia della lingua italiana.* II: *Scritto e parlato*, Torino (Einaudi), 1994: 1—40; Massimo Palermo, *Il Carteggio Vaianese (1537—39). Un contributo allo studio della lingua d'uso nel Cinquecento*, Firenze (Accademia della Crusca), 1994.

Soziolinguistik: Alberto Vàrvaro, *La parola nel tempo. Lingua, società e storia*, Bologna (Il Mulino: SLS 20), 1984; Norbert Dittmar/Brigitte Schlieben-Lange (Hgb.), *Die Soziolinguistik in romanischsprachigen Ländern*, Tübingen (Narr), 1982; Franco Lo Piparo (Hgb.), *La Sicilia linguistica oggi*, Palermo (CSFLS), 1990; Giovanni Ruffino (Hgb.), *Dialettologia urbana e analisi geolinguistica. Tavola rotonda*, Palermo (CSFLS), 1991.

2. *Dolomitenladinisch.*

Rings um das Sellamassiv, in einem verkehrsgeographisch relativ abgeschnittenen Gebiet der Dolomiten, wird eine rom. Sprachvarietät gesprochen, die seit ihrer sprachwissenschaftlichen Entdeckung durch Graziadio Isaia Ascoli 1873 als *ladino* (*dolomitico*) bekanntgeworden ist. Die Mundarten der Dolomitentäler weisen zahlreiche auffällige Übereinstimmungen mit den *bündnerromanischen* und den *friaulischen* Varietäten auf (Palatalisierung von CA; Ausdruck verschiedener aktionaler Bedeutungen durch Verb + Adverb-Zusammensetzungen; typisches Lexikon), die von Ascoli in seinen *Saggi ladini* und später von Theodor Gartner in seiner *Rätoromanischen Grammatik* (1883) zusammengefaßt und als eine (dia)synchron erschlossene Spracheinheit (eigentlich ein *Geotyp*), nämlich als *Rätoromanisch* oder *Ladinisch*, aufgefaßt worden sind. „Einheit und Mannigfaltigkeit" des Rätoromanischen ist ein seither vieldebattiertes Thema, das Anlaß zu divergierenden Stellungnahmen bezüglich der Zuordnung dieser Varietät gegeben hat (Heinrich Kuen, Gerhard Rohlfs, Hans Goebl: mehrgliedrige eigenständige Sprache; Carlo Battisti, Johannes Kramer, Giovan Battista Pellegrini: uneinheitliche, recht verschiedene Sprachvarietäten). Eine vertiefte, diachron ausgerichtete Analyse hat ergeben, daß manche traditionell als privativ aufgefaßte Entwicklungen und Erscheinungen der zentralladinischen Varietäten (z. B. Palatalisierung von CA; lexikalische Selektion) auch in Randgebieten Oberitaliens in früheren und neuen Sprachstadien belegt sind, so daß man heute geneigt ist, sprachlich die dolomitenladinischen Talschaften als *Rückzugsgebiet* zu betrachten, das von der vereinbarten verwaltenden Wirkung der Diözese Brixen (ab 6. Jh.) und der Grafschaft Tirol (seit 11./12. Jh.) überformt worden ist. Folgende Hauptvarietäten machen das Dolomitenladinisch aus: gadertalisch, grödnerisch, fassanisch, buchensteinisch und ampezzanisch. Umstritten bleibt die Stellung der das Sellamassiv umgebenden Mundarten, die Affinitäten sowohl mit dem Ladinischen als auch mit den benachbarten oberit. Dialekten aufzeigen. Die wechselseitige Verständigung unter den Talschaften scheint heute ziemlich abgesichert zu sein, doch wirken die natürlichen Verkehrshindernisse auf eine sprachliche innere Zerklüftung aus (vgl. innerhalb des Gadertals die dreifache Bezeichnung ‚Schnittlauch': Enneberg und Welschellen, Ableitung von HERBAM > [arˈβɛtes]; im weiter oben gelegenen St. Martin SUBTILIS > [siˈti, soˈti]; in den Ortschaften um Abtei, Ableitungen von CEPŬLLA > [tʃoˈliɳs]). Ein Sonderstatut der Region Südtirol und der Provinz Trient, verschiedene Organe (*Institute*), die von der *Union di Ladins* koordiniert werden, und eine programmatische Sprachpolitik und -lenkung sorgen für einen rapiden Ausbau der dort gesprochenen Varietäten, wobei die gadertal. Mundart als verschriftetes Leitbild fungiert. Ein moderner, von Hans Goebl betreuter Sprachatlas (ALD: *Atlante linguistico del ladino dolomitico*) wird Licht auf die Verbreitung typischer dollad. Strukturen werfen. Das germ. (südtirolische) Superstrat hat über Jahrhunderte auf die Ausformung der ladinischen Varietäten gewirkt.

Empfohlene Lektüre.

Gesamtübersicht des Fachs: LRL III.

Einführungen und Übersichten: Gerhard Rohlfs, *Rätoromanisch. Die Sonderstellung des Rätoromanischen zwischen Italienisch und Französisch*, München (Beck), 1975; Giovan Battista Pellegrini/Sergio Sacco (Hgb.), *Il ladino bellunese*, Belluno (Istituto Bellunese), 1984;

Günter Holtus/Kurt Ringger (Hgb.), *Raetia Antiqua et Moderna. W. Theodor Elwert zum 80. Geburtstag*, Tübingen (Niemeyer), 1986; Günter Holtus/Johannes Kramer (Hgb.), *Rätoromanisch heute*, Tübingen (Niemeyer), 1987; Giovan Battista Pellegrini, *La genesi del retoromanzo (o ladino)*, Tübingen (Niemeyer), 1991.

Synchrone und diachrone Grammatiken und Monographien: Ferruccio Minach/Teresa Gruber, *La rusneda de Gherdëina*, Bozen (Ferrari/Auer), 1952; J. B. Alton, *L Ladin dla Val Badia*, Brixen (Weger), 1968; Walter Mair, *Ennebergische Morphologie*, Innsbruck (Universität), 1973; W. Theodor Elwert, *Die Mundart des Fassa-Tals*, Heidelberg (Winter), [2]1972; Theodor Gartner, *Die Gredner Mundart* (1879), Walluf/Wendeln (Sändig Reprint), 1974; Johannes Kramer, *Historische Grammatik des Dolomitenladinischen*, Gerbrunn bei Würzburg (Lehmann), 1977—1981, 2 Bände; Theodor Gartner, *Raetoromanische Grammatik*, Schaan/Liechtenstein (Sändig Reprint), 1982.

Wörterbücher: Johannes Kramer, *Etymologisches Wörterbuch des Dolomitenladinischen*, Hamburg (Buske), 1988—1990, 3 Bände; Giovan Battista Rossi, *Vocabolario dei dialetti ladini e ladino-veneti dell'Agordino*, Belluno (Istituto Bellunese), 1992.

Sprachplanung, Soziolinguistik: Franz Vittur, *Vire cun plö lingac*, Bozen (Intendenza pur la scola di païsc ladins), 1988; Verona Vittur, *Ester ladins incö: Realté y poscibilités*, Bozen (Presel), 1990; Walter Belardi, *Storia sociolinguistica della lingua ladina*, Roma/Corvara/Selva (Università La Sapienza), 1991; Hans Goebl, *Methodische und wissenschaftsgeschichtliche Bemerkungen zum Diskussionskomplex Unità Ladina*, Ladinia 14 [1990]: 219—258; Idem, *Methodische Defizite im Bereich der Rätoromanistik. Kritische Bemerkungen zum Stand der soziolinguistischen Diskussion rund um das Dolomitenladinische*, Sociolinguistica 4 [1990]: 20—50.

3. *Friaulisch.*

In der autonomen Region Friaul in Nordostitalien wird eine in der modernen Romanistik als selbständige Varietät betrachtete Minderheitensprache verwendet, die wie das Dolomitenladinische eine ausgesprochen hervorstechende sprachliche Ausprägung aufweist. Die dialektale Spaltung der Sprachlandschaft ist wegen der flachen Ebene wenig markiert, obgleich die nordwestlich gelegenen karnischen Mundarten sich durch besonders archaische Züge vom Rest der Varietäten deutlich abheben. Der nachhaltige Einfluß des *Venezianischen* und der sich in den letzten Jahrzehnten herausgebildeten *makrodiglossischen venetischen Koine* haben in verschiedenen Teilen des Gebietes die friaulische Grundlage völlig oder zum Teil überlagert und zur Entstehung von Mischdialekten (z. B.: *bisiacco*, um Monfalcone) beigetragen. Dank des Sonderstatuts und der kräftigen Unterstützung der *Società Filologica Friulana* „G. I. Ascoli" ist in den siebziger Jahren eine ausgewogene Sprachpolitik eingeleitet worden, die zur Fixierung einer orthographischen Standardnorm (*La grafie normalizade*, 1987) und zur Veröffentlichung zahlreicher didaktisch konzipierter Publikationen geführt hat. Die dialektologische Forschung im frl. Gebiet hat einen der modernsten Sprachatlanten gezeitigt (der von Pellegrini entworfene und koordinierte ASLEF), dank dessen diese Region als eine der best erforschten Sprachlandschaften gilt.

Empfohlene Lektüre.

Gesamtüberblick des Fachs: LRL III.

Einführungen, Grammatiken, Monographien: Giovan Battista Pellegrini, *Saggi sul ladino dolomitico e sul friulano*, Bari (Adriatica), 1972; Maria Iliescu, *Le frioulan à partir des dialectes parlés en Roumanie*, The Hague (Mouton), 1972; Giuseppe Francescato/Fulvio Salimbeni, *Storia, lingua e società in Friuli*, Udine (Casamassima), 1976; Piera Rizzolatti, *Elementi di lingua friulana*, Udine (Società Filologica Friulana), 1981; Giovanni Frau, *I dialetti del Friuli*, Udine (Società Filologica Friulana), 1984; Giuseppe Marchetti, *Lineamenti di grammatica friulana*, Udine (Società Filologica Friulana), 1985.

Wörterbücher: Giulio Andrea Pirona/Ercole Carletti/Giovanni Battista Corgnali, *Il Nuovo Pirona. Vocabolario friulano*, Udine (Società Filologica Friulana), 1983; Giovan Battista Pellegrini (Hgb.), *Dizionario etimologico-storico friulano*, Udine (Casamassima), 1984—1987, 2 Bände.

Sprachgeographie: Giovan Battista Pellegrini (Hgb.), *Atlante Storico-Linguistico-Etnografico Friulano*, Udine (Casamassima), 1982—1986, 6 Bände.

4. *Sardisch.*

Auf der Insel Sardinien spricht ca. eine Million Einwohner eine ggb. der it. Dachsprache stark differenzierte Abstandsprache, das *Sardische*. Zwei Hauptvarietäten werden einmütig anerkannt: das Logudoresische im Norden und das Campidanesische im Süden. Die nördlich an der Küste gelegenen sassaresischen und galluresischen Mundarten gehören nicht zum echtsd. Typus, sondern eher zum korsisch-mittelit. Diasystem, wie folgende kurze Textproben einsichtig machen (*Pinocchio*, III, Anfang):

(camp.) «Sa domu'e Geppettu fud'unu aposenteddu terrenu e sa luxi ndi ddi lompiada de asutt'e sa scala. Sa mobilia no podiat' essi prus semplici: una cadira scoxada, unu lettu arroxu de bivi e una mesixedda scoxomingiada».

(sass.) «La casa di Geppetto era una camaredda tarrena chi pigliaba luzi da una sottuschara. La mubiria no pudía assé più semprizi: una cadrea mara, un lettu pogu bonu e una bancaredda tutta ischuddada».

Das Altsd. (ca. 11.—15. Jh.) tritt hauptsächlich durch Buchführungstexte (*condaghes*) ans Licht. Der von der Mehrzahl der Sprecher gewünschte Sprachausbau steht, zahlreichen sprachpolitischen und normierenden Initiativen zum Trotz, noch aus. Die *Sotziedade de sa limba sarda* hat verschiedene Kongresse und Zusammentreffen über Sprachnormierung in Europa und auf Sardinien veranstaltet und eine international anerkannte linguistische Zeitschrift (*Limbas*) herausgebracht. 1994 wurde ein regionaler Gesetzentwurf verabschiedet, der die Einführung des Sd. in die Schule vorsah, das nationale Parlament und das Bundesverfassungsgericht wiesen ihn aber als verfassungswidrig ab. Das kat. und das sp. Superstrat haben tiefgreifende Einflüsse in den Dialekten der Insel hinterlassen.

Empfohlene Lektüre.

Gesamtübersicht des Fachs: LRL IV.

Einführungen, Grammatiken, Monographien: Max Leopold Wagner, *La lingua sarda. Storia, spirito e forma*, Bern (Francke), 1951, Nachdruck 1980; Ines Loi Corvetto, *L'italiano regionale di Sardegna*, Bologna (Zanichelli), 1983; Max Leopold Wagner, *Fonetica storica del sardo*, hgb. von Giulio Paulis, Cagliari (Trois), 1984; Eduardo Blasco Ferrer, *Storia linguistica della Sardegna*, Tübingen (Niemeyer), 1984; Idem, *La lingua sarda contemporanea*, Cagliari (Della Torre), 1986; Michel Contini, *Étude de Géographie phonétique et de Phonétique instrumentale du sarde*, Alessandria (Dell'Orso), 1987, 2 Bände; Eduardo Blasco Ferrer, *Le parlate dell'Alta Ogliastra*, Cagliari (Della Torre), 1988; Massimo Pittau, *Grammatica della lingua sarda. Varietà logudorese*, Sassari (Delfino), 1991; Heinz Jürgen Wolf, *Studi barbaricini*, Cagliari (Della Torre), 1992; Michael Allan Jones, *Sardinian Syntax*, London/New York (Routledge), 1993; Guido Mensching, *Einführung in die sardische Sprache*, Bonn (Romanistischer Verlag), [2]1994; Eduardo Blasco Ferrer, *Ello! Ellus! Grammatica della lingua sarda*, Nuoro (Poliedro), 1994.

Wörterbücher: Max Leopold Wagner, *Dizionario etimologico sardo*, (Abk.: DES), Heidelberg (Winter), 1960—1964, 3 Bände; Andrea Usai, *Vocabolario tempiese-italiano, italiano-tempiese*, Sassari (Poddighe), 1977; Vito Lanza, *Vocabolario sassarese-italiano*, Sassari (Gallizzi), 1980; Luigi Farina, *Bocabolariu sardu nugoresu-italianu*, Sassari (Gallizzi), 1987.

124 Rumänisch.

Das *Rumänische* gilt — zusammen mit dem Anfang dieses Jhs. ausgestorbenen *Dalmatischen* — als Hauptvertreter der *ostromanischen* Sprachen, deren wichtigstes Kennzeichen der Erhalt der lat. stl. intervokalischen Verschlußlaute ist (CAPRAM > *capră*, RŎTAM > *roată*, ACUM > *ac*; vgl. frz. *chèvre*, sp. *rueda*, kat. *roda*, it. *ago*, sd. [ˈaɣu]) und zugleich als einziges rom. Mitglied des balkanischen Sprachbunds. Die dialektale Gliederung des Rum. ist eng verknüpft mit der verschlungenen Entwicklung der Sprache. Weit von den administrativen Grenzen des Landes entfernte Sprachvarietäten, nämlich das *Aromunische* oder *Mazedorumänische* (auf Mazedonien verbreitet), das *Meglenorumänische* (in Griechenland) und das *Istrorumänische* (auf der Halbinsel Istrien), sprechen für eine alte protorumänische Einheit, die sich auch südlich der Donau erstreckte. Nach der Auflösung jener alten sprachlichen Einheit durch das Vordringen der Slawen im 7. Jh. dürften die Kontakte unter diesen Hauptdialekten abgebrochen sein. Das innerhalb der Landesgrenzen angesiedelte *Dakorumänische* zerfällt auch in zahlreiche dialektale Typen, die folgenden historischen Gebieten zugeordnet werden: Muntenien, Moldau, Banat, Crişana, Maramureş. Die kyrillische Orthographie des Moldauischen ist nach dem Zusammenbruch der Sowjetunion durch die lat. Graphie ersetzt worden. Der rum. Nationalatlas und zahlreiche moderne Regionalatlanten ermöglichen eine bessere Einsicht in die sprachgeographischen Gegebenheiten und schaffen Abhilfe für eine umfassende historische Rekonstruktion. Der Einfluß des Slawischen hat die rum. Sprache und ihre Dialekte stark geprägt, und zur Aussonderung des Kernwortschatzes (Paradebeispiel: *nevastă* ‚slawische Frau' → ‚Frau') und der Grammatik (Dreikasusflexion nach slaw. Vorbild) beigetragen.

Empfohlene Lektüre.

Gesamtübersicht des Fachs: LRL III.

Einführungen. Sprachgeschichten: Sextil Puşcariu, *Die rumänische Sprache. Ihr Wesen und volkliche Prägung*, Leipzig (Harrassowitz), 1943; Klaus-Henning Schroeder, *Einführung in das Studium des Rumänischen. Sprachwissenschaft und Literaturwissenschaft*, Berlin (E. Schmidt), 1967; Werner Bahner, *Die lexikalischen Besonderheiten des Frühromanischen in Südosteuropa*, Berlin (Akademie Verlag), 1970; Gerhard Rohlfs, *Die rumänische Sprache in ihrer sprachgeographischen Beziehung zu den romanischen Sprachen*, München (Beck), 1980; Gheorghe Ivănescu, *Istoria limbii române*, Iaşi (Junimea), 1980; Gregor Chiriță, *Das Lautsystem des Deutschen und des Rumänischen*, Heidelberg (Groos), 1991.

Grammatiken und Monographien: Sever Pop, *Grammaire roumaine*, Bern (Francke), 1948; Horst G. Klein/Petre Ceauşescu, *Einführung in die rumänische Sprache*, Tübingen (Niemeyer), [2]1971; Beate Wild, *Meglenorumänischer Sprachatlas*, Hamburg (Buske), 1983; Wolfgang Dahmen/Johannes Kramer (1985), *Aromunischer Sprachatlas*, Hamburg (Buske), 1985; Rainer Schlösser, *Historische Lautlehre des Aromunischen von Metsovin*, Hamburg (Buske), 1985; Günter Holtus/Edgar Radtke (Hgb.), *Rumänistik in der Diskussion. Sprache, Literatur und Geschichte*, Tübingen (Narr), 1986; Arthur Beyrer/Klaus Bochmann/Siegfried Bronsert, *Grammatik der rumänischen Sprache der Gegenwart*, Leipzig (VEB Enzyklopädie), 1987; Marius Sala (coordonator), *Vocabularul reprezentativ al limbilor romanice*, Bucureşti (Editura Ştiințifică şi Enciclopedică), 1988.

125 Bündnerromanisch.

Das *Bündnerromanische*, in der traditionellen rom. Sprachwissenschaft seit G. I. Ascoli eine Spielart des sog. *Rätoromanischen*, ist die offizielle Landessprache des Schweizer Kantons Graubündens. Trotz der ausgeprägten Zerklüftung der Sprachlandschaft und des Fehlens einer alten und dicht verbreiteten Schrifttradition (die ersten Texte, nämlich Bibelübersetzungen, gehen auf das 16. Jh. zurück), haben die Romanen der Schweiz durch Jahrhunderte hinweg eine ggb. ihrer Muttersprache fest verankerte Sprachloyalität bewahrt, die sich gegenwärtig in einem fortgeschrittenen Sprachausbau niederschlägt (Schulbücher, Wörterbücher und einer Fülle von Publikationen). Der Aufforderung der kantonalen Sprachgesellschaft *Lia Rumantscha* folgend ist 1985 eine vereinheitlichte Graphie erarbeitet worden, das *Rumantsch grischun*, deren Gültigkeit jedoch noch nicht völlig akzeptiert worden ist (vgl. Heinrich Schmid: *Richtlinien für die Gestaltung einer gesamtbündnerromanischen Schriftsprache rumantsch grischun*, Chur, Lia Rumantscha, 1982). Man unterscheidet folgende dialektale Hauptvarietäten: Surselvisch (*sursilvan*: im Gebiet der Surselva), Sutselvisch (*sutsilvan*: Schams, Domleschg, Imboden), Surmeirisch (*surmiran*: Albula/Oberhalbstein), Oberengadinisch und Unterengadinisch (jeweils als *ladin puter* und *vallader* bezeichnet, verbreitet im Unter- und Oberengadin sowie im Münstertal).

BIBL. LRL III; Toni Halter/Luzi Cadruvi, *Muossavia. En ortografia, grammatica, sintaxa ed interpuncziun per las scolas sursilvanas*, Cuera (Administraziun cantunala per mieds d'instrucziun), 1962; Gion Peder Thöni, *Rumantsch-Surmeir. Grammatica per igl idiom surmiran*, Coira (Ligia Romantscha), 1969; Sep Modest Nay, *Bien di, bien onn! Lehrbuch der Rätoromanischen Sprache (deutsch-surselvisch)*, Disentis/Mustér (Ligia Romontscha), [4]1972; Helmut Stimm, *Medium und Reflexivum im Surselvischen*, München (Beck), 1973; Walter

Scheitlin, *Il pled puter. Grammatica ladina d'Engiadina Ota*, Samedan (Stamperia Engiadinaisa), [3]1980; Theodor Ebneter, *Wörterbuch des Romanischen von Obervaz, Lenzerheide, Valbella*, Tübingen (Niemeyer), 1981; Jachen Curdin Arquint, *Vierv ladin. Grammatica elementara dal rumantsch d'Engiadina bassa*, Cuoira (Lia Rumantscha), [3]1981; Ricarda Liver, *Manuel pratique de romanche. Sursilvan-vallader*, Chur (Lia Romontscha), 1982; Georges Darms (Hgb.), *Pledari rumantsch grischun-tudestg/tudestg-rumantsch e grammatica elementara dal rumantsch grischun*, Cuira (Lia Rumantscha), 1985; Gaspar Decurtins, *Rätoromanische Chrestomathie*. V. Band: *Oberengadinisch, Unterengadinisch. Das XVI. Jahrhundert* (1900), Chur (Octopus, Nachdruck), 1983; Karl Peter Linder, *Grammatische Untersuchungen zur Charakterisierung des Rätoromanischen in Graubünden*, Tübingen (Narr), 1987.

126 Portugiesisch. Galicisch.

1. *Portugiesisch.*

Außer in Portugal und Brasilien wird *Portugiesisch* in zahlreichen Kolonien Afrikas gesprochen und hat in jenen Gebieten auch zur Herausbildung verschiedener *Kreolsprachen* beigetragen. Die pg. Spielart Brasiliens gilt als selbständige, durch eigene graphische, grammatikalische und lexikalische Kodifizierung gekennzeichnete Staats- und Dachsprache (nämlich *Brasilianisch*). Die dialektale Gliederung des europäischen Pg. ist nicht sehr ausgeprägt, man unterscheidet herkömmlich aufgrund weniger phonetischer Isoglossen eine nördliche Gruppe (mit /tʃ/ und /b/: /ˈtʃaβə/) von einem südlichen Block ([ˈtʃavə]). In Ermangelung eines Nationalsprachatlasses wird eine ähnliche Großraumgliederung für Brasilien vorgenommen, wobei die Anzahl der Untergliederungen freilich variationsreicher ist. Wie das Kastilische entwickelt sich das Pg. im Norden der Halbinsel und dringt nach der arabischen Besetzung nach Süden vor. Die anfangs sehr engen Bindungen an das Königreich Leon lösen sich im 12. Jh. auf, als Portugal unabhängig wird. Die Verlagerung der Hauptstadt nach Lissabon im Süden infolge der *Reconquista* bewirkt die Auslöschung der mozarabischen Varietäten und geht mit einer allmählichen Normalisierung der Sprache auf der Grundlage der südpg. Mundarten einher. Die Toponomastik legt von diesem historischen, sprachexternen Prozeß Zeugnis ab: Südl. Toponyme mit intervokalischem -[l, n]- (*Mértolas*, *Fontanas*) stammen gewiß aus den mozarabischen Varietäten, da im Pg. Liquiden und Nasale intervokalisch schwinden (DOLOREM, MANUM > *dor*, *mão*). Das varietätenlinguistische Interesse für (diastratisch markierte) Sonder- und Geheimsprachen (*calão*, *gíria*) hat im Rahmen der *Lusitanistik* in der letzten Zeit stark zugenommen.

Empfohlene Lektüre.

Gesamtübersicht des Fachs: LRL VI/2.

Einführungen, *Sprachgeschichten*: Kurt Baldinger und Dieter Messner/Hans Joachim Müller (↗ § 122); Paul Teyssier, *Manuel de langue portugaise (Portugal-Brésil)*, Paris (Klincksieck), 1976; Serafim da Silva Neto, *Manual de Filologia Portuguesa*, Rio de Janeiro (Presença), [3]1977; J. Mattoso Camara Jr., *História e estrutura da língua portuguesa*, Rio de Janeiro (Padrão), 1979; Serafim da Silva Neto, *Historia da língua portuguesa*, Rio de Janeiro (Presença), [3]1979.

Synchrone und diachrone Grammatiken, Monographien: Augusto Epiphanio da Silva Diaz, *Syntaxe Histórica Portuguesa*, Lisboa (Livraria Clássica), 1933; Joseph Huber, *Altportugiesisches Elementarbuch*, Heidelberg (Winter), 1933; José Joaquim Nunes, *Compêndio de gramática histórica portuguesa*, Lisboa (Livraria Clássica), [6]1960; Edwin B. Williams, *From Latin to Portuguese*, Philadelphia (University of Pennsylvania Press), [2]1962; Manuel Said Ali, *Gramática Histórica da língua portuguesa*, São Paulo, Melhoramentos, [6]1966; Luís F. Lindley Cintra, *Estudos de dialectologia portuguesa*, Lisboa (Sá da Costa), 1983; Pilar Vázquez Cuesta/Maria Albertina Mendes da Luz, *Gramática portuguesa*, Madrid (Gredos), [2]1971, 2 Bände; Clarinda de Azevedo Maia, *História do galego-portugês. Estado lingüístico da Galizia e do Noreste de Portugal desde o século XIII ao século XVI*, Coimbra (INIC), 1986.

Varietätenlinguistik: Eduardo Nobre, *O calão. Dicionário da gíria portuguesa*, Lisboa (Casa do Livro), [2]1980; Luiz Antonio Marcuschi, *Análise da converçasão*, São Paulo (Ática), 1986; Reinhard Kiesler, *Sprachliche Mittel der Hervorhebung in der modernen portugiesischen Umgangssprache*, Heidelberg (Winter), 1989; Günter Holtus in: LRL VI/2: Art. 455; Ataliba T. de Castilho, *Para uma gramática do português falado*, in: Cilene de Cunha Pereira/Paul Roberto Dias Pereira (Hgg.), *Miscelânea de Estudos Lingüísticos e Literários in memoriam Celso Cunha*, Rio de Janeiro (Nova Fronteira), 1995: 78–101.

Wörterbücher: Almeida J. Costa/A. Sampaio e Melo (Hgb.), *Dicionário da Língua portuguesa*, Porto (Porto Editora), [6]1984; José Pedro Machado, *Dicionário etimológico da língua portuguesa*, Lisboa (Livros Horizonte), [2]1990, 5 Bände.

2. *Galicisch* (oder: *Galegisch*).

Während des ganzen Mittelalters stellte die Sprachvarietät Galiciens, das *Galicische* (oder: *galego*, *Galegisch* im LRL), eine mit dem Pg. untrennbare, hoch angesehene und in der Lyrik auch am kastilischen Hof verwendete Sprache dar. Die Einverleibung in das kast. Einflußgebiet ab dem 14. Jh. deklassierte allmählich die gal. Hochsprache zu einem „gesprochenen" Dialekt und wirkte sich auf die spätere Entfaltung der Sprache nachteilig aus. Mit dem von Rosalia de Castro 1863 eingeleiteten *Rexurdimento* setzte eine auf die Wiederbelebung des verblaßten Sprachbewußtseins zielende Sprachpolitik ein, die nach dem Tod Francos auf einer solideren programmatischen Basis enorme Fortschritte im Rahmen des Sprachausbaus erzielt hat, darunter die Festlegung einer allgemein anerkannten orthographischen und grammatikalischen Norm (Real Academia Galega/Instituto da Língua Galega, *Normas Ortográficas e Morfológicas do Galego*, Vigo, 1984) und die Veröffentlichung zahlreicher didaktischer und praktischer Texte. Trotz zahlreicher, nicht unbedeutender Isoglossen, die besonders einen nord-südlichen Verlauf aufweisen (vgl. west-/ostgal.: *gheada*/nicht-*gheada*; *sinco*, *des*/*cinco*, *dez*; *irmán*/*irmao*; *cantades*/*cantais*, *parteu*/*partiu*, *ti*/*tu*, *catro*/*cuatro*), ist es den Galegern gelungen, eine einheitliche, funktionstüchtige Schriftsprache zu schaffen.

BIBL. LRL VI/2; Sigrid Buschmann, *Beiträge zum etymologischen Wörterbuch des Galizischen*, Bonn (Romanisches Seminar), 1965; Francisco G. Gondar, *O infinitivo conxugado en galego*, Santiago de Compostela (Universidade), 1978; Antón Santamarina, *Tradición, Actualidade e Futuro do Galego*, Santiago de Compostela (Xunta de Galicia/Consellería de Cultura), 1982; Vicente García de Diego, *Elementos de gramática histórica gallega* (1909), Santiago de Compostela (Universidade: Anexo Verba 23), Nachdruck 1984; Rosario Alvarez et al., *Gramática galega*, Vigo (Galaxia), 1986; Francisco Fernández Rei et al., COU. *Lingua galega*, Vigo (Edicións Xerais de Galicia), 1988; Henrique Monteagudo et al. (Hgb.), *Diccio-*

nario galego-castelán, Vigo (Galaxia), 1988; Ursula Esser, *Die Entwicklung des Galizischen zur modernen Kultursprache. Eine Fallstudie zur aktuellen Sprachplanung*, Bonn (Romanistischer Verlag), 1990; Ulfried Herrmann, *Das Galicische. Studien zur Geschichte und aktuellen Situation einer der nationalen Sprachen in Spanien*, Frankfurt/M. (TFM), 1990.

127 Katalanisch.

Auf einem Landesstreifen Nordostspaniens, der sich etwa von den Hochpyrenäen der Provinz Lérida/Lleida bis über den größten Teil der Provinz Alicante/Alacant erstreckt, auf den Balearen, im frz. Roussillon und in der sd. Stadt Alghero/L'Alguer wird eine Minderheitensprache gesprochen, das *Katalanische*, deren Ausbau sich nach dem Tode Francos vollendet hat. Man kann sogar behaupten, es handele sich paradoxerweise um die einzige (ehemalige) Minderheitensprache, die innerhalb der regionalen Verwaltungsgrenzen ggb. der *Staatssprache* Kast.-Sp. immer häufiger als *Dachsprache* fungiert (so werden z. B. Kenntnisse des Kat. verlangt, um gewisse öffentliche Tätigkeiten auszuüben oder Bewerbungen einzureichen). Der *Abstand* zum Kast.-Sp. und zum Frz. hat Anlaß zu einer langwierigen Diskussion um die Zuordnung dieser Sprache zum Ibero- oder zum Galloromanischen gegeben, wobei jedoch eine von politischen Vorurteilen freie vertiefte Analyse des kat. Sprachsystems eine unwiderlegbare südgalloromanische Charakterisierung offenkundig macht. Eine Großraumgliederung der kat. Sprachlandschaft in West- und Ostkat. beruht vorwiegend auf diachronen phonetischen Kriterien (im Westen: Ē, Ĭ > [έ], unbet. A, E > [a, e] und O, U > [o, u]: CĒPAM > [ˈsɛβa], PATREM > [ˈparə], CANTŌ > [ˈkanto]; im Osten jeweils: [ə́], [ə] und [u]: [ˈsəβə], [ˈparə], [ˈkantu]). Ein Nationalatlas, der *Atlas Lingüístic de Catalunya* von Antoni M. Griera, ist heute überholt, ein neues Unternehmen (*Nou Atlas Lingüístic de Catalunya*: NALC) ist noch in Vorbereitung. Die gegenwärtige Hochsprache basiert auf der barcelonesischen Varietät, die durch Pompeu Fabra zum Leitbild des Standards erhoben wurde. Die Sprachgeschichte unterscheidet einen *altkat.* (etwa vom 10. bis zum 15. Jh.) von einem *neukat.* Sprachzustand. Die Entstehung des heutigen Sprachgebiets geht auf die mittelalterliche Expansion der um die alten Grafschaften um Barcelona gewachsenen Varietät im Laufe der *Reconquista* zurück, anfänglich orientiert in Richtung Norden (Rossilló), Westen (zum angrenzenden Aragonien) und Süden (über València bis Alacant), danach im Mittelmeerraum (Sardinien, Sizilien, Nordafrika, Griechenland). Die gegenwärtige Sprachpolitik, die vom *Institut d'Estudis Catalans* geplant und von der autonomen Regierung Kataloniens und Valencias unterstützt wird, vermag die internen diatopischen Spaltungen nicht zu überdekken, und so kommen in offiziellen Veröffentlichungen zahlreiche Konkurrenzformen vor (Beispiel: *cant*-Ø/e/o ‚ich singe'), die der normale Sprecher erlernen soll.

Empfohlene Lektüre.

Gesamtübersicht des Fachs: LRL V,2.

Einführungen: Rudolf Brummer, *Katalanische Sprache und Literatur. Ein Abriß*, München (Fink), 1975; Arthur Terry/Joaquim Rafel, *Introducción a la lengua y a la literatura catalanas*, Barcelona (Ariel), 1977; Jens Lüdtke, *Katalanisch. Eine einführende Sprachbeschreibung*,

München (Hueber), 1984; Joan Martí i Castell, *Llengua catalana. COU*, Barcelona (Edhasa), 1986; Lluís Cabruja/Pere Casanellas/M. Àngels Massip, *Història del català. Síntesi, textos i exercicis*, Barcelona (Columna), 1987; Karl-Heinz Röntgen, *Einführung in die katalanische Sprache*, Bonn (Romanistischer Verlag), 1990.

Sprachgeschichten: Manuel Sanchis Guarner, *Aproximació a la història de la llengua catalana*, València (Salvat), 1980; Carles Duarte i Montserrat/M. Àngels Massip i Bonet, *Síntesi d'història de la llengua catalana*, Barcelona (La Magrana), [4]1983; Josep M. Nadal/Modest Prats, *Història de la llengua catalana. 1. Dels orígens fins al segle XV*, Barcelona (ed. 62), [2]1983.

Synchrone und diachrone Grammatiken: Pompeu Fabra, *Gramàtica catalana* (1918), Barcelona (Teide), [7]1977; Antoni M. Badia i Margarit, *Gramática catalana*, Madrid (Gredos: BRH III,10), 1980, 2 Bände; Idem, *Gramàtica històrica catalana*, València (Clement), 1981; Eduardo Blasco Ferrer, *Grammatica storica del catalano e dei suoi dialetti con speciale riguardo all'algherese*, Tübingen (Narr), 1984; Carles Duarte i Montserrat/Àlex Alsina i Keith, *Gramàtica històrica del català*, Barcelona (Curial), 1984, 3 Bände.

Wörterbücher: Pompeu Fabra, *Diccionari General de la llengua catalana* (1932), Barcelona (López Llausàs), [7]1977; Antoni Alcover/Francesc de Borja Moll, *Diccionari català-valencià-balear* (Abk.: DCVB), Palma de Mallorca (Moll), 1926—1962, 10 Bände; Joan Coromines, *Diccionari crític i etimològic de la llengua catalana* (Abk.: DECLlC), Barcelona (Curial), 1980—1991, 9 Bände.

Dialektologie, Soziolinguistik, Kontaktlinguistik: Joan Veny i Clar, *Estudis de geolingüística catalana*, Barcelona (ed. 62), 1978; Georg Kremnitz, *Sprache in Konflikt. Theorie und Praxis der katalanischen Soziolinguisten*, Tübingen (Narr), 1979; Joan Veny i Clar, *Els parlars catalans*, Palma de Mallorca (Raixa), 1982; Lluís Payrató, *La interferència lingüística. Comentaris i exemples català-castellà*, Barcelona (Curial), 1985; Jordi Colomina i Castanyer, *L'alacantí. Un estudi sobre la variació lingüística*, Alacant (Institut d'Estudis J. Gil-Albert), 1985; Albert Bastardas i Boada, *La bilingüització de la segona generació immigrant. Realitat i factors a Vilafranca del Penedés*, Barcelona (La Magrana), 1985; Brauli Montoya i Abad, *La interferència lingüística al Sud valencià*, València (Generalitat), 1989.

Klassifikation, Typologie: Germán Colón, *El léxico catalán en la Romania*, Madrid (Gredos), 1978; Idem, *El español y el catalán, juntos y en contraste*, Barcelona (Ariel), 1989.

Sprachkodifikation und -ausbau: Antoni Ferrando i Francès, *Consciència idiomàtica dels valencians*, València (Universitat), 1980; Mila Segarra, *Història de l'ortografia catalana*, Barcelona (Les Naus d'Empúries), 1985; Eadem, *Història de la normativa catalana*, Barcelona (Enciclopèdia Catalana), 1985; Joaquim Tornos i Mas/Carles Duarte i Montserrat, *Dret administratiu*, Barcelona (Bosch), 1986.

128 Okzitanisch. Gaskognisch. Frankoprovenzalisch.

1. *Okzitanisch.*

Auf einem breiten Gebiet Südfrankreichs, dessen nördlichste Grenzen etwa von der Gironde senkrecht bis in die Savoyen verlaufen und das Teilregionen in der Schweiz und Italien umfaßt, werden drei historische Sprachvarietäten gesprochen, die den Rang von *Abstandsprachen* zugewiesen bekommen haben: das *Okzitanische*, im größten Zentralgebiet, das *Gaskognische*, auf der Westflanke, und das *Frankoprovenzalische* im Ostteil.

Das aufgrund einer ggb. dem Norden des gallorom. Gebiets konservativen Entwicklung des in die *Narbonensis* verpflanzten Vulgärlateins entstandene *altprovenzalische* Sprachsystem erfreute sich dank der Minnesängerdichtung einer weit über die Grenzen des Ursprungsgebietes hinausgehenden, europäischen Verbreitung. Historische (der verheerende Albigenserkrieg; die Festigung der Königsmacht nach dem Hundertjährigen Krieg) und sprachpolitische (Erlaß von Villers-Cotterêts 1539; unterdrückende Gesetzgebung seit der Revolution) Faktoren versetzten dieser elaborierten Literatursprache den Todesstoß und verhinderten den Ausbau einer überregionalen *Schriftkoine*. Eine — nach dem Vorbild der kat. *Renaixença* — ins Leben gerufene Wiederbelebung der Nationalsprache erfolgte Mitte des 19. Jhs. durch die Tätigkeit einiger Dichter, die die Vereinigung *Felibrige* gründeten und ein beachtliches Schriftwerk (darunter: *Mirèio* von Frédéric Mistral 1859) hinterließen. Die starke Zerklüftung der Sprachlandschaft hemmte jedoch die erwartete rasche Aufnahme eines Standards. Nach der Verabschiedung der *Loi Deixonne* (1951) konnte das *Institut d'Estudis Occitans* einige Maßnahmen zur Einführung des *Okzitanischen* in die Schule treffen, die jedoch bescheidene sprachpolitische Erfolge ergab. Eine überregionale Kodifikation steht noch aus. Die Großraumgliederung des Sprachgebietes erfolgt durch die Abtrennung der nordokz. (*Limousin, Auvergnat*) Varietäten (ausscheidendes Hauptmerkmal: Palatalisierung von CA: [tʃanˈtar], ggb. okz. [kanˈtar]) und des provenzalischen Sprachraums (Art: *li* ggb. okz. *los/las*) von einem zentralen, ziemlich einheitlichen *occitan central*. Intensiv erforscht werden auch die verstreuten okz. Minderheiten im it. Piemont. Die sehr aktive Tätigkeit einiger okz. Sprachwissenschaftler (u. a.: Robert Lafont) hat beachtliche Beiträge zur Verfeinerung der soziologischen Theorie und Praxis geleistet.

Empfohlene Lektüre.

Gesamtübersicht des Fachs: LRL V,2.

Einführungen: Pierre Bec, *L'occitan*, Paris (PUF), [2]1973; Idem, *Manuel pratique d'occitan moderne*, Paris (Picard), 1973; Georg Kremnitz, *Das Okzitanische. Sprachgeschichte und Soziologie*, Tübingen (Niemeyer), 1981.

Synchrone und diachrone Grammatiken, Sprachgeschichten: Jules Ronjat, *Grammaire istorique des parlers provençaux modernes*, Montpellier (Société des Langues Romanes), 1937, 3 Bände; Aurelio Roncaglia, *La lingua dei trovatori*, Roma (Edizioni dell'Ateneo), 1965; Frank R. Hamlin/Peter T. Ricketts/John Hathaway, *Introduction à l'étude de l'ancien provençal*, Genève (Droz), 1967; Otto Schultz-Gora, *Altprovenzalisches Elementarbuch*, Heidelberg (Winter), [6]1973; Nathaniel B. Smith/Thomas G. Bergin, *An Old Provençal Primer*, New York/London (Garland), 1984; Patric Sauzet, *Compendi practic de l'occitan normat*, Montpelier (CEO), 1985; Frede Jensen, *The Syntax of Medieval Occitan*, Tübingen (Niemeyer), 1986.

Wörterbücher: Roger Barthe, *Lexique occitan-français*, Paris (Collection des amis de la Langue d'Oc), 1972; *Dictionnaire normatif limousin-français*, Tulle (Editions Lemouzi), 1975; Kurt Baldinger, *Dictionnaire onomasiologique de l'ancien occitan* (Abk.: DAO), Tübingen (Niemeyer), 1980 u. ff.

Soziolinguistik: Per Noste, *Notre Langue maternelle. Huit études sur la langue occitane*, Pau (Marrimpouey Jeune), 1975; Georg Kremnitz (Hgb.), *Entfremdung, Selbstbefreiung und Norm. Texte aus der okzitanischen Soziolinguistik*, Tübingen (Narr), 1982; Idem, *La recherche (socio-)linguistique au domaine occitan*. Numéros 2, 3 du Bulletin de l'Association Internationale d'Études Occitanes (Université de Londres, Westfield College), 1988, 2 Hefte; Média, *Pluriel Méditerranée. Rapport d'Étude Occitan. Pratiques et représentations dans la région Languedoc-Roussillon. Sondage. Livre 1. Résultats et analyses*, Montpellier (Média Pluriel), 1992.

2. *Gaskognisch.*

In einem Gebiet eingegrenzt durch die Atlantikküste und den Verlauf des Flusses Garonne, wird eine südgalloromanische Sprachvarietät gesprochen, das *Gaskognische*, die sich durch einen markierten Abstand zum Okzitanischen und durch wichtige Übereinstimmungen mit dem Kastilisch-Spanischen auszeichnet: F- und FL-, FR- > [h, hl, hr]: FACTUM > [hɛt], sp. *hecho*, mit Bewahrung des alten Phonems in der Graphie; FLŌREM > [ehˈlu], sp. *flor*; FRŬCTUM > [ˈhruto], sp. *fruto*; -LL- > [r], -ĔLLUM > [et]: CALLĀRE > [kaˈra], sp. *callar*; BELLUM > [bɛt], sp. *bello*; ĬLLAM > [ˈera], ĬLLUM > [et] (Art); Präpositionalen Akkusativ zur Kennzeichnung von ‚Lebewesen' usw. Die Toponomastik zeigt das auffällige Fehlen typischer lat. und gallorom. Suffixe, wie -ANUM und -ACUM, was auf einen längeren Widerstand der einheimischen vorrömischen Völker und eine späte Romanisierung des Sprachgebiets hinzudeuten scheint. Als ständig wirkendes Substrat und Adstrat hat das heute angrenzende *Baskische* eine ganz wichtige Rolle gespielt, die an den zahlreichen wechselseitigen Interferenzen zu erkennen ist. Im politisch Spanien zufallenden *Vall d'Aran* hat neuerdings eine Sprachreform eingesetzt, die das Gk. als zweite offizielle Sprache vorsieht, während in der frz. Gaskogne eine organische einheitliche Bewegung fehlt.

Empfohlene Lektüre.

Gesamtübersicht des Fachs: LRL V,2.

Einführungen, Monographien: Gerhard Rohlfs, *Le Gascon. Études de philologie pyrénéenne*, Tübingen (Niemeyer), ²1970; Reine Cardaillac Kelly, *A Descriptive Analysis of Gascon*, The Hague/Paris (Mouton), 1973; Kurt Baldinger, *Dictionnaire onomasiologique de l'ancien gascon* (Abk.: DAG), Tübingen (Niemeyer), 1975 und ff.; Otto Winkelmann, *Untersuchungen zur Sprachvariation des Gaskognischen im Val d'Aran (Zentralpyrenäen)*, Tübingen (Niemeyer), 1989; Martin Haase, *Sprachkontakt und Sprachwandel im Baskenland. Die Einflüsse des Gaskognischen und Französischen auf das Baskische*, Hamburg (Buske), 1992.

3. *Frankoprovenzalisch.*

Wie das *Rätoromanische* ist das *Frankoprovenzalische* eine von Graziadio Isaia Ascoli (1878 *Schizzi francoprovenzali*) rekonstruierte rom. *Abstandsprache*, die gemeinsame Züge mit dem nord- und dem südgalloromanischen Gebiet aufweist, insgesamt aber eine eher konservative, von den alten Bischofsverwaltungsgrenzen zwischen Lyon und Autun geteilte Entwicklung des Spätlateins und einen durch den burgundischen Einfluß begünstigten Alleingang verrät. Hauptunterscheidungsmerkmale (Aostavarietät): bet. [á] des Lat.: PRATUM > [pra] (ggb. frz. [pre], aber okz. [prat]); unbet. [a] nach C: VACCAM > [ˈvatse] (ggb. okz. [ˈvaka, -o], aber frz. *vache*). Die Verteilung der Sprachlandschaft auf drei Länder, nämlich Frankreich, die Schweiz und Italien, hat die Entfaltung eines positiven Sprachbewußtseins gehemmt (was teilweise in der abgewerteten Bezeichnung der eigenen Varietät durch die Sprecher, *patois* [paˈtwɛ], erkennbar ist) und die Verwirklichung einer vereinheitlichten Standardisierung bisher verhindert. In der autonomen Region Val d'Aosta ist jedoch in den letzten Jahrzehnten das Erwachen eines allgemeinen Interesses an sprachpolitischen Fragen zu vermelden, das zur Gründung des *Centre d'Études francoprovençales René Willien* und zur Veröffentlichung eines orthographischen Entwurfs, von Grammatiken und Wörterbüchern und von zahlreichen didaktisch konzipierten Werken geführt hat.

BIBL. LRL V,1; Helmut Stimm, *Studien zur Entwicklungsgeschichte des Frankoprovenzalischen*, Wiesbaden (Akademie der Wissenschaften), 1952; Tullio Telmon, *Le minoranze di parlata francoprovenzale*, Sociologia della Comunicazione 2 [1982]: 32—50; Aimé Chenal/Raymond Vautherin, *Nouveau Dictionnaire patois-valdôtain. Dictionnaire français-patois*, Aosta (Musumeci), 1984; Aimé Chenal, *Le franco-provençal valdôtain. Morphologie et syntaxe*, Aosta (Musumeci), 1986; Gaston Tuaillon, *Le francoprovençal. Langue oubliée*, in: Geneviève Vermes (Hgb.), *Vingt-cinq communautés linguistiques de la France*, Paris (L'Harmattan), 1988, I: 188—207.

129 Korsisch.

Auf der Insel Korsika lebt eine ursprünglich mit dem Sd. gemeinsame Wesenszüge teilende rom. Sprachvarietät fort, die nach der mittelalterlichen, tiefgreifenden pisanischen Beeinflussung eine deutliche Orientierung zum It. erfuhr. Trotz des augenfälligen Abstands zur frz. Dachsprache und einer ausgeprägten Sprachloyalität ist es den Korsen noch nicht gelungen, einen wenn auch bescheidenen Ausbau einzuleiten, wobei die innere Gliederung in zwei voneinander entfernte Hauptdialekte und eine von der Zentralregierung geführte unterdrückende Sprachpolitik als wichtigste Störfaktoren zu betrachten sind. 1982 wurde vom frz. Parlament ein Sonderstatut gewährt. Seit einigen Jahren werden fakultativ in den Schulen Kurse über die *korsische Sprache* veranstaltet.

BIBL. LRL IV; Armistizio Matteo Melillo, *Corsica*, Pisa (Pacini), 1977; Marie-José Dalbera-Stefanaggi, *Langue corse. Une approche linguistique*, Paris (Klincksieck), 1978; Franco Domenico Falcucci, *Vocabolario dialettale. Geografia e Costumi della Corsica* (1915), Bologna (Forni), Nachdruck 1981; Uta Chiodi-Tischer, *Die Mundart von Sisco (Korsika)*, Frankfurt/M. (Haag + Herchen), 1981; P. M. Agostini, *L'usu di a nostra lingua. Grammaire descriptive corse. Phonétique et Orthographe, Morphologie et Syntaxe dans les parlers du Nord et du Sud de l'Ile*, Bastia (Edizioni Scola corsa Bastia), 1984; J. Thiers, *Le corse. L'insularité d'une langue*, in: Geneviève Vermes (Hgb.), *Vingt-cinq communautés linguistiques de la France*, Paris (L'Harmattan), 1988, I: 130—169; Jean-Marie Comiti, *Les corses face à leur langue. De la naissance de l'idiome à la reconnaissance de la langue*, Aiacciu (Edizione Squadra di u Finusellu), 1992.

130 Dalmatisch.

Eine heute ausgestorbene rom. Sprache, die bis zum Anfang unseres Jhs. an den Küsten Dalmatiens gesprochen wurde, ist das *Dalmatische* (oder *Vegliotische*). Die meisten Texte, auf denen eine sprachwissenschaftliche Analyse basieren kann, sind in der Monographie *Das Dalmatische* von Matteo Bartoli enthalten, der 1897 den letzten Sprecher dieser rom. Spielart auf der Insel Krk (Veglia) befragte. Zur Rekonstruktion dieser Raumvarietät erweisen sich auch die spärlichen Belege des im 15. Jh. ausgestorbenen Ragusanischen und die Befunde der Toponomastik als unerläßlich. Das unaufhaltsame Vordringen des Kolonialvenezianischen einerseits und die allmähliche Slawisierung des Gebietes andererseits sind die zwei entscheidenden Faktoren, die zum Aussterben dieser Varietät beigetragen haben. Aufgrund seiner Wesenszüge ist das Dalmatische als Brückensprache zwischen West- und Ostromania angesehen worden. Wie das Sd. bewahrt das Vegliotische die velare Aussprache von [k] vor palatalen V: DĔCEM > [dik]; LŪCET > [lojk].

BIBL. Matteo Bartoli, *Das Dalmatische,* Wien (Balkankommission), 1906, 2 Bände; Pierre Bec, *Manuel pratique de philologie romane*, Paris (Picard), 1971, II: Kap. 4 (*Dalmate*); Frederick B. Agard, *A Course in Romance Linguistics.* II: *A Diachronic View*, Washington (Georgetown UP), 1984, Kap. II/3 (*Italo-Western splits into Italo-Dalmatian and Western Romance*).

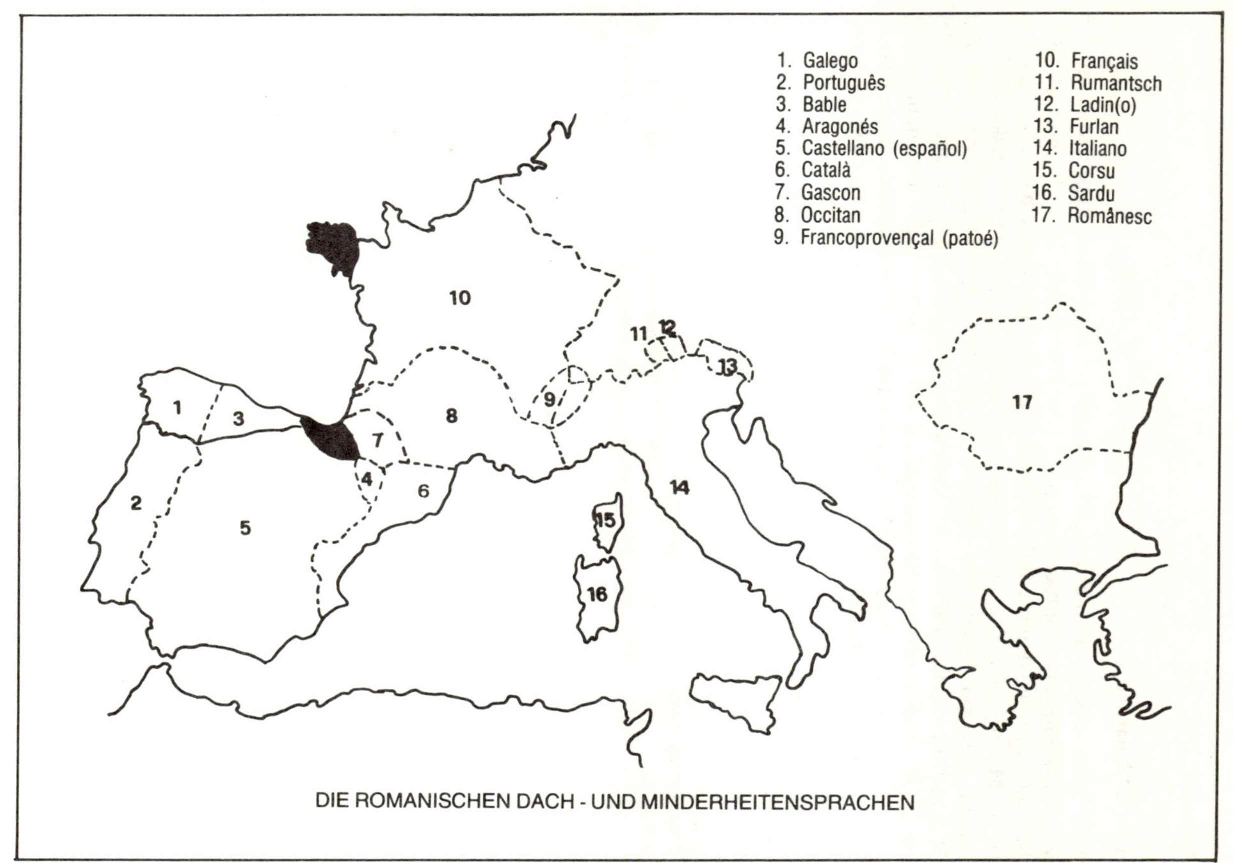
1. Galego
2. Português
3. Bable
4. Aragonés
5. Castellano (español)
6. Català
7. Gascon
8. Occitan
9. Francoprovençal (patoé)
10. Français
11. Rumantsch
12. Ladin(o)
13. Furlan
14. Italiano
15. Corsu
16. Sardu
17. Românesc
DIE ROMANISCHEN DACH - UND MINDERHEITENSPRACHEN

Sachregister

Die Ziffern verweisen auf die Paragraphen

Personenregister

Die Ziffern verweisen auf die Paragraphen

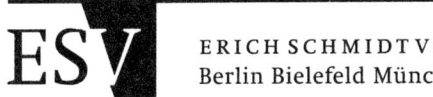

RICHARD BRÜTTING (HG.)

Italien-Lexikon

Schlüsselbegriffe zu Geschichte, Gesellschaft, Wirtschaft, Politik, Justiz, Gesundheitswesen, Verkehr, Presse, Rundfunk, Kultur und Bildungseinrichtungen

1995, 960 Seiten, 16 x 23 cm, gebunden, DM 248,– / öS 1.988,– / sfr. 257,–, ISBN 3 503 03092 1

Als alphabetisch geordnetes Nachschlagewerk mit enzyklopädischem Anspruch konzipiert, gibt das Italien-Lexikon Auskunft über zentrale Begriffe und Persönlichkeiten aus Politik, Geschichte, Gesellschaft, Justiz, Presse und Kultur – von *Abilitazione* bis *Zanussi.*

Das Werk setzt mit der Bildung des italienischen Nationalstaates ein (1861 – 1870) und berücksichtigt das *Risorgimento* als Vorbereitungsphase. Den Schwerpunkt bildet das Italien des 20. Jahrhunderts. Die von Fachkennern verfaßten und mit weiterführenden Literaturhinweisen versehenen Artikel erläutern zahlreiche (über detaillierte Register leicht aufzufindende) Fachtermini im Zusammenhang. Ein Eingangsartikel „Italia“ und eine Zeittafel ergänzen die Lemmata.

Das Handbuch ist unentbehrlich – für Romanisten, Italienisch-Lernende, Sozialwissenschaftler, Journalisten, Politiker, Geschäftsleute, Historiker, Bildungsstätten und – warum nicht? – auch für Eltern, deren Kinder nach Ferrari, Seveso *oder* Mafia *fragen.*

ESV
ERICH SCHMIDT VERLAG
Berlin Bielefeld München